저자 **캐롤린 보이스-왓슨**(Carolyn Boyes-Watson)은 1993년부터 Suffolk 대학에서 사회학과 교수로 재직 중이며, '학내 회복적 정의 센터'의 설립자이다. 하버드 대학교에서 사회학 박사학위를 받았다. 사법적 정의와 청소년 사법에 관한 다수의 논문과 책을 집필하였다. 대표 저서는 『가정과 함께 하는 도시 청소년을 위한 평화형성서클』(*Peacemaking Circles and Urban Youth: Brining Justice Home, Living Justice Press*, 2008)과 케이 프라니스와 함께 학교 현장에서 관계를 돌보고 정서를 다루는 서클을 소개하는 『서클로 희망을 찾다』(*Heart of Hope*) 이다.

저자 **케이 프라니스**(Kay Pranis)는 회복적 사법 분야의 지도자로 널리 알려진 미국의 평화 형성 서클 전문가. 1994~2003년 미네소타 주에서 교정국 회복적 사법 기획자로 재직했으며, 미국·캐나다·오스트레일리아·일본에서 강연을 하고 있다. 1998년부터 학교, 교도소, 직장, 교회 등 다양한 공동체에서 서클 훈련을 이끌고 있다. 저서로는 『서클 프로세스』(대장간), 『평화형성서클』(대장간) 등이 있다.

회복적생활교육센터

-1995년에 설립된 (사)좋은교사운동은 초,중,고등학교에 근무하는 4,100여 명의 현직 교사들로 구성된 교육부 소속의 사단법인으로 교육 실천 운동을 통해 우리 교육을 새롭게 하며, 교사들의 전문성을 향상시키기 위한 교육 운동을 하고 있다.

-(사)좋은교사운동의 교육실천 운동 중 하나인 '회복적 생활교육'은 기존 생활지도 방식의 새로운 대안으로 학교와 교실 안에서의 관계성과 공동체성을 회복하고 평화로운 학교 문화를 만들고자 하는 교육실천이다.

-회복적생활교육센터는 갈등이 인간 삶의 자연스러운 현상이며, 갈등을 배움과 성장의 기회로 삼고자 갈등 전환을 위해 '공동체가 둘러 앉아 대화하는 장'을 열고 초대한다. 인간의 빛과 어둠의 본성을 이해하고, 어둠을 없애기 위한 노력에 앞서 빛을 확장하는 선순환을 하고자 한다.

옮긴이 **이병주**

교사(신능중학교 재직). 좋은교사 운동을 통해 교사가 걸어가야할 평생의 길과 정체성을 배웠다. 고양시에 있는 덕양중학교에서 학생인권부장으로 근무하면서 회복적 생활교육을 만났고 덕양중을 통해 공교육이 회복되어가는 현장에 온 몸으로 함께 하는 고단함과 기쁨과 영광을 동시에 누렸다. 학교에서 어려움을 겪는 아이들이 걷기학교를 통해 회복되기를 바라는 마음으로 걷기학교를 개설하여 운영하고 있으며 〈걷기학교〉를 소개하는 책을 집필중이다. 호기심이 많아 다양한 분야에서 배움을 시도하였으나 모두 중도에 하차하였다. 그러나 서클을 만났을 때만큼은 마치 잃어버렸던 소중한 옷을 찾아 다시 입는 것과 같은 기쁨과 편안함을 경험하였고 마침내 번역에까지 이르게 되었다. 커피를 지나치게 애호하며 음악을 사랑한다. 고로 향기로운 커피와 함께 음악서클을 진행할 때가 가장 행복하다.

옮긴이 **안은경**

교사(샘물중고등학교 휴직). 회복적 생활교육을 통해 사적인 삶과 공적인 삶에서 전환점을 맞이했다. 기독교대안학교에서 사랑과 정의의 교육을 실천하고자 최선을 다했지만 세대 깊숙이 자리잡은 왕따 문화와 트라우마 앞에서 길을 잃었다. 내 안과 삶에 평화의 도구가 없어 아파하며 교사로서의 정체성이 흔들릴 때, 회복적 생활교육을 만났다. 서클 프로세스를 통해 존재론과 인식론 및 교육관의 패러다임 전환을 경험했다. 외적으로는 회복적생활교육의 뿌리와 운동성을 더 깊이 공부하기 위해, 내적으로는 인생에서 한번 즈음 크게 숨고르기를 하고 싶어 미국 이스턴 매노나이트 대학(EMU)의 갈등전환학 석사 과정 길을 떠났다. 토킹피스가 온전히 존중받는 서클 안에 있을 때 큰 평화를 누린다. 존재와 만남으로 기뻐하는 교육과 모든 사람들이 서클 진행자가 되는 세상과 시대를 꿈꾼다.

표지사진 : *Thomas Lambert*

서클로 나아가기

교육공동체를 회복하는 서클 레시피 112

캐롤린 보이스-왓슨
케이 프라니스

이병주 · 안은경 옮김

회복적생활교육센터

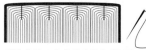

펼침이 좋고 오래 보관할 수 있도록
전통적인 사철 방식으로 제작했습니다

서클로 나아가기
교육공동체를 회복하는 서클 레시피 112

지은이	캐롤린 보이스-왓슨, 케이 프라니스
옮긴이	이병주 안은경
감수	회복적생활교육센터

초판발행	2018년 6월 25일
초판6쇄	2025년 4월 23일
펴낸이	배용하
책임편집	배용하
교열교정	박현희

등록	제364-2008-000013호
펴낸곳	도서출판 대장간
	www.daejanggan.org
등록한곳	충남 논산시 매죽헌로 1176번길 8-54
대표전화	전화 : 041-742-1424 전송 : 0303-0959-1424

분류	학교 | 서클 | 회복적 생활교육 | 회복적정의
ISBN	978-89-7071-451-6 (13370)
CIP제어번호	CIP2018013992

 값 30,000원

'서클의 진보 - 교육공동체를 회복하다.'

박 숙 영 회복적생활교육센터 장
「회복적생활교육을 만나다」 저자

　한국에서의 회복적 생활교육 실천은 학교폭력문제 해결을 위한 대안모색에서 시작되었다. 학교폭력문제해결의 대안으로 소개된 모델이 회복적 대화모임이었고, 회복적 대화모임은 갈등 당사자 간의 오해를 풀고 자신의 잘못을 인정하고 사과할 뿐 아니라, 적대자였던 태도를 바꿔서 문제해결을 위해 연대하는 데까지 나아가게 했다. 둥글게 앉아서 회복적 질문을 따라 허심탄회하게 대화를 하다보면 당사자들은 스스로 해법을 찾아 갔다. 생물학적 한계를 지닌 우리는 갈등에 직면하는 순간, 자기방어를 작동시키기 마련인데 서클은 상대방과 연결하고자 하는 마음을 먹게 했다. 회복적 대화모임의 경험은 경이롭고 신비로웠다. 자기방어를 내려놓고 마음의 문을 열게 하는 힘이 무엇인지 궁금해졌다.

　생존의 위협처럼 느껴지는 그 순간에 자기방어를 내려놓고
　상대방에게 화해의 손을 내밀게 하는 힘은 무엇인가?

　갈등해결전문가 도나 힉스는 '인간은 안전과 생존을 보장받는 두 가지 다른 타고난 방식을 갖고 있다. 자기 보존 본능공격회피반응은 우리에게 해를 끼치는 사람에게서 멀어지도록 준

비시키고 자기 확장 본능보살핌과 어울림은 타인들에게 손을 내밀어 그들과의 우호적인 관계 속에서 안전과 위안을 구한다.'고 언급했다.

회복적 대화모임의 서클 방식은 자기 보존 본능을 넘어서, 자기 확장 본능을 자극하고 상대방과 관계 맺고자 하는 마음을 먹게 하는데, 이 신비는 '안전한 공간', '둥글게 앉기', '진행자의 질문', '솔직하게 말하기', '판단을 보류하고 마음으로 듣기', '사적인 보호를 위해 비밀 지키기'와 같은 서클 원리들 간의 역동으로 만들어진다. 서클 원리들의 역동은 참여자들이 자신의 취약성을 드러낼 수 있을 정도로 안전한 소통의 공간을 만들어 낸다. 취약성을 드러내는 순간, 갈라놓았던 선입견과 편견의 담이 무너지고 한 존재로서 깊이 연결되는 경험을 하게 된다.

서클의 역동이 만들어 내는 안전한 소통의 공간은 서로 다른 마음을 하나로 모으게 한다. 그러나 지금 우리는 험악하고 친절하지 않은 공간에 살고 있다. 학교 공간도 더는 안전하지 않다. 지나친 경쟁으로 서로를 경계하고 있고, 서로에 대해 편견과 비난이 난무하고 있다. 학생들은 생존의 위협을 느끼며 갈수록 방어적이고 공격적인 태세로 사람을 대하고 있다. 학교를 평화로운 공동체로 세우기 위해서는 안전한 소통의 공간을 만드는 것이 우선 요구된다. 안전하지 않은 공간에서는 어떠한 배움도 일어나지 않는다.

평화롭고 안전한 공동체를 위해서는, 공동체 구성원들이 강한 소속감으로 서로 연결되어 있음을 경험하는 것이 중요하다. 존중과 신뢰를 바탕으로 연결된 공동체는 갈등으로 피해가 발생하더라도 원상회복 시킬 힘이 있지만, 단절감을 경험하고 있는 공동체는 작은 갈등에도 쉽사리 분열되고 깨어지기 마련이다. 공동체는 소속감 증진을 위해 자기 보존 본능뿐 아니라 자기 확장 본능을 개발하고 훈련할 필요가 있다.

이런 점에서 서클은 자기 확장 본능을 개발하게 하는 힘, 즉 우리가 서로 연결되어 있다는 경험하기, 자기인식을 통해 솔직하게 말하기, 전제를 내려놓고 상대방의 말을 마음으로 듣기, 동등하게 말할 기회를 통해 힘을 나누기, 합의하여 의사결정하기를 훈련하는 탁월한 도구다.

한국에서 시작된 회복적 생활교육은 훼손된 공동체를 회복하기 위한 대안에서 출발했지만, 현재는 공동체를 안전하고 평화롭게 세우고 유지하는 예방적 실천으로 확장되고 있다. 서클은 스터디 서클, 학급 자치 서클, 교사 공동체 서클, 이슈다루기 서클 등등으로 일상의 다양한 영역에서 공동체의 지혜와 연대를 만들어 내는 많은 가능성을 제공하고 있다.

서클의 다양한 적용 가능성에 대한 기대로 실험을 해 오던 차에, 케이 프라니스와 캐롤린 보이스–왓슨의 책 출간은 너무나도 반갑고 기쁜 소식이었다. 이 책을 소개받고 번역 제안을 받았을 때 좋아서 소리 지를 뻔 했다. 오랫동안 서클을 탐구하고 실제 현장에서 적용한 소중한 지혜를 우리에게 전해준 케이 프라니스와 캐롤린 보이스–왓슨에게 깊은 감사를 드린다.

무엇보다 이 책의 놀라움은 공동체 생태계의 발생과 유지를 위해 필요한 모든 주제를 다루고 있다는 것이다. 정신의학자인 스캇 펙은 공동체는 유기체와 같아서 생로병사의 과정을 거치며, 어떤 공동체든 위기에 직면하게 되는데 공동체 위기를 극복하는 유일한 방법은 의사소통을 방해하는 마음을 비우는 것이라고 한다.

이 책을 따라가다 보면, 공동체의 생태계과정에 따라 '안전하고 평화로운 공동체 세우기→ 건강하게 공동체 유지하기→ 훼손된 공동체 회복하기 → 공동체 회복을 위해 지원하기'에 자연스럽게 함께 하게 된다. 또한, 일련의 과정을 통해 스캇 펙이 언급한 '공동체 위기극복을 위해 의사소통을 방해하는 마음 비우기' 또한 경험하게 된다. 공동체가 시기마다 직면하게 되는 문제와 던져져야 할 질문들이 제시되어 있고, 질문을 품고 대화하도록 안내되어 있기 때문이다.

우리의 간절하고 오래 된 질문이 있다.

우리가 꿈꾸고 바라는 공동체를 어떻게 이끌어 올 수 있을까?

공동체의 변화는 가능한가?

변화는 탁월한 개인의 힘으로 이루어질 수 없다는 것을 우리는 이미 알고 있다. 변화는 공동체의 연대를 통해 가능하며, 공동체를 묶어내는 것은 '함께 느끼고, 함께 생각하기' 과정을 통해서 만들어진다.

　서클의 과정은 우리에게 '함께 느끼고, 함께 생각하고, 함께 행동하기'가 구체적으로 무엇인지, 그리고 어떻게 만들어지는지에 대해 실질적인 지혜를 선사한다. 서클이 낯설고 익숙하지 않아서 실천하는 데에 어려움을 느낄 수 있지만, 꾸준히 서클을 하다 보면 가랑비에 옷 젖듯이 어느 순간에 따뜻하고 평화롭게 변화된 공동체를 만나게 될 것이다.

　소중한 책을 번역할 기회를 주신 김복기 선교사님과 어려운 상황에서도 책 출판을 위해 기다려주고 애써주신 대장간 출판사 배용하 대표님께 감사드린다. 무엇보다 분주한 학교생활을 병행하며 번역하느라 수고하신 이병주 선생님과 안은경 선생님께 큰 감사를 드린다. 두 분은 교실 속에서 서클을 진행해 오신 분들로, 미국과 한국의 문화적 차이를 넘어서서 서클의 본질적 가치를 잃지 않으면서 그 의미가 잘 전달될 수 있도록 번역해주셨다. 번역자 두 분의 노고와 탁월함에 감동이 가득하다. 또한, 번역된 책을 피드백하고 감수해주신 연구센터 박은지, 김은영, 허성연, 최경희, 정동혁, 안보경, 홍인기, 최경화, 신만식 선생님께도 감사드린다.

이 책은 우리를 서열 질서에서 벗어나 집단 지성으로 이끌 것이다.
자! 이제 교실마다 둥글게 둘러앉아 이야기를 시작하자.

추천의 글

나는 35년 동안 학교에서 청소년문제를 고민하며 나름대로 그 해결책을 제시해 오고 있다. 그런데 이 책에서 그 핵심 가치인 '교육공동체 회복'의 방법을 다루고 있다는 사실에 놀라움을 금치 못했다. 우리가 직면한 학교폭력이나 왕따 등 청소년 문제를 근원적으로 해결 할 수 있는 대단히 훌륭한 책이 한국에 소개 된 것에 감사함을 표하며, 부디 교실 안에서 서클이 잘 진행되어 건강한 학교공동체가 회복되기를 간절히 소망한다.

이준원 | 덕양중학교 교장, 『내면 아이』의 저자

최근에 학교현장에 평화감수성, 비폭력대화, 회복적 생활교육의 바람이 불면서 주목받게 되는 것은 바로 실천방식으로써 서클의 힘이다. 서클 진행에 대한 여러 책들이 이미 나왔음에도 불구하고 이 책은 존중과 돌봄, 성장과 배움에 있어 종합적이면서 구체적인 실천 가능한 안내를 친절하게 제공하고 있다. 이 책의 철학과 아이디어를 학급 운영과 수업진행에 적용하다보면 경이로운 결과를 맛보게 될 것이다 .

박성용 | 비폭력평화물결대표, 『회복적 서클 가이드북』 저자

번역자 중 한분 이병주 선생님이 원고를 붙들고 여러 날 번역에 몰두하는 것을 곁에서 보았다. 사람 좋아하고 여유 즐기는 그를 본성을 거슬러 그 고단한 번역 작업으로 이끈 그 책이 뭐길래 싶었다. 열어보니 회복적 생활교육을 위한 실천 아이디어가 가득 담긴 명저였다. 힘겨운 번역의 동기를 알 것 같았다. 만남이 사나워진 학교와 교실에 이 책으로 평화가 찾아올 것이 보여, 다행스럽다.

송인수 | 사교육걱정없는세상 공동대표

이 책을 너무도 기다렸습니다. 학교 안에서 서클을 시도해 보고 싶은 교사들에게 단비와 같은 책이 될 것입니다. 2011년, 좋은교사운동이 회복적 서클을 제안한 이후 전국의 학교에 확산된 흐름은 기적이며, 축복입니다. 서클은 갈등해결 뿐만 아니라 신뢰서클, 문제해결서클 등 학교 공동체를 존중과 공감의 토대 위에 다시 세우는 역할을 하고 있고, 서클을 경험한 교사들은 교실과 아이들을 바라보는 관점의 변화를 경험하고 있습니다. 학교가 교사와 학생들에게 진정한 공동체를 만나게 해주는 장이 되기를 바란다면 꼭 읽어 보시기 바랍니다.

김영식 | 사단법인 좋은교사운동 공동대표

멋진 선물이 도착했다. 기쁘다. 이로서 우리는 학교 공동체를 살리는 도구 하나를 더 얻게 되었다. 학생은 이제 더 이상 지도의 대상이 아니다. 배움의 주체이고 삶의 주인공이다. 그들에게 보고 싶은 행동을 더불어 함께 협력하며 가르치고 싶은 이가 있다면, 이 책은 그 세계로 들어가는 관문이다. 나를 포함한 독자 한 사람 한 사람의 삶에 서클이 스며들고 그리하여 대화 문화가 뿌리 내리는 사회를 꿈꾼다. 저자와 역자 들이 제안하는 '오래된 미래'가 반갑다.

신호승 | 동그라미대화센터 대표

회복적 정의가 학교를 만나고 교사를 만난 후 교육현장은 조금씩 변화의 조짐들을 보여주고 있다. 그 효과성이 얼마나 크게 나타날 것인가를 넘어 왜 지금 회복적 생활교육이어야 하는지 근본적 철학에 관심을 갖는 교사와 학부모가 늘어나고 있기 때문이다. 지금 한국의 학교현장에서 가장 많이 적용되고 있는 회복적 정의 실천은 서클이다. 그 이유는 서클이 갖고 있는 '함께 이루는 공동체의 지혜와 힘'이 너무나 절실히 필요한 시대이기 때문일 것이다. 캐롤린 보이스-왓슨과 케이 프라니스의 책은 이 필요를 어떻게 학교와 교육공동체에서 채워나갈 수 있는지 알려주는 길라잡이이다. 이 책이 많은 사람들에게 회복적 생활교육에 방향을 향해 가는 길에 용기를 주는 자료가 되기를 소망해본다.

이재영 | 한국평화교육훈련원KOPI 원장

옮긴이의 글

서클과 두레박

모두의 가슴 속에는 깊고 맑은 이야기들이 고여있다.
우리는 그 이야기들에 목말라 한다.
그 이야기들 또한 온 마음으로 들어줄 누군가를 오랜 시간 기다려 왔다.

깊고 맑은 샘물을 퍼올리는 두레박처럼
서클은 오랜 시간 가슴에 고여 있던 이야기들을 퍼올린다.

크고 거창하고 이론적인 이야기들이 아니라
가슴으로부터 진심으로 말하는 이야기들을 듣게 될 때
우리는 해갈의 기쁨을 맛본다.

샘물이 터져 나오듯
깊게 고여 있던 이야기들이 서클의 중심을 향해 터져나올때
우리는 그 시원한 이야기들을 마음껏 들이키며 치유의 원으로 하나가 된다.

수 없이 많은 서클에 참여하거나 혹은 진행자 역할을 했다. 그 중에서도 지금도 매우 선명한 기억으로 남아 있는 서클이 있다. 임용고사에 최종합격을 하고 이제 막 발령을 받기 직전의 신규교사들과 함께 한 서클이었다. '내가 존중 받아본 경험' 이라는 질문으로 한참을 집중해서 이야기를 나누고 있는데 교실 밖이 소란스러워지기 시작했다. 다른 강의실에서 수업이 끝난 모양이었다. 다음 강의실로 이동하기 전에 휴식이 필요한 시간이어서 마음이 불편해진 나는 지금 쉬는 시간이 시작된 것 같은데 계속 대화를 진행해도 괜

찮겠느냐고 물었다. 돌아온 대답은 뜻밖에도 모두가 끝까지 마무리를 하고 싶다는 것이었다.

그때 나는 알았다. 한 번 터진 이야기의 강물은 쉽게 막을 수 없다는 것, 그리고 우리들 마음 속에는 깊은 이야기들이 들어 있으며 그 이야기들은 들어줄 누군가를 아주 오랫동안 기리고 있었다는 사실을. 평소 우리의 얕은 일상에서 쉽게 생각나지도 않고 또 생각이 난다고해도 들어줄 사람도 없는 그 이야기들이 잘 들어주는 주인을 만나자 마치 알라딘의 요술램프처럼 홀연히 터져 나왔던 것이다. 이 날의 경험에 고무된 나는 〈서클은과 두레박〉이라는 짧은 적은 시를 기록해 두었다.

『서클로 나아가기』 속에는 우리들 가슴 속 깊은 곳에 담긴 이야기들을 퍼올릴 수 있도록 도와줄 수많은 서클 레시피가 들어있다. 목마른 사람이 누구라도 두레박을 던져 시원한 샘물을 길어 올리듯, 영혼의 소통과 교감을 통해 관계의 재발견, 그리고 공동체의 회복을 원하는 이들이라면 누구라도 이 책의 도움을 받아 서클을 실천하고 또 서클의 기쁨을 맛볼 수 있을 것이다. 서클이 주는 이 유익과 소통의 기쁨을 아는 이들이 손꼽아 기다려온 이 책을 번역할 수 있어서 더 없이 기쁘고 감사하다. 번역의 기회를 주신 사랑하는 김복기 선교사님, 박숙영 선생님과 배용하 대표님, 그리고 부족한 번역 파트너에게 인내심을 잃지 않고 선한 협력으로 함께 해준 공동번역의 멋진 파트너 안은경 선생님에게 감사의 마음을 전한다. 끝으로 두꺼운 원서를 늘 배낭에 넣고 다니며 집에서나 여행지에서나, 주중이나 주말이나 늘 번역의 부담에 시달리는 나를 잘 이해하고 기다려준 나의 가족들, 사랑하는 아내 최은정, 그리고 희수, 은호에게 고마운 마음을 꼭 전하고 싶다.

이병주

깊은 신뢰와 우정을 보내며…

이 글을 쓰는 지금 저는 Eastern Mennonite University에서 열리는 이 책의 공동저자 중 한 명인 케이 프라니스가 진행하는 Circle Process 워크샵에 참여하고 있습니다. 읽고 번역했던 Kay의 언어들이 그녀의 말과 행동에서 재현되는 것을 경험하며 서클의 심오함과 위대함을 다시 한번 생각하게 됩니다.

회복적 생활교육 센터 공동체를 중심으로 서클 프로세스를 만난 이후 제 사적인 삶과 공적인 삶은 큰 전환점을 맞이했습니다. 교사라는 직업은 진리와 자기자신, 이웃, 세상과 깊은 관계를 맺을 수 밖에 없는데, 서클 프로세스는 제 존재론과 인식론에 영향을 미쳤습니다. 제게는 서클 프로세스가 제 진리와 맞닿아 있어 제 자신과 이웃, 세상과 보다 깊이 연결되는 데 유익했습니다. 평화를 이루는 데 서클 프로세스가 최고이고, 전부라 믿었던 밀월기를 지나 이제는 서클 프로세스가 효과적이고 유익한 방법 중 하나임을 인정하는 안정기에 접어들었는데도, 모든 존재를 그대로 인정하고 존중으로 초대하는 서클을 경험할 때에는, 저는 다시 서클 프로세스에 깊은 신뢰와 애정을 보내게 됩니다.

Kay의 Circle Process를 경험한 첫날, 저는 진정성을 느꼈습니다. 이 책은 말과 이론으로 씌여진 책이 아님을, 살아있는 경험과 탐구, 사람과 세상에 대한 희망으로 씌여진 책임을 알았습니다. 이 책을 더 좋은 세상에 대한 희망으로 서클을 진행하는 선생님들과 나눌 수 있어 감사하고 행복합니다.

한국에서 초벌 당시 고전했던 장이 6장이었습니다. 인종차별, 백인우월주의, 억압과 특권의식, 성차별을 다루는 장을 번역할 때, 문화적으로 다른 한국의 독자들이 느낄 이질감을 우려했습니다. 이 책 번역을 마치는 지금, 미국에 있습니다. 1년 동안 미국에서 공부하며 6장을 특별히 한번 더 들여다 보았습니다. 더 이상 앞에서 언급한 사회문제가 미국만의 것이 아니었습니다. 제가 타지에서 젊은 아시아 이민 여성으로서 겪은 차별은 고국에 살면서 이전에는 크게 느끼지 못했던 외국인노동자 인종차별, 특정 국민을 비하하는 표현, 엘리트주의, 학력차별 등 한국에 만연한 억압을 생각하게 했습니다. 더 나아가 통일한국을 준비하는 시대 가운데 우리 안에 있는 특권의식을 생각하지 않을 수 없었습니다. 원문이 다른 언어와 문화권에서 씌여졌지만, 이 책이 정의와 평화가 긴요한 시대 가운데 우리의 의식을 깨우고, 사회를 변혁하는 데 도움이 되기를 바랍니다.

특별히, 번역하는 데 함께 지혜를 나눠주신 회복적 생활 교육 센터 선생님들과 대장간 출판부에 지면을 빌어 감사의 마음을 전합니다. 그 동안 서클에서 자신의 진리를 용기있게 나눠 주었던 모든 이들에게도 깊은 감사의 마음을 전합니다.

안은경

교육가들이 말하는 『서클로 나아가기』

이 시대에 학교를 통해 엄청난 기회가 주어지고 있으며 이와 더불어 많은 꿈들이 실현되고 있습니다. …『서클로 나아가기』를 처음 받아보았을 때, 파도처럼 밀려오는 짜릿한 전율을 느꼈습니다. … 어떻게 하면 좋은 정신을 보다 더 많이 우리 학교에 불어넣을 수 있을까 하고 질문해 본 적이 있으시지요? 이 질문은 저자들과 우리 안에 깊은 연결이 이루어지면서 조금씩 사라져갔고 나는 이 책에 대해 자못 신성한 느낌마저 들기 시작하였으며, 마침내 저자들은 우리를 신성한 곳으로 안내해 주었습니다.… 우리는 서클 안에서 서로의 존재를 보게 되었고, 서로의 목소리를 듣게 된 것입니다.…『서클로 나아가기』를 통해 천천히 신뢰가 형성되었고 … 우리가 가야할 곳에 드디어 도착한 느낌을 갖게 되었습니다! 정말로 놀랍고, 사랑스런 선물이 우리 모두에게 전달된 느낌입니다. 이 책의 저자인 케이 프라니스와 캐롤린 왓슨의 엄청난 노력에 깊은 감사를 표합니다.

　　　　　－ 제이미 윌리 엄스, 「회복적 길: 학교에서 시행하는 서클 훈련」, 미네소타 주의 미네아폴리스

가슴을 뛰게 하는 영감을 주면서도 실제적인 책을 쓰기 위해서는 저자의 노련한 기술이 필요합니다. 케이 프라니스와 캐롤린 왓슨은 서클에 관한 탄탄한 이론적 배경을 제공함은 물론 어떻게 하면 교사들이 학교와 교실에서 서클을 잘 적용하고 활용할 수 있는지 해박한 지식을 보여주었습니다. 다양한 유형의 서클들을 모델로 만들고 이를 모듈로 정리하였고, 많은 가치 있는 자료들을 부록에 담아 정말 큰 도움을 주었습니다. 교사들이 서클 프로세스를 효과적으로 이끌고 진행할 때 필요한 지식과 다양한 기술을 개발하도록 돕고자 하는 교사 교육가로서 이 책의 출간은 정말 큰 기쁨입니다.

　　　　　－ 캐티 에반스, 교육계에 회복적 정의를 적극적으로 시행하는 이스턴 메노나이트 대학교 교육학 교수

학교 교사이자 행정가였던 사람으로서 저는 이러한 주제에 대해 쓴 여러 가지 긍정적인 책들 위에 이 책이 더해진 것을 매우 기쁘게 생각합니다. 저자들은 우리 교사들이 교실에서 서클을 사용할 뿐만 아니라 학교 안에 서로를 돌보는 생태계를 창조할 수 있는 매우 구체적인 모델들을 선물로 준 것입니다. 우리 교육가들에게 이 지혜를 나누어주신 것에 깊은 감사를 드립니다.

ㅡ 로버트 스파이서, 미국 시카고에 위치한 회복적 전략의 회복적 정의 컨설턴트 및 공동체 활동가

사회 제도 전반에 걸쳐, 사람들은 누군가를 위협하거나 소외시키는 왕따와 같은 걱정거리들을 해결할 새로운 방식이 없을까 고민하며, 이것을 문화 속에서 제도화할 만한 방식을 찾아왔습니다. 『서클, 교육공동체를 바꾸다』는 학교 안에 존재하는 이러한 걱정과 염려들에 대해 소속감, 힘, 존중 등과 같은 인간의 근본적 욕구와 연결된 관계적 패러다임을 근거로 올바로 대응 할 수 있도록 틀과 과정을 제공합니다. 이 책에는 교사, 학생, 직원, 학부모 등 학교 공동체를 구성하는 모든 사람들이 함께 공동체를 세우고, 사회성을 습득하며, 정서를 함양하고, 어려운 대화를 쉽게 가능하도록 하는 실제적인 지침이 들어 있습니다. 이 책은 학교 공동체에 속한 모든 사람들에게 희망을 제시하며 분명한 소속감을 갖게 해주었습니다.

ㅡ 브렌다 모리슨, 캐나다 사이먼 프레이저 대학교의 범죄학 교수이자 회복적 정의 센터장

많은 젊은이들을 위한 건강한 공동체를 만들기 위해 케이와 캐롤린이 보여준 헌신과 지혜, 그리고 그 넉넉한 마음에 대해 정말 고맙게 생각합니다. 나는 한시라도 어서 빨리 이 지혜를 모든 학교 구성원들ㅡ교사들, 관리자들, 학생들 그리고 그 가족들, 학교의 보조교사들, 교육 관계자들, 자원봉사자들, 학교 급식실에서 일하시는 분들, 경비하시는 분들, 학교 차량 운전자분들, 그리고 학교 운영위원들ㅡ과 함께 나누고 싶습니다. 이 책은 정말 멋진 선물입니다!

ㅡ 낸시 리스텐베르그, 미네소타 주 교육청 내 학교 환경 전문가이자 『광장에 선 서클』의 저자

캐롤린 보이스–왓슨과 케이 프라니스는 자신들의 전문성과 자원들을 모아 전문가나 일반인 상관없이 서클 프로세스를 보다 더 잘 이해하도록 이 책을 출간하였습니다. 특히, 이 책은 매우 실천적이고, 감동적인 내용으로 학교에서 일하는 사람이라면 누구나 쉽게 사용할 수 있습니다. 이 지침서는 우정서클 및 사별서클에서부터 감사 및 팀 구성 서클에 이르기까지 어떻게 하면 서로 다른 종류의 서클을 쉽게 진행하는지에 대해 간단명료하면서도 단계적으로 설명해 주고 있습니다. 풍부하고 간단명료한 이러한 모델 서클들은 개념을 이해하기에 충분하리만큼 자세하면서도, 부담되지 않을 만큼 적절한 분량으로 정리되어 있습니다. 저자들은 훈육을 주제로 한 내용을 통해 학교 공동체 서클 안에서 형성되는 동료간 관계의 중요성은 물론 학생 대 어른간의 밀접한 관계의 중요성을 강조합니다. 그러나 뭔가 일이 잘못되어 갈 때면, 이들은 학교 내외의 환경과 관련되어 있는 유해한 원인이 무엇인지 제시하며, 사람들과 함께 조화를 이루도록 폭넓고 회복적인 서클 원형을 제공하고 있습니다. 이러한 것뿐만 아니라, 보다 심층적인 토론을 위해 자주 등장하는 여러 가지 질문들, 각 장을 열고 닫는 읽을거리 및 활동, 감동을 주는 인용문과 이야기들, 깊이 생각해보고 연습해볼 만한 활동들이 보너스로 주어져 있습니다. 현재까지 출간된 서클 관련 책들 중 최고의 권위를 인정받고 있는 이 책은 서클 진행관련 분야에서 일하는 사람들, 이러한 여정을 시작하기 원하는 사람들은 물론 단순히 서클이 무엇인지 호기심을 가진 사람들이라면 반드시 읽어야 할 책입니다. 이 책에 들어 있는 글이나 발표형식과 내용은 사람들의 이해와 공감에 근거한 것으로써 독자들이 스스로 용기를 얻어가며 따라갈 수 있도록 독자들의 몫으로 남겨 놓았고, 사람들을 돌볼 때 변화가 가능하다는 사실을 알 수 있도록 가장 적절한 모습으로 서클을 설명하고 있습니다.

— 앤 슈마허 박사, 미국 미시간 주 디트로이트의 서클 키퍼 및 조정자

차 례

3부●무언가 잘못 되어갈 때 사용하는 서클

서문

내가 미네소타 교육국에서 일한지 얼마 되지 않았을 때 아들이 다니던 학교의 교장에게 전문가로서 도울 수 있는 기회가 있었다. 6학년 학생 하나가 학교에 총을 가져와서 운동장 근처에 뒀다가 쉬는 시간이 끝나는 종이 울리자 그 총을 코트 주머니에서 넣고서는 그 코트를 자신의 락커에 걸어놓은 일이 있었던 것이다. 내 아들이 학교 안에 있을 때 일어난 이 일로 인해 우리 가족도 놀랐지만 특히 내 친구의 가족들에게 이 사건은 큰 영향을 주었다. 왜냐하면 친구의 아들이 운동장에서 그 총을 발견하고는 친구와 함께 교장선생님에게 이 일을 직접 알렸기 때문이다.

그 학생은 학교에서 즉각 체포되었다. 하지만 교장은 물론, 사회복지사, 그 학생을 체포한 경찰, 심지어 그 아이의 부모조차도 그 아이가 우선 왜 무기를 가지고 있는지, 어떻게 그것을 가지게 됐는지 그리고 무엇보다 왜 학교에 그 총을 가져왔는지에 대해서 놀란 학교 사람들 모두에게 말하고 양해를 구하도록 설득하는데 실패했다.

학교의 징계절차가 바로 가동이 되었다. 학생은 퇴학을 당했고, 기소가 되었으며 법원에서는 청문회가 열렸는데 내 친구와 그녀의 아들도 그 청문회에 참가했다. 이 모든 과정을 거치면서 그 소년은 어떤 말도 하지 않았고 내 친구는 매우 큰 절망감을 느꼈다.

나는 교장과 내 친구를 돕기 위해 법원 지원센터의 회복적 정의 전문가에게 연락을 해보았지만, 이 학생의 사안에 대해선 '가족간대화모임'을 열 계획은 전혀 없었다. 나는 그 때 당시 미네소타주 교정국에서 일하고 있던 케이 프라니스에게 도움을 받을 수 있는지 알아 보았다. 비록 우리가 시스템을 바꿀 수는 없었지만 그녀를 통해 그 소년이 왜 침묵했는지에 대해서 이해할 수 있는 단서를 얻을 수는 있었다. 그녀는 듣고 나서 말했다. "아이들은 자신들이 안전하다고 느낄 때만 말을 합니다" 학교에 총을 가져온 그 학생은 자신이 안전하지 못하다고 느꼈으며 그 총이 자신에게 안전을 보장해 줄 것이라고 생각했던 것이다. 하지만 그가 체포되는 순간 자신이 안전하다는 느낌은 틀림없이 허공 속으로 증발되고 말았을 것이다. 도대체 무슨 일이 있었길래 그 아이는 총에 손을 대고 그것을 가져왔을까?

"아이들은 자신이 안전하다고 느낄 때만 말을 한다" 이것은 매우 단순한 통찰이지만 학교들에서는 매우 의미심장한 함의含意를 가진다. 자신이 안전하지 않다고 느끼는 어떤 학생들은 싸움에 휘말리게 되고 결국 경찰서로 가게 된다. 또 어떤 학생들은 회피하기로 마음을 먹고 수업을 빠지거나 아예 결석을 한다. 반면에 어떤 학생들은 완전히 얼어붙어서 자리에는 앉아 있지만 두려움 때문에 어떤 정보도 그들의 전두엽으로 전달되지 않는다. 도덕적 사고력이나 배움 같은 것들도 전혀 일어나지 않는다. 안전한 학교 풍토를 만들어 내는 것이 평온한 학교를 위해서뿐만 아니라 배움을 위해서도 매우 중요하다.

학교에서 안전의 문제는 극단적인 형태의 폭력, 싸움이나 따돌림을 예방하는 것과 관련된 것만은 아니다. 학교가 학생들을 훈육하는 방식이 그들의 학업적 성취를 도울 수도 방해할 수도 있기 때문에 이 안전의 문제는 학업성취의 간극을 줄이는 일과도 밀접하게 관련되어 있다. 러셀 스키바와 제프리 스프라그는 이것을 "배움에 사용된 시간은 긍정적인 학업 성취를 예측할 수 있는 최고의 단일한 변수이다"라고 간단명료하게 표현하였다. 등교정지나 제적 등은 교실 밖에서 보낸 시간들이다. 스키바 박사와 다른 연구자들의 연구결과는 등교정지나 제적 등의 엄벌주의를 통해 학생들이 학교에서 바르게 처신하도록 하려는 학교들의 시도는 사회적 비용을 높이고, 해로울 뿐만 아니라 공정하지 못하다는 것을 증명하고 있다. 그런 학교의 시도들이 문제학생들을 배제한 후에 기대되는 학생들의 학업 성취는 고사하고 안전이라는 애초의 목표도 제대로 실현해내지 못했다.

2014년, 미국의 교육부 장관과 검찰 총장은 미국내 모든 교육감들에게 보내는 "사랑하는 동료들이여!" 라는 서한문에서 긍정적인 학교풍토의 중요성과 더불어 학생들을 학교 밖으로 제적시키는 훈육풍토에 대해 재고再考할 필요가 있음을 강조하였다. 이 편지에서 그들은 유색인 계열의 학생들과 장애를 가진 학생들이 등교정지나 제적 조치를 당할 가능성이 훨씬 높게 나타나고 있는 근거자료를 인용하면서 이런 불균형은 모든 국민들의 공평한 권리를 보장하고 있는 법률을 위반하는 것임을 강조하였다. 그리고 문제가 있는 학생들의 개선과 치료 교육을 위한 방안중 하나로 회복적 생활교육을 추천하였다.

이는 회복적 정의의 원칙과 방안들을 배우고 학교에 적용시켜온 우리들에게 반가운 소식이다. 우리는 등교정지의 감소, 학교와 학업에 대한 연결의 확대, 학부모와 교직원들 사이의 관계성 및 학생과 부모 사이의 관계성 증진과 같은 회복적 생활교육의 긍정적 결과들을 확인하였다. 그러나 하나의 철학을 실행하기 위해서는 단지 일련의 실천 방법들을 가르치는 것만으로는 부족하다. 회복적 생활교육을 실행하려면 패러다임의 전환머리와 가슴의 변화이 요구된다.

케이와 캐롤린의 탁월한 저서인 이 책에서 저자들은 단지 안전한 학교만이 아니라 인간적이고 공감하는 학교문화를 개발하는 것이 가장 중요한 문제임을 역설한다. 그런 학교는 학생과 교사들은 당연하거니와 학교내 모든 직원들, 학부모, 지역사회까지 포함한 모든 구성원들의 기여를 매우 소중하게 생각한다. 정기적인 서클의 실천을 통해 학교는 돌봄과 연결이 살아있는 학교풍토를 조성할 수 있다. 이런 방식의 전 학교적 차원의 생활교육은 학교의 문제해결력 및 공동체 세우기를 강화시켜 준다.

이 책은 매우 광범위한 주제를 다룬다. 학교 생활의 거의 모든 영역들이 서클 안에서, 서클 프로세스의 가치와 원칙을 가지고 다뤄질 수 있다. 저자들은 회복적 정의의 원칙과 서클 고유의 지혜에 기대어 회복적 생활교육을 실천하려는 학교들이 가져야 할 철학과 실천방법들을 명쾌하게 설명한다. 책의 서두에서는 이론과 연구자료들을 요약한 후에 부록 3편의 이론적 논문에서 이를 더욱 확장해 나간다. 그리고 서클의 다양한 형태를 제시함으로써 학교 생활의 거의 모든 영역에서 명료하게 서클을 활용하고 적용할 수 있게 하였다.

관계 맺기 및 공동체 세우기, 그리고 사회적 감정기술을 가르치기 위한 서클이 있는가하면 동료들 사이의 신뢰, 유대와 자기돌봄을 위한 서클이 있고 부모들과 지역사회의 참여를 이끌어 내기 위한 서클도 있다. 물론 학교폭력을 비롯한 문제행동들로 인해 비롯된 피해들을 복구하기 위한 서클도 소개된다.

이 책을 읽고 나면 누구라도 돌봄의 학교문화를 만들어가는데 도움이 되는 생활교육 방법들 사이의 관련성을 파악할 수 있다. 학교내 모든 구성원들과 모든 측면들이 긍정적인 학교 풍토를 완성해 가기 위한 요소들이다.

몇 가지의 탁월한 틀을 통해 학교풍토를 만드는 요인들을 설명할 수 있다. 이에 대해 최근에 나는 매우 간결하고도 명쾌한 설명을 만나게 되었는데 학교 안에서 긍정적인 공동체를 세워가기 위해서는 모든 학생들이교직원들도 마찬가지라고 나는 생각한다 소속감과 자기 존재감을 느낄 수 있어야 한다는 것이다. 교사이면서 컨설턴트이기도 한 그레이엄 조지Graeme George는 그것을 이렇게 정교하게 설명한다.

어떤 학교든 학생들 사이에서, 그리고 학생과 교직원들 사이에서 공동체 의식을 세워가는 것이 학교의 핵심 목표가운데 하나

가 되어야 한다. 타일러와 블레이더에 따르면 각자가 공동체 구성원이라는 것에 대한 긍지와 더불어 그 안에서 높은 수준의 존중감을 느낄 수 있어야 한다. 이 핵심욕구를 잘 표현한 것이 소속감과 자기 존재감이다. 학생들이 학교 공동체의 일원이라는 것을 느낄 수 있으려면 그들이 소속감과 자신들이 공동체의 부분이 되는 것에 대해 다른 이들이 관심을 가진다는 것을 느낄 수 있어야 한다.

어떻게 학교 내의 모든 학생들이 소속감과 자기 존재감을 느끼게 할 수 있을까? 이것이야말로 안전하고 건강한 학교를 창조하기 위해 꼭 풀어야 할 과제이다. 모든 학생들에서의 '모든'이라는 단어가 나로 하여금 회복적 생활교육과 특히 서클을 추구하도록 나를 강하게 이끌고 왔다. 학창시절 나는 "모범적인" 학생이었고 학교가 좋았다. 학교에 대해 소속감을 느꼈고 학교 내에서 나는 중요한 존재였다. 외향적 성격으로 나는 수업 시간에 손을 들 때마다 교사들의 지목을 받았고 교사와 학생들의 눈에 잘 띄는 존재였다. 그러나 나와 달리 많은 학생들은 학교에서 "보이지 않는" 존재들이었다. 교사가 되어서도 여전히 많은 학생들은 그들의 목소리가 전혀 들려지지 않는 존재들이었다. 정직하게 돌아보면 내가 교사로서 그들을 "보았다"고는 말할 수 없다. 그저 출석을 부를 때 자리에 그 학생이 있는지 확인만 한 것이다. 나는 학생들이 그들의 입으로 학교에서 사라지기란눈에 띄지 않기란 정말 쉽다고 말하는 것을 여러번 들었다.

소속감을 느끼려면 자신의 존재가 보여져야 한

다. 중요한 사람이 되려면 기여할 수 있어야 한다. 서클은 매우 단순하면서도 심오함으로 누구나 소속감을 느끼면서 동시에 중요한 존재가 될 수 있는 방법을 제공한다. 세상의 언어를 배우는 학생, 시험을 준비하는 친구들, 삶의 굴곡을 나누는 교사, 자신이 좋아하는 디저트 이야기를 들려주는 교장, 승패를 함께 배워가는 팀의 일원, 공동체에 피해를 입힌 후에 그것을 바로 잡으려고 노력하는 학생, 자신의 상처받은 경험을 통해 타인들의 회복을 돕는 청년, 아이들의 교육을 지원하기 위해 학교와 협력하는 학부모…, 서클에는 이 모두를 위한 공간이 있다. 서클은 교사와 학생, 책을 통해 배운 교육자와 삶의 경험을 통해 배운 학부모, 서로 파벌로 나뉜 집단들 사이에 존재하는 위계들 사이의 균형을 맞춰준다.

서클은 구전이라는 전통에서 유래한다. 사람들은 그것을 문화의 한 부분으로 자연스레 배웠다. 그런데 서클이 문화의 한 요소였던 그러한 사회와는 전혀 다른 오늘의 상황에서 우리는 어떻게 서클을 가르치고 활용할 수 있을까? 그리고 학교라는 맥락 속에서 서클의 정신과 회복적 정의의 원칙이 어떻게 서로의 본질을 훼손하지 않고 상호보완될 수 있을까? 서클의 과정은 너무나 유연한데 어떻게 그 정수精髓를 유지할 수 있을까? 그저 둥글게 자리를 배치하고 질문을 던진다고 모두 서클은 아니기 때문이다.

서클은 직접 해보면서 배우게 된다: 모닥불 주변, 저녁 식사 자리, 야외 숙소, 혹은 실내 공간의 의자에 둥글게 모여 앉음으로써 시작된다. 지난 수십 년 동안 서클의 과정은 워크숍이나 3~4일 여정의 훈련프로그램에 참가해야 배울 수 있었다.

서클의 이론에 대한 책들이 쓰여 졌고, 서클 과정의 가치와 정신에 대해 가르쳐주는 많은 이야기들이 들려져 왔다. 이제 이 책이 나옴으로써 그 동안의 이론과 이야기들이 마침내 매일 둥글게 모여 앉는 실천으로 이어질 수 있게 되었다.

이 책은 서클적용의 범위를 확장시키고 각각 종류의 서클에 대해 여러 가지 진행절차를 제시하고 있는데 책의 각 장들마다 내게 즐거움을 주는 내용들이 많았다. 사회적 감성교육, 공동체 세우기와 교육을 위해 서클을 활용하는 것 외에도 동료들 사이의 유대감을 높이기 위한 서클 진행절차를 보았을 때 나는 기뻤다. 학생들과의 만남을 기획하거나 피해를 회복하기 위한 개별 교육 프로그램IEP들 뿐만 아니라 교사-학부모 협의, 교육과 관련해 가족의 가치에 대해 토론하기, 학교발전 설계하기 등과 같이 학부모와 공동체가 활용할 수 있는 서클을 보는 것도 반가웠다. 학생들이 진행할 수 있는 서클진행 개요를 보면서도 기뻤다. 그리고 피해를 회복하기 위한 서클 사례들이 줄줄이 제시되어 있는 것도 좋았다.

교내에서의 부적절한 행동이 모두 "교무실로 가!"야 할 정도로 심각한 사안은 아니다. 이전에 나는 지역단체, 교정기관, 그리고 학교에서 회복적정의 프로그램을 실행하기 위한 보조금 신청 심사를 도울 기회가 있었다. 그 중 한 평가위원이 "이 학교가 피해회복 서클을 정말 진정성을 가지고 했을리가 없다. 자신들이 지난 해에 200번의 서클을 열었다고 하는데, 그 때마다 사전모임을 한다는 것은 거의 불가능하다"고 주장했다. 그때 나는 그 학교가 서클을 거의 일상적으로 실천하는 초등학교라는 것을 상기시켰다. 그 학교는 가령 그네를 타기위한 순서를 정하기 위해 학생 진행자가 보라색 공룡을 돌려가며 이야기를 나눈 것도 서클로 포함시킨 것이다. 학교 안의 모든 서클이 분쟁fight으로 인한 것은 아니다.

이 책은 짧은 서클, 피해회복을 위한 학급서클, 가해자가 명확하지 않은 상황에서 피해를 회복하기 위한 서클, 사전모임이 필요한 서클, 그리고 도울 사람들을 참여시키는 서클 등을 진행하기위한 서클절차를 제시한다. 열세번째 서클 모듈은 학교폭력 문제를 해결하는데 서클을 활용하기 위해서 필요한 것들이 무엇인지에 대해 매우 탁월한 토의 내용을 제시하고 있다. 데브라 페플러Debra J. Pepler와 웬디 크레익이 말하듯 괴롭힘은 관계의 문제이고, 관계 문제는 관계로 풀어야 하기 때문에 여기서 서클이 큰 기여를 할 수 있다.

온라인 상이나 직접 대면한 상황에서 다른 사람들이 보고 있을 때에도 학교폭력이 발생한다는 것은 이미 알려진 사실이다. 가해자, 피해자, 그리고 방관자들이 모두 서클대화에 참여하도록 하는 것이 등교정지, 서로 더 이상 말을 걸지 않겠다는 다짐, 또는 강요된 사과보다 훨씬 더 이들의 행동방식을 바꾸게 하는데 도움을 준다. 그러나 서클진행자가 서클을 잘 지휘conducting해서 피해를 회복할 수 있도록 훈련시키는 것에서부터 사전모임을 개최하고, 협력 서클Circles of support을 마련하고, 약속들이 잘 지켜졌을 때 축하서클로 다시 만나는 과정에 이르기까지 철저한 준비가 매우 중요하다.

나는 협력 서클을 기획하는 섹션이 참 좋았다. 어떤 학생들은 악성적인 스트레스가 만연한 가정이나 지역에서 살아남는데 도움이 되는 행동방식

을 몸에 익힌 채로 학교에 온다. 그러나 이러한 행동방식은 교실에서 학급공동체를 붕괴시키는데 일조한다. 학생이 다른 행동을 선택할 수 있으려면 먼저 새로운 행동방식을 배워야 한다. 배움에는 시간이 걸리는 법이다. "어떻게 하면 제가 카네기 홀에서 연주를 할 수 있을까요?" 라고 묻는다면 "연습 그리고 또 연습"만이 그에 대한 대답인 것이다. 어떤 학생에게는 그를 보살펴주면서 상당기간 동안 그 아이에게 보호자의 모델이 되어줄 수 있는 누군가의 도움이 필요할 수도 있다. 한 학생이 기존과는 다른 행동을 하도록 하는 신경회로를 개발하려면 약 6개월 혹은 그 이상의 시간이 걸릴 수도 있다.

이 책의 전반적인 내용이 뛰어나지만 특히 마음에 들었던 부분은 동료들이 서클을 통해 회복적 실천들을 함께 보완해 나갈 방법을 탐색해볼 수 있도록 구성한 섹션이었다. 이 세 가지 서클은 어떤 학교에서든지 회복적 생활교육을 시작하려고 할 때 가장 중요한 첫걸음이 바로 동료들 사이의 신뢰라는 것을 제시한다. 긍정훈육법, 사회적 정서적 배움Social and Emotional Learning과 같은 회복적 생활교육의 다양한 실천방법들은 모두 패러다임의 전환을 제시한다. 수치심, 비난, 처벌에서 협력support과 관계성으로의 전환이다. 학생을 지도의 대상으로 여기는 것이 아니라 "학생들에게서 보고싶은 행동을 학생들과 협력하여 가르치는" 것이다. 어떻게 하면 학생들의 사회적, 정서적, 그리고 육체적 필요들과 무관한 지식을 주입하기보다는 그들을 온전히 존중할 수 있을까?

패러다임의 전환은 머릿속 그리고 마음 속의 전환을 필요로 한다. 동료들이 먼저 인간으로서

자신이 누구인지 그리고 무엇을 소중하게 생각하는지에 대해 이야기를 나누기 시작하면 학교 안에서 변화를 만들어가는 것에 대한 관심과 기쁨을 함께 쌓아갈 수 있다. 스스로의 성장을 위해 서클을 활용할 때 교직원들은 어떻게 학교 또한 발전해 나갈 수 있도록 도울것인지에 대한 합의에 도달하게 될 것이다.

이 책은 한 권의 훌륭한 요리책과도 같다. 초보 요리사에게는 자세한 방법을 제시해주고 노련한 요리사에게는 좋은 아이디어와 제안들을 제공한다. 새로운 방법을 시작하는 것은 두렵기도 하지만 또한 신나는 일이다. 만일 자신이 안전하다고 느낀다면 새로운 것에 더 쉽게 도전할 수 있다. 이 책은 서클의 초보 진행자와 능숙한 진행자 모두에게 안전하다는 느낌을 제공한다. 서클의 시작과 마무리, 서클 질문들, 그리고 이 모든 것의 근거를 제시하는 이론들을 담은 부록편들에 더해 모든 서클들마다 잘 제시된 서클 모형들이 있어서 누워서 떡 먹듯 쉽게 서클을 진행할 수 있다. 요리법이 있지만, 진행자들은 자신만의 유의사항이나 통찰을 적용할 수 있다. 아무 페이지나 열어서 함께 할 사람들을 넣고 그냥 토킹스틱으로 한번 저어주기만 하면 요리는 완성된다.

우리의 젊은이들을 위한 건강한 학교공동체를 만들기 위해 두 저자가 보여준 헌신과 지혜, 그리고 그 넉넉한 마음에 대해 정말 고맙게 생각한다. 어서 빨리 이 지혜를 모든 학교 구성원들 −교사들, 관리자들, 학생들 그리고 그 가족들, 학교의 보조교사들, 교육 관계자들, 자원봉사자들, 학교 급식실에서 일하시는 분들, 경비하시는 분들, 학교 차량 운전자분들, 그리고 학교 운영위원들−과 함께 나누고 싶다. 이 책은 정말 멋진 선물이다!

낸시 리에스텐버그 (Nancy Riestenberg)
미네소타주 교육국, 학교문화 만들기 전문가

감사의 말

이 책은 많은 분들의 사랑과 너그러움이 담긴 노고의 산물이다. 우리 저자들은 서클전반에 대해 알아갈 수 있도록 그리고 특별히 이 책이 나올 수 있도록 지혜와 도움을 나눠주신 많은 분들께 빚을 지고 있다. 먼저 우리에게 처음 서클을 가르쳐 주신 배리 스튜어트, 해롤드 가텐스비 그리고 마크 선생님께 존경의 마음을 전한다. 그리고 미네소타의 학교들에서 서클을 활용하는데 있어 선구자적 역할을 한 메리 티슈, 잭 망간, 신디 쥐키, 제이미 윌리엄스 그리고 오스카 리드에게 감사한다. 이 실천가들이야말로 학교 안에서 서클이 펼쳐질 수 있는 토대를 닦은 분들이다.

우리는 또한 서클 침묵을 이 책에 도입함에 있어서 *Power Source*의 저자인 로빈과 베스 카자리안으로부터 영향을 받았음을 잘 알고 있다. 그들의 책은 우리의 전작인 *Heart of Hope*에 많은 영향을 끼쳤고 이 책 역시 *Heart of Hope*와 비슷한 틀을 가지고 있다.

이 책을 완성하는 과정에서 저자들은 헌신된 교사들이자 서클 실천가들인 Rita Renjitham Alfred, Marg Armstrong, Erica Bronstein, Jeanne Carlivati, Janet Connors, Adina Davison, Kati Delahanty, Brenda Hopkins, Marna MacMillian, Bonnie Massey, Kris Miner, Brenda Morrison, Sayra Owen-Pinto, Tracy Roberts, Linda Soloman-Key, Marg Thorsborne, and Dorothy Vandering의 경험들로부터 많은 유익을 얻을 수 있었다.

위에서 언급한 분들 외에도 학교 내 서클실천의 내실을 다질수 있도록 많은 도움을 준 단체들에게도 우리 저자들은 무척 고마워하고 있다. 미네소타 교육국, 오클랜드 청소년 회복적 정의 협회, 찰스 타운 고등학교, 회복적 정의 운동의 동역자들Partners in Restorative Initiatives, 청소년을 위한 회복적 정의 지역운동본부Community Justice for Youth Institute등이 그 단체들이다.

특별히 우리는 낸시 리스텐베르그에게 큰 빚을 지고 있다. 그녀는 이 책을 기획하고 저작하는 모든 과정에서 우리에게 영감과 방향성과, 피드백 그리고 무엇보다 가장 중요한 유머를 공급해 주었다. 그녀의 경험 및 이론적 탁월함의 깊이와 넓이가 우리의 작업에 공헌한 바는 이루 말할 수 없다.

리빙 저스티스 출판사와 Mary Joy Breton, Loretta Draths, Deb Feeny, 그리고 리빙 저스티스 출판사 위원회LJP Board의 놀라운 헌신이 없었다면 이 책은 결실을 보지 못했을 것이다. 그러나 우리는 비범한 편집장인 동시에 서클과 회복적 정의의 열정적 홍보대사인 데니스 브레튼에게 가장 큰 도움을 받았다. 이 책이 나올 수 있도록 그녀가 기여한 바는 말로 다 표현하기 어렵다.

우리가 책임진 다른 일들로 인해 집중력이 약해졌을때도 데니스는 이 책이 나올 수 있도록 계속해 나갔다. 세부적인 내용들에 대한 집중력, 각종 정보와 자료들을 확인하기 위한 조사, 서클과 사회정의 현안들에 대해 날카로운 감각, 언어적 재능, 그리고 우리의 부족함들을 메꾸는 그녀의 참을성과 같은 것들은 거의 영웅적인 수준이었다.

우리는 또한 서클의 뿌리가 된 고대의 서클 실천가들에게 감사를 드린다. 우리는 그 분들의 후손들로서 우리 내면의 타고난 선한 역량들이 이 복잡한 현대 사회에서도 선한 방식으로 영향력을 발휘할 수 있게 노력하고 있다. 마지막으로 우리 저자들은 우리가 받은 선물이 이제는 우리의 일부가 되어버려서 도저히 우리 자신들로부터 그것을 분리해 낼 수 없을만큼 다양한 선물을 우리에게 주신 모든 분들에게 겸손한 마음으로 감사의 마음을 드린다.

일러두기

이 책에서 말하는 서클 "진행자keeper"는 서클 조력자faciliator를 말한다. 여기서는 서클 진행자와 조력자라는 두 가지 용어를 모두 사용한다. 그리고 우리는 특별하거나 신성한 의미를 가진 용어를 대문자로 표기하는 원주민들이나 다른 문화적 전통을 따라서 평화를 만들어 가는 과정을 언급하는 용어로서 서클이라는 단어를 대문자로 표기한다. 서클이라는 단어는 공간적, 기하학적 의미를 넘어 신성함을 비롯한 많은 다양한 의미들을 구현한 것이다.

1부
기초지식

소개하기

이 책 『서클로 나아가기』는 교사, 교육행정가, 학생 그리고 부모들이 매일의 학교공동체 일상 속에서 서클을 실천할 수 있도록 돕기위해 쓰여진 것이다. 다양한 목적에 따라 어떻게 서클을 기획하고, 활성화시키고, 또 보완해 나갈 것인가에 대한 구체적인 지침들을 매우 광범위하게 제시한다. 이 책의 목표는 학교공동체가 학교 안에서 일어나는 다양한 상황들 속에서 서클을 활용할 수 있도록 돕는 것이다.

서클이란 자기 자신과 타인을 '환대' 함으로써 참여자들이 모두 연결되도록 돕는 구조화된 소통 과정이다. 이 서클은 모든 목소리들이 들려지는 안전한 공간을 만들고 참여자들이 자신들 내면의 최선의 자아를 향해 걸어 들어갈 수 있도록 격려하기 위해 고안된 것이다. 서클은 모든 연령의 아동들이 참여할 수 있다. 발달단계에 따라 사용하는 언어는 서로 다르지만 서클 안에서 어떤 대화를 이어가는 경험은 가장 어린 학생으로부터 고학년에 이르기까지 모두에게 유익을 끼친다. 서클의 실천이 모든 구성원들을 연결시켜주고 서로 존중하고 존중받는 건강한 공동체를 세워나가는데 큰 도움이 된다는 것을 우리는 확신하고 있다.

이 책은 하나의 교육과정도 특화된 프로그램도 아니다. 다만 서클을 학교공동체 속으로 도입하는 방법을 배울 수 있도록 안내하는 길잡이일 뿐이다. 이 책은 서클의 기본 과정, 핵심요소, 그리고 어떻게 서클을 조직하고 기획하고 또 이끌어 나갈 것인지에 대한 단계별 안내 자료들을 설명함으로써 서클실천의 토대가 되는 핵심내용들을 제공해 준다. 또한 이 책은 서로 다른 맥락과 목적 하에서 서클을 적용하기 위한 백가지 이상의 아이디어와 수업계획서를 제공한다. 여기에 수록된 내용을 그대로 따라하거나 사용자에 따라서는 수정도 가능하다. 여기서 소개된 서클 실행계획을 창의적으로 각색해서 새롭게 적용해 볼 것을 권유한다. 타인을 돌보려는 마음과 함께 책임감이 있는 사람이라면 누구라도 서클을 안전하게, 창조적으로, 그리고 실효성있게 실천할 수 있다는 것이 우리의 신념이다.

학교공동체 안에서 실천할 단 하나의 통일된 서클모델 같은 것은 없다. 각각의 학교들마다 스스로의 필요를 챙길 수 있는 서클형식을 개발해야 한다. 독자들은 이 책과 여기에 소개된 서클모델들을 마치 요리에서의 조리법 정도로 받아들이면 좋겠다. 자신의 입맛에 맞는 것, 그리고 함께 서클을 경험할 사람들의 입맛에 맞는 것을 고르면 된다. 각자의 교실과 학교상황에서 어떤 서클이 주효할 것인지를 스스로 판단하고 결정해야 한다. 마치 요리에서 자신의 기호에 따라 양념을 대체하듯이 서클모델의 하위요소들도 서로 대체 혹은 교환이 가능하다. 공동체와 자신의 필요에 맞게 어떤 활동들은 창의적으로 각색해서 적용해 보았으면 한다. 그렇다고 해서 서클의 모든 요소들이 대체가능한 것은 아니다. 요리를 할 때 오븐의 온도나 조리시간이 꼭 지켜져야 하는 것처럼 서클에서도 반드시 지켜져야 할 것들이 있다.

왜 서클을 학교에 도입해야 할까?

민주주의 사회에서 공교육을 각 구성원들이 자신들의 이상을 실천하기 위한 토대로 간주하는 것은 자연스러운 일이다. 공교육은 모든 개인들마다 의미 있는 삶을 추구할 기회를 보장받을 수 있어야 한다는 사회적 합의와 비전을 실현하기 위한 일종의 공동체적 위탁이다. 공교육이 우리 사회에서 평형장치equalizer로서의 기능을 제대로 수행하기 위해서는 중상위 계층에 속한 아동들뿐만 아니라 최하위 계층에 속한 아동들도 성공할 수 있어야 한다.

지난 20년간 학교들이 이 나라의 다양한 아이들 및 가정들의 필요에 응답하는데 실패했다는 비판을 받고 있음은 더 이상 비밀스러운 이야기가 아니다. 학교는 미국이라는 나라의 국제경쟁력을 확보하는 동시에 사회적 불평등의 문제를 바로잡아야하는 이중의 압박을 받고 있다. 지금의 현실을 들여다보면 갈수록 악화되는 사회, 경제적인 조건들로 인해 여러 지역에서 부모들의 적절한 지원과 가정교육이 결핍된 채로 학교에 오는 아이들이 갈수록 늘어나고 있다. 이로 인해 파생되는 엄청난 업무들은 교사와 관리자들을 압도하기에 충분하다.

또 다른 측면에서 보자면 학교가 실패하고 있다는 주장은 보다 더 중요한 질문을 가로막고 있다. 하워드 가드너Howard Gardner는 교육기관들이 학생들에게서 이끌어내려는 "지성"이 무엇인지에 대해 숙고해 봐야 한다고 주장한다. 이것은 과학의 문제라기보다는 가치와 우선순위의 문제라는 것이다. 우리 사회는 분명 특정분야를 깊게 파고들어가서 거기서 숙련된 지식을 습득하는 전문가들을 필요로 한다. 그러나 다른 종류의 지성과 지성인도 필요하다. 그들은 창조하고 상상하는 사람들, 정보를 분류하고 종합하여 그 중에서 정수를 뽑아내는 사람들, 타인들과 소통하며 연결고리를 만들어내는 사람들, 그리고 사람들의 행동과 가치 사이의 연관성을 파악하여 그 이해를 바탕으로 지도력을 발휘할 수 있는 사람들이다.

넬 나딩스Nell Noddings는 지역사회 속에서 학교의 존재목적이 무엇인지에 대해 깊이 생각해 볼 것을 요구한다. 그녀는 학교를 성공적인 노동자들을 만들어내기 위해 고안된 사업장이 아니라 매일의 일상에서 학생들을 돌보는 특수한 곳으로 봐야한다고 주장한다. 가족의 테두리를 벗어나면 학교는 아이들이 어른들과의 교류 속에서 성장하는 유일한 사회적 기관으로서 공적자금을 지원받고 있다. 그녀는 학교의 가장 중요한 목표가 학문적인 가르침이 아니라 학생들의 건강하고 유능하고, 도덕적인 성장이라고 본다. 학교는 학문적인 재능이 있는 아이들과 그렇지 않은 아이들 모두를 돌본다. 지적발달도 중요하지만, 그것이 우선순위는 아니다. 학교의 우선순위는 학생들에 대한 돌봄이다. 따라서 학교는 무엇보다도 안정성, 지속가능성을 가진 공동체의 중심이 되어야 한다.

이 책은 학교의 신성한 존재목적에 대한 이해와 맥을 같이 한다. 결국 공립학교의 성패여부는 교사들이 학생들에게 얼마나 윤리적으로 헌신되어 있는가에 달려있다. 1902년에 존 듀이는 우리가 학교에 기대해야 하는 것은 가장 훌륭하고 지혜로운 부모들이 그 자녀들을 위해 원하는 바로 그것이어야 한다고 쓴 적이 있다. 교육철학이나 교육과정 그리고 교수법에서의 차이는 있겠지만 모든 부모들은 학교가 자녀들을 잘 보살피고 존중해주기를 기대한다.

학교는 결국 하나의 사회로서 그 구성원들이 가진 가치를 반영하게 된다. 우리가 만들어가는 학교는 결국 우리가 살아갈 더 큰 사회를 비추는 거울이다. 학교 안에서 학생과 교사가 맺는 관계 또한 교사들 사이의 관계성을 반영한다. 교사들이 존중받고, 안전하고, 지지받고 있다고 느끼게 되면 이런 가치가 학생들과의 관계성 속에서도 비슷하게 나타나게 될 것이다. 교사들의 필요와 관계를 잘 돌보는 것이 교사와 학생, 학생과 학생사이의 관계를 잘 돌보는 것만큼이나 중요하다. 궁극적으로는 어떻게 건강한 학교공동체를 세워나갈 것인가 하는 문제는 어떻게 이 사회 속에 건강한 공동체를 만들어낼 것인가 하는 더 큰 질문으로 연결된다.

우리는 규칙적이고도 일상적인 서클의 활용이 건강한 학교공동체를 지탱해주는 중요한 하부구조라고 믿고 있다. 가정을 제외하면 학교가 아이들이 어른들과의 규칙적이고 지속적인 관계를 맺는 가장 보편적인 교육기관이다. 학생들의 배움과 성장의 질은 학생들과 교사들이 내부적으로 또는 상호간에 맺는 관계성에 의해 크게 좌우된다. 서클은 개인적인 배움과 성장을 지원하는 동시에 구성원 모두를 위한 건강하고 긍정적인 학교공동체 발전에 기여한다. 비록 만병통치약 혹은 마법의 묘약은 아니지만 우리는 서클이 배움을 지원하고 촉진시켜주는 관계성을 높이도록 돕고, 교사와 학생 모두의 건강한 정서적, 사회적 도약을 가능케 한다는 강한 신념을 가지고 있다.

학교 내 서클실천을 위한 이론적 배경

학교 안에서 서클의 힘을 이해하기 위한 것과 관련된 대략 6가지 정도의 이론들이 있다. 이 장에서 그것들을 간략하게 살펴본 후에 다시 이 이론들에 대해 심도 깊게 논의할 것이다. 이러한 이론적 근거들과 인용된 자료들의 출처에 보다 깊은 관심이 있는 독자들은 부록 제3권을 살펴보시기 바란다.

1. 통합적 아동이론

첫 번째 이론은 사회적 정서적 배움의 중요성을 강조하는 통합적 아동이론이다. "긍정심리학positive psychology"에서 얻은 통찰은 학업성취에 있어서 성격과 정서의 역할, 삶의 역경을 이기는 회복탄력성, 그리고 성인기로의 건전한 전환에 대한 이해를 높이는데 크게 기여하였다. 비인지적 요인들이 인지적 요인 못지않게 더 중요하다는 것을 밝혀낸 것이다. 지능보다는 참을성, 낙천성, 기개, 집중력, 호기심과 같은 정서적 습관들에 의해 어떤 학생이 성공적인 대학생시기를 거쳐 건강하고 만족스러운 성인기로 안착할 수 있을 것인지 예측할 수 있다는 것이다.

서클은 한 개인의 전인성whole person을 보살피고 지적, 육체적 발달뿐만 아니라 정서적, 사회적, 도덕적인 발달을 위한 공간을 제공하려는 의도를 가진 대화의 과정이다. 정서적인 습관이나 태도는 유전자에 의해 고정된 생래적 특성이라기보다는 타인과의 교류 속에서 얼마든지 개발되고 변할 수 있는 것들이다. **회복탄력성이나 내적인 능력이라 불리는 것들은 마치 근육처럼 우리가 키울 수 있어서 반복적으로 사용하면 할수록 더욱 강해진다.** 공감, 인내, 그리고 감정조절능력과 같은 정서적 기술들이 교실이나 학교공동체 속에서 학습되고 양육될 수 있다는 연구결과들이 확인되고 있다.

2. 발달 및 학습에서 관계의 중요성

두 번째 이론은 인간의 발달과 인지적, 사회적 학습에 있어서 관계의 중요성에 주목한다. 심리학의 유착이론attachment theory, 교육학의 선택이론, 철학에서 돌봄의 윤리, 사회학에서의 사회통제이론과 같은 이론들은 모두 한 아이와 성인의 유대관계가 배움 및 인간의 발달에 있어 핵심요소라는 것을 증명하고 있다. 서클은 다른 무엇보다 관계를 세워가는 과정이다. 우리는 서클의 활용이 교사들 사이와, 학생들 사이뿐만 아니라 교사와 학생 사이에서도 서로 신뢰하고 돌보는 관계성을 강화시켜줌으로써 인지적, 사회적인 평생학습에도 도움을 줄 것이라고 믿는다.

3. 통합적 학교이론

세 번째 이론은 통합적 학교이론의 범주에 해당하는 것으로서 그것은 긍정적인 학교문화, 소속감, 그리고 학교공동체에 대한 교사와 학생들의 유대감을 강조하는 이론이다. '학교 유대감'이란 학생이 학교공동체에 대해 느끼는 결속감을 포함한 개념이다. 그런데 교사와 학생 모두에게 강력한 공동체를 만드는 것이야말로 학생들 사이에 유대감을 높일 수 있는 핵심요소다. '학교의 풍토'란 내부 구성원들 사이의 존중과 배려의 정도를 가르키는 말이다. 그것은 교사와 학생의 상호작용의 질적 수준에 따라서, 학생들이 일상적으로 운동장, 통학버스, 교실이나 복도에서 어떻게 서로를 대하는지에 따라서, 그리고 교사들이 직원회의에서 서로를 어떻게 대하는지에 따라서 좌우되는 것이다.

서클은 소속감을 높이고, 타인에 대한 인식과 배려의 마음을 개발하기 위해 그리고 공동체 구성원 모두가 존중받으며 민주적인 의사결정에 참여할 수 있도록 보장하기 위해서 의도된 공간이다. 서클은 서클 내에서 그리고 더 중요한 것은 서클 밖에서도 학생들의 긍정적인 행동을 키워줄 수 있도록 구조화되었기 때문에 서클이 긍정적인 학교의 분위기를 창출하는데 매우 큰 도움이 되리라 확신한다.

4. 긍정 훈육법

학교 안에서 서클활용과 관련된 네 번째 이론은 긍정 훈육법, 특히 회복적 정의에 기초한 회복적 실천Restorative practice 이론이다. 서클은 공유된 가치를 만들고 그것을 명료화해서 그것들이 보편적이고도 명확한 행동의 규범들로 전환될 수 있도록 돕는 유용한 구조다. 서클은 또한 긍정 훈육법, 즉 가해자의 책임지기를 촉진시키고 피해자의 필요를 만족시키는 방식으로 문제를 해결하는데 있어 매우 효과적인 과정이다.

회복적 생활교육은 학교공동체 구성원 모두가 문제의 해결에 참여하도록 하며 갈등을 오히려 관계성을 강화시키는 기회로 활용함으로써 더욱 강한 학교공동체를 세워가는 것을 추구한다.

5. 트라우마에 대처하는 학습환경 만들기

다섯 번째 이론은 트라우마trauma 즉 어린 시절의 아픈 상처가 배움과 인간의 발달에 어떤 영향을 미치는가와 관련된 이론이다. 좋건 싫건 간에 학교는 어쩔 수 없이 가정과 이웃 사회로부터 무시당하고 학대당했거나 혹은 만성적인 스트레스에 시달릴 수 밖에 없었던 많은 아이들을 직면해야 한다. 이 아이들은 가정이나 지역사회에서 어른들로부터 만성적으로 방치된 환경 속에서 자라고 있다. 그렇지만 어른들의 적절한 지도guidance, 안전, 신체적·정서적 지원에 대한 이들의 필요는 좋은 시설을 갖춘 심리치료센터가 제공해 줄 수 있는 것 이상을 필요로 한다.

트라우마 이론은 이러한 아동들의 학습부진 및 비행을 접근하는 새로운 틀을 제공함으로써 교사들 및 다른 지지그룹들이 학생들의 비행에 대해 단순히 처벌로 대응하기보다는 적절한 지원과 안내guidance를 제공할 수 있게 도와준다. 트라우마에 대처하는 학습 환경이란 학생이 학교의 교사들로부터 환대와 보살핌을 경험하는 것, 교실과 학교가 신체적 정서적으로 안전하다는 것, 그리고 명확한 행동의 기준이 교사들과의 좋은 관계성과 긍정적인 개입을 통해 지속적으로 강화되는 것을 의미한다. 트라우마의 치료는 서로 지지해주는 건강한 관계성을 반복적으로 경험하는 것으로부터 시작된다. 학교는 지속적인 관계적 연결이 일어나는 공간을 창조함으로써 스트레스에 시달리는 교사와 학생들의 삶에 피난처가 되어줄 수 있는 의외의 잠재적 역량을 갖추고 있다. 건강한 관계 속에 있다는 것, 즉 자신이 인정받고 경청되며 존중받고 귀하게 여겨지는 경험은 그 자체가 치료의 모습이다.

서클의 과정은 타인과의 연결고리를 통해 자의식self awareness을 획득하고 자신의 필요를 공동체를 통해 만족시키는 건설적인 방법들을 배울 수 있는 기회를 제공한다. 더 중요한 것은 서클은 정서적인 어려움을 겪는 아이들뿐만 아니라 정서적으로 건강한 아이들에게도 유익을 준다는 것이다. 서클은 좋을 때뿐만 아니라 힘들 때에도 여전히 그 구성원들을 지지하고 양육할 수 있는 힘을 보유한 건강한 공동체가 가진 치료의 힘과 혜택을 개발하는 하나의 길이 된다.

6. 침묵의 실천

이 책에 소개하는 서클의 마지막 이론적 배경은 침묵을 서클의 구조 속으로 통합한 것이다. 서클과 마찬가지로 침묵 또한 인류역사에서 오랜 전통을 가진 행복의 기술이다.

서클은 참여자들이 속도를 늦추고 자기 자신과 타인들의 현존에 대해 집중할 수 있도록 격려한다는 점에서 그 과정 자체가 일종의 침묵의 실천이라 할 수 있다. 이 책에서는 간단한 침묵과 호흡법들을 다양한 서클과정의 일환으로 소개하고 있다.

과학적 연구결과 또한 인류가 수천년간 쌓아온 지혜와 전통들의 타당성을 입증하고 있다. 그것은 단순한 침묵의 규칙적인 실천이 정신적, 육체적, 정서적 그리고 영적인 행복을 강화시켜 준다는 사실이다. 규칙적인 운동과 마찬가지로 일상적인 침묵의 실천이 나이를 불문하고 모두에게 큰 효과가 있다는 사실이 밝혀진 것이다. 학교 안에서 침묵을 실천한 것에 대한 연구결과를 보면 아주 단순한 기술만으로도 교실내에서 학생들의 관심도와 집중력의 수준이 개선되었음을 보여주고 있다.

일곱 가지 핵심 신념
7 우리가 진실이라고 믿는 것

이번 장에서는 우리가 사람들에 대해 가진 신념들을 제시해보려 한다. 그 신념들은 인간의 본성에 대해 그리고 우리 인간과 이 세상과의 관계에 대해 우리가 진리라고 믿는 기초적인 신념들이다. 누구든지 자신이 가진 핵심적인 신념들을 정확하게 인식하는 것은 매우 중요하다. 사람들은 자신의 신념에 따라 세상을 만들어가기 때문이다. 우리는 신념이라는 프리즘을 통해 자신과 타인을 바라보게 된다.

예를 들어보자.
다음 그림을 볼 때
무엇이 보이는가?

아마도 대부분의 사람들은 그리스 도자기처럼 생긴 화분을 볼 것이다. 그러나 다른 시각에서 다시 한 번 보았을 때 마주 보는 두 사람의 하얀 얼굴이 보이는가? 그림 속에는 두 개의 이미지가 모두 존재하지만 마음으로 예상하는 바에 따라 눈으로 보게 되는 것이 결정된다. 존재하고 있는 것에 대한 신념이 그 존재를 보라보는 방식을 결정한다.

여기서 제시하려는 핵심적인 신념들은 이 책에서만 볼 수 있는 독특한 것은 아니다. 그것들은 세계도처의 지혜와 문화전통 속에서 얼마든지 만날 수 있는 것들이다. 우리는 이 책을 활용하는 독자들이 우리가 제시한 것들뿐만 아니라 자기 자신의 신념에 대해서도 고찰할 수 있는 시간을 가질 수 있기를 기대한다.

1. 모든 사람의 **내면**에는

선하고 지혜롭고 강한 자아가 있다.

우리는 사람마다 누구나 선하고 지혜롭고 강하며, 결코 사라지지 않는 자아를 지니고 있다고 믿는다. 이 책에서는 이 자아를 '핵심자아' 혹은 '참 자아'라고 부를 것이다. 누구나 이 '핵심 자아'를 가지고 있다. 그것은 당신과 당신이 만나는 학생들, 그리고 매일 함께 일하는 당신의 동료들에게도 있다. 이 자아는 지혜롭고, 친절하고, 바르고, 착하며 강하다. 이 핵심자아는 파괴되지 않는다. 과거에 무슨 짓을 했건, 어떤 일이 일어났던 간에 이 자아는 처음 태어나던 날과 다를 바 없이 여전히 선하고 지혜롭고 강하다.

자아를 이렇게 보는 방식은 한 사람의 행위doing와 존재being를 별개로 본다는 것이다. 우리의 행위가 우리 존재의 모든 것은 아니다. 이 점에 대해 우리는 가끔 혼란스러워한다. 우리는 가끔 자신이 수행하는 역할이나 자신의 감정을 자신의 자아로 착각한다. 그러나 우리가 행동하고 느끼는 방식이 우리가 누구인지 말해주는 것은 아니다. 우리의 핵심자아가 늘 우리의 행위와 감정을 통해 드러나는 것은 아니다. 우리가 선택하는 행위 혹은 우리가 쓰는 가면의 이면에는 더 깊고도 건강한 자아가 자리잡고 있다.

학생들과 모든 학교 구성원들이 그들의 '참자아'가 지닌 선함과 지혜로움을 들을 수 있도록 돕는 것은 그들이 이 세계 속에서 자신들의 깊은 내면의 자아에 부합하는 행위를 하도록 돕는 첫 걸음이 된다.

비유컨대, 굴의 껍질은 거칠고, 온갖 상처와 혹들로 얼룩져 있다. 그래서 누군가는 그것을 추하다고 말할지도 모른다. 그러나 그 안에 멋지고 놀랍도록 아름다운 진주가 있다. 우리의 자아도 이와 같다.

2. 이 세상은 **깊이** **연결**되어 있다.

인간은 우리가 우주라고 부르는 전체의 일부로서 시간과 공간의 제약 속에 있다. 인간이 그 자신과, 그의 생각, 감정을 자신 이외의 것들과 분리된 것처럼 경험하지만 그것은 일종의 착시현상이다. 이 착각은 우리에게 일종의 감옥과도 같아서, 우리가 자신의 욕망 그리고 매우 가까운 소수의 사람들에게만 신경을 쓰도록 우리를 가두어 버린다. 우리가 반드시 해야 할 일이란 우리가 가진 공감능력의 범위를 이 땅의 모든 생명체와 자연계로 확장함으로써 우리 스스로를 이 자폐의 감옥으로부터 해방시키는 것이다. _아인슈타인_

'카오스 이론'에 따르면 남아메리카에서 나비가 날개 짓을 할 때 그로 인해 북아메리카에서는 바람의 방향이 달라진다. 이것은 전 지구적 차원에서 자연의 힘들이 상호 연결되어 있음을 말해주는 것이다. 기후변화 역시 자연의 상호연결성을 뚜렷하게 보여주는 사례다. 우리의 행동이 자연에 미치는 결과를 언제나 자각하는 것은 아니다. 그러나 궁극적으로 우리가 하는 행동에 따라 그 결과가 달라진다는 것을 알아야한다. 아메리카의 지혜전승에선 이것을 "가는 것은 반드시 되돌아온다"고 말하며, 성서에서는 "뿌린 대로 거둘 것"이라고 표현한다.

특히 인간관계에서 우리는 매우 깊게 서로 연결되어 있다. 원주민들이 사용하는 '우리는 모두가 친척이다'는 말은 인류가 모든 생명체와 연결되어 있으며 자연계의 일부라는 의미이다. 아프리카의 전통사회에서는 이것을 '한 사람 한 사람이 근원적으로 전체의 일부'라는 의미로 "우분투"라 한다. "우리가 있기 때문에 내가 있다"는 뜻이다.

우리는 이 원칙이 우리가 포기해도 되는 아이나 어른은 없다는 것을 상기시켜준다고 믿는다. 누군가를 낙제시키거나, 심지어는 물건 하나를 처분할 때조차 사실 우리는 우리 자신의 일부를 내다버리는 것이다. 우리가 누군가를 배제할 때 우리들 자신뿐만 아니라 공동체로 연결된 모든 이들이 타격을 받게 된다. 그래서 출석정지나 제적과 같은 조치들이 촘촘하게 상호 연결되어 있는 관계망을 타고 의도하지 않았던 결과들을 가져오게 되는 것이다. 우리가 늘 의식하지는 못한다 해도 우리는 서로 연결되어 있기 때문에 내가 타인들에게 하는 행위가 곧 나에게 하는 행위이기도하다.

반가운 소식은 내가 누군가를 지지해주었던 말들, 공감해준 순간들, 그리고 자발적인 친절의 행위들과 같이 아주 작은 긍정적인 행동들 역시 서로 연결된 관계망을 통해 증폭된다는 것이다. 여러 지혜전승들은 우리가 이것을 명심하고 처신하라고 가르치고 있다. 부처는 이렇게 말했다.

아주 하찮은 것이라 해도 잘못된 행위를 간과하지 말라. 하나의 불꽃이 아무리 작을지라도 산처럼 커다란 건초더미를 완전히 태워버릴 수 있다. 하나의 작은 선한 행위가 무슨 소용이 있겠느냐고 생각하여 그것을 무시하지 말라. 아주 작은 물방울들이 종국에는 거대한 그릇을 채우고도 남는다.

3. 모든 사람은 좋은 관계에 대한 깊은 갈망이 있다.

우리는 모든 사람이 사랑하고 사랑받기를 또 존중받기를 원한다고 믿는다. 사람들의 행동만 놓고 보면 그렇지 않아 보일 수도 있다. 특별히 타인으로부터 사랑받거나 존중받아본 경험이 없는 사람의 경우에는 더더욱 그렇다. 그러나 뼛속 깊은 곳에서부터 우리는 사람들과의 좋은 관계를 원한다. 넬 나딩스Nel Noddings는 아이들은 자신들에게 중요한 사람 그리고 자신들을 중요하게 여기는 사람의 말을 듣는다고 지적했다.

우리는 인간의 본성을 문제거리로 바라보는 것을 멈춰야 한다. 멕 휘틀리Meg Wheatley가 말했듯, 인간의 본성은 문제가 아닌 축복이다. 우리의 문화는 인간의 부정적인 측면에 초점을 맞추려는 경향이 있다. 인간의 탐욕, 분노, 두려움, 그리고 질투와 같은 강력한 감정들이 인류가 겪는 상당수의 고통에 대해 원인을 제공하는 것은 사실이지만 그것은 인간에 대한 반쪽짜리 이야기일 뿐이다. 오늘날 문화현실 속에서 우리는 인간본성의 선함이라는 확고한 사실을 반드시 기억할 필요가 있다.

> 세상에는 많은 육체적, 물질적, 정신적인 괴로움이 있다. 그러나 가장 큰 괴로움은 외로움, 사랑받지 못함, 그리고 주위에 아무도 없는 괴로움이다. 나는 갈수록 더욱 더 한 인간이 경험할 수 있는 최악의 질병은 누구도 그를 원하지 않는 것임을 깨닫고 있다.
> 마더 테레사

학급에서 지지받고 성공하고 있다고 느끼는 학생들은 문제를 일으키지(act out) 않는다.
학교에서 지지받고 성공하고 있다고 느끼는 교사들은 소진되지(burn out) 않는다.
이스터 라이트(Esther Wright)

4. 누구나 재능이 있으며 그 재능이 발현되려면 모든 이들의 도움이 필요하다.

원주민들의 가르침에 따르면 모든 아이는 대지로부터 네 가지의 독특한 재능을 부여받고 태어난다. 어른들에게는 이러한 재능을 알아보고 그것을 잘 개발하도록 도울 책임이 있다. 그래야 아이들이 어른이 되었을 때 자신만의 고유한 생의 목표를 깨닫고 타인을 돕는데 자신의 재능을 활용할 수 있을 것이다.

스와힐리 속담에 따르면 우리가 서로에게 줄 수 있는 최고의 선물이란 자신의 부요한 것을 나눠주는 것이 아니라 남들로 하여금 그들이 스스로 얼마나 풍부한 것들을 지니고 있는지 깨닫도록 돕는 것이다. 우리 모두가 다른 누군가에게 기여할 수 있는 소중한 무엇인가를 가진 존재라는 인식이 중요하다.

우리는 인간 사회에서 다양한 재능들은 공동의 복지와 불가분의 관계라는 것을 믿는다. 자연에서도 다양성은 강함의 원천이다. 상호의존성은 생존을 위한 필수요소다. 그것이 자연의 법칙이다. 인체 각각의 세포는 몸 전체에 기여하는 자신만의 독특한 기능을 수행한다. 가족이나 조직 내에서도 그렇다. 서로 다른 사람들이 필요하다. 그래야 서로 다른 것을 보고 다르게 움직일 수 있기 때문이다. 다양한 재능과 성격 그리고 다양한 관점을 가진 사람들의 기여가 있어야 우리가 필요한 것을 얻어낼 수 있는 혁신적인 해결책을 찾을 수 있다.

그러려면 누구도 혼자서 모든 답을 다 가질 수 없다는 겸손함 그리고 남들이 우리에게 제공하는 재능에 대해 마음을 열고 수용하는 감사하는 마음이 필요하다.

우리는 모든 사람들이 그들 본연의 모습으로 살아가도록 . 비록 그 사람이 나와 너무나 다르고, 이 세상을 나와는 매우 다른 시각에서 바라보고, 결국 나에게 동의하지 않는다 할지라도.
캐롤라인 A. 웨스터호프(Caroline A. Westerhoff)

5. 긍정적인 변화를 위해 필요한 모든 것들은 이미 우리에게 주어져 있다.

너 스스로를 채집할 것
'분투'라는 단어를 너의 사전에서 삭제할 것
우리가 하는 모든 일들은 신성하게 그리고 축제처럼 이뤄져야 하리니
우리가 여태 기다려왔던 것은 다름 아닌 바로 우리 자신들이라네

호피 인디언, 2001

이 책에서 소개하는 내용들은 인간의 강점에 기반을 둔 모델이다. 우리는 학교 공동체 내에서 긍정적인 변화를 이끌어내기 위해 필요한 모든 것이 이미 우리에게 주어져 있다고 믿는다. 우리의 가장 위대한 보물이자 희망이라 할 수 있는 인간의 창의성과 헌신을 믿기 때문이다. 결점 모델은 변화를 만들고자할 때 무엇이 부족한지를 먼저 규명하려고 한다. 우리 인류의 보편적인 필요를 만족시키기 위한 자원은 부족할 뿐만 아니라 지금도 점점 감소하고 있다고 생각하기가 쉽다. 그러나 우리가 흔히 자원이 부족하다고 여기는 것이 사실은 가치와 우선순위의 문제인 경우가 많다.

학교 공동체 속에는 누군가 발굴해 주기를 기다리고 있는 수많은 지혜와 재능의 보고寶庫가 있다고 믿는다. 우리 스스로를 새로운 학교의 문화 창조자로서 보지 못한다면, 우리가 가진 학교변화의 능력을 스스로 부정하게 된다.

우리는 학교 안팎의 모든 인적 구성원들인 학생, 교사, 학부모와 그들의 확대 가족들, 관리자들, 실무사들, 지킴이들, 행정요원들, 그리고 지역사회의 모든 인적자원들의 지혜와 창의적인 에너지를 어떻게 끌어들일 것인지 알아야 한다. 멕 휘틀리는 우리가 자신의 주위를 둘러보고 누가 그곳에 함께 하고 있는지 살펴보라고 말한다. 그 이유는 한 생명체가 어려움을 겪을 때, 가장 우선적으로 할 일은 자신에게 말을 거는 것, 그리고 특별히 자신의 일부임에도 불구하고 모르고 있었던 사람들과 대화해야 하기 때문이다. 이를 통해 우리가 가진 집단적 잠재력을 마음껏 발휘하여 결국 우리가 원하는 세상을 만들어갈 수 있다. 우리 자신들이야말로 우리가 그토록 기다려왔던 바로 그 사람들이다.

6. 인간은 통합적 존재다.

영어에서 "건강"과 "전체"라는 단어는 어원이 같다. 우리가 하는 행동들 속에는 이성, 육체, 감정 그리고 영혼이 모두 포함되어 있다. 그것들은 모두 동등한 비중을 지닌다. 이성, 육체, 감정 그리고 영혼이 모두 각각 배움의 방법들, 그리고 지식과 지혜를 모두 아우르고 있는 배움의 원천을 제공해 준다. 배움이란 이성뿐만 아니라 몸과 마음 그리고 영혼이 모두 참여하는 통합적인 과정이다. 우리의 몸을 어떻게 활용하느냐가 우리 정신활동에도 영향을 끼치는 것이다. 만일 아동이 굶주리고 지쳐 있거나, 춥거나 아프다면 제대로 배울 수 없다. 우리가 타인들에 대해 가진 느낌 또한 배움에 영향을 준다. 오늘날 두뇌연구에 의하면 정서가 담긴 정보가 그렇지 않은 정보에 비해 우리의 두뇌에 훨씬 깊이 각인되며, 아동들은 교사가 자신들에게 관심이 있다는 사실을 알기 전까지는 교사가 가진 지식에 대해 관심을 보이지 않는다. 또한 교실 내에서 정서적이고 물리적인 안전이 확보되지 않을 때 학생들의 인지적 사고와 배움에 방해가 되는 부정적인 감정들이 생겨난다는 것을 우리는 이미 알고 있다.

건강한 학교문화를 창조하려는 우리의 접근방법은 우리 자신의 모든 부분들, 즉 우리의 지성과 감정과 영혼과 육체를 모두 끌어 들이는 것이다. 우리는 인간의 잠재능력 가운데 하나인 다중지능을 키우기 위해 우리 존재의 모든 영역들이 가진 필요들을 잘 만족시키도록 힘써야 한다.

> 훌륭한 교사가 창조해내는 연결성은 그들의 교수법이 아닌, 마음속에 담겨 있다.
> 마음은 지성과 감정과 영혼과 의지가 교차하는 곳이다.
> 파커 팔머 Parker Palmer

7. 우리는 진정한 자아로

살아가는 습관을 만들기 위해 연습이 필요하다.

체로키 부족 출신의 한 할아버지가 손자에게 이야기를 들려주고 있었다.

"얘야, 지금 내 안에서는 싸움이 벌어지고 있단다."

두 마리의 늑대가 싸우는 끔찍한 전쟁이지. 그 중 한 놈은 매우 사악하고 고약한 놈이야.

그놈은 분노, 질투, 전쟁, 탐욕, 연민, 슬픔, 후회, 죄책감, 열등감, 거짓말, 오만, 우월감, 이기심, 그리고 불손함과 같은 것들이란다.

다른 또 한 마리의 늑대는 매우 선하고 아름답단다.

그는 다정하고, 즐겁고, 평화롭고, 사랑이 많고, 희망적이고, 고요하고, 겸손하고 친절하고, 정의로우며 인정이 많아.

네 안에서도 그리고 모든 사람의 마음 속에서도 이와 같은 전쟁이 일어나고 있단다.

듣고 있던 손자가 물었다. "그런데 할아버지, 어떤 늑대가 이겨요?"

할아버지는 손자를 보며 이렇게 말했다. "네가 먹이를 주는 늑대란다."

우리에게는 우리가 진정한 자아와 연결되도록 도와줄 연습이 필요하다. 그래야 우리는 우리가 추구하는 가치와 발맞추어 살 수 있고 교실 및 학교 안에서 건강한 관계들을 만들어갈 수 있다. 학교 공동체 안에서 교사와 학생들 간의 관계는 어떤 의도의 산물이다. 만일 우리가 긍정적인 관계성들을 소중히 가꾸려는 의지가 있다면 관계는 저절로 풍성해 진다.

그러나 오늘날 학교의 현실은 참된 자아의 주위에 벽을 쌓게 하고 그로인해 자신의 참자아로부터 그리고 타인들로부터 더 큰 소외감을 느끼게 하고 있다. 오늘의 학교는 우리 내면에 잠복해 있는 늑대를 두려워하거나 불신하면서 오로지 남들보다 더 큰 힘을 갖는 것에만 몰두하도록 우리를 부추긴다. 그동안 우리는 타인들의 감정에 대해 우리의 마음과 생각을 닫아버리는 습관을 계속 키운 결과 마침내 우리 자신의 진정한 자아와도 차단되고 말았다.

이 책에서 소개될 서클들은 우리가 내면의 건강한 자아와 연결되고 또 학교 안에서 긍정적인 관계들을 더욱 풍성하게 가꿔줄 수 있는 검증된 방법들을 제시할 것이다. 평화만들기 서클은 우리 안의 선한 늑대를 먹이고 양육하는 실습의 과정이라 할 수 있다. 우리가 직접 서클을 실천할 때, 바로 거기서 서클의 마법이 일어나는 것이다.

학교 내 건강한 관계에 대해 생각해보기

힘에 대하여

모든 사람에게는 건강한 힘을 갖고 싶어 하는 근원적 욕구가 있다. 우리의 신념에서 살펴 보았듯, 우리의 핵심자아는 선하고 지혜로우며, 강하다. 한 개인의 핵심 자아로부터 발현되는 힘은 건강하다. 그 힘은 누군가의 희생이라는 댓가를 치루고 발휘되는 것이 아니다. 우리가 남들로 하여금 그들의 핵심 자아와 연결되도록 도울 수 있다면, 그들이 다른 사람을 다치게 하는 방식으로 그 힘을 쓸 가능성은 거의 없다.

우리가 가진 힘은 타인들에게 영향을 준다. 우리는 우리가 가진 힘이 미치는 영향력에 대해 주의를 기울여야 한다. 그 중 한 가지 방법은 남들이 우리의 힘을 어떻게 경험하고 있는지에 대한 피드백을 요청하는 것이다. 사람들마다 타인들과 좋은 관계를 맺고 싶어 하는 근본욕구를 가지고 있다는 말은 자신들이 남들 위에 군림하고자 하는 힘의 욕구를 버리고 남들과 공유할 수 있는 힘을 가져야 한다는 것을 의미한다. 이런 힘의 전환이 일어날 때 우리는 타인들과의 좋은 관계가 가져다주는 기쁨을 맛볼 수 있다.

우리 모두에게는 재능이 있다. 우리가 가진 재능은 내가 타인들과 공유할 수 있는 긍정적인 힘을 느낄 수 있는 심리적 공간을 마련해 준다. 학교 내에는 아이들이 가진 재능을 키워주고 또 그 재능을 예찬해 줄 수 있는 많은 기회들이 있다. 학교가 모든 학생들이 빛날 수 있도록 또 그 학생들의 재능이 드러날 기회를 열어주기 위해 더 많이 노력하면 노력할수록 더 많은 학생들이 학교공동체 구성원의 일원으로서 자신이 가진 건강한 힘을 느낄 수 있을 것이다.

이 책에 실린 서클 실습들은 힘을 둘러싼 우리의 느낌들, 가령 어디서 우리가 힘을 얻고 또 어디서 무기력함을 느끼는 가와 같은 것들을 더욱 예리하게 인식할 수 있도록 돕는다. 이렇게 예리해진 인식은 우리가 선택을 하거나 혹은 타인들이 선택할 수 있도록 도와준다. 선택한다는 것은 남을 해치지 않는 방식으로 자신이 가진 힘을 확인하고 싶어 하는 인간의 자연스러운 욕구를 충족시키는 것이다. 우리는 개인적으로든 집단적으로든 우리가 필요로 하는 힘을 우리 내부에 이미 가지고 있다. 우리 안에 있는 그 힘은 충분하다. 변화를 만들어내기 위해서 우리가 남들을 지배할 수 있는 힘을 가져야 하는 것도 아니거니와, 남들로부터 그런 힘을 훔치지 않아도 된다.

우리 사회에서 힘이 작동하는 방식은 엄청난 피해를 양산해 왔다. 그 이유는 우리 사회가 서열 중심 사회이기 때문이다. 서열이 높은 사람들이 자신들보다 서열이 낮은 사람들 위에 군림한다. 서열사회에서는 서열의 높고 낮음을 근거로 가치를 매긴다. 더 큰 힘을 가진 사람이 한 인간으로서 더 가치롭게 여겨지며 그에 상응하는 대접을 받는다. 상하관계로 맺어진 이러한 구조는 우리의 가정과 학교로부터 신앙공동체, 사회기관, 직장, 그리고 정부에 이르기까지 모든 곳에서 작동하고 있다. 개인과 공동체 그리고 공적인 삶의 영역에서 이루어지는 모든 사람들의 상호작용 속에 바로 이 힘의 논리가 자리 잡고 있는 것이다. 힘의 역학이 우리의 상호작용 방식에 막대한 영향을 끼침에도 불구하고, 이러한 힘의 역학관계는 거의 자각되지 않고 있다.

영향력 그리고 통제의 역설 :

다른 기관들처럼 학교에서도 질서가 필요하다. 일반적으로는 교사들과 어른들이 권위를 갖게 되고 이 권위는 학생들이 보다 큰 공동체에 도움이 되는 방향으로 행동하게 하는 하나의 권력이 되어서 교사들이 가진 권위에 협력할 것을 요구한다. 합법적인 권위를 존중하고 거기에 협력하는 법을 배우는 것은 건강한 어른으로 성장하기 위한 자연스러운 과제다.

그러나 이 권위가 가진 힘에는 역설이 있다. 만일 각 개인들이 그 권위가 합법적이고 공정하다고 느낀다면 그 힘을 수용하고 존중할 것이다. 반면에 그것이 부당하다고 느끼면 그 힘에 대해 분개하고 저항할 것이다. 여기에 역설이 존재하는데 교사의 권위가 정당한 것으로 받아들여지기 위해서는 학생 개인들이 교사로부터 존중받고 있음을 느껴야 한다. 학생들의 행동을 통제하기 위한 교사들의 권위적인 시도가 많은 경우에 있어서 역효과를 나타내는 이유는 학생 개개인의 힘이 인정받지 못한다고 느끼기 때문이다. 속담에도 있듯이

관계성이 없는 통치는 반란을 야기한다. 교사와 학생의 관계가 건강할 때는 권위가 상호존중이라는 교감 하에 발휘되기 때문에 학생들이 가진 개인적 힘에 대한 기본욕구를 위협하지 않는다.

존중과 신뢰의 관계성 속에서 교사들은 학생들의 행위에 엄청난 영향력을 미치게 된다. 학생들은 자신들의 삶에 중요한 의미를 가진 이들과 긍정적인 관계를 유지하고 싶어 하는 강한 욕구를 가지고 있기 때문이다. 교사들이 학생들과 좋은 관계를 맺을 수 있는 원천을 개발하면 할수록 교사들의 권위는 더욱더 존중받게 된다. 역설적이게도 교사들이 학생들을 통제하기 위한 힘을 덜 사용하면 할수록 권위에 대한 건강한 존중의 문화가 만들어지고 결국 학생들이 좋은 행동을 빚어갈 수 있도록 더욱 큰 영향력을 발휘할 수 있다.

힘이란 원래 선한 것도 나쁜 것도 아니다. 그 힘을 사용하는 것은 건설적일 수도 해로울 수도 있다. 서열체제 속에서 힘은 흔히 타인들을 대상으로over 행사된다. 군림하는 관계성은 매우 심각하고 해로운 결과를 맺게 된다. 낮은 서열의 역할을 맡게 된 사람들은 자신들이 덜 가치롭고, 유능하지 못하며 자신들의 운명을 스스로 통제할 수 없다고 느끼게 된다. 반면 힘을 행사하는 이들은 언제 그 힘이 발휘되는지 조차 감지하지 못한다. 그러면서도 상호작용이 잘되고 있다고 느끼기 십상이어서, 자신들의 힘을 어떻게 사용하느냐에 따라서 발생할 수도 있는 엄청난 위험요인을 간과하게 된다. 교사들은 학생들에게 힘을 행사할 수 있는 서열구조 속에서 역할을 수행한다. 학생들은 흔히 중산층이라는 배경을 갖지 못한 부모들과 마찬가지로 학교라는 공간을 자신들이 전혀 힘을 행사할

수 없는 곳으로서 경험한다.

가치의 문제가 힘과 결부되어있기 때문에 사람들은 자신의 가치로움을 확인하기 위해 힘을 추구한다. 합법적인 방식으로 자신이 힘을 갖고 있다는 느낌을 얻지 못하게 되면 다른 방식으로 힘을 추구하기도 한다. 학교를 분란 속으로 빠뜨리는 부적절한 많은 행위들은 자신에게 힘이 없다고 느끼는 이들이 힘을 쟁취하기 위한 시도인 것이다. 이렇듯 힘에 대한 인간의 욕구는 무척 근본적인 것이다. 자기결정권과 자아실현에 대한 추구는 – 둘 다 건강하고 자연스러운 힘의 발휘를 필요로 하는 것들이다 – 내재된 인간의 욕구다. 이러한 욕구의 좌절은 무척 깊숙한 감정들을 자극한다. 자신이 아무런 힘없는 존재라는 느낌은 분노, 우울, 상처, 그리고 절망감을 부추긴다.

서클은 개인들과 그룹들이 서로가 보는 앞에서 자신들이 건강한 힘을 행사하고 있음을 경험하도록 도와준다. 각 사람마다 자신의 목소리를 내고 존중받는다. 서클에서 더 중요하거나 덜 중요한 사람은 없다. 서클에서 자기 결정권 – 자신의 목소리를 내기, 말하기를 선택하기 –과 같은 개인적 힘을 경험할 수 있다. 또 누구에게도 특권을 부여하지 않고 모든 사람의 합의로 이루어지는 결정은 서클이 가진 집단적 힘이다.

정의에 대해

사람들은 누구나 강한 정의감을 타고난다. 공평하지 않거나 무시당하는 대접을 받게 되면 사람들은 부당한 취급을 받았다고 느낀다. 이렇듯 정의란 법에 의해 규정되는 것이 아니다. 자신들의 삶에서 만나게 되는 모든 관계성들을 정당한 것으로 혹은 부당한 것으로 바라본다. 정의롭지 못하다는 느낌을 갖게 되는 관계성은 분노, 원망, 불신, 그리고 수치심과 같은 부정적인 감정을 유발하게 되고 그 결과 사람들을 자극하여 부당함과 불균형을 바로잡기 위한 행동에 나서게 한다. 반면 공평하고 정의롭게 여겨지는 관계는 조화로움과 평화, 안정감, 그리고 만족감을 키워준다.

이미 살펴 본대로, 청소년들은 어른들이 자신들의 힘을 존중하지 않는 방식으로 권위를 행사하려고 할 때 자신들과 어른들의 관계를 부당한 것으로 받아들인다. 그러나 청소년들이 의미있는 선택을 할 수 있도록 그들의 힘을 존중해주는 어른의 권위는 존경한다. 학교 안에서 학생들이 그들 자신과 그들의 공동체를 스스로 잘 통제해 나가도록 참여하는 것을 교사들이 존중할 때 진정한 협력이 가능해진다. 이것은 교사와 학생이 동등한 힘을 가지고 있다는 의미라기보다는 학생들에게도 학교공동체 내에서 그들의 역할과 나이에 맞는 정당한 힘을 발휘할 권리, 그리고 존중받을 동등한 권리가 있다는 것이다.

어떤 공동체에서건 한 사람이 다른 사람을 부당하게 대했을 때는 진정한 사과와 책임을 통해 자신의 잘못을 시인하고 바로잡는 과정에 당사자들을 참여하게 함으로써 정의를 회복할 필요가 있다. 미래의 관계가 더 이상 부당하다는 느낌에 의해 얼룩지지 않기 위해서는 부당한 대우를 받았다고 느끼는 사람과 피해를 입힌 사람이 직접 과정에 참여하는 것이 관계회복에 매우 중요하다.

회복적 생활교육은 당사자들 모두 상호존중과 공평을 느낄 수 있는 정도까지 관계를 회복하는 것이 당사자들뿐만 아니라 공동체 모두의 복지를 위해 가장 중요한 목표라는 이해 위에 기초하고 있다. 갈등의 당사자들이 지속적으로 관계를 유지해야하는 학교에서 특히 이점이 더 중요하다. 당사자들이 결과에 대해 공평하고 정의롭다고 느낄 수 있게 갈등을 해결해야 긍정적이고도 건강한 학교문화를 지속할 수 있다. 정의란 매우 개인적인 경험이어서 제 3자에 의해 해결될 수 없다. 서클은 부당한 일이 일어났을 때 정의가 실현되는 것을 직접 경험할 수 있는 절차를 제공해준다.

소속감에 대해

소속에 대한 욕구는 단지 사회화의 산물은 아니다. 그것은 사람들의 뼛속 깊이 각인되어 있다. 이 욕구는 너무나 중요해서 사람들은 심지어 자신의 가치를 위반하고 자신의 참 자아로부터 분리되는 한이 있더라도 그 욕구를 충족시켜주는 일이라면 어떤 일이라도 하려고 한다. 건강한 방법으로 그 욕구가 채워지지 않으면 바람직하지 못한 방법에라도 기대려고 한다.

사람들이 참자아로부터 우러나는 행동을 하기 원한다면 소속의 욕구를 만족시킬 수 있는 건강한 방법을 제시할 수 있어야 한다. 기초적인 가족에 대한 소속감은 너무 중요하지만 그것으로는 충분치 않다. 성장의 과정에서 가족 그 이상의 소속감이 필요하다. 확대가족, 마을, 문중과 같은 것들이 이러한 요구를 일차적으로 충족시켜준다. 그러나 오늘날 현대사회에서 직계가족을 넘어서는 확대가족이나 마을이 그런 소속의 욕구를 채워줄 수 있으리라고 기대하기는 어렵다. 아이들은 의

무적으로 학교에 가야하고 학교에서는 친구들뿐만 아니라 교사들과도 지속적인 관계를 맺어야 한다. 좋건 싫건 어쨌든 학교는 아이들이 소속감 또는 소외감을 경험하는 하나의 지역사회가 되어버린 것이다. 소속감을 느끼느냐 오히려 소외감을 느끼느냐에 따라 아이들의 인생에 엄청난 영향을 미치게 된다. 그들이 학교 내에서 소속감을 느끼지 못하게 되면, 가족이외의 다른 곳에서 소속감을 확인할 곳을 찾으려한다. 가족을 넘어선 소속감에 대한 욕구는 특히 중등과정에 있는 아이들이 한번은 거쳐야 할 매우 강력한 발달단계의 필수적인 과정이다.

소속된다는 것의 의미는 받아 들여 질뿐만 아니라 그 존재가치를 인정받는다는 것이다. 존재감이 있다는 것, 그리고 그 존재감이 환영받는다는 것이다. 소속감에는 그런 존재의 받아들여짐과 더불어 그 그룹에 속한 타인들을 수용하고 귀하게 여겨야 할 책임감과 의무 또한 함께 온다. 때로 소속된다는 것은 함께 행동하는 것에 기초한다. 함께 어떤 특정한 일을 한다는 것은 매우 의미있는 일이기 때문이다. 소속된다는 것은 때로는 우리의 존재에 기초를 둔다. 집단적인 정체성 및 우리가 누구인가에 대해 공유된 가치와 비전이 매우 중요하기 때문이다. 이 두 가지 모두 인간의 건강한 성장을 위해 필요하다.

학교는 함께 행동하는데서 오는 소속감, 그리고 공유된 정체성을 갖는데서 오는 소속감 모두를 건강하게 경험할 수 있는 기회를 제공해줄 수 있다. 바람직한 공동체에 속해 있다는 느낌은 학교생활에서 성공의 중요한 요인이라 할 수 있는 배움, 협력, 그리고 개인의 성장을 촉진한다. 소속

되어 있다는 것은 함께하는 집단의 성공과 그 집단의 모든 구성원들의 복지에 대해 지분을 갖고 있다는 것이다. 소속감을 느낄 때 공감과 연민의 마음이 더욱 더 발휘되는 것이다. 그런데 이 소속의 욕구는 자율성의 욕구와 긴장관계에 있기도 하다. 둘 다 중요한데 때로는 그 욕구들이 우리의 내면에서 충돌하기도 한다. 소속에 대한 욕구와 독자적으로 행동하고자 하는 욕구사이의 균형을 맞추는 것은 우리가 평생에 걸쳐 노력해야할 기술이다.

학교는 모든 학생들 내면에 소속감을 키워주어야 한다. 소외감에 대한 두려움과 고통이야말로 교내에서 발생하는 대부분의 폭력과 상해의 근본원인이다. 모두가 소속감을 느끼며 함께 살고 있다는 느낌이야말로 교사들이 고안해낼 수 있는 최고의 학교폭력예방대책인 셈이다. "평화구현서클"을 하다보면 학생들이 소속감을 갖고 학교생활을 하는데 많은 도움이 된다. 서클은 소속감을 창조해낼 뿐만 아니라 그것을 강화시킬 수 있는 방법을 제시해준다. 서클 안에서는 서로가 소속될 수 밖에 없기 때문이다. 서클에서 설령 참여자가 발언하지 않기를 선택했다 할지라도 그는 여전히 서클에 소속되어 있고 소중한 존재로 대접받는다. 서클에서는 토킹스틱 하나만으로도 다음과 같은 메시지가 전달된다. "당신이 이 서클에 있는 한, 이 토킹스틱이 당신에게 갈 것입니다. 당신은 이 서클에 소속되어 있습니다. 우리는 당신을 보고 있습니다"

기쁨에 대해

사람들이 그들의 삶에서 기쁨을 원하고 또 기쁨을 누릴 수 있는 기회를 극대화하려 한다는 것은 분명해 보인다. 사람들은 기쁨을 경험할 수 있는 능력을 가지고 태어났다. 어떤 아기라도 문화적 배경과는 상관없이 미소짓는 얼굴을 보면 기뻐서 어쩔 줄을 모른다. 이런 보편적인 반응은 기뻐할 수 있는 인간의 내적능력을 확증해 준다. 수피교의 시인 루미는 우리의 이런 기쁨의 능력을 다음과 같이 노래한다.

계속 두드리세요, 그러면 내면의 기쁨이
마침내는 누가 두드리고 있는지 알아보려고
창문을 열게 될 것입니다.

기쁨은 강력한 긍정경험이다. 그것은 에너지를 공급해주고 마음의 중심을 열어 타인과 연결되게 해준다. 그것은 수동성과 고립감은 줄여주고 자신과 타인에 대한 확신감을 키워준다. 기쁨은 명료하게 생각하고 말할 수 있는 능력을 배가시켜준다. 학생이건 교사건 우리의 정신은 기쁨이 동반될 때 훨씬 효율적이다. 몸 또한 기쁨에 대해 긍정적으로 반응한다. 전인적 관점에서 보자면 인간의 정신적, 육체적, 정서적, 그리고 영적인 행복이 기쁨의 경험을 통해 강화된다. 간단히 말해서 기쁨은 스트레스의 해독제다.

교사들이 어려운 도전이나 혹은 그저 평범한 스트레스 및 일상의 고단함에 직면할 때면 의도적으로라도 자신과 타인들의 내면에 기쁨의 경험을 키워나가야 한다. 배움이란 좌절, 실망, 그리고 고난으로 가득한 경험이어서 그 배움의 과정에는 지지와 격려뿐만 아니라 어떤 작은 이정표에 도달하거나 큰 업적을 이루는데서 오는 즐거운 만족감이라는 보상이 있어야 한다. 학생들이 성취를 보일 때마다 – 아무리 작고 점진적인 것이라 해도 – 그 성취를 잊지 않고 기념해주는 것은 기쁨의 긍정적인 효과를 지속적으로 유지시켜주는 열쇠가 되고 이 경험이 평생교육으로 연결된다.

어려운 상황에서도 기쁨을 찾아내는 능력은 회복탄력성의 핵심 요인이다. 모순이라고 느낄 수도 있겠지만 역설이다. 기쁨이나 즐거움이라는 긍정적인 감정과 함께 분노, 두려움, 슬픔과 같은 정서적 고통을 느끼는 능력은 인간의 내면에 깊게 새겨진 생물학적인 감정체계의 한 단면이다. 기쁨의 감정을 키우기로 선택한다는 것이 고통, 어려움, 부당함과 같은 것들을 못 본척한다는 의미는 아니다. 고통의 심연을 깊게 들여다보면서 동시에 긍정적인 가능성들을 여전히 붙든다는 것이다. 현실에 대한 깊은 진실을 알면서도 기쁨을 인식하는 것은 공존가능하다.

기쁨은 전염성이 있다. 교실과 학교 안으로 기쁨을 가져가면 다른 사람들 또한 거기에 영향을 받아 기뻐하게 된다. 따뜻하고 환대하는 분위기가 넘치는 가정이 기쁨과 만족의 느낌을 퍼 올리듯 학교도 마찬가지다. 교사와 학생 모두 기분 좋은 행복감을 느낄 때 더 잘 배우고, 가르치고, 성장할 수 있다.

기쁨을 개발하는 것은 습관과도 같아서 습관이 커질수록 더욱 강화된다. 그러나 처음에는 의도적인 선택과 노력이 필요하다. 서클은 자기 자신과 타인들을 기쁘게 환대함으로써 모두가 연결되는 공간이다. 서클은 즐거운 학교환경을 조성해가는 하나의 방법이다.

학교 안에서 서클이 갖는 힘과 도전

어떻게 서클이 건강한 학교풍토를 만드는 강력한 도구가 되는가

학교는 매우 강도 높고 역동적인 조직이다. 그러므로 구성원들이 함께 협력할 수 있는 길들을 지속적으로 찾아야한다. 구성원들의 협력의 질이 학교의 성패와 관련된 모든 영역에 영향을 준다. 서클은 집단 내부의 연결과 이해 그리고 대화를 촉진하기 위해 고안된 매우 구조적인 의도된 공간이다. 서클은 조직의 가장 기본적인 기능인 상호협력의 방법들 예를 들면 관계 만들기, 공유된 약속 정하기, 난관 극복하기와 같은 방법들을 고안해내고자 할 때 매우 강력한 도구가 된다. 서클이 공동체의 그런 기본적인 기능들을 수행하면서 개인의 필요와 집단의 필요 사이에 건강한 균형을 잡아준다.

서클을 자주 실천하면 할수록 서클에 내재된 철학과 가치가 교사와 학생들의 상호작용 속으로 스며들게 된다. 학교 안에서 정기적으로 서클을 실천할 때 단지 관계 세우기나 갈등해결뿐만 아니라 모두가 함께 성공할 수 있는 가장 중요한 존재방식을 함께 경험하고 실천하게 된다.

서클은 단지 둥글게 의자를 배열하는 것보다 훨씬 많은 것들을 내포하고 있다.

구체적으로 서클에서 실천되는 것들은 무엇인가?

존중

서클에서는 모든 사람들에게 말할 기회가 주어지며, 각 개인의 목소리는 구성원들의 집중력 속에서 경청된다.

서클에서 모든 사람의 견해는 유의미한 것으로 존중된다.

평등

서클에서는 그 누구도 다른 사람보다 더 중요하거나 더 큰 권리와 힘을 갖지 않는다. 침묵을 선택하는 사람이 있을지라도 모두가 동등한 서클의 구성원으로 존재한다.

서클에서 교사와 학생에 대한 기대치는 동일하다.

공감과 감성능력 emotional literacy

서클에서 우리는 공감능력 – 타인들과 연결되고 반영해 줄 수 있는 능력 –을 키우고 개발할 수 있다.

서클에서 자신의 느낌을 성찰하고 그 느낌에 대해 말할 수 있는 기회가 다른 평범한 대화들 보다 더 크게 주어진다.

문제해결

서클에서는 모든 참여자들이 대안을 갖고 있으며 참여자들 모두가 공동의 이익을 위해 매우 소중한 존재들 이라는 신념이 실천으로 옮겨진다.

우리 모두는 전문가들의 도움 없이도 집단의 지성으로 난관을 헤쳐갈 수 있는 능력을 선천적으로 타고났다는 확신을 가지고 서클에 임한다.

책임감

서클은 말과 행동 모두로 책임지기를 배우는 공간이다. 서클의 물리적 구조는 비언어적인 형태의 책임지기까지 모두 포함할 수 있도록 구조화되어 있다.

아무도 탁자 뒤에 숨을 수 없으며, 그 누구도 타인의 등 뒤에 있지 않다.

자기통제와 자의식

서클의 참여자들은 말하기 위해 기다려야하며, 즉각적으로 반응하지 않고 들으며, 말하고자 하는 욕구를 지연시킬 수 있어야 한다. 이것은 흔한 일상적 말하기 방식이 아니다. 서클에서는 상당한 자기 훈련이 요구된다.

모든 참여자들은 서클이 가능하도록 하기 위해서 자기통제를 배우게 된다.

공유된 리더십

서클은 서로 다른 것들끼리의 만남을 수용하고, 다양한 관점이 표출되는 공간을 지켜내고, 다양한 진리들이 존재한다는 것을 인정한다. 서클에서는 누구나 리더가 되고 모두가 서클의 의사결정권을 가지고 있다.

서클에서는 참여자 모두의 목소리가 경청되고, 모든 관심사들이 존엄하게 다뤄져야 한다.

왜 서클은 그토록 힘든가?

서클에서 이루어지는 '함께 존재하기being together' 방식은 우리의 일상적인 문화와는 근본적으로 다르다. 서클로 함께 모여 앉는다는 것은 학교의 하루 일과 속에서 거의 무의식에 가까울 만큼 반복적으로 이루어지는 학교의 일상을 거슬러 헤엄치기와도 같다. 학교의 일상이란 학교 공간 속에서 어떻게 처신해야하는지 그리고 무엇이 중요한지에 대해 불문율과도 같은 것들이 구체적으로 드러나는 현장이다. 학교에서 통용되는 이러한 불문율들에 대해서 알고 나면 사실 유치원에서조차 너무도 단순하게 실천 가능한 이 서클이 왜 그토록 학교 안에서 실천하기 어려운지 알게 된다. 이것을 이해하면 서클을 학교 안에서 실행하려는 초기에 특히 교사들 사이에서 발생하는 서클에 대한 거부감 및 불안감을 줄이는데 도움이 된다.

서클은 느린 대화와 현존을 요구한다

서클에서는 일상적 대화에서 보다 훨씬 느려진 대화의 속도지체slow down를 경험하게 된다. 그 이유는 모든 참여자들의 목소리를 충분히 듣고, 그냥 결론만 신속하게 정하기와 같은 방식의 대화를 하지 않기 때문이다. 학교에서 일상적 대화의 방식은 너무 조급해서 다른 사람 혹은 자기 자신의 목소리조차 깊게 들을 수 있는 시간이 없다. 우리의 문화는 어느 한 순간도 온전히 현존하기가 거의 불가능하다. 학교 안에서 각자에게 주어진 역할을 잘 이행하려면 많은 일들을 빨리 빨리 해내야 한다고 생각하기 때문이다.

그러나 서클에서는 참여자들의 온전한 현존이 필수적이다. 서클과 동시에 여러 일을 하거나, 도중에 문자를 보내거나 하는 일은 금지되고 서클에 대한 온전한 집중만이 요구된다. 이것은 특히 젊은 세대들에게 인내와 자기통제라는 힘든 훈련을 요구하는 것이다. 그러나 서클에서의 온전한 현존은 어른들에게도 매우 의미심장한 변화를 나타내는 것이기도 하다. 만일 교사가 자신은 너무 많은 일들을 해야 해서 단순히 하나의 대화에 온전히 집중하기가 불가능하다는 믿음을 가지고 있다면 그 때는 서클을 진행하기가 정말 어렵다.

서클의 평등성은 위계구조와 긴장관계 속에 있다

관계는 우리 사회 내부의 힘의 구조를 반영하게 된다. 학교는 매우 강한 위계화된 조직이지만 서클은 위계질서가 없는 평등의 공간이다. 서클은 힘을 둘러싼 기존의 관습들에 도전한다. 권위를 가진 사람이라 해도 서클의 과정을 통제할 수 없으며 모든 참여자들과 힘을 공유해야 한다. 서클은 권위자의 힘의 우위를 바탕으로 한 개입이 없을 때 제대로 작동한다. 서클의 이러한 책임지기 방식으로의 전환은 어느 정도의 경험과 연습이 필요하며 교사 혹은 교장과 같은 권위자들이 서클의 과정과 결과를 통제하고 싶어 하는 강한 욕구를 내려놓아야하는 도전과제를 제시한다. 서클은 참여자 모두가 동등하게 서로를 존중하는 방식으로 상대방을 대할 것을 요구한다. 서클에서 지켜야할 규칙이 있다면 교사들도 학생들과 동일하게 따라야 한다. 교사들이라고 해서 도중에 서클을 벗어나거나 다시 들어오거나 해서는 안 되며 서클이 끝날 때까지 온전히 참여자들의 이야기에 경청해야한다.

서클은 진심을 말하도록 초대하며 감정의 문제를 다룬다

이 시대의 문화 속에서 사람들은 대화가 개인적으로 흐르지 않게 안전하게 유지하도록 사회화 되었다. 이는 특히 학교의 직업적인 역할 속에서 더욱 두드러진다. 개인적 경험, 생각, 감정 등을 공개적으로 말하는 것은 적절치 않거나 혹은 안전하지 못하다고 느끼는 경우가 많다. 학교 내의 어떤 교사들은 감정에 대해 불편해 한다. 그들은 감정에 대해 반응하는 것을 부적절하다고 생각하거나 혹은 부정적인 감정들을 고쳐주어야 한다고 느끼기도 한다. 우리 사회는 감정이나 영적인 것들보다는 이성을 더 중시하다보니 사람들은 개인적 경험, 신념, 그리고 감정에 대해 말하고 듣게 될 때 어색하고 두려워하거나 심지어 당혹해 하기까지 한다. 그러나 한 개인의 경험, 신념, 그리고 감정은 학생들과의 관계성을 비롯해 그가 하는 모든 일들에 영향을 준다. 그것들을 공유하는 것이 학생들로 하여금 교사들의 행위를 이해할 수 있도록 돕는다. 교사들도 감정을 느끼고 상처받는다. 교사들의 지혜란 바로 그들의 삶의 이야기로부터 나온 것들이다.

서클에서 교사들에게는 진심을 담아 자신의 삶의 경험들을 나누어주는 역할이 기대된다. 이것은 평소 학생 및 동료들과 맺는 관계성과는 다른 것으로 연습을 필요로 한다. 일부 교사는 자신들의 역할이라는 경계를 유지하면서 동시에 개인적 경험들을 공개적으로 표현하는 것을 힘들어하기도 한다. 그러나 서클은 모든 이들이 자신의 삶의 경험으로부터 말하기를 요청하면서도 각자가 편안함을 느끼는 범위 내에서만 말하기를 선택할 수 있도록 수용한다는 것을 기억할 필요가 있다. 서클에서 평등하게 참여한다는 것이 교사로서의 책임까지 내려놓아야한다는 의미는 아니다. 개인의 경험을 나눈다는 것은 교사와 학생 사이에 맺는 관계성의 건강한 측면인 것이다. 교사들은 솔직하면서도 동시에 학생들의 복지를 보호해주는 성숙한 모습으로 자신들의 이야기를 들려주어야 한다.

서클에서 감정은 있는 모습 그대로 수용된다. 개인에게 일어난 현실을 온전히 인정하지만 그것이 반드시 서클 내 누군가의 책임은 아니라는 것이다. 모든 감정표현에 대해 경청하고 때로는 공감하는 마음으로 반응하면 된다. 교사들이 그 감정을 바로 잡아주어야 할 필요는 없다. 때로는 학생들 중에서 또래 아이들의 감정에 대해 무척 탁월하게 반응할 줄 아는 학생들도 있다.

서클은 좋은 관계 맺기를 최고의 우선순위로 한다

우리 문화는 관계적 연결 보다는 성취에 우선순위를 둔다. 무엇인가를 해내는 것이 자신과 타인 및 자연과 좋은 관계를 맺는 것보다 더 높게 평가받는다. 이런 성취지향의 문화가 학교 안으로 들어오면서 그 결과 시간이란 희소가치가 있는 것이어서 그것은 오직 배움과 관련된 과제들을 해내는데 쓰여야한다고 굳게 믿는 지금의 학교 현실을 낳게 된 것이다. 여전히 많은 학교에서 엄격한 평가체계로 인해 학생들은 특정 내용이나 기술을 숙달하는데만 관심을 둘 것을 강요받고 있다. 질좋은 관계를 맺기 위해 시간을 사용하는 것은 대부분의 학교에서 그 우선순위가 매우 낮다. 그러나 결국에는 더 많은 시간과 자원을 앗아가는 반복적인 문제의 대부분은 긍정적인 관계성의 결여로부터 발생한다. 신뢰가 사라진 학교들이 많다. 학생들은 교사를 신뢰하지 않고 교직원들 또한 관리자들을 신뢰하지 않는다. 역으로 교사들은 학생들을 신뢰하지 않으며 관리자들 또한 교사들을 신뢰하지 않는다.

조직 내의 신뢰도가 높을수록 서클의 효과는 더 크게 나타난다. 그러나 신뢰를 쌓기 위해서는 시간이 필요하다. 1g의 예방이 1kg의 치료만큼 가치가 있다는 말은 정말 맞는 말이다. 신뢰쌓기는 시간이 필요하지만 장기적으로 보면 투자한 만큼의 가치는 충분하다. 학업성취 또한 안전하고 신뢰할만한 관계성에 크게 기대고 있다.

서클은 어떻게 작동하는가?

서클의 과정 이해하기

서클이란 무엇인가?

서클은 세심하게 구성된, 의도적인 대화의 공간이다. 서클은 분명한 하나의 철학 위에 뿌리를 두고 있는데 이 서클의 철학은 참여자들 사이의 상호이해, 권한부여, 상호연결이라는 목적을 이루기 위해 마련된 구조적인 요소들을 통해 드러난다. 서클은 힘든 감정들, 힘겨운 현실을 환영하면서도 항상 긍정적인 가능성의 분위기를 잃지 않는다.

뿌리: 가치 그리고 토착문화의 지혜들

서클의 철학적 근원에는 두 가지 요소가 있다. 첫째는 좋은 관계성을 키워주는 가치들이고 둘째는 어느 토착문화에나 존재하는 핵심 가르침이다. 관계성을 키우는 가치들과 고대의 오래된 가르침들이 함께 협력하여 참여자들 모두가 자신의 진정한 자아와 연결되기 시작하면서 타인들 속에 존재하는 진정한 자아도 볼 수 있는 분위기를 만들어낸다. 이 가치와 가르침은 서클에서 긴장이 발생하고 균형을 잃을 때마다 언제나 다시 돌아갈 수 있는 서클의 주춧돌이 된다.

서클의 근원이 되는 첫 번째 요소인 가치를 세우기 위해 참여자들은 대화과정의 건강성을 지키고 좋은 결과를 만들어내기 위해 자신들이 중요하게 여기는 가치가 무엇인지 찾아내야 한다. 각각의 모임들마다 그 가치를 표현하는 단어는 다르겠지만 다양한 상황들 속에서 서클이 만들어내는 가치는 본질적으로 모두 비슷하다. 그 가치들은 우리가 최선의 자아일 때 어떤 사람이 되고 싶은지 말해준다. 이 독특한 과정들은 모두 토착문화로부터 흘러나오지만 동양이든 서양이든 영적 전통으로부터 나온 그 가치들은 보편적인 것들이다. 그것들은 유치원에서도 배울 수 있는 것들이다.

서클의 과정에서 이러한 가치들은 너무 중요하기 때문에 서클은 그 가치들을 그저 기계적인 당위로 받아들이지 않는다. 또한 진행자가 그 가치들을 강요하지도 않는다. 서클이 시작될 때 모든 참여자들은 그 집단적인 공간에서 지켜지기 원하는 가치가 무엇인가에 대한 솔직한 대화에 참여한다. 가치에 대해 논의하는 것은 서클의 핵심적인 부분이다. 서클에서 이 가치에 대한 대화는 서클의 맥락에 따라 간단할 수도 길어질 수도 있다. 대부분의 경우 사람들은 정직, 존중, 마음열기, 돌봄, 용기, 인내, 그리고 겸손과 같은 것들을 서클의 기본 가치로 결정한다.

해결이 쉽지 않은 사안을 논의하기 전에 먼저 가치에 대한 이야기를 충분히 나누고 나면 서클에서 갈수록 더 힘든 사안을 다뤄야할 순간이 되었을 때도 참여자들의 대화방식에서 결정적인 차이가 드러난다. 이 가치들은 사람들의 최선의 자아를 드러내기 때문에 사람들의 진정한 자아의 모습이 어떠한지 이 가치들을 통해 알게 된다. 그래서 가치들에 대한 이야기를 먼저 나눌 때 사람들은 더욱 진정한 자신의 내면의 자아와 연결된 행동을 한다는 것은 모두가 경험하는 것이다. 서클의 공간은 사람들이 자신의 최선의 자아 혹은 참자아가 있는 방향으로 움직일 수 있도록 돕기 위해 의도되었다. 그가 어디에 있든, 서클에서 모든 사람은 있는 모습 그대로 수용되고, 자신의 참자아를 향해 나가는 만큼 도움을 받을 수 있다.

서클프로세스의 토착 문명적 기원은 서클대화의 과정에서 매우 중요한 핵심 가르침들의 원천이다. 이 가르침들은 우주가 어떻게 작동하는가에 대한 은유로서의 서클 이미지 위에서 세워진 것들이다. 대부분의 토착문명에서 서클은 세계관의 한 상징적인 표현이다. 다음은 이러한 토착문명의 세계관과 서클이 창조해내는 공간을 모두 아우를 수 있는 가르침 들이다.

• 모든 것들은 서로 연결되어 있다.
• 모두가 연결되어 있지만 각자의 고유한 부분들이 있다. 연결되어 있음과 고유함 사이의 균형이 중요하다.
• 세상 모든 부분은 전체에 기여하며 그 가치는 동등하다.
• 인생의 순환론적 관점에서 늘 새로운 기회는 있다.

서클의 근본이 되는 이러한 토착문명의 가르침은 우리가 앞서 서클의 핵심적인 신념들로 살펴본 것들을 거의 포함한다.

서클을 구성하는 핵심요소들

서클의 가시적인 구조는 앞에서 살펴본 가치와 토착문명의 가르침이 확립해준 기초 위에서 세워진 것들이다. 이러한 구조적인 요소들은 서클 내의 참여자들을 도울 수 있도록 소통을 유기적으로 조직하고, 그 결과 상호 소통의 과정에서 가치와 토착문명의 가르침들을 구현해 내게 된다. 이런 서클의 구조는 참여자 모두가 평등의 기반 위에서 서로를 존중하면서도 자신의 진실을 말할 수 있는 공간 그리고 자신과 타인들에 대해 깊은 이해를 추구할 수 있는 공간을 창조한다. 서클의 핵심요소들은 다음과 같다.

둥글게 모여 앉기
침묵
여는 의식
서클 상징물
토킹스틱
가치 정하기
규칙 세우기
탐색을 위한 질문
합의
닫는 의식

둥글게 모여 앉기

배치가 중요하다. 모든 사람이 서클로 앉아야 한다. 이런 자리배치는 참석자 모두가 서로를 대면하여 보면서 모두가 자기책임을 다할 수 있게 한다. 누구도 소외되었다는 느낌 없이 모두가 공통의 관심사에 집중할 수 있는 분위기를 만들어준다. 서클의 형태는 평등성과 상호연결성을 강조하는 것이다. 서클 중앙에 어떤 가구도 놓지 않음으로써 온전한 현존과 서로에 대해 열려있음의 느낌을 한층 더 격려할 수 있다. 작은 몸짓하나도 모두에게 공개되어 있기 때문에 자기책임감 또한 커진다.

침묵

서클이 시작될 때 짧지만 분명한 정적의 순간은 참여자들을 외부의 분산요인으로부터 단절시켜서 서클공간으로 더 쉽게 들어올 수 있도록 해준다. 이런 고요함을 만들기 위해 간단한 호흡이나 듣기 좋은 사운드를 활용할 수 있다. 종을 울린 후에 마지막 떨림까지 듣고 나서 손을 들어 보게하는 것도 침묵을 창조한다. 소리에 집중함으로서 참여자들이 기타의 자극으로부터 단절되는 것을 돕는다.

여는 의식

서클은 그 공간을 신성한 공간으로 구별하기위해 열기와 닫기를 활용한다. 서클의 여는 의식부터 닫기 까지 모든 과정에서 참여자들은 일상적 만남 혹은 관계성과는 다른 방식으로 자신 및 타인들과 함께 존재할 수 있다는 것을 알게 된다. 그 시작과 끝을 명료하게 하는 것은 중요하다. 서클은 참여자들이 그들 및 타인의 진정한 자아로부터 단절되게 만드는 가면이나 보호막들을 내려놓을 수 있도록 모두를 초청한다. 서클 열기는 참여자들이 자신을 향하고, 속도를 늦추며, 더 성찰하고, 그 공간에 온전히 참여하여, 서로 연결되어 있

음을 깨닫고, 불필요한 것들을 내려놓고, 자신의 참자아에 집중할 수 있도록 돕는다. 서클 열기는 간단한 호흡법이나 침묵 또는 영감을 주는 짧은 글 읽기처럼 간단하게 할 수 있다. 때로는 학생들이 서클에 앉기 전에 움직임을 통해 에너지를 내려놓을 수 있도록 하는 것도 서클에서 그들의 집중력을 높이는 하나의 서클 열기가 될 수도 있다. 여는 의식은 서클의 목적과 구성원들의 특성에 따라 다양하게 선택할 수 있다. 학생들이 이미 서클과 친숙한 경우라면 그들이 서클의 열기를 창조하고 진행할 수도 있다.

서클 상징물

서클의 진행자는 종종 참여자들이 진심으로 말하고 진심으로 듣는 것을 도울 수 있는 중심요소를 창조하기위해서 서클 상징물을 활용한다. 서클 상징물은 대개 서클 내부의 열린 공간 한 가운데 바닥에 마련한다. 전형적으로 천이나 매트를 기본으로 사용한다. 참여자의 진정한 자아, 대화의 기초가 되는 원칙들, 또는 공유된 비전과 같은 가치들을 상징하는 물건들도 포함될 수 있다. 서클 상징물은 흔히 참여자들 개인을 상징하는 것과 구성원들 모두가 하나로 드러내는 문화를 서로 조화롭게 결합시킴으로써 통합의 정신을 강조한다. 무엇이 센터에 놓이든 그것은 따뜻함, 환대, 그리고 통합의 정신을 전달할 수 있어야 한다. 서클 상징물은 또한 대화의 과정을 떠받치는 가치들을 강화해줄 수 있어야 한다. 진행자는 아무리 고의성이 없다하더라도 참여자 중 한 사람도 소외되지 않도록 서클 상징물을 선택하는데 신중을 기해야한다. 아울러 서클의 중심에 놓여있는 사물들의

의미를 잘 설명하는 것도 중요하다.

시간이 흐름에 따라 서클 상징물은 참여자들 각 개인과 서클전체를 보다 잘 드러낼 수 있는 사물들이 집단 모두의 참여를 통해 정해진다. 예를 들면 하나의 천 그리고 꽃이 담긴 접시를 가지고 서클을 시작한다. 서클이 시작되기 전에 미리 참여자들에게 자신들 삶의 중요한 대목을 상징하는 물건들을 가져와달라고 요청한다. 그리고 서클에서 가치에 대해 논의하는 장면에서 참여자들은 각자 자신들에게 중요한 가치를 종이접시에 적어서 그것을 서클의 중앙에 가져다 놓는다. 이어서 참여자들은 자신을 소개하고, 직접 가져온 사물의 의미를 공유한 다음 그것을 중앙에 내려놓는다. 그러면 서클의 중앙에는 처음에 놓였던 천과 꽃에 더해 가치를 적은 접시들 그리고 각자가 가져온 사물들이 놓이게 되는 것이다. 참여자들 모두로부터 나온 무엇인가를 포함한 서클 상징물은 상호연결성, 공동의 기반, 그리고 다양성의 풍요로움에 대한 강력한 상징이다.

토킹스틱

서클에서는 참여자들의 대화를 조절하기 위해 토킹스틱을 사용한다. 토킹스틱은 서클의 원을 따라 한 사람 한 사람에게 전달된다. 토킹스틱을 가진 사람만이 말할 수 있다. 토킹스틱은 그것을 지닌 사람이 방해받지 않고 말할 수 있도록 하며 또한 듣는 사람은 말한 사람에게 해줄 말을 생각하다가 주의가 분산되지 않고 온전히 듣기에만 집중할 수 있도록 해준다. 토킹스틱을 사용함으로써 감정의 온전한 표현과 깊은 성찰, 그리고 서두르지 않아도 되는 대화의 속도가 가능하다.

토킹스틱은 강력한 균형 장치 equalizer의 역할을 한다. 그것은 모든 참여자들에게 말할 수 있는 동등한 기회를 제공할 뿐만 아니라 모두가 그룹전체에 기여할 수 있는 무엇인가를 가지고 있다는 함축적인 생각을 전달한다. 그것이 각자의 손에서 손으로 전달될 때 토킹스틱은 모든 구성원들을 하나로 연결해주는 실을 잣고 있는 것이다. 참여자들은 말하기를 절대 강요받지 않는다. 말하지 않고 다음 사람에게 토킹스틱을 전달할 수는 있다. 또는 그것을 전달하기 전에 잠시 침묵하며 그것을 붙들고 있을 수도 있다.

토킹스틱은 진행자가 서클을 잘 통제해야한다는 부담을 내려놓고 오히려 그 통제권한을 모든 참여자들에게 배분하도록 돕는다. 진행자는 토킹스틱이 없어도 말할 수는 있지만 서클의 온전함을 유지하기 위해 꼭 필요할 때만 말을 한다. 토킹스틱이 사용될 때 그것은 언제나 모인 사람들에게 중요한 무엇인가를 나타내게 된다.

토킹스틱에 그 서클의 가치와 상응하는 많은 의미가 담겨있을수록 대화의 과정에 대한 존중을 낳고 참여자들이 진정한 자아와 연결되게 하는 강력한 도구가 된다. 토킹스틱의 의미나 그 안에 담긴 이야기는 서클이 시작될 때 모든 구성원들과 공유되어야한다. 토킹스틱은 서클의 원을 따라 순서대로 돌아가며 중간에 건너뛰지 않는다. 서클에서는 교사들도 토킹스틱이 있을 때만 말할 수 있다는 서클의 규칙을 존중해야 한다.

가치정하기

이미 언급한 바와 같이 모든 참여자들은 그 서클에서 자신들이 원하는 가치를 하나씩 말한다.

대개는 모든 참여자가 종이 혹은 종이접시에 하나의 가치를 적은 후에 토킹스틱을 돌리면서 각자가 선택한 가치가 무엇인지 그것이 왜 자신에게 중요한지 설명한다. 이 순서가 끝나면 참여자들은 자신의 가치를 서클의 중앙에 가져다 놓아둔다.

규칙 세우기

서클의 모든 참여자들은 두 가지 방법으로 자신들만의 공간을 창출하는데 중요한 역할을 한다. 첫째는 자신들에게 중요한 가치에 대해 토론함으로써 서클공간의 기초가 가치의 기반 위에 설 수 있게 하는 것이고 둘째는 참여자들 모두 협력해서 대화의 규칙 혹은 공동의 원칙을 결정한다는 것이다.

서클의 규칙은 참여자들이 스스로 선택한 가치와 잘 조화를 이루면서 대화하려면 어떻게 행동해야하는지에 대해 모두가 동의한 내용을 명확하게 표현한 것이다. 이 규칙은 각자가 자신의 진실을 말할 수 있는 안전한 공간을 만들기 위해 필요한 행동들이 무엇인지 설명한다. 서클의 규칙은 엄격한 제약이라기보다는 구성원들 모두가 기대하는 행동을 상기시켜주기 위한 것이다. 참여자들에게 강요되는 것이 아니라 서클의 합의에 의해 채택되어지는 것이다.

서클의 구성원 모두는 그 규칙을 만들고, 동의하고, 그리고 서로가 그것을 잘 지킬 수 있도록 지지해준다. 시간이 충분할 때는 토킹스틱을 돌려가며 모두가 참여하여 이 규칙을 만들어 낸다. 시간이 부족할 때는 진행자가 몇 가지 규칙을 제안한 후에 참여자들에게 그 규칙들에 동의하는지 혹은 더 제안하고자 하는 것이 있는지 물어서 결정할 수 있다.

전형적인 서클의 규칙들은 아래와 같다.

• 토킹스틱에 대해 존중하기
• 진심으로 말하기
• 진심으로 듣기
• 서클에서 알게 된 개인정보를 서클 밖에서 말하지 않기
• 끝까지 서클에 함께 하기

탐색을 위한 질문

서클은 토킹스틱을 돌리기 전에 대화나 성찰을 촉진하는데 도움이 되는 질문과 주제를 활용한다. 각 참여자들에게는 이 질문이나 주제에 대해 응답할 수 있는 기회가 주어진다. 이 탐색질문은 관계를 맺고, 중요 현안을 함께 탐구하고, 서클의 국면에 따라서는 대화가 더 전진할 수 있는 아이디어를 창출해내기 위한 목적들 하에서 매우 세심하게 준비된다. 이 질문들은 표면적인 반응을 넘어서는 깊은 논의를 촉발하기 위해 설계된 것들이다. 효과적인 질문들은 대개 다음과 같은 방향성의 틀을 가지고 있다.

• 참여자들이 자신의 삶의 경험으로부터 말하도록 격려하기
• 자신의 삶의 이야기를 모두와 함께 나누도록 초대하기
• 어떤 일에 대한 사실보다는 그 일에 대한 느낌과 자신이 받은 영향에 대해 집중하기
• 힘들거나 고통스러웠던 일에 대한 이야기로부터 상황을 개선하기 위해서 무엇을 할 수 있는

지에 대한 이야기로 전환하기

이 질문들 속에 개인이나 서클 전체에 대한 공격이 들어있어선 결코 안 된다. 참여자들에게 "타인"에 대한 진술보다는 "본인"에 대한 진술로 반응하도록 요청하는 것이 때로 도움이 된다.

합의

서클의 의사결정은 전체합의를 통해 이루어진다. 서클에서 합의의 기준은 모든 참여자들이 흔쾌히는 아니라 해도 동의할 수 있는 수준의 결정을 말한다. 대체적으로 합의한 내용은 명확성 및 후속 모임을 위해 기록해 둔다. 서클에 참여한 모두가 이 합의를 성공적으로 이행하기 위해 노력할 책임을 안게 된다.

닫는 의식

서클 닫기는 참여자들 모두의 노력에 대해 고마움을 표현한다. 그렇게 함으로써 그 공간에 함께 한 사람들 사이의 상호연결성을 다시 한번 강화시켜 준다. 닫는 의식을 통해 미래에 대한 희망의 기운을 전달하고 각자 다시 일상적 삶의 공간으로 돌아갈 준비를 할 수 있게 된다. 서클의 열기와 닫기는 모인 사람들의 특성에 맞게 설계된다. 가령 문화적인 표현행위의 기회를 제공할 수도 있다. 보통 닫는 의식은 침묵이 동반된 호흡이나 짧은 글로 하는 경우가 많다. 관계가 지속적인 모임에서는 구성원들이 직접 서클의 열기와 닫기를 기획하고 참여하기도 한다.

진행자 역할

흔히 서클 지킴이keeper라고도 불리는 서클 진행자facilitator는 참여자들이 정직하고 진술하게 말하면서도 상대방을 존중하는 안전한 공간을 창출해내고 그것을 유지할 수 있도록 지원하는 역할을 한다. 진행자는 필요할 경우 적절하게 토킹스틱을 활용하면서 서클의 가치를 정하고 규칙을 세우는 일련의 과정을 인도함으로써 이 역할을 수행한다. 그리고 서클에서 함께 탐색해야할 과제를 위해 준비한 질문과 주제를 던짐으로써 모두의 성찰을 이끌어내고 그 공동공간을 지속적으로 감독한다. 진행자는 서클에서 제기된 중요한 현안을 통제하려거나 특정 결과를 향해 모두를 이끌어가서는 안 된다. 진행자의 역할이란 안전하고 존중이 살아있는 공간을 출항시킨 후에 모두가 그 공간에 대하여 그리고 그 결과에 대하여 책임을 공유하도록 관여시키는 것이다. 진행자는 참여자 모두의 복지를 돌보는 역할로 서클과 관계를 맺는다. 홀로 분리된 상태가 아닌 서클의 동등한 한 멤버로써 진행자의 역할을 수행한다.

서클에서는 설득하려고 들지 않는다. 서클은 모든 참석자 각자의 관점에서 비롯된 의미를 탐색하는 과정이다. 이 과정을 통해 참석자들은 공동의 기반을 찾아내기도 하고 왜 상대방이 어떤 사안에 대해 그토록 다르게 보는지를 더 명료하게 이해하기도 한다. 서클에서 관점이 다양할수록 소통과 새로운 통찰의 기회는 더욱 풍성해진다. 진행자는 과정을 통제하는 사람이 아니라 서클이 불편한 순간에 직면할 때 그것을 헤쳐 나갈 수 있도록 돕는 사람이다. 진행자는 토킹스틱이 원을 따라 순서대로 돌아가도록 질서를 유지함으로써 이 역할을 수행하지만 필요할 때는 서클 내의 독자적인 과정을 따라 참여자들이 깊은 성찰 속으로 들어갈 수 있도록 진행하기도 한다.

진행자는 모든 서클 구성원들의 요구나 관심사를 유념하면서 서클에 후방 지원해야 할 것들을 조직한다. 여기에는 서클 시·공간의 설정, 서클에 초대할 사람의 범위 결정, 당사자들과의 사전 서클 진행, 토킹스틱과 서클 상징물 선택, 서클 열기와 닫기 의식 기획, 탐색질문 조직하기 등등의 모든 것이 포함된다. 진행자는 서클의 물리적인 요소들을 선택할 때 다음과 같은 방법으로 서클 멤버들이 직접 참여하게 할 수 있다.

• 누군가에게 토킹스틱을 가져와달라고 초대한다
• 서클의 참여자들이 직접 선택할 수 있도록 다양한 토킹스틱을 준비한다
• 한 사람 또는 몇 사람이 서클의 여는 의식과 닫는 의식을 진행하도록 초대한다
• 서클의 모든 참여자들이 서클 상징물을 위한 물건을 가져오거나 직접 서클 상징물을 만들어 보도록 초대한다

관계세우기의 중요성

핵심현안을 다루기 전에 먼저 깊은 관계성을 확보하기위해서 노력하는 것은 서클의 과정에서 매우 의도적이고 중요한 전략이다. 서클에서는 구성원들이 관계세우기 작업을 충분히 할때까지 민감한 사안에 대한 대화를 시작하지 않는다. 한 가지 질문으로 서로 소개하기를 통해 먼저 모든 이들이 자신에 대한 무엇인가를 말할 수 있도록 초대한다. 그 이후에 참여자들이 자신들의 대화속으로 가져오고 싶은 가치와 그 대화의 공간을 안전하게 유지하기 위해 필요한 규칙들에 대해 돌아가며 말한다. 어려운 사안을 다루는 서클에서도 그 사안과는 거의 무관한 주제에 대해 돌아가며 이야기하는 순서가 그 사안에 대한 본격적인 논의보다 선행되어야 한다.

서클에서 이러한 관계 세우기 시간은 모든 참여자들이 서로 더 깊이 연결되어 있다는 자각을 불러 온다. 비록 걸어온 삶의 여정은 다를지라도 그들의 삶의 여정들 속에 얼마나 비슷한 경험과 기대와 두려움과 꿈과 소망이 녹아있는지 발견하게 된다. 서클 열기가 가진 이러한 역동성은 참여자들이 예기치 못한 방식으로 서로를 드러내게 하여 그들이 이전에 상대방에 대해 가지고 있던 고정관념을 내려놓도록 부드럽게 유도한다.

함께 규칙정하기는 그 구성원들이 가진 차이에도 불구하고 모두가 지닌 공통의 분모를 발견할 수 있는 기회를 제공해준다. 서클은 중요한 현안으로 직행하지 않는다. 그것은 의도된 것이다. 시간을 들여서 공유된 공간과 서로 연결된 경험을 만들어냄으로써 정서적인 안정감이 커진다. 정서적 안정감이 증가하면 보다 깊은 진실을 말하고, 자아성찰이 강화되며 상대방으로부터 배울 수 있는 가능성이 커진다. 그것은 모든 참여자들이 가진 진정한 인간성에 대한 상호간의 자각을 증진시킨다.

서클의 균형잡기

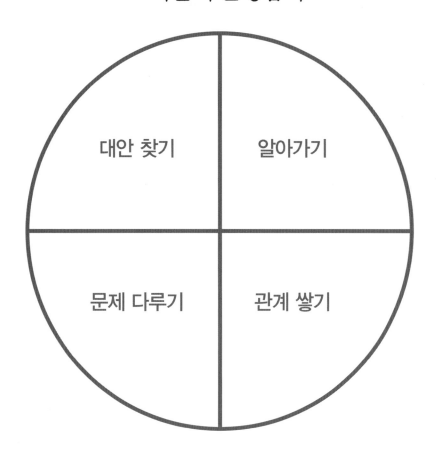

이 도표는 서클에서 관계 쌓기의 중요성을 잘 보여준다. 서클의 과정은 원주민들에 의해 널리 사용되는 치료의 수레바퀴Medicine Wheel에 근거해 네 개의 동등한 영역으로 나눠진다. 이 네 개의 영역이 조화롭게 움직여야 한다는 것이 이 치료의 수레바퀴가 주는 교훈 가운데 하나다. 서클의 대화 과정에서 이것이 의미하는 바는 문제를 다루고 대안을 찾는데 시간을 사용하는 만큼 서로를 알아가고 관계를 쌓기 위해서도 동등한 시간을 쏟아야 한다는 것이다.

학교현장에서는 서로 알아가고 관계를 쌓는 작업이 더 작은 서클들 속에서 천천히 시간을 두고 이뤄진다. 가령 한 서클에서 가치 및 공동의 약속을 결정하고, 다음 서클에서 서로의 이야기를 공유하며, 또 다음 서클에서는 교실에서의 어려움에 대해 토의하는 방식이다. 치료수레바퀴의 균형은 하나의 서클에서 완성되기보다는 시간을 두고 천천히 완성된다. 즉 관계 쌓기가 없이는 문제해결

서클의 성공가능성은 그만큼 낮아진다는 것을 이해하는 것이 가장 중요하다.

준비

서클은 의도가 담긴 공간이기 때문에 준비가 중요하다. 서클의 목적에 따라 준비에 필요한 시간은 다를 수 있지만 필요한 물품들과 서클의 물리적 요소들을 결정하는 것이 준비시간속에 꼭 포함되어야 한다. 갈등이나 어려운 문제해결 서클 준비에는 핵심 당사자들을 개별적으로 미리 만나는 것도 포함될 수 있다.

서클의 세부사항 설계하기

서클의 진행자는 다음 질문들에 하나씩 응답하면서 서클의 세부적인 계획을 통합하면 좋다.

- 누가 참석할 것인가?
- 언제?
- 어디서?
- 토킹스틱은 무엇으로 할 것인가?
- 서클중앙에 무엇을 둘 것인가?
- 여는 의식은 어떻게?
- 서클의 가치를 함께 만들기위해 사용할 질문은? 이전 서클을 통해 결정한 가치가 없을 때
- 서클에서 지켜야할 규칙을 만들기 위해 사용할 질문은? 이전 서클을 통해 결정한 규칙이 없을때
- 소개 혹은 마음연결하기를 위해 사용할 질문은?
- 현안으로 들어가기 전에 좀 더 관계다지기를 할 필요가 있는가? 있다면 그것을 어떻게 할 것인가?
- 핵심사안에 대한 이야기를 시작하기 위해 사용할 질문은?
- 참여자들이 현안 속으로 더 깊이 들어가지 못할 때 추가적으로 활용할 수 있는 좋은 질문은?
- 합의를 만들어내는 것이 필요할시에 사용할 수 있는 질문들은?
- 서클의 닫는 의식은 어떻게 할 것인가?

교사들이 서클을 직접 실천할 수 있도록 돕기 위해 이 책에서는 다양한 서클모형을 제시한다. 이 서클모형들은 서클의 세부사항 설계하기와 관련된 질문들에 대한 답을 포함하고 있다.

자기 점검하기

이미 논의했듯, 서클은 우리문화에서 익숙한 습성과 다른 방식의 '함께하기being together'를 포함한다. 기존의 습성을 극복하고 효율적인 서클진행자가 되기 위해서 '자기자각'과 '자기돌봄'이 필요하다. 서클의 공간은 최선의 자아가 만들어내는 가치에 부합하는 의도된 행동들을 최대한 요구한다. 그것을 업무의 압박이 심한 직장이나 개인의 일상에서 실천하기는 쉽지 않다.

자기자각에 이르는 길은 지속적인 노력이 필요하다. 개인적으로 집중하기, 마음 고요하게 하기, 자신의 감정 알아차리기 같은 훈련을 통해 서클의 과정을 통제하지 않으면서도 서클을 수월하게 진행할 수 있는 역량을 키우는 것이 중요하다. 진행자가 힘든 감정들을 교정하려하거나 억압하지 않으면서 그 감정들을 차분히 보듬고 갈 수 있는 능력이 있어야 참여자들은 자신들의 감정을 표

현하면서도 안전함을 느낄 수 있다. 그런 능력은 연습을 통해서 그리고 자기를 자각하는 힘이 커짐에 따라서 성장한다. 학교에서 교사들이 자신들의 몸짓이나 얼굴표정등이 미치는 영향력에 대해 인식할 수 있는 능력은 학생들이 안전함을 느끼는 공간을 창출하는데 있어서 매우 중요하다. 평소 주위사람들의 반응을 묻고 경청하는 것이 타인들이 우리를 어떻게 읽고 있는지에 대한 자각력을 키울 수 있는 전략이 된다. 같은 여정을 향해 가는 동료들의 보고를 주기적으로 요청해서 듣는 것도 도움이 된다.

자기돌봄 – 적절하게 휴식하고, 음식을 섭취하고, 운동을 하고, 기쁨을 찾기 위해 시간을 따로 내는 것 –은 서클에 기분좋게 참가할 수 있는 가능성을 높여 준다. 자기자각으로 가는 여정은 반드시 자기돌봄의 욕구를 심화시킨다. 자기자각을 위해서는 자기자신을 방어하지 않고 정직하게 직면해야하기 때문이다. 거울에서 만나는 자신의 어떤 모습은 자랑스럽지만, 또 어떤 모습은 그렇지 않다. 그 순간에 마치 서클의 모든 구성원들에게 공감과 수용의 마음을 전하는 것과 동일하게 자신에게도 공감과 수용의 마음을 내줄 수 있어야 한다. 자기돌봄의 습관은 우리에게 더 큰 인내와 회복탄력성, 그리고 완벽하지 않은 자신의 모습도 있는 그대로 수용할 수 있는 힘을 가져다 준다.

다른 형식과 결합하는 서클

서클은 다른 형태의 대화방식이나 활동과 결합해서 사용될 수 있다. 만일 서클과 다른 기법들을 결합하고자 한다면, 서클 프로세스의 방식으로 다른 형태의 대화를 에워싸는surround 방식이 가장

효과적이다. 이말의 의미는 다른 기법을 활용할 때도 서클의 프로세스를 하나의 틀로 활용할 수 있다는 것이다.

서클을 다양하게 활용할 수 있는 구체적인 예를 들어보면 서클의 기본 틀을 서클열기, 체크-인, 그리고 토킹스틱을 활용한 대화의 구조로 보았을 때 경우에 따라서는 토킹스틱을 사용하는 대신 열린대화 혹은 진행자 주도형 대화방식을 활용할 수 있다. 또는 토킹스틱을 사용하지 않고 모든 구성원들이 소식지 만들기나 미술, 음악, 몸 움직이기, 다양한 운동 등에 참여하도록 한다. 그리고 그러한 활동들을 마무리할 때 다시 토킹스틱을 활용하여 자신들이 참여한 활동의 결과물에 대한 이야기를 함께 나눌 수 있다. 또는 서클의 최종 닫기 단계에서 토킹스틱을 활용할 수도 있다. 이 책에서 소개한 서클모형 중 다수가 서클 이외의 다양한 활동을 서클 안에서 녹여낸 것들이다.

자유토론을 할 때 소수의 사람들이 대화를 주도하는 경우가 많다. *자유토론을 위해 토킹스틱의 활용을 너무 오래 지연시키다보면 이렇게 소수가 대화를 독점하는 경향이 발생하는데 그렇게 되면 이것을 서클경험으로 보기 어렵다.* 토킹스틱은 모든 참여자들이 대화에 참여할 자발적 책임감을 가지도록 효율적인 역할을 한다. 토킹스틱이 없으면 진행자가 대화를 한층 더 통제해야 한다. 이렇게 진행자의 역할이 커지면 서클 참여자들이 느끼는 자발적 책임감의 정도는 더욱 낮아질 수 밖에 없다.

서클과 다른 모임의 차이는 무엇인가?

서클이 아닌 다른 모임의 대화과정에서는 진

행자가 과정을 통제할 뿐만 아니라 결과에 대한 책임도 혼자 지게 된다. 이와 대조적으로 서클에서는 진행자의 힘이 다른 참여자들과 거의 동등한 수준으로 축소되는 것이 특징이다. 그러다 보니 진행자가 가진 힘과 책임은 자연스레 참여자들에게로 옮겨진다. 서클은 다음과 같은 몇 가지 방법으로 진행자의 권력을 축소시킨다.

- 가장 분명한 것은 진행자가 아닌 토킹스틱이 누가 언제 말할것인지를 결정함으로써 대화의 과정을 통제한다는 것이다. 이것은 저절로 진행자가 토론의 흐름을 관리해야 한다는 책임의 강도를 줄인다.
- 참여자들이 공동으로 서클의 규칙을 만들기때문에 모두가 그 규칙을 소유하게 된다. 이것 또한 진행자의 역할을 단지 그 규칙의 실행자enforcer로 제한하는 방식으로 진행자의 역할을 축소시킨다.
- 진행자 또는 서클지킴이 역시 서클의 한 일원으로 참여한다. 토킹스틱이 진행자에게 돌아오면 자신의 삶의 경험이나 관점을 이야기하며 가령 소식지만들기나 그리기 같은 서클의 활동에도 참여한다. 진행자만 분리된 채 어떤 "초월적인above it all" 역할을 유지하기 위해 애쓰지 않는다.
- 서클은 성과를 내기 위한 것이 아니다. 참여자들 역시 그들의 참여정도나 내용에 의해 평가받지 않는다. 이와는 달리 아동들과 함께 하는 기관에 있는 진행자들의 경우 그들을 평가해야 할 때가 많다.
- 서클은 사전에 미리 정한 결과를 향해 참여자들을 몰고가지 않는다. 서클은 어떤 결과를 내느냐의 여부가 아니라 오로지 가치에 의해서만 구속을 받는다.

서클은 교사와 학생 사이의 관계성 및 힘의 역학에서 전환을 요구한다. 만일 그 힘의 전환이 적절하게 이뤄지지 않으면 서클은 그다지 현명한 대화방식이 될 수 없다.

이 책에 소개한 서클 모형들에 대해서

서클의 개요

보다 구체적인 서클 사례를 제시하고 창의적인 생각들을 자극하기위해 다음의 각 서클 개요에서 세부적인 내용들을 제공한다. 여기서 제시한 내용들은 하나의 규범이 아니다. 서클은 경직된 과정이 아니다. 매 순간 적절하게 반응하는 것이 중요하다. 서클에 참여한 사람들의 필요는 진행자가 미리 설계한 서클의 전반적인 흐름을 따르지 않을 수도 있다. 그럼에도 불구하고 진행을 안내할 서클의 전반적인 개요를 준비하는 것이 유익하다. 개요라함은 서클의 모든 국면과 요소를 하나의 서클로 통합해 낸 것을 의미한다. 학교에서 서클의 과정을 약간 변형한 모델에서는 전체가 아닌 부분적인 서클의 개요만 활용하기도 한다. 여기서 제시한 서클의 개요는 각 사람의 필요에 맞게 변형이 가능하다. 가령 교실에서 지켜야할 가치와 규칙들이 이미 있다면 그러한 규칙정하기 과정이 모든 서클에서 반복될 필요는 없다. 반면에 갈등이나 힘든 사안을 다뤄야할 때는 핵심적인 논의로 들어가기 전에 다시 한번 서클에서 지켜야할 가치와 규칙들에 대해 전체적으로 심사숙고할 필요가 있다.

환영

서클에 온 모든 이들을 환영한다. 참석해 준 것에 대해 그리고 공동의 공간에서 함께 협력하기로 기꺼이 결심한 것에 대한 고마움을 전한다.

침묵으로 초대하기

차분한 시간을 만들기위해 종소리, 짧은 침묵, 또는 호흡에 집중하기와 같은 것들을 활용한다.

공간열기

열기는 서클의 시간과 공간을 매일의 일상과 구별되게 한다. 진행자가 준비한 서클의 여는 의식 속으로 모든 참여자들을 안내한다. 이 책의 부록2에서 서클의 여는 의식과 닫는 의식에 효과적으로 사용할 수 있는 몇가지 표본들을 나열하였다.

서클 상징물 설명하기

서클 상징물을 만들었다면, 그곳에 어떤 물건들이 있는지 그것들을 왜 그곳에 배치하였는지 설명한다.

토킹스틱 설명하기

토킹스틱이 서클의 과정에서 매우 중요한 요소임을 설명한다. 토킹스틱의 사용은 모든 참여자들이 깊은 진실의 자리에서 듣고 말할 수 있는 공간을 만들어준다. 토킹스틱을 가진 사람은 방해받지 않고 말할 수 있는 기회를 갖게 되는 반면 나머지 사람들은 대답해야 할 의무 없이 온전히 듣기에 집중할 기회를 갖게 된다. 토킹스틱은 원을 따라서 모든 사람에게로 전달된다. 오직 토킹스틱을 가진 사람만 말할 수 있다. 물론 말하지 않고 토킹스틱을 옆사람에게 전달하는 것도 언제든 가능하다. 진행자는 대화의 흐름을 보다 편안하게 만들기 위해 필요할 경우라면 토킹스틱이 없어도 말할 수 있다. 어떤 특별한 의미가 담긴 토킹스틱을 선택했다면 그 의미에 대해 설명해야 한다.

서클의 목적말하기

참여자들에게 서클의 목적에 대해 다시 한번 환기시킨다.

소개 / 마음연결하기

참여자들이 서로 잘 모르는 경우라면 각자 자신을 소개하도록 초대한다. 이미 서로를 잘 알고 있을 땐 바로 체크-인 활동으로 들어간다. 체크-인을 할 때 진행자가 먼저 발언하는 것이 좋다. 이 때 모든 사람들이 자신에 대한 이야기를 나눌 수 있는 질문을 던져서 그 이야기를 통해 참여자들이 서로를 조금 더 알아갈 수 있도록 하는 것이 유익하다. 〈부록1 : 서클진행을 위한 질문과 주제들〉에서 서로알아가기 항목에 몇가지 예시질문들을 제시하였다.

가치 만들기

서클을 시작하기 전, 종이접시 혹은 반으로 접은 종이 한 장을 필기도구와 함께 각 좌석에 놓아둔다. 참석한 모든 사람들에게 그들이 진심으로 말하고 들을 수 있는 안전한 공간을 만들기 위해 중요하다고 생각하는 가치를 미리 나눠준 종이에 써줄 것을 요청한다. 그리고 토킹스틱을 돌려서 각자가 선택한 가치가 무엇인지, 그것이 왜 중요한지 설명한 후에 그것을 서클의 중앙에 가져다 놓도록 부탁한다. 이 때도 진행자가 먼저 발언을 함으로써 서클에서 말하기 방식의 표본을 제시한다. 혹시 글로 표현하는 것이 어려운 사람이 있을 땐 진행자가 대신 써준 후에 그 참여자가 자신의 가치를 서클의 중앙에 가져다 놓도록 한다.

규칙 결정하기

가치를 결정한 후에는 서클에서 모두가 함께 지켜야 할 규칙을 만든다.

토킹스틱을 돌려서 각자가 온전히 서클에 참여하기 위해 지켜져야 한다고 생각하는 합의사항들을 하나씩 말하게 한다. 가령 그것들은 "자신을 향해서 말하기", "예의 바른 몸짓언어를 실천하기"와 같은 것을 포함할 수 있다. 제안으로 나온 규칙들은 종이나 차트에 기록한다. 토킹스틱이 다 돌아간 후에는 진행자가 목록을 한번 읽어준다. 그리고 한번 더 토킹스틱을 돌려서 제안으로 나온 규칙들에 동의하고 그것들을 지킬 수 있는지의 여부에 대한 의사표시를 요청한다. 어떤 규칙에 대해 반대하는 의견이 있을 때는 그 반대하는 이유와 그 규칙을 제안한 사람의 의도를 동시에 묻고 확인하는 과정을 거쳐서 모두가 동의할 수 있는 표현을 찾아낼 수 있도록 노력해야한다. 규칙들에 대한 논의가 서로를 설득하려는 시간으로 변질되지 않게 해야 한다. 서클의 목적은 결코 설득이 아니다. 어떤 제안에 대해 서클의 구성원들이 모두 동의하지 않으면 그것은 합의된 규칙이 아니다. 그 제안이 누군가에게는 소중하지만 모두가 그것을 따라야 하는 것은 아님을 인정해야 한다. 그것을 제외하더라도 모두가 동의할 수 있는 기타의 규칙들만으로도 건강한 공간을 유지하기에는 충분하다.

규칙을 만드는 과정에서의 심도깊은 대화는 참여자들의 의견이나 관점의 차이를 서로 존중하면서 해결점을 찾아가는 좋은 연습의 기회가 된다. 지속적인 만남이 가능한 서클모임에서는 처음에 만들어진 규칙들이 그것을 바꾸기로 동의하지 않는 한 이후의 서클에서도 유효하다. 진행자는 가치가 적힌 종이접시를 서클의 중앙에 배열하고 합의된 규칙을 모두가 볼수 있는 곳에 게시함으로써 자신들이 만들어내고자 하는 공간의 소중함을 지속적으로 상기시켜 줄 수 있다.

나눔

공동체 세우기를 위한 서클이든 갈등 또는 문제해결을 위한 서클이든 모두가 자신들의 삶의 이야기를 나눔으로써 상호이해를 높이고 공감을 쌓기 위한 시간을 꼭 마련하는 것이 매우 중요하다. 이야기에는 참여자들이 서로에 대해 가질 수 있는 고정관념이나 편견을 깨뜨리는 힘이 있다. 이렇게 해서 서로를 더 깊이 이해하고 연결감을 갖게되면 이후에 민감한 사안에 대해 논의를 할 때도 상대방의 이야기를 더 명료하게 들을 수 있게 된다. 부록1에서 돌아가며 이야기하기를 위한 아이디어를 제시하였다. 돌아가며 이야기할 때도 대개 진행자가 먼저 발언을 한다.

서클의 주제 탐색하기

중요현안 또는 주제에 대한 탐색이 서클의 주 목적인 경우 진행자는 적절한 질문을 던진 후에 토킹스틱을 돌린다. 이때는 대개 진행자가 마지막으로 발언을 한다. 부록1에 제시한 질문의 목록들을 살펴보라. 진행자가 대화를 열기 위한 질문을 준비하는데 있어서 도움을 얻을 수 있을 것이다.

다른 대안적인 방법으로는 진행자가 참여자들로 하여금 하나의 주제에 대해 각자의 생각이나 느낌과 잘 연결되도록 돕는 활동에 참여시키는 방법이 있다. 이때는 여러번 토킹스틱을 돌려서 주제에 대한 성찰 뿐만 아니라 주제와 관련한 활동을 통해 경험한 성찰을 이끌어낼 수 있다. 참여자들이 나누어준 통찰과 지혜에 대해, 또한 진심으로 듣고 말하기 위해서 필요한 용기를 내어준 것에 대해서 모두에게 고마움을 전한다.

갈등 서클 혹은 의사결정 서클과 관련된 세가지 요소

긍정적인 미래를 위한 계획 창출하기

토킹스틱을 돌려서 참여자들에게 피해를 복구하기 위해 또는 보다 나은 미래를 만들어가기 위해서는 무엇이 실천되어야 하는지 묻는다. 한번 더 토킹스틱을 돌려서 보다 나은 미래가 진정한 현실이 되기 위해선 각자가 어떤 도움을 자발적으로 제공할 수 있을 것인지에 대해 질문한다.

합의 만들기

서클에 중요하면서도 모두가 동의할 수 있는 계획이나 노력에는 어떤 것들이 가능한지 결정하고 그것들을 기록한다.

기대를 명료화하기(clarifying)

토킹스틱을 돌려서 서클이 모두에게 도움이 되려면 앞으로 어떻게 행동해야 하는지 그리고 서클에서 나눈 대화의 존엄성을 지키려면 상대방에 대해 어떤 후속적인 행동들을 기대하는지에 대해 묻는다.

배움나눔

서클을 마무리하기 위해 참여자들에게 서클에서 느끼고 생각한 것을 공유하도록 초대하고 토킹스틱을 돌린다. 혹은 시간이 부족할 경우 서클에서 경험한 것들을 하나의 단어로 요약해달라고 요청한다. 이때 진행자는 마지막으로 발언하는 것이 좋다.

공간닫기

서클의 닫는 의식으로 안내한다. 부록2에 서클의 여는 의식과 닫는 의식을 위한 몇가지 샘플이 제시되어 있다. 호흡에 집중하기, 소리에 귀기울이기, 또는 짧은 순간의 침묵과 같은 것들을 적절하게 혼용하는 것이 서클의 마지막을 구별짓는 짧으면서도 강력한 하나의 방법이 된다.

참여한 모두에게 감사 표현하기

서클에 온 것과 참여한 것에 대해 모두에게 감사한다. 모두에게 평화를 허락하는 방식으로 자기자신과 타인들을 이해하고자 노력한 부분에 대해서도 고마움을 표한다.

서클의 모형을 어떻게 활용할 것인가

이곳에 제시한 서클의 모형들은 독자들이 스스로 서클을 실천할 수 있도록 하나의 발판이 되고자 하는 의도로 만들어진 것들이다. 이것들은 반드시 이렇게 해야한다는 식의 규범이라기보다는 독자들의 상상력과 통찰을 자극하기 위해 기획된 것들이다. 사용하는 사람에 따라 서클의 여는 의식, 닫는 의식 또는 질문을 다른 것으로 바꿀 수 있다. 다른 서클에서 경험한 활동을 결합할 수도 있으며 서클의 진행과정에서 떠오르는 논점들에 대해 여기에서 소개한 것들과는 완전히 다른 방식의 길을 걸을 수도 있다. 서클은 구성원들의 필요에 따라 다양하게 각색할 수 있는 매우 유연한 대화과정이다.

그렇지만 서클은 이러한 유연함을 가능하게 하는 몇 개의 고정된 원칙을 가지고 있다. 이러한 원칙들은 바꿀 수 없다. 그것들은 다음과 같다.

- 어떤 경우에도 모든 사람을 존중하고 존대하기 위해 최선의 노력을 다하는 것
- 서클의 공간을 구별해주는 여는 의식, 닫는 의식과 침묵의 순간
- 서클의 원을 따라 모든 사람에게 전달되는 토킹스틱의 활용
- 진행자가 서클의 동등한 한 일원으로서 참여하는 것

서클의 실천을 돕기 위한 부록 안내

부록1편은 서클의 대화를 이끌어 내기 위한 질문사례들을 포함하고 있다. 부록2편에서는 서클에서 활용할 수 있는 다양한 서클 열기와 닫기 의식들을 제시한다. 부록4에선 부록2에서 제시된 서클 열기와 닫기 의식을 위한 다양한 참고자료들의 목록을 제공한다. 이 모든 표본 자료들과 참고자료는 단지 작은 출발점일 뿐이다. 서클의 열기와 닫기 그리고 대화를 위한 질문의 표본들은 무궁무진하다. 독자들이 각 서클의 요구와 주제에 따라 필요한 것들을 스스로 창조해 보기를 권유한다. 부록5편에서는 학생들의 수준이나 연령에 따라 크게 변형하지 않고서도 적절하게 활용할 수 있는 서클들을 한 눈에 볼 수 있도록 표로 정리하여 모든 서클의 목록을 나열하였다.

2부

긍정적인
학교 환경 만들기

모듈 1 서클 시행안 수립

서클 세우기

교실에서 학생들과 함께 하는 서클은 돌봄과 존중의 교실 문화를 창조하겠다는 교사의 다짐으로부터 시작된다. 서클은 이러한 환경을 조성하는 수단이 된다. 서클은 일상적으로 이루어지는 활동과 다르기 때문에 모든 연령대의 사람들이 서클에 익숙해지기까지 시간이 필요하다. 얼굴을 마주보고 앉는 것이 익숙하지 않을 뿐만 아니라, 토킹스틱을 이용해 인내심을 갖고 들어야 하며, 끼어들거나 다른 사람이 하는 이야기를 거들고 싶은 유혹을 참기까지 시간이 필요하다. 서클에서 이야기 하고 있는 사람에게 온 신경을 집중하는 것 또한 학생들에게는 낯선 경험이다.

서클에서 배우는 것은 훈련이 필요하다. 학생에게는 토킹스틱으로 말하는데 익숙해지기까지 시간이 필요하다. 솔직하게 말하고, 깊이 듣고, 서클의 과정을 존중하는 것honor and value the process 또한 마찬가지다. 호주에서 서클 진행자로 활동 중인 마크 암스트롱Marg Amstrong은 교실 안에 서클 활동이 자리잡는데 6주에서 8주 정도의 시간이 필요하다고 말한다. 이 때 교사의 태도가 가장 중요한 요소이다. 교사가 서클이 좋은 활동이라 믿을 때, 모든 학생들이 서클을 통해 배울 수 있다.

어떤 교사들은 학기 첫 날 학생들이 책상도 겉옷도 가방도 없이 서로 얼굴을 보고 마주 앉아 있는 서클을 바로 경험하게 한다. 다른 교사들은 테이프로 서클의 자리를 미리 표시해 놓고, 학생들에게 의자를 갖고 자리를 옮겨 서클을 만들게 하기도 한다. 시간이 지날수록 학생들은 서클이라는 물리적 공간에 익숙해지지만, 서클을 처음 시도할 때 시작이 원활할 수 있도록 안내를 해주는 것이 좋다.

한 고등학교의 영어 교사는 매일 교실에서 서클을 활용한다. 학기의 첫 날 의자만 서클로 배열하고 학생들에게 앉도록 한다. 하지만, 서클에서 활동을 진행하지는 않는다. 한 해동안 이와 같은 방식으로 수업을 진행할 거라고 이야기 할 뿐이다. 학기 첫 날 학생들이 익숙한 책상과 공책, 가방이 없이 새로운 친구와 단지 얼굴을 마주 보고 있는 상황만으로도 새로운 경험을 충분히 했다고 믿기 때문이다. 서클로 앉았을 뿐 그 안에서 아무런 이야기도 하지 않았지만, 교사는 앞으로 수업에서 맺는 관계가 다를 것임을 학생들에게 보여줄 수 있다. 이 영어교사는 서클을 통해 학생과 신뢰 관계를 맺어가며 한 걸음 한 걸음씩 안내하는 방식을 선택했다. 다음 수업 때 토킹스틱과 침묵의 시간으로, 서클의 다른 요소를 설명할 것이다.

학생들이 토킹스틱과 익숙해 지는 방법 중 하나는 다음과 같다. 토킹스틱을 돌리며 자신의 이름을 소개할 때 좋아하는 음식, 음악, 영화를 이야기 하게 한다. 저학년 일 경우에, 미소짓기, 윙크하기, 안녕이라고 인사하기, 악수하기, 웃긴 표정 짓기 등으로 활용해도 좋다. 이와 같은 방식을 통해 학생들은 서클의 리듬을 익혀 간다.

활기가 넘치는 서클은 구성원 모두가 참여한다는 것을 의미한다. 서클에서 보고만 있는 사람은 없다. 교사를 포함한 서클 구성원 모두가 서클에서 나누는 질문에 답하고, 활동에 참여한다. 서클을 온전히 경험한 교사와 성인은 학생들과 긴밀한 유대관계를 맺는 서클의 공간을 만드는데 기여할 수 있다.

서클을 소개하는 서클

다음 보기는 교직원, 초, 중, 고 학생들에게 서클을 소개하는 활동 진행안이다. 서클의 기본적인 구조와 토킹스틱을 안내하는 내용으로 구성되어 있다. 학생들은 간단하면서도 참여도를 높일 수 있는 질문에 대답하며 토킹스틱에 익숙해진다.

많은 학교가 학생들과 서클을 시작하기 전에 교사들이 먼저 서클을 경험해 본다. 당연히, 많은 교사들이 교실에서 서클을 활용하기 전에 서클을 미리 경험하는 것을 선호한다. 서클을 배우는 가장 좋은 방법은 서클에 참여하는 것이다. 교사들을 위해 가장 많이 사용하는 서클은 공동체 구축이나 교수 활동을 지원할 때 이다. 첫 번째 학습 계획안은 교사들의 수업을 성찰하는데 사용하는 서클 활동에 관한 것이다.

목적 직접적인 서클 경험을 통해 서클의 기본 요소 소개하기, 교직원 간의 관계 만들기

준비물 토킹스틱, 벨, 서클중심 상징물, 종이, 펜

준비 서클 참여자가 동그랗게 놓여진 의자에 앉도록 한다. 서클 시작 전 각 의자 앞에 종이와 펜을 하나씩 놓는다.

서클 참여자 환영하기

침묵으로 초대하기 잠시 멈추고 호흡을 하고 소리 듣기

공간열기 참고자료 2 참조하거나 다른 것으로 대체

토킹스틱 소개하기 토킹스틱이 서클 안에서 어떻게 사용되는지와 토킹스틱에 담긴 이야기나 의미 설명하기

서클의 진행과정 소개하기 '나눔'이란 질문에 토킹스틱을 건네며 이야기하는 것을 의미한다. 진행자는 참여자로서 질문을 하고, 첫 번째로 대답한다. 그리고 토킹스틱을 옆 사람에게 건넨다. 진행자가 서클을 돌리는 방향으로 토킹스틱을 차례차례 건넨다. 첫 번째 마음연결하기에서 이름을 말하고 질문에 답한다. 패스통과라고 하고 그냥 토킹스틱을 건네도 된다.

　마음연결하기 *오늘 나는 어떤지 나눠주세요?*

중심활동 관계구축하기 서클 모형

나눔 *자신이 누구인지, 교사 경력과 교육자가 된 동기 등을 나눠주세요.*

앞에 있는 종이에 다음과 같이 적는다.

- 자신을 교육자로 살게 한 가치
- 학생들이 전인적인 인간으로 성장하기 위해 내가 아이들에게 사용하고 싶은 교육방법

나눔 *교육자로서 자신이 소중히 여기는 가치와 그 가치가 자신에게 어떤 의미인지 나눠주세요.*

진행자는 자신의 이야기를 먼저 나누고, 종이를 가운데에 놓는다.

가치를 함께 이야기하는 것은 서클에서 중요한 과정이다. 사람은 가치를 나눌 때 내가 어

떤 사람으로 보여지길 원하는지 더 잘 의식할 수 있고 더 나아가 이는 내가 보여주기를 원하는 방식으로 살아갈 수 있게 한다.

나눔 *교육자로서 스스로가 자랑스러웠던 순간을 나눠주세요.*

교육자로서의 가치와 자랑스러웠던 순간의 연결고리를 종이에 적게 해도 좋다.

나눔 *자랑스러운 순간을 나누며 깨달은 것이나, 마음 속에 다가 왔던 것을 나눠주세요.*

배움나눔 나눔 *서클을 통해 경험한 것과 느낀 점은 무엇인가요?*

공간닫기 부록 2를 활용하거나 다른 것으로 대체한다. 서클을 처음 경험하는 참여자를 위해 스트레칭으로 몸을 이완하는 공간닫기를 한다.

참여한 모두에게 감사 표현하기

목적 토킹스틱을 안내하기, 토킹스틱을 사용하며 서클의 원리 탐색하기

준비물 토킹스틱, 서클중심상징물, 종이, 펜

준비 의자를 둥그렇게 배치하고 앉는다. 각 의자 앞에 종이와 펜을 하나씩 놓는다.

서클 참여자 환영하기

침묵으로 초대하기 잠시 멈추고 호흡을 하고 소리를 듣기

공간열기 참고자료 2 참조하거나 다른 것으로 대체

서클의 진행과정 소개하기

중심활동 처음으로 서클을 경험하기

학생들에게 '함께 그리고 서로 말하는' 새로운 방식을 배운다고 설명한다. 앞으로 늘 이렇게 말하는 것은 아니지만, 새로운 방식이 중요하다고 느낄 것이다라고 덧붙인다.

토킹스틱의 의미와 사용방법을 설명한다. 토킹스틱을 사용하는 이유는 모든 사람이 말할 기회를 갖고, 상대방이 말할 때 잘 듣고, 다른 사람이 말을 끝냈을 때 말을 시작하고, 진심으로 말하는데 도움을 받기 위해서이다.

나눔 *진심으로 말한다는 것이 내게 어떤 의미인가요?*

나눔 *가족이나 친구 간에 서클로 이야기하는 것을 상상할 수 있나요? 이 때 어떨것 같은지 말해 볼래요?*

물론 가족끼리 저녁 식사 자리에서 둥그렇게 앉는다. 서클과 비슷하나 분명 말하고 듣는 방식에는 차이가 있다.

나눔 *서클의 특징은 무엇일까요?*

학생들에게 서클을 그려보라고 한다. 서클 모양의 특징을 찾게 한다.

나눔 *둥그렇게 앉아 토킹스틱을 사용하며 이야기 할 때 어땠어요?*

활동 중 느낀 점을 나눈다. 성찰한 이야기를 서클활동의 의미와 연결 짓는다.

공간닫기 부록2를 참고하거나 다른 것으로 대체한다.

참여한 모두에게 감사 표현하기

1.3 토킹스틱 소개하기

목적 토킹스틱을 안내하고, 토킹스틱을 사용하는 방법을 익히기
준비물 토킹스틱
준비 의자를 둥그렇게 배치하고 앉는다.

서클 참여자 환영하기

침묵으로 초대하기 잠시 멈추고 호흡을 하고 소리를 듣기
공간열기 참고자료 2 참조하거나 다른 것으로 대체
서클의 진행과정 소개하기

중심활동 학생들이 처음으로 토킹스틱을 사용하며 말하고 대화하는 것을 경험하기

서클은 새로운 방식의 말하기 방법이며 학급에서 필요할 때 서클로 말하는 방식으로 대화하고 이를 위해 토킹스틱을 사용할 거라 말한다. 돌아가며 말하기에 사용할 질문을 학생들이 직접 생각해 볼 수 있다.
 토킹스틱의 의미와 사용방법을 설명한다. 토킹스틱을 사용하는 이유는 모든 사람이 말할 기회를 갖고, 상대방이 말할 때 잘 듣고, 다른 사람이 말을 끝냈을 때 말을 시작하고, 진심으로 말하는데 도움을 받기 위해서이다..

나눔 나를 늘 웃게 하는 사람이나 사물은 무엇인가요? 그 이유는 무엇인가요?
나눔 자신이 가장 좋아하는 노래, 영화, 혹은 가수와 좋아하는 이유에 대해 말해볼까요?
나눔 내게 완벽한 저녁식사를 설명해주세요 반찬, 음료수, 후식 등
나눔 토킹스틱을 사용해 이야기하는 방식을 경험했습니다. 이 방법이 어땠는지 이야기 해 보겠습니다. 토킹스틱이 말할 때 어떤 도움이 되었나요? 토킹스틱을 사용할 때와 사용하지 않을 때의 차이점은 무엇인가요?
배움나눔 지금 이 순간 느끼는 감정을 한 단어로 말해주세요.
공간닫기 참고자료 2 참조하거나 다른 것으로 대체

참여한 모두에게 감사 표현하기

토킹스틱 만들기 **1.4**

목적 참여자들이 서클활동에 익숙해지고, 서클에서 토킹스틱의 효과와 중요성을 이해하기

준비물 토킹스틱, 토킹스틱을 만들 수 있는 다양한 재료들깃털, 나무, 나뭇가지, 리본, 단추, 조개, 구슬, 돌, 색볼펜, 풀, 천조각, 얇은 막대, 실뭉치 등

준비 의자를 둥그렇게 배치하고 앉는다. 서클 밖에 1-2개의 탁자와 의자를 배치한다.

서클 참여자 환영하기

침묵으로 초대하기 *잠시 멈추고 호흡을 하고 소리를 듣기*

공간열기 *부록2 참조하거나 다른 것으로 대체*

마음연결하기 *오늘 내 마음을 날씨로 표현해 주겠어요?*

중심활동 자신에게 의미 있는 토킹스틱 만들기

안내하기 *지난 번에 한 서클을 통해 토킹스틱이 얼마나 중요한지 느꼈을 거예요. 오늘 토킹스틱을 만들어 볼 겁니다. 상징은 하나가 아닌 여러 의미를 우리에게 말해 줍니다. 토킹스틱은 상징과도 같죠. 물건이 될 수도 있고요. 추상적이거나 일반적인 것을 나타내도 좋아요. 사과라는 사물은 과일이지만 건강, 교육을 상징하기도 하는 것처럼 여러분의 토킹스틱은 여러분 각자가 부여한 상징을 담고 있어요. 그 의미가 내게 어떤지, 또 내가 어떤 사람인지 토킹스틱에 관한 이야기를 하면서 서로 알게 될 거예요.*

탁자 위 다양한 재료를 활용해 여러분이 좋아하거나, 나타내고 싶은 것을 토킹스틱으로 만들어 주세요. 토킹스틱을 서클에서 여러 사람들과 함께 쓸 거니까 쉽게 망가지지 않도록 만들어주세요.

시간은 20분 드리겠습니다. 20분 후에 서클로 돌아와 만든 토킹스틱을 소개할게요.

나눔 *자, 이제 토킹스틱을 설명할게요. 토킹스틱을 만들기 위해 사용한 재료를 말씀해주세요. 리본, 구슬 장식, 막대기, 색깔과 같은 재료를 왜 선택했나요? 이 토킹스틱이 자신에 대해 무엇을 알려주나요? 여러분의 어떤 점을 표현하고 있나요?*

나눔 *언제, 어떻게, 어디에서 여러분이 만든 토킹스틱을 사용하면 좋을까요? 활용하기 좋은 수업 시간이나 수업외 다른 시간이 있다면 언제일까요?*

배움나눔 *지금 이 순간 느끼는 감정을 한 단어로 말해주세요.*

공간닫기 *부록2를 참조하거나 다른 것으로 대체*

참여한 모두에게 감사 표현하기

토킹스틱을 경험하는 서클

목적 토킹스틱으로 이야기하는 것이 어떻게 다른지 경험하고 사용할 수 있는 토킹스틱에 대한 의견 제안하기
준비물 토킹스틱
준비 의자를 둥그렇게 배치하고 앉는다.

서클 참여자 환영하기

침묵으로 초대하기 *잠시 멈추고 호흡을 하고 소리를 듣기*
공간열기 부록2를 참조하거나 다른 것으로 대체
서클의 진행과정 소개하기

중심활동 토킹 스틱을 활용하는 다양한 활동 경험하기

토킹스틱 소개하기 토킹스틱은 서로 더 잘 말하고, 더 잘 듣는데 도움을 주기 위해 사용한다고 안내한다. 토킹스틱을 어떻게 사용하는 지와 오늘 사용할 토킹스틱의 의미를 소개한다.
나눔 *가장 좋아하는 저녁 식사 메뉴는 무엇인가요?*
가장 좋아하는 후식, 영화, 게임과 이유를 질문하고 답하면서 토킹스틱을 사용하며 말하는 방식을 경험한다.
나눔 *토킹스틱을 사용하여 대화할 때 발견한 것이 있나요? 평상시 우리가 대화할 때와 어떤 점이 다른가요?*
나눔 *수업시간 중 토킹스틱을 사용한다면 어떤 시간에 사용하고 싶나요? 이유는 무엇인가요?*
나눔 *토킹스틱을 사용하여 대화하는 방식의 어떤 점이 마음에 드나요?*
배움나눔 *지금 이 순간 느끼는 감정을 한 단어로 말해주세요.*
공간닫기 부록 2를 참조하거나 다른 것으로 대체

참여한 모두에게 감사 표현하기

목적 학생과 교사가 가슴으로부터 솔직하게 말하고 듣는 기술을 배우기

준비물 토킹스틱, 종

준비 의자를 둥그렇게 배치하고 앉는다.

서클 참여자 환영하기

침묵으로 초대하기 *잠시 멈추고 호흡을 하고 소리를 듣기*

공간열기 *부록 2를 참조하거나 다른 것으로 대체*

서클의 진행과정 소개하기

중심활동 가슴으로부터 말하고 듣는 것이 무엇인지 성찰하기

활동소개 *우리는 서클을 통해 마음으로 말하고 듣는 것에 대해 경험해 볼 겁니다. 우리는 일상생활에서 언제나 이렇게 말하고 들을 수는 없지만 시도해 보았으면 좋겠습니다.*

나눔 *마음으로 듣는다는 것은 어떤 의미일까요?*

나눔 *당신이 아는 사람 중에 마음으로 듣는 것을 잘 하는 사람은 누구인가요?*

나눔 *마음으로 말한다는 것은 어떤 의미일까요?*

나눔 *당신이 아는 사람 중에 마음으로 말하는 것을 잘 하는 사람은 누구인가요?*

나눔 *당신이 마음으로 말할 수 있는 사람은 누구인가요?*

나눔 *언제 마음으로 말하고 듣는 것이 어려운가요?*

나눔 *어떻게 하면 마음으로 더 잘 말하고, 더 잘 들을 수 있을까요?*

배움나눔 *오늘 서클에서 좋았던 것은 무엇인가요?*

공간닫기 *부록 2를 참조하거나 다른 것으로 대체*

참여한 모두에게 감사 표현하기

모듈 2 공동체 약속 세우기

이어서 소개하는 서클의 모형은 공동체에서 서로가 어떻게 대하기를 원하는
지와 그 이유는 무엇인지 함께 탐구하는 일에 관한 것이다. 질문에 답하며, 공
동체 구성원은 학교와 교실에서 소속감과 안전함을 느끼기 위해 필요한 것이 무
엇인지 알게 된다. 먼저, 서로 좋은 관계를 맺고 싶은 욕구에 바탕을 둔 가치를
이야기하며 서로의 필요를 알아간다. 가치를 나눈 후에는 가치를 어떻게 행동
으로 옮길 수 있는지, 그 행동은 어떤 모습으로 나타나는지 이야기를 나눈다. 서
클에서 제안하는 행동에 관한 규칙norm은 중요한 의미를 갖는다. 앞으로 이 책
에서 우리는 규칙norm 대신 지침guidelines 혹은 약속agreements이라는 단어를 쓸 것
이다. 약속이란 이 책에서 학교 공동체의 공유된 가치를 드러내는 긍정적인 행
동을 말한다.

규칙과 약속은 만들어지는 과정에서 차이가 있다. 권위를 가진 사람들이 만
들고 유지하는 규칙과 달리 약속은 공동체의 합의를 통해 만들어진다. 공동체
가 함께 구체적이고 긍정적인 행동을 담은 약속을 만들어 모두가 약속을 만드
는데 참여했다는 경험이 중요하다. 외부에서 오는 권위를 통해서는 긍정적인 학
교환경을 만들고 유지할 수 없다. 교사가 보이지 않는 운동장이나 복도와 같은
공간에서 학생들이 서로 잘 지낼 수 있는 일은 공유된 가치에 책임을 질 때 가능
하다. 학생 개인이 공유된 약속을 내면화하고 지키고 지지할 때 가능하다. 이와
같은 생각은 서클프로세스의 기본 전제와 맥락을 같이 한다. 서클을 성공적으
로 경험하기 위해서 참여자는 토킹스틱을 사용하는 방법을 따르고 가슴으로 말
하며 공유된 약속을 중요시해야 한다.

앞에서 힘에 관해 이야기했던 것처럼, 우리 모두는 각자의 힘이 중요하게 여
겨지는 경험이 필요하다. 이와 더불어, 공동의 욕구를 충족시키기 위해 협력하
는 것을 배워야 한다. 아이들은 자신이 다른 사람에게 미치는 영향을 알아가면
서 책임을 질 줄 아는 어른으로 성장해 간다. 자신의 욕구와 내면의 소리를 따
르며 다른 사람의 욕구와 내면의 소리를 존중하는 법을 배워간다. 학생들은 함
께 공유된 약속을 만들며 상호존중과 힘의 공유를 배운다. 공동체가 만든 약속

은 공동체 안에 발생한 어려움을 해결하는 강력한 자원이 된다. 공동체 구성원들에게 공동체의 소중한 가치를 기억하는 것을 돕기 때문이다.

서로 좋은 관계를 맺고 싶은 생각을 반영하여 공유하는 약속을 정한 공동체에도 외부에서 규정한 규칙이 있으며, 규칙들은 일반적으로 개인과 특정한 교실 상황의 욕구보다 우선하는 합당한 이유가 있다. 모든 학교와 교실에는 규칙이 있다. 어떤 교사들은 수정 및 양보 불가한 규칙이 있다고 생각할 수 있다. 서클에서는 이러한 규칙도 구성원들과 함께 논의한다. 규칙 속에 담긴 가치와 규칙에 관한 생각과 감정을 서로 이해하고 공유한다. 이 과정을 통해, 규칙을 지키며 생활할 수 있는 긍정적이고 구체적인 약속을 만들 수 있다. 이 장에서 학교 규칙을 지키는데 필요한 공유된 약속을 만드는 서클을 다룬다.

마지막 두 개의 서클은 공유된 약속을 확인하고 이행과정을 점검하는 활동에 관한 것이다. 공유된 약속은 긍정적인 학교 환경을 유지하는데 필수 요소이다. 구성원들이 공유된 약속의 힘을 지속시키기 위해 이를 기억하고, 수정하고 보완하는 일이 중요하다. 공유된 약속은 새학기에 한번 만들지만 학교는 지속적으로, 적어도 한 달에 한번은 공유된 약속을 공동체 구성원의 머리와 가슴에 확인시켜 주어야 한다.

안전하고 즐거운 교실 만들기 서클 21

목적 모두가 안전을 느끼는 배움 공간을 만드는 행동과 가치를 탐색하기
준비물 토킹스틱, 서클 상징물, 공유된 목적과 약속, 작은 솜인형 1인당 1개, 종
준비 의자를 둥그렇게 배치하고 앉는다. 바닥이 편하면 바닥에 앉는다.

서클에 있는 모두를 환영하기

침묵으로 초대하기 잠시 멈추고 호흡을 하고 소리를 듣기
공간열기 부록 2를 참조하거나 다른 것으로 대체
서클의 진행과정 소개하기 나눔이란 질문에 토킹스틱을 건네며 이야기하는 것을 의미한다. 진행자는 참여자로서 질문을 하고, 첫 번째로 대답한다. 그리고 토킹스틱을 옆 사람에게 건넨다. 진행자가 서클을 돌리는 방향으로 토킹스틱을 차례차례 건넨다. 첫 번째 마음연결하기에서 이름을 말하고 질문에 답한다. 패스통과라고 하고 그냥 토킹스틱을 건네도 된다.

중심활동 학생들이 안전과 즐거움을 느끼는 것 탐색하기

동물 인형을 한 사람당 한 개씩 나눠준다. 교사에게도 나눠준다. 학생들에게 이 동물이 학교 첫날 느낄 걱정거리와 다른 사람들이 잘 대해주지 않아 즐겁지 않은 순간을 이야기해보자고 한다.
나눔 *교실에서 동물이 즐겁고 안전하다고 느낄 수 있도록 여러분이 할 수 있는 일이 무엇이 있나요?*
교사는 학생들이 한 이야기를 칠판이나 전지에 적는다.
나눔 *적은 것 중 여러분이 교실에서 즐겁고 안전하다고 느낄 때는 언제인가요?*
나눔 *교실에서 서로 이와 같은 방법으로 대해야 한다고 생각하나요?*
체크아웃 *오늘 서클에서 좋았던 것은 무엇인가요?*
공간닫기 부록 2를 참조하거나 다른 것으로 대체

참여한 모두에게 감사 표현하기

22 모두의 욕구가 충족되는 교실 공동체 만들기 서클

목적 모두가 안전을 느끼는 배움 공간을 만드는 행동과 가치를 탐색하기
준비물 종이, 3개의 영역교사에게, 친구에게, 스스로에게으로 나뉜 전지, 마커 여러개
준비 의자를 둥그렇게 배치하고 앉는다.

서클에 있는 모두를 환영하기

침묵으로 초대하기 잠시 멈추고 호흡을 하고 소리를 듣기
공간열기 부록 2를 참조하거나 다른 것으로 대체
서클의 진행과정 소개하기
마음연결하기 *지금 기분이 어떤가요?*

중심활동 처음으로 서클을 경험하기

나눔 *우리 모두는 일을 잘 하기 위해 다른 사람의 지원이 필요합니다. 이 서클의 목적은 최선을 다하기 위해 스스로와 다른 사람에게 내가 필요로 하는 것을 이야기 하는 것 입니다. 교사로서 최선을 다하기 위해 나는 다음과 같은 것이 필요합니다.*

설명하기 진행자로서, 학생들에게 서클에서 무엇을 말해야 하는지 보여준다. 좋은 교사가 되기 위해 내 자신에게서, 동료들로부터, 학생들로부터 필요한 것이 무엇인지 말한다. 학생들에게 종이를 나눠주고 수업 시간 최선을 다하기 위해, 교사, 친구, 스스로에게 도움을 받고 싶은 것은 무엇인지 적게 한다. 다 적은 후에 앞으로 나와 큰 전지에 적게 한다. 전지를 벽에 붙인다. 진행자는 각 영역에 적힌 글을 읽는다.

나눔 *친구들이 학교생활에 최선을 다할 수 있도록 내가 도와줄 수 있는 것 하나를 골라주세요. 마찬가지로 자신이 도움을 받고 싶은 부분도 한 가지 골라주세요.*
나눔 *이 활동을 통해 나 자신과, 친구들, 선생님에 대해 알게 된 것은 무엇인가요?*
배움나눔 *오늘 서클에서 좋았던 것은 무엇인가요?*
공간닫기 부록 2를 참조하거나 다른 것으로 대체

참여한 모두에게 감사 표현하기

가치를 행동으로 표현하기 서클 23

목적 안전한 교실을 잘 만들기 위해 가치가 행동으로 어떻게 표현되는지 이해하기
준비물 일회용 종이 접시, 마커, 토킹스틱
준비 의자를 둥그렇게 배치하고 앉는다.

서클에 있는 모두를 환영하기

침묵으로 초대하기 잠시 멈추고 호흡을 하고 소리를 듣기
공간열기 부록 2를 참조하거나 다른 것으로 대체
서클의 진행과정 소개하기 나눔이란 질문에 토킹스틱을 건네며 이야기하는 것을 의미한다. 진행자는 참여자로서 질문을 하고, 첫 번째로 대답한다. 그리고 토킹스틱을 옆 사람에게 건넨다. 진행자가 서클을 돌리는 방향으로 토킹스틱을 차례차례 건넨다. 첫 번째 마음연결하기에서 이름을 말하고 질문에 답한다. 패스통과라고 하고 그냥 토킹스틱을 건네도 된다.
마음연결하기 *지금 기분이 어떤가요?*

> **중심활동** 긍정적인 가치와 그 가치를 담고 있는 행동 적기

일회용 접시와 마커를 나눠준다. 학생들에게 자신에게 중요한 가치와 학교에서 그 가치에 따라 어떻게 대우받고 싶은지 묻는다. 일회용 접시 바깥 테두리 부분에 가치를 적게 한다.
나눔 *자신이 적은 가치가 무엇이고 그 가치가 자신에게 어떤 의미인지 왜 그것을 선택했는지 설명해주세요.*
학생들에게 접시 중앙에 교실에서 그 가치를 표현할 수 있는 행동 한 가지를 적게 한다.
나눔 *적은 행동이 나에게 가장 중요한 가치를 어떻게 구체화 시킨 것인지 설명해주세요.*
교사는 일회용 접시를 모아 중요한 가치와 행동을 목록화하게 한다. 이 목록은 교실의 동의된 약속 정하기 서클 활동에서 활용된다.
배움나눔 *오늘 서클이 어땠나요?*
공간닫기 부록 2를 참조하거나 다른 것으로 대체

참여한 모두에게 감사 표현하기

24 모두가 동의하는 학급 약속 만들기 서클

목적 학급 구성원이 늘 서로를 어떻게 대하고 어떻게 상호작용할 건지에 관한 약속 만들기

준비물 토킹스틱, 손 모양으로 오린 종이, 큰 원이 그려진 전지, 마커와 크레파스

준비 의자를 둥그렇게 배치하고 앉는다.

서클에 있는 모두를 환영하기

침묵으로 초대하기 잠시 멈추고 호흡을 하고 소리를 듣기

공간열기 부록 2를 참조하거나 다른 것으로 대체

서클의 진행과정 소개하기

마음연결하기 *지금 기분이 어떤가요?*

중심활동 가치와 중요한 것에 따라 약속 정하기

전지에 큰 원을 그린다. 모든 학생이 손모양의 종이를 받는다. 손가락 하나마다 정직, 존중, 나눔과 같이 가장 기분이 좋을 때 느껴지는 가치 혹은 중요한 것을 적는다.

나눔 교사는 자신이 손가락에 적은 것을 말한 뒤에 다음과 같이 학생들에게 말한다. *손가락에 적은 것을 말하고 서클 중심에 종이를 놓아 주세요.*

나눔 *나와 다른 사람들이 교실에서 행복하려면 어떤 약속들이 필요할 것 같아요?*

교사는 학생들이 말한 것을 전지에 있는 원 중앙에 적는다.

나눔 원 안에 적은 것을 동의하는지 학생들에게 묻는다. *이 약속들 중에 지키기 어려운 것이 있나요?*

설명하기 약속은 규칙과 같지 않습니다. 약속을 만든 이유는 우리가 자신과 다른 사람에게 기대하는 행동을 기억하는데 도움을 주기 위함입니다. 약속한 행동은 다른 사람이 정해준 것이 아니라 우리 모두 함께 정한 것이며, 우리는 모두 이 약속을 존중하고 서로 약속을 지킬 수 있도록 격려하는 것에 동의했습니다.

나눔 *어떤 약속이 지키기 쉬울 것 같나요? 어떤 약속이 지키기 가장 어려울 것 같나요?*

배움나눔 *오늘 서클이 어땠나요?*

공간닫기 부록 2를 참조하거나 다른 것으로 대체

참여한 모두에게 감사 표현하기

공유된 약속 확인하기 서클 _ 우리의 목적 세우기 25

목적 정기적으로 교실 일상에서 약속이 잘 지켜지고 있는지 확인하고 학생들이 교실에서 공유된 약속에 맞게 행동하고 있는지 돌아보기

준비물 토킹스틱, 펜, 종이, 공유된 약속

준비 의자를 둥그렇게 배치하고 앉는다.

서클에 있는 모두를 환영하기

침묵으로 초대하기 잠시 멈추고 호흡을 하고 소리를 듣기

공간열기 부록 2를 참조하거나 다른 것으로 대체

마음연결하기 *이름과 함께 자신이 지금 어떤지 말해 줄래요? 여기에 있는 사람들이 알아야 할 중요한 이야기가 있으면 나눠주세요. 서클에서 편안하게 나눌 수 있는 것으로 나눠주세요.*

중심활동 행동을 목적에 맞춰 조정하기

지난 서클에서 만든 가치와 약속을 상기한다. 학급의 공유된 가치와 약속을 검토한다. 학생들 모두 오늘 가장 우선적으로 실천해야 하는 가치와 약속을 한 개씩 적게 한다.

나눔 *자신이 적은 가치를 말하고 왜 그것을 선택했는지 설명해주세요.*

나눔 *선택한 가치를 실천하기 위해 할 수 있는 행동은 무엇인가요?*

나눔 *친구들이 그 가치를 실천하기 위해 할 수 있는 행동은 무엇인가요?*

배움나눔 *오늘 서클이 어땠나요?*

공간닫기 부록 2를 참조하거나 다른 것으로 대체

참여한 모두에게 감사 표현하기

26 공유된 약속 확인하기 서클 _ 교실 분위기 점검하기

목적 학급의 공유된 약속이 잘 지켜 지고 있는지 성찰하기, 약속 중 변화가 필요한 부분이 없는지 살피기, 학급이 약속을 잘 지킬 수 있도록 돕기

준비물 토킹스틱, 펜이나 연필, 공책, 전지

준비 의자를 둥그렇게 배치하고 앉는다. 공유된 약속을 모두가 볼 수 있는 곳에 게시한다.

서클에 있는 모두를 환영하기

침묵으로 초대하기 잠시 멈추고 호흡을 하고 소리를 듣기

공간열기 부록 2를 참조하거나 다른 것으로 대체

서클의 진행과정 소개하기 나눔이란 질문에 토킹스틱을 건네며 이야기하는 것을 의미한다. 진행자는 참여자로서 질문을 하고, 첫 번째로 대답한다. 그리고 토킹스틱을 옆 사람에게 건넨다. 진행자가 서클을 돌리는 방향으로 토킹스틱을 차례차례 건넨다. 첫 번째 나눔에서 이름을 말하고 질문에 답한다. 패스통과라고 하고 그냥 토킹스틱을 건네도 괜찮다.

마음연결하기 *오늘 기분이 어떤가요? 서클에서 편안하게 이야기를 나누기 위해 알리고 싶은 중요한 것이 있나요?*

> **중심활동** 학급 혹은 수업에서 얼마나 공유된 약속이 잘 지켜지고 있는지 성찰하기

각 사람에게 공유된 약속을 보고 학급 전체가 매일 함께 상호작용하는 가운데 공유된 약속을 얼마나 잘 지키고 있는지 생각해 보도록 한다. 어떤 개인이나 사건을 가려내는 것을 강조하는 것이 아니다. 공책에 약속이 잘 지켜지는 지에 대한 평가등급을 매겨 적고 그 이유도 적게 한다. 학급에서 잘 지켜지고 있는 가치 한 가지와 공동체 구성원들에게 지키기 어려운 가치를 한 가지씩 적게 한다.

나눔 *우리 학급이 공유한 약속에 대한 전반적인 평가 등급은 어떤가요? 왜 그렇게 평가했나요?*

나눔 *잘 지켜지고 있는 약속은 무엇인가요? 그렇게 생각하는 이유는 무엇인가요?*

나눔 *우리 학급이 가장 지키기 어려운 약속은 무엇인가요? 무엇 때문에 그렇게 생각하나요?*

나눔 공유된 약속이 더 잘 지켜지기 위해 어떤 것이 도움이 될까요? 약속 중에 바꾸거나 추가 하고 싶은 것이 있나요?

나눔 동의된 약속이 마음에 드나요? 동의된 약속을 지키기 위해 노력할 수 있나요?

동의된 약속이 모두가 일상에서 행복할 수 있도록 도와줄 수 있음을 상기시킨다. 약속을 지키려고 노력하는 의지가 있다는 것 자체만으로도 약속을 존중하는 것임을 말한다.

배움나눔 오늘 서클이 어땠나요?

공간닫기 부록 2를 참조하거나 다른 것으로 대체

참여한 모두에게 감사 표현하기

27 학교 규칙을 이해하고 지키기 위한 서클

목적 학생들이 "협상 불가한" 학교 규칙 이면의 이유를 이해하고 생각하는데 도움을 주고, 긍정적인 방향으로 이 규칙을 함께 지킬 수 있는 방법 정하기

준비물 토킹스틱, 학교 규칙을 적은 전지나 칠판

준비 의자를 둥그렇게 배치하고 앉는다.

서클에 있는 모두를 환영하기

침묵으로 초대하기 잠시 멈추고 호흡을 하고 소리를 듣기

공간열기 부록 2를 참조하거나 다른 것으로 대체

서클의 진행과정 소개하기

학급의 공유된 가치와 약속 확인하기

마음연결하기 오늘 기분이 어떤가요? 서클에서 편안하게 이야기를 나누기 위해 알리고 싶은 중요한 것이 있나요?

중심활동 학교 규칙을 보다 의식적으로 지키기

학생과 교사가 따라야 하는 학교가 정한 구체적인 학교 정책이나 규칙을 선택한다. 휴대폰 사용 규칙이나, 교복 규정, 출석정책, 언어 등이 그 예이다. 정책이나 규칙을 모두가 볼 수 있도록 게시한다.

나눔 이 규칙을 정한 이유는 무엇인 것 같아요? 학교 공동체에 이러한 규칙이 어떤 도움이나 어려움을 주나요?

나눔 여러분이 이 규칙을 지키는데 있어 가장 어려운 점은 무엇인가요?

나눔 개인적으로 여러분이 이 규칙을 지키는데 도움 받고 싶은 것은 무엇인가요? 다른 사람들이 이 규칙을 지키는데 어떻게 도와줄 수 있나요? 누군가가 이 규칙을 지키는데 본인이 도와줄 수 있는 것이 있나요?

배움나눔 오늘 서클이 어땠나요?

공간닫기 부록 2를 참조하거나 다른 것으로 대체

참여한 모두에게 감사 표현하기

모듈 3 : 서클 교육과 학습

서클로 가르치고 배우기

교사는 서클을 사용하며 안전한 배움의 공간을 창조할 수 있다. 배움에는 위험이 따른다. 학생들은 질문할 때, 잘 이해가 되지 않을 때, 새로운 것을 시도할 때 교사와 친구들 사이에서 안전하게 배우기를 원한다. 배움의 공간을 안전하게 창조하는 것은 학업 성취의 든든한 뿌리를 만드는 일과 같다.

서클은 학생들이 생각을 표현하고, 비판적으로 사고하고, 다른 이의 관점을 공유하며 자신의 목소리를 발견해 가는 훌륭한 장을 마련해 준다. 수업시간에 발표하기를 좋아하는 외향적인 학생의 경우 서클을 통해 다른 사람의 이야기를 들으며 배울 수 있다. 깊이 생각하고 과묵하고 내향적인 학생의 경우 서클에서 이야기 할 때 예측가능하고 안전한 공간에서 자신의 목소리를 낼 수 있다. 많은 교사들이 서클을 하면 할 수록 모든 학생들의 참여도가 높아지는 것을 발견했다. 패스 할 수 있는 권리는 배움에 있어 뇌의 활성화를 막는 두려움과 스트레스를 줄이며, 후에 보다 잘 준비되어 참여할 수 있는 기회를 준다. 모순처럼 보이지만, 언제든지 참여할 기회가 주어지는 환경에서 참여자가 실제적이고 의미있는 질문에 진정성 있는 패스를 선택했다면 서클에 적극적으로 참여한 것이 된다.

교수법 측면에서 서클의 가치는 무궁무진하다. 이 장에서 안내하는 서클안은 다음과 같다.

- 수업 준비하기
- 이해 확인하기
- 외국어 수업에서 패턴 연습하기
- 새로운 단어 익히기
- 문학작품에서 느낀 점 나누기
- 글쓰기 피드백 주고 받기

- 주어진 주제를 수행하는데 있어 자신의 강점과 약점을 나누며 동료들이 서로 도움 주고 받을 수 있게 하기
- 어려운 점 나누기
- 효과적으로 숙제하는 법을 나누며 서로 배우고 지지할 수 있게 하기

위의 주제는 일부이며, 교수법에서 서클을 활용하여 배움을 촉진하는 서클을 창의적으로 다루기를 바란다.

우리가 서클을 교수법으로 가치있게 활용할수록, 교육 목표에 서클의 방법이 맞지 않을 때 서클을 사용하지 않는 것이 매우 중요하다는 것을 느낀다. 예를 들어 교사가 어떤 차시에서 학생들에게 말하기를 선택 할 수 있는 권리를 주고 싶지 않을 때, 서클을 사용하는 것은 좋은 방법이 아니다. 서클에서는 학생들이 말하는 것을 선택하는 권리가 중요하기 때문이다. 참여가 부족할 때 학생이 벌을 받거나 불이익을 당하는 수업에서도 서클을 사용하는 것은 적합하지 않다. 서클은 어떠한 경우에도 평가의 도구로 사용해서는 안된다. 교사가 학생들로부터 토킹스틱의 순서를 기다리지 않고 즉각적인 반응이나 답을 얻기를 원하는 수업에서도 서클은 적합하지 않다. 서클은 진정성 있게 서클을 적합하게 사용하는 공동체에서 가장 잘 작동한다.

경험이 많은 교사는 서클 프로세스에 다른 전략을 추가해 활용한다. 예를 들어, 어떤 교사는 서클에서 다룰 질문들을 파워 포인트로 작성해 학생들이 질문을 들을 뿐 아니라 읽을 수 있게 한다. 또 다른 교사는 서클을 시작 하기 전에 학생들에게 미리 질문을 줘 답을 준비할 수 있게 한다. 서클을 글쓰기와 함께 결합하는 것도 매우 효과적인 방법이다. 어떤 교사들은 서클이 진행되는 동안 학생들이 무릎 위에서 글을 쓸 수 있도록 받침대를 나눠주기도 한다. 어떤 교사는 고등학교 학생들에게 서클에서 들었던 답변에 대한 자신의 생각을 적게 한다. 한 음악 교사는 25분 동안 서클을 교실에서 활용하는 방법을 개발했다. 이와 같이 서클을 수업에 창조적으로 활용하는 예는 셀 수 없이 많다.

이미 알고 있는 것을 확인하는 서클

목적 주제와 관련된 학생들의 사전지식을 확인하여 새 주제와 단원에 대한 재미와 호기심을 일으키기

준비물 토킹스틱, 주제를 소개하기에 적절한 단어, 이미지, 물건과 같은 시각 자료

준비 의자를 둥그렇게 배치하고 앉는다.

서클에 있는 모두를 환영하기

침묵으로 초대하기 잠시 멈추고 호흡을 하고 소리를 듣기

공간열기 부록 2를 참조하거나 다른 것으로 대체

서클의 진행과정 소개하기

학급의 공유된 가치와 약속 확인하기

마음연결하기 *오늘 기분이 어떤가요? 오늘 서클에서 이야기를 나누기 위해 알리고 싶은 중요한 게 있나요?*

중심활동 알고 있는 것과 배우고 싶은 것 공유하기

나눔 *우리는 이 주제에 대해 배워 볼 거예요. 오늘은 서클로 이 주제에 대한 여러분의 생각과 이미 알고 있는 것을 나눌 겁니다. 이전에 배웠던 것이나 다른 사람에게 들었던 것을 나눠주세요. 주제에 관한 생각을 나눠도 좋습니다.*

나눔 *다른 사람의 말을 들은 후에 이 주제에 대해 알게 된 것이나 더 알고 싶은 것은 무엇인가요?*

나눔 *이 주제를 배울 때 걱정되는 것이나 염려되는 게 있나요? 이 주제를 배울 때 여러분에게 도움이 되는 것은 무엇일까요?*

배움나눔 *오늘 서클이 어땠나요?*

공간닫기 부록 2를 참조하거나 다른 것으로 대체

참여한 모두에게 감사 표현하기

이해 확인 서클

목적 학생들이 배움에서 이해하지 못하거나 헷갈리는 부분이 있을 때 도움을 요청하는 긍정적인 태도를 가질 수 있도록 격려하기

준비물 토킹스틱

준비 의자를 둥그렇게 배치하고 앉는다.

서클에 있는 모두를 환영하기

침묵으로 초대하기 잠시 멈추고 호흡을 하고 소리를 듣기

공간열기 부록 2를 참조하거나 다른 것으로 대체

서클의 진행과정 소개하기

학급의 공유된 가치와 약속 확인하기

중심활동 학생들이 스스로 무엇을 이해하고 있는지 평가하기

나눔 지금까지 공부한 내용을 얼마나 잘 이해했는지 또 어떻게 느끼는지 확인하기 위해 짧게 마음연결하기를 하겠습니다. 지금까지 배운 것을 정확하게 이해했다고 느껴지면 손가락 다섯 개를 들어주세요. 손을 들지 않거나 주먹을 쥐면 반대라고 이해할게요. 배운 것에 대해 모르겠고 헷갈린다면 그렇게 해주세요. 의문이 많이 있다면 손가락 하나를 들어주세요. 의문이 적다면 손가락 두 개를 들어주세요. 제가 토킹스틱을 돌리면 손으로 표현해주세요.

나눔 이제 좀 더 깊이 생각해봅시다. 손가락을 모두 편 친구들은 자신이 잘 이해한 내용을 말해 주세요. 그리고 손가락 여러 개 혹은 모두를 접은 친구들은 어떤 내용이 불명확하거나 헷갈리는지 말해 주세요.

나눔 다 이해하기 위해 개인적으로 도움을 받고 싶은 점은 무엇일까요? 이번 과에서 모든 학생이 좀 더 잘 이해하기 위해 학급 전체가 해 볼 수 있는 게 뭐가 있을까요?

배움나눔 오늘 서클이 어땠나요?

공간닫기 부록 2를 참조하거나 다른 것으로 대체

참여한 모두에게 감사 표현하기

목적 어렵거나 익숙하지 않은 단어가 있는 기사나 소설을 읽기 전에 학생들을 준비시키기

준비물 토킹스틱, 플래쉬카드, 종이, 펜, 공책이나 전지 혹은 단어가 담긴 PPT

준비 의자를 둥그렇게 배치하고 앉는다.

서클에 있는 모두를 환영하기

침묵으로 초대하기 잠시 멈추고 호흡을 하고 소리를 듣기

공간열기 부록 2를 참조하거나 다른 것으로 대체

서클의 진행과정 소개하기

학급의 공유된 가치와 약속 확인하기

마음연결하기 *오늘 기분이 어떤가요? 서클에서 편안하게 이야기를 나누기 위해 알리고 싶은 중요한 것이 있나요?*

중심활동 단어의 뜻 학습하기

플래쉬카드, 파워포인트 슬라이드, 혹은 전지에 준비한 단어를 보여준다. 학생들에게 각 단어의 의미를 적게 한다. 확실하지 않거나 생각이 떠오르지 않아도 잘 추측할 수 있도록 격려한다.

나눔 *여러분이 추측한 단어의 뜻을 말해주세요. 다른 사람의 추측이 맞다고 생각하면 여러분이 적은 것 말고 그 사람 것을 말해도 좋습니다.*

　서클로 이야기 한다.

　교사가 단어의 뜻을 게시한다.

　모든 단어를 위와 같은 방법으로 익힌다.

나눔 *이제 단어의 뜻을 모두 들었어요. 우리가 오늘 읽을 이야기나 시, 기사가 어떤 내용일 것 같나요?*

체크아웃 *오늘 서클이 어땠나요?*

공간닫기 부록 2를 참조하거나 다른 것으로 대체

참여한 모두에게 감사 표현하기

작문 피드백 서클

목적 학생이 쓴 글을 공유하고 학생들이 서로 신뢰와 건설적인 피드백을 줄 수 있는 환경 세우기

준비물 토킹스틱, 학생이 쓴 글 복사본, 모든 사람이 복사본을 한 부씩 갖기, 전지, 펜, 로잔 배인의 글 '쓰기 작품 피드백의 7단계'

준비 의자를 둥그렇게 배치하고 앉는다.

서클에 있는 모두를 환영하기

침묵으로 초대하기 잠시 멈추고 호흡을 하고 소리를 듣기

공간열기 부록 2를 참조하거나 다른 것으로 대체

서클의 진행과정 소개하기 나눔이란 질문에 토킹스틱을 건네며 이야기하는 것을 의미한다. 진행자는 참여자로서 질문을 하고, 첫 번째로 대답한다. 그리고 토킹스틱을 옆 사람에게 건넨다. 진행자가 서클을 돌리는 방향으로 토킹스틱을 차례차례 건넨다. 첫 번째 나눔에서 이름을 말하고 질문에 답한다. 패스통과라고 하고 그냥 토킹스틱을 건네도 괜찮다.

학급의 공유된 가치와 약속 확인하기

마음연결하기 *오늘 기분이 어떤가요? 오늘 서클에서 이야기를 나누기 위해 알리고 싶은 중요한 게 있나요?*

> **중심활동** 글을 읽고 피드백하기

학생들과 로잔 배인의 글, '글쓰기 피드백의 7단계'를 함께 읽으며 다양한 작문 피드백 단계를 소개한다. 혹은 수업차시마다 간단하게 학생들에게 방법을 소개한다.

학생들에게 자원하여 자신의 글을 소개할 것을 요청하고 그 사람에게 토킹스틱을 건넨다. 학생은 자신이 바라는 피드백의 단계를 말한다. 자원자가 작품을 소리내어 읽는 동안 다른 학생들은 복사본에 메모를 한다.

나눔 *작가는 독자의 피드백을 들으며 통찰을 얻게 됩니다. 본인이 납득할만한 피드백들을 받아들일지의 여부는 작가가 자신이 결정합니다. ○○○가 이 피드백을 요청했어요. 이것에 관하여 할 말이 있는 학생은 토킹스틱 순서가 올 때 의견을 말해주세요.*

토킹스틱이 글을 쓴 학생에게 돌아올 때까지 돌린다. 글을 쓴 학생은 자유롭게 피드백

에 반응하거나 친구들에게 감사를 전할 수 있다. 토킹스틱을 다음 작가에게 건네고 그 작품으로 작업을 한다.

학생들이 모든 작품을 나눌 때까지 진행한다. 시간이 짧으면, 정해진 시간동안 서클 활동을 하고 다음 시간에 작품 나누기를 계속한다.

체크아웃 *오늘 서클이 어땠나요?*

공간닫기 *참고자료 2 참조하거나 다른 것으로 대체*

참여한 모두에게 감사 표현하기

로잔 배인의 쓰기 작품 피드백 7 단계

아래 7단계를 활용하여 수업에서 쓰기 작품 피드백 토론을 시작하기 전에
피드백의 수준을 결정할 수 있다.

1단계

응답자respondents는 현재의 완성 상태로 가져온 글에 대해 늘 축하하기로 피드백을 시작한다. 얼마나 글을 썼는지를 염두에 두지 말며, 칭찬을 아끼지 않는다. 글쓰기의 짜릿함은 호의적인 독자를 만나는 일이다. 칭찬은 언제나 유효하다.

2단계

다음으로, 응답자는 무엇을 발견했는지 알려준다. 왜냐하면 응답자는 심리치료자들이 말하는 '나 중심 언어'를 사용하기 때문이다. '나 중심 언어'의 예는 다음과 같다. 감각적인 세부 묘사에 놀랐어요. 이 부분 대사가 정말 이해됐고 여운이 남았어요. 인물의 슬픔을 느낄 수 있었어요. 쓴 글에 대한 판단은 하지 않는다. 독자는 관찰한 것을 나누고 작품에 반응한다. 쓴 글에 대해 평가하지 않는다.

3단계

응답자는 질문을 하고 자신들이 더 많은 정보와 세부사항을 알고 싶은 대목이 어디인지를 작가에게 일러준다. 등장인물의 배경이나 동기와 같은 진심어린 질문은 작가에게 인물을 발달시키는데

도움을 줄 수 있다.

'인물의 대사가 부자연스럽게 들리는 걸 의도했나요?'와 같은 다소 비판을 숨기고 있는 질문은 하지 않는다. '그 인물은 왜 이런 행동을 했나요?'라는 질문은 음색과 의도에 따라 진실할 수 있는 한편 비판일 수도 있다.

4단계

피드백을 줄 때 가장 인상적이었던 부분을 말한다. 참여자들은 나와 비슷한 다른 사람의 피드백을 들을 때 뿐만 아니라 다양한 다른 의견을 들으며 피드백을 주는 동기를 받는다

5단계

응답자는 개선이 필요한 부분을 말한다. '제 생각에 이 세 번째 장면에서 대사를 바꿨으면 해요.'는 이 단계의 피드백에서 가능하다. 이때, '나 중심 언어'의 사용으로 사실이 아니라 의견인 것을 명확히 한다. 그러므로 '대사가 어색해요'라는 말은 하지 않는다.

이 단계에서 응답자는 어떻게 고쳐야 할지에 대한 제안은 하지 않는다. 좀 더 주의가 필요한 부분에 대한 자신의 생각만 밝힌다.

6단계

본문을 수정 할 수 있는 피드백을 줄 수 있다. '만약 세 번째 장면을 첫 번째로 옮기면 어떨까요?' 처럼 '만약 이렇다면 어땠을까?' 를 활용한 질문 방식이 효과적이다.

이 단계에서 주의깊게 실습을 한다. 가장 흥미진진한 대화가 이 단계에서 자주 일어난다. 상상력이 불꽃같이 일어나고, 어떻게 하면 글쓴이에게 도전을 불러일으킬 수 있을지 고민한다. 다른 사람들에게 어떻게 글을 쓰면 힘든 작업 없이 어려움을 해결하는 만족감을 누릴 수 있는지 피드백을 줄 수 있다. 우리 모두는 이렇게 하기를 원한다.

7단계

유심히 글을 읽으며 교정부호의 기준에 따라 줄을 그어가며 교정한다.

단계 설정하기 (Building Layers)

7 단계는 어떤 것을 선택하는 것이 아니라 연결된 단계라는 것을 강조하는 것이 중요하다. 모든 피드백은 1단계부터 시작하는 것이 바람직하며 다음 단계인 2단계부터 순차적으로 가는 것이 좋다.

예를 들어, 작가가 쓴 글에 대한 수정을 요하는 5단계의 피드백을 듣기 원하는 경우, 응답자들은 처음 1단계의 축하로 피드백을 시작하고 2단계의 감상, 3단계의 질문하기, 4단계의 효과적이었다고 생각하는 부분을 말한 뒤 수정되었으면 하는 세부사항을 말한다. 6이나 7단계의 피드백 요청을 받지 않았다면, 다시 써야 할 부분을 제안하거나 수정을 위한 밑줄 긋기는 하지 않는다.

당신은 누구로부터 좋은 피드백을 받았었는가? 당신이 다시는 피드백을 받고 싶지 않은 사람은 누구인가?

3.5 외국어 연습 서클 (초급에서 중급)

목적 함께 이야기 만들기를 통해 외국어를 말하고 번역하기
준비물 토킹스틱, 전지
준비 의자를 둥그렇게 배치하고 앉는다.

서클 참여자 환영하기

침묵으로 초대하기 잠시 멈추고 호흡을 하고 소리를 듣기
공간열기 부록 2를 참조하거나 다른 것으로 대체
서클의 진행과정 소개하기

학급의 공유된 가치와 약속 확인하기

마음연결하기 *오늘 기분이 어떤가요? 서클에서 편안하게 이야기를 나누기 위해 알리고 싶은 중요한 것이 있나요?*

> **중심활동** 외국어 번역하기 및 말하기

초급자: 자신에 대해 외국어로 말하기

교사는 자신을 외국어로 소개하고 가족 구성원, 애완동물 등 자신에 대한 이야기를 나눈다.
나눔 *오른쪽에 있는 사람이 말한 것을 한국말로 옮겨 주세요. 그리고 자신에 대해 외국어로 말한 다음 토킹스틱을 다음 사람에게 건네 주세요.*
같은 방식으로 전체 서클을 진행한다.

중급자용

나눔 교사는 외국어로 다음과 같이 말한다. *어느 날 아침에 우리가 한번도 본 적 없는 10살 짜리 꼬마가 우리 집 문을 두드렸어요.* 토킹스틱을 다음 사람에게 건네면 이 문장을 한국어로 번역하고 이어질 말을 외국어로 말한다. 같은 방식으로 전체 서클을 돌린다.
교사는 서클에서 말한 각각의 문장을 전지에 적는다. 순서가 끝나면 전체 이야기를 외국어로 읽고, 자원을 받아 학생이 한국말로 번역하게 한다.
배움나눔 *오늘 서클이 어땠나요?*
공간닫기 부록 2를 참조하거나 다른 것으로 대체

참여한 모두에게 감사 표현하기

목적 학생들이 짧은 이야기, 기사, 소설, 영상, 시 작업 후 소감을 나누도록 지원하기

준비물 토킹스틱, 일지

준비 서클 참여자가 동그랗게 놓여진 의자에 앉도록 안내한다. 교사는 학생들의 활동에 대한 성찰 질문 두 가지를 준비한다. 열린 질문일수록 좋고 학생들이 답하며 작업에 대한 자신의 생각을 표현할 수 있는 것이면 좋다. 질문을 칠판이나 파워 포인트, 전지에 게시하고 학생들이 질문에 대한 답을 적을 수 있도록 시간을 준다. 이 글쓰기 활동을 서클을 하기 이전 학생들이 교실에 들어올 때 수행하게 하거나 마음연결하기 후 서클 활동의 일부에 수행하게 할 수 있다.

서클 참여자 환영하기

침묵으로 초대하기 잠시 멈추고 호흡을 하고 소리를 듣기

공간열기 부록 2를 참조하거나 다른 것으로 대체

서클의 진행과정 소개하기

학급의 공유된 가치와 약속 확인하기

마음연결하기 *오늘 기분이 어떤가요? 서클에서 편안하게 이야기를 나누기 위해 알리고 싶은 중요한 것이 있나요?*

> **중심활동** 일지쓰기, 나누기, 우리가 나눈 것 성찰하기

나눔 *이제 일지에 여러분이 적은 것을 나누도록 하겠습니다. 편하게 일지에 적은 것을 읽거나, 이야기 해주세요. ○○○부터 시작할까요?*

나눔 *지금까지 여러 사람들의 생각을 들었어요. 다른 사람의 이야기를 들으며 하고 싶은 말이 있나요? 모든 사람의 이야기를 들은 후에 우리가 했던 작업에 대해 떠오르는 새로운 생각이 있나요? 편안하게 여러분이 적은 것이나 생각한 것을 나눠주세요.*

나눔 2번째 성찰 질문을 위와 같은 방식으로 다룬다.

배움나눔 *오늘 서클이 어땠나요?*

공간닫기 부록 2를 참조하거나 다른 것으로 대체

참여한 모두에게 감사 표현하기

이야기책을 활용해 가치를 가르치는 서클

목적 어려운 상황에 가치를 적용하며 학생들이 가치를 성찰하도록 하기, 건설적인 중재 방법을 발견하고 이를 어려운 상황에 적용할 수 있도록 돕기

준비물 토킹스틱, 서클의 중심에 놓는 상징물, 이야기책

준비 의자를 둥그렇게 배치하고 앉는다. 컨닝, 왕따, 놀리기 등의 사회적으로 해로운 행동에 관한 이야기 책을 고른다.

서클 참여자 환영하기

침묵으로 초대하기 잠시 멈추고 호흡을 하고 소리를 듣기

공간열기 부록 2를 참조하거나 다른 것으로 대체

서클의 진행과정 소개하기

학급의 공유된 가치와 약속 확인하기

마음연결하기 *오늘 기분이 어떤가요? 오늘 서클에서 이야기를 나누기 위해 알리고 싶은 중요한 게 있나요?*

중심활동 가치를 성찰할 수 있는 책을 읽고 가치가 우리에게 문제를 깊이 생각할 수 있게 하는지 알기

나눔 책의 핵심 가치와 연결된 일반적 질문을 던진다.

(예) 누군가를 놀린다는 의미는 무엇일까요?

나눔 개인적인 질문을 던진다.

(예) 다른 사람이 놀렸을 때를 이야기해 볼게요. 그때 기분이 어땠나요?

나눔 이야기 한 문제점을 해결할 수 있는 방법을 자유롭게 이야기 하도록 한다.

(예) "놀리는 문제를 해결할 수 있는 방법은 뭐가 있을까요?"

나눔 제안한 해결책을 토의하고 이 제안을 어떻게 실행에 옮길 수 있는지 묻는다.

배움나눔 *오늘 서클이 어땠나요?*

공간닫기 부록 2를 참조하거나 다른 것으로 대체

참여한 모두에게 감사 표현하기

숙제와 공부에 관해 이야기하는 서클

목적 학생들이 집에서 숙제를 할 때와 시험 공부를 할 때 겪는 어려움이나 전략을 나눌 수 있도록 지지하기, 어려움을 알고 도움을 얻을 수 있는 생각을 나누며 숙제와 시험 공부에 효과적인 전략을 발견하도록 돕기

준비물 토킹스틱, 종이, 전지 또는 아래 질문을 적은 화이트보드

준비 의자를 둥그렇게 배치하고 앉는다. 학생들에게 일지를 적어오게 하거나 서클 활동 중에 일지를 적는 시간을 준다.

서클 참여자 환영하기

침묵으로 초대하기 잠시 멈추고 호흡을 하고 소리를 듣기

공간열기 부록 2를 참조하거나 다른 것으로 대체

서클의 진행과정 소개하기 나눔이란 질문에 토킹스틱을 건네며 이야기하는 것을 의미한다. 진행자는 참여자로서 질문을 하고, 첫 번째로 대답한다. 그리고 토킹스틱을 옆 사람에게 건넨다. 진행자가 서클을 돌리는 방향으로 토킹스틱을 차례차례 건넨다. 첫 번째 마음연결하기에서 이름을 말하고 질문에 답한다. 패스통과라고 하고 그냥 토킹스틱을 건네도 된다.

학급의 공유된 가치와 약속 확인하기

마음연결하기 *오늘 기분이 어떤가요? 서클에서 편안하게 이야기를 나누기 위해 알리고 싶은 중요한 것이 있나요?*

중심활동 공부 습관에 도움이 되는 것과 방해 되는 것 찾기

다음 질문을 화이트보드나 전지에 적고 학생들이 개인 종이에 목록을 적게 한다.

집에서 숙제를 하거나 시험공부를 할 때 도움을 주는 3가지 습관을 적으시오.

집에서 숙제를 하거나 시험공부를 할 때 방해가 되는 3가지 습관을 적으시오.

두 명씩 짝을 이뤄 목록을 나누게 한다. 숙제를 하는데 가장 좋은 습관이나 전략은 무엇인지, 가장 방해가 되는 습관이나 행동은 무엇인지 나누게 한다. 좋은 습관과 방해가 되는 습관을 각각 한 가지 습관으로 정리할 수 있는지 묻는다.

나눔 *짝과 결정한 가장 도움이 되는 습관이나 전략, 가장 방해가 되는 습관이나 행동은 무엇인가요?*

다른 짝에게 묻는다.

왜 이 습관이나 전략이 가장 도움이 되고, 가장 방해가 된다고 선택했는지 설명해줄래요?

나눔 목록에 나와 있는 습관과 전략 중 개인적으로 집에서 실천해 보고 싶은 것이 있다면 무엇인가요?

나눔 산만해지지 않고 숙제에 집중하는 능력을 향상시킬 수 있기 위해 내가 할 수 있는 한 가지는 무엇인가요?

나눔 다른 사람이 산만해지지 않고 과제에 집중할 수 있도록 내가 도울 수 있는 한 가지는 무엇인가요?

체크아웃 오늘 서클이 어땠나요?

공간닫기 부록 2를 참조하거나 다른 것으로 대체

참여한 모두에게 감사 표현하기

목적 복도에서 쉬는 시간 나누었던 대화나 전 수업 때문에 집중이 흐트러진 학생들이 수업을 준비할 수 있도록 돕기, 현재 수업에 학생들이 참여하고 집중할 수 있도록 돕기
준비물 토킹스틱, 소리가 좋은 시간설정기
준비 의자를 둥그렇게 배치하고 앉는다.

서클 참여자 환영하기

이 시간 수업 시간에 집중하기 위해 1분간 눈을 감고 조용히 들리는 소리를 듣겠습니다.
1분동안 내 숨소리를 느껴보세요.
타이머로 시간을 1분으로 맞추기
나눔 *오늘 내 기분을 표현하는 한 단어를 말해 주세요.*
수업을 시작한다.

모듈 4 : 연결과 공동체 세우기

이번 장에서는 서클을 활용해 일상에서 학교 공동체 구성원의 관계를 형성하고 강화하는 활동을 소개한다. 갈등이 없을 때 서클을 활용해 공동체의 관계를 건강하게 만들면 갈등이 많이 발생하는 것을 예방할 수 있다. 또한, 인간관계에서 문제가 생겼을 때 사람들이 빠르고 건설적인 방법으로 서클에 참여할 수 있다.

앞서 말한 바와 같이, 학교 공동체에서 관계의 질은 학교에서의 배움의 질에 영향을 미친다. 학교 분위기가 긍정적이고 구성원들의 공동체성이 높고 공동체 소속감이 강할수록 개인과 학교 전체의 학업 성취도가 높다. 역으로, 학교 분위기가 부정적이고, 구성원들의 공동체성이 낮고, 공동체 소속감이 낮을수록 학업 성취도가 낮다.

한편, 학업 성취를 강조하는 학교의 경우, 관계와 공동체성을 세우는 교육활동에 소홀한 편이다. 학업 성취를 강조하는 학교에서는 다수의 학생과 교사들이 학교 공동체 밖에서 방황하고 있다. 학부모, 교직원, 이 외 학교 관계자들 역시 자신이 눈에 보이지 않는 존재라 느끼고 학교 공동체 안에서 무가치한 존재라 생각한다. 우리는 학교 공동체가 구성원들이 소속감과 연결됨을 깊이 느낄 수 있는 관계를 형성하는 활동에 집중적인 시간을 투자하면 많은 이점을 얻을 수 있을 거라 믿는다. 서클은 활동 목적에 관계없이 공동체원들이 연결감을 경험할 수 있는 시간이다.

이 장에서는 학교 공동체 안 다양한 장소교실, 교무실,상담시간, 방과 후 활동, 운동팀, 보충 수업 및 동아리 활동에서 활용할 수 있는 서클을 소개한다. 후에 소개될 장의 서클은 학교와 관련된 사람들, 즉 학부모와 교직원을 대상으로 한다. 하지만 이 장에서 소개하는 활동들을 성인들 간의 관계를 형성하기 위해 활용할 수 있다.

보편적인 서클 과정으로 마음연결하기가 있다. 참여자들이 본격적인 활동 및 대화에 앞서 현재 느끼는 나의 기분을 토킹스틱을 돌려가며 말하는 시간이다. 마음연결하기의 목적은 각자가 학교생활 외 복잡한 일상을 살아가는 것을 수용하기 위함이다. 우리 모두는 학교 안, 밖에서 일상을 살아가며 유익과 선물을 누리

는 한편, 부담과 스트레스를 받는다. 일상이 주는 여운은 서클과 수업 참여에 영향을
미친다.

　　마음연결하기에서 참여자들은 내면의 감정을 간략하게 나누며 자신의 상황을 알아
차리게 된다. 이를 통해, 참여자들은 상황을 내려놓고 서클에서 나누는 주제에 집중할
수 있게 된다. 마음연결하기를 통해 다른 참여자들의 삶과 주변에 있는 사람들학생, 동료
직원의 삶도 알 수 있어 이들을 더 지원하고 이해할 수 있게 된다. 마음연결하기로 손가
락을 활용해 내면의 풍경을 나눌 수 있다. 참여자가 동시에 손가락으로 표현해 짧은 시
간에 활용할 수 있는 방법과, 참여자들이 지난 주나 지난 주말의 내면의 날씨 상태를 돌
아가며 손가락으로 표현하는 방법이 있다.

　　첫번째 장에서 다양한 마음연결하기 양식을 소개한 바 있다. 공동체 세우기 서클은
때로 마음연결하기 서클이라 부른다. 마음연결하기 서클에서 참여자들은 지난 주 혹은
지난 주말 자신의 상태를 나눈다. 정기적인 마음연결하기 서클은 한 주의 마지막인 금
요일에 활용하기 좋으며, 월요일에 서클을 하면 새로운 주를 시작하는 학생들이 마음
을 준비하는데 도움을 준다. 마음연결하기 활동을 정기적으로 했을 때, 학생들은 배움
에 영향을 미치는 삶의 중요한 사건들을 나눌 수 있는 마음의 공간을 갖게 된다.

　　이 장에서 우리는 가족, 친구, 중요한 인간관계에서 경험한 것을 이야기하는 서클,
성공에 대한 생각을 나누는 서클, 삶의 목적과 미래의 비전을 나누는 서클을 통해 공동
체를 만드는 서클을 소개한다. 이 외에도 성취 혹은 공동체와 개인에게 획기적인 사건
을 축하하는 서클, 감사와 장점을 표현하는 서클, 서클을 통해 운동팀의 구성원들이 긍
정적으로 연결되게 하고 경기에서 승패의 의미를 성찰하는 서클을 다룬다.

목적 기분과 감정, 기쁨과 아픔의 순간을 나누며 교실에 있는 학생들이 연결됨을 경험하도록 하기, 교실 안의 다른 사람에게 일어나고 있는 일을 알아차릴 수 있게 하고, 수업을 방해할 수 있는 외부 상황과 관계되어 있는 긴장을 드러내고 인식하게 하는 공간을 만들기

준비물 토킹스틱, 종이, 서클 상징물, 공유된 약속

준비 서클 참여자가 앉도록 한다.

서클 참여자 환영하기

침묵으로 초대하기 잠시 멈추고 호흡을 하고 소리를 듣기

공간열기 부록 2를 참조하거나 다른 것으로 대체

중심활동 공간열기

학생들에게 공간열기 서클을 설명한다. 이 서클은 나의 상태와 내 생각과 마음을 나누는 시간이다.

나눔 참여자 한 명 한 명에게 토킹스틱을 건네며 다음 질문 중 하나에 답하게 한다.

• *마지막 공간열기를 하고 지금까지 지내면서 가장 좋았던 순간과 가장 나빴던 순간을 나눠주세요.*

• *손가락을 들어 오늘 아침 당신의 기분을 표현해주세요. 5개 손가락을 들면 기분이 정말 좋고 다른 사람을 도울 수 있는 정도고요 1개 손가락을 들면 지금 어려움이 있다고 표현하는 겁니다.*

• *지난 주 내 인생의 장미와 가시는 무엇이었나요?*

• *오늘 다른 사람이 알아줬으면 하는 나의 기분이 있나요?*

• *오늘이나 이번 주에 고대하고 있는 일이 있나요?*

• *오늘 아침 당신의 진정한 마음은 무엇인가요?*

나눔 토킹스틱을 다시 돌려 들었던 이야기에 대해 이야기하거나 더 하고 싶은 이야기를 나눈다.

배움나눔 *오늘 서클이 어땠나요?*

공간닫기 부록 2를 참조하거나 다른 것으로 대체

참여한 모두에게 감사 표현하기

목적 긍정적인 성취와 행복한 때의 힘에 집중하며 관계를 만들고 강화하기, 이를 통해 학생들이 친구에게 긍정적인 마음을 갖도록 하기

준비물 토킹스틱, 종, 서클 상징물

준비 의자를 둥그렇게 배치하고 앉는다.

서클 참여자 환영하기

침묵으로 초대하기 잠시 멈추고 호흡을 하고 소리를 듣기

공간열기 부록 2를 참조하거나 다른 것으로 대체

서클의 진행과정 소개하기

학급의 공유된 가치와 약속 확인하기

마음연결하기 오늘 기분이 어떤가요? 오늘 서클에서 이야기를 나누기 위해 알리고 싶은 중요한 게 있나요?

> **중심활동** 사람이나 성과를 축하하거나 도움을 준 사람 축하하기

누군가가 생일인 경우, 서클 참여자들은 생일을 맞은 사람에게 축하의 말을 선물한다.
축하하려거나 경의를 표하고자 하는 상황에 대해 설명한다.

나눔 이 시간 오늘 축하받을 사람/일/업적에 대한 소감을 나누고 그 사람에 대한 축하와 덕담을 나눴으면 좋겠습니다.

나눔 어떤 성취도 한 사람의 노력으로 이루어질 수 없죠. 우리 모두 이 일을 이루는데 도움을 주었어요. 그래서 오늘, 이 일을 이루는데 여러분을 도와준 누구에게 감사의 말을 전하고 싶어요?

나눔 지금까지 나누었던 이야기 외에 더 하고 싶은 말이 있나요?

배움나눔 오늘 서클이 어땠나요?

공간닫기 부록 2를 참조하거나 다른 것으로 대체

참여한 모두에게 감사 표현하기

감사와 인정을 표현하는 서클 *4.3*

목적 긍정적인 인정을 통해 관계를 만들기, 칭찬하는 기술 신장시키기, 강점을 발견하는 능력 키우기

준비물 토킹스틱, 종, 서클 상징물, 공유된 약속

준비 의자를 둥그렇게 배치하고 앉는다.

서클 참여자 환영하기

침묵으로 초대하기 잠시 멈추고 호흡을 하고 소리를 듣기

공간열기 부록 2를 참조하거나 다른 것으로 대체

서클의 진행과정 소개하기

학급의 공유된 가치와 약속 확인하기

마음연결하기 *오늘 기분이 어떤가요? 서클에서 편안하게 이야기를 나누기 위해 알리고 싶은 중요한 것이 있나요?*

중심활동 다른 사람에게 감사와 인정의 말 표현하기

나눔 선택활동
우리 반 친구 중의 한 사람의 성격에서 긍정적인 면을 이야기 해주세요.
또는, 오늘이나 이번 주 감사함을 느꼈던 한 가지를 이야기 해주세요.
또는, 오늘은 이 학생을 인정하는 말을 해 줄 거예요. 이 친구의 장점은 무엇인가요?
바구니에 반 아이들의 이름이 적힌 쪽지를 넣어 제비를 뽑아가며 칭찬하는 말을 들을 당사자를 정하고 그 사람에 대한 긍정적인 말을 할 수 있도록 한다. 또는
토킹스틱을 받으면 왼쪽에 앉은 사람을 바라보며, 그 사람에게 감사한 것 한 가지를 말해주세요. 또는
오늘 내가 스스로에게 감사한 것은 무엇인가요?

배움나눔 *오늘 서클이 어땠나요?*

공간닫기 부록 2를 참조하거나 다른 것으로 대체

참여한 모두에게 감사 표현하기

4.4 단합 서클

목적 타인과 공동체에 충실한 것에 대해 깊이 성찰 할 수 있도록 돕기, 서로 관점을 공유하며 연결되기, 자기인식 증진시키기
준비물 토킹스틱, 종, 서클 상징물, 공유된 약속
준비 의자를 둥그렇게 배치하고 앉는다.

서클 참여자 환영하기

침묵으로 초대하기 잠시 멈추고 호흡을 하고 소리를 듣기
공간열기 부록 2를 참조하거나 다른 것으로 대체
서클의 진행과정 소개하기

학급의 공유된 가치와 약속 확인하기

마음연결하기 오늘 기분이 어떤가요? 서클에서 편안하게 이야기를 나누기 위해 알리고 싶은 중요한 것이 있나요?

> 중심활동 단합에 대해 성찰하기- 좋은 점과 좋지 않은 점

나눔 사람들이 단합한다는 것은 여러분에게 어떤 의미인가요?
나눔 사람들이 단합을 해 나를 돕는 좋은 결정이었던 경험을 해 본 적 있다면 이야기 해 볼래요?
나눔 사람들이 단합하는 것이 좋지 않은 결정이었던 경험을 해 본 적 있다면 이야기 해 볼래요?
나눔 나의 경험과 다른 사람의 경험을 통해 공동체나 타인에게 충실한 것과 단합하는 것에 관해 배운 것은 무엇인가요?
배움나눔 오늘 서클이 어땠나요?
공간닫기 부록 2를 참조하거나 다른 것으로 대체

참여한 모두에게 감사 표현하기

우정 탐구 서클 4.5

목적 우정에 대한 깊이 있는 성찰을 할 수 있도록 돕기, 참여자들이 삶의 중요한 양상에 대한 관점을 나누며 서로 보다 더 이해하고 연결될 수 있도록 하기

준비물 토킹스틱, 종, 서클 상징물, 공유된 약속, 그리기 재료

준비 의자를 둥그렇게 배치하고 앉는다.

서클 참여자 환영하기

침묵으로 초대하기 잠시 멈추고 호흡을 하고 소리를 듣기

공간열기 부록 2를 참조하거나 다른 것으로 대체

서클의 진행과정 소개하기

학급의 공유된 가치와 약속 확인하기

마음연결하기 *오늘 기분이 어떤가요? 서클에서 편안하게 이야기를 나누기 위해 알리고 싶은 중요한 것이 있나요?*

중심활동 우정에 대하여 성찰하기

우정을 나타나는 이미지를 10분에서 15분 동안 그린다.

나눔 *무엇을 그렸고 그림이 여러분에게 어떤 의미인지 나눠 주세요.*

나눔 *여러분에게 친구는 왜 중요한가요?*

나눔 *친구에게 가장 중요하게 여기는 가치는 무엇인가요?*

나눔 *우정에서 어려운 부분은 무엇인가요?*

나눔 *상대방에게 좋은 친구가 되기 위해 무엇을 하나요?*

나눔 *오늘 모든 사람들의 이야기를 들은 후에 우정에 대해 배운 것이나 내게 새롭게 다가 온 것은 무엇인가요?*

배움나눔 *오늘 서클이 어땠나요?*

공간닫기 부록 2를 참조하거나 다른 것으로 대체

참여한 모두에게 감사 표현하기

4.6 미래 그리기 서클

목적 미래의 가능성을 인식할 수 있도록 돕고 꿈과 영감을 나누며 학생들이 서로 연결되도록 하기

준비물 토킹스틱, 종, 서클 상징물, 공유된 약속, 그리기 재료

준비 의자를 둥그렇게 배치하고 앉는다.

서클 참여자 환영하기

침묵으로 초대하기 잠시 멈추고 호흡을 하고 소리를 듣기

공간열기 부록 2를 참조하거나 다른 것으로 대체

서클의 진행과정 소개하기 나눔이란 질문에 토킹스틱을 건네며 이야기하는 것을 의미한다. 진행자는 참여자로서 질문을 하고, 첫 번째로 대답한다. 그리고 토킹스틱을 옆 사람에게 건넨다. 진행자가 서클을 돌리는 방향으로 토킹스틱을 차례차례 건넨다. 첫 번째 나눔에서 이름을 말하고 질문에 답한다. 패스통과라고 하고 그냥 토킹스틱을 건네도 괜찮다.

학급의 공유된 가치와 약속 확인하기

마음연결하기 *오늘 기분이 어떤가요? 서클에서 편안하게 이야기를 나누기 위해 알리고 싶은 중요한 것이 있나요?*

중심활동 "미래의 나"를 그림으로 표현하고 성찰하기

지금으로부터 5년 혹은 10년 후 내 모습을 10분에서 15분 동안 그리고 이야기 하게 한다.

나눔 *그림을 설명하고 5년 혹은 10년 후에 여러분이 되고 싶은 사람에 대해 묘사해보세요.*

나눔 *여러분이 그린 그 사람이 지금 내 안에 있는 그 사람같이 느껴지나요? 공통점이 무엇인가요? 앞으로 그와 같은 사람이 되기 위해 여러분이 계발해야 할 부분은 무엇인가요?*

배움나눔 *오늘 서클이 어땠나요?*

공간닫기 부록 2를 참조하거나 다른 것으로 대체

참여한 모두에게 감사 표현하기

목적 성공에 대한 의미를 깊이 성찰할 수 있도록 돕고 관점을 나누며 더 깊이 연결될 수 있도록 돕기

준비물 토킹스틱, 종, 서클 상징물, 공유된 약속

준비 의자를 둥그렇게 배치하고 앉는다.

서클 참여자 환영하기

침묵으로 초대하기 잠시 멈추고 호흡을 하고 소리를 듣기

공간열기 부록 2를 참조하거나 다른 것으로 대체

서클의 진행과정 소개하기 '나눔'이란 질문에 토킹스틱을 건네며 이야기하는 것을 의미한다. 진행자는 참여자로서 질문을 하고, 첫 번째로 대답한다. 그리고 토킹스틱을 옆 사람에게 건넨다. 진행자가 서클을 돌리는 방향으로 토킹스틱을 차례차례 건넨다. 첫 번째 나눔에서 이름을 말하고 질문에 답한다. 패스통과라고 하고 그냥 토킹스틱을 건네도 괜찮다

학급의 공유된 가치와 약속 확인하기

마음연결하기 *오늘 기분이 어떤가요? 서클에서 편안하게 이야기를 나누기 위해 알리고 싶은 중요한 것이 있나요?*

중심활동 성공한 이야기와 성공의 의미를 나누기

나눔 *인생에서 성공을 느꼈던 경험을 나눠주세요.*

나눔 *성공이 여러분에게 가장 중요한 것은 무엇인가요?*

나눔 *여러분의 경험을 통해 볼 때, 성공과 행복은 같은 것인가요?*

나눔 *성공했는데 만족하지 못했던 적이 있나요?*

배움나눔 *오늘 서클이 어땠나요?*

공간닫기 부록 2를 참조하거나 다른 것으로 대체

참여한 모두에게 감사 표현하기

관계 형성 서클

목적 서클 참여자들이 서로를 더 잘 알고 신뢰를 쌓을 수 있도록 돕기

준비물 토킹스틱, 종, 서클 상징물, 공유된 약속, 종이, 마커, 크레파스 등

준비 의자를 둥그렇게 배치하고 앉는다.

서클 참여자 환영하기

침묵으로 초대하기 잠시 멈추고 호흡을 하고 소리를 듣기

공간열기 부록 2를 참조하거나 다른 것으로 대체

서클의 진행과정 소개하기

학급의 공유된 가치와 약속 확인하기

마음연결하기 *오늘 기분이 어떤가요? 오늘 서클에서 편안하게 이야기를 나누기 위해 알리고 싶은 중요한 게 있나요?*

중심활동 자아상을 나누며 서로 알아가기

참여자들은 다른 사람이 자신에 대해 알아주었으면 하는 것을 그린다. 옆에 앉은 사람끼리 둘씩 짝을 이뤄 그림에 대해 10분에서 15분 동안 이야기를 나눈다.

나눔 짝과 일대일 나눔을 끝내고 토킹스틱을 받으면 자신의 그림을 서클에 있는 모두와 나눈다. *그림을 보여주고 그림이 나에 대해 무엇을 말해주는지 나눠주세요.*

진행자는 처음으로 대화를 시작해 시범을 보여주는 것이 좋다. 그림에 대한 이야기를 다 나누면 그림을 서클의 중앙에 놓는다. 다른 사람들도 그림에 대해 말한 후 서클의 중앙에 놓게 한다.

나눔 *오늘날 나의 정체성을 형성하는데 도움을 준 가족(공동체, 이웃, 학교, 문화)이 중요하게 생각하는 가치는 무엇인가요?*

나눔 *다른 사람의 이야기를 들으며 흥미롭거나 놀란 점이 있다면 무엇인가요?*

배움나눔 *오늘 서클이 어땠나요?*

공간닫기 부록 2를 참조하거나 다른 것으로 대체

참여한 모두에게 감사 표현하기

목적 보편적인 정체성, 속한 집단의 고유한 정체성, 개인만의 독특한 정체성 인식하기
이 서클의 목적은 집단의 정체성이 집단 속 개인의 정체성과 일치 하지 않는 다는 것을 인식하는데 있다.

준비물 토킹스틱, 종, 서클 상징물, 피라미드 활동지 혹은 큰 종이, 얇은 마커, 닫는 시참
여자 수 만큼 종이를 준비하거나 벽이나 칠판에 게시

준비 의자를 둥그렇게 배치하고 앉는다.

서클 참여자 환영하기

침묵으로 초대하기 잠시 멈추고 호흡을 하고 소리를 듣기
공간열기 부록 2를 참조하거나 다른 것으로 대체
서클의 진행과정 소개하기 '나눔' 이란 질문에 토킹스틱을 건네며 이야기하는 것을 의미한다. 진행자는 참여자로서 질문을 하고, 첫 번째로 대답한다. 그리고 토킹스틱을 옆 사람에게 건넨다. 진행자가 서클을 돌리는 방향으로 토킹스틱을 차례차례 건넨다. 첫 번째 나눔에서 이름을 말하고 질문에 답 한다. 패스통과라고 하고 그냥 토킹스틱을 건네도 괜찮다.

학급의 공유된 가치와 약속 확인하기

마음연결하기 *오늘 기분이 어떤가요? 서클에서 편안하게 이야기를 나누기 위해 알리고 싶은 중요한 것이 있나요?*

중심활동 보편적인 성격, 집단의 성격, 개인 성격 구분하기

피라미드를 그린 학습지를 나누거나 큰 색지에 피라미드 모양을 그리게 한다. 교사와 진행자 역시 그린다. 피라미드의 하단부에는 모든 사람들의 진짜 모습이라고 생각하는 것을 적는다. 두 번째 피라미드에는 자신이 속해 있다고 느끼는 집단인종, 성, 나이 등과 문화적 특성을 적고 두 번째 피라미드에 집단의 이름을 적는다. 계속해서 두 번째 피라미드에 자신에 관한 단어를 적는데 세 번째 피라미드의 속성에는 해당하지 않고 두 번째 피라미드의 속성에만 해당하는 것을 적는다. 피라미드의 상단부에는 다른 사람하고 공통점이 없는 나 자신의 독특한 면을 적는다.

나눔 *각각 피라미드에 적은 것을 나눠봅시다.* 진행자가 먼저 시작한다.

나눔 이런 식으로 자신을 보니 기분이 어떤가요? 이 활동을 한 후 자신에 대해 다르게 느낀 점이 있나요?

참여자들에게 피라미드를 다시 보게 한다. 특히, 속한 집단과 문화에 관한 피라미드를 자세히 보게 한다. 속한 집단과 문화를 설명하는 단어이지만 내게는 그렇지 않은 단어가 무엇인지 나누게 한다. 진행자는 자신이 적은 것을 먼저 나눠 예를 들어 준다.

나눔 두 번째 칸에 적은 것을 나눠줄래요? 본인의 실제 모습이 아닌데, 사람들이 내가 속한 집단의 특성으로 여러분도 그렇다고 생각한다면 어떤 기분이 들 것 같아요?

나눔 피라미드에 적는 활동을 하거나 다른 사람들의 나눔을 들으며 알게 된 것은 무엇인가요?

배움나눔 오늘 한 서클이 어땠나요?

공간닫기 부록 2를 참조하거나 다른 것으로 대체

참여한 모두에게 감사 표현하기

정체성 피라미드

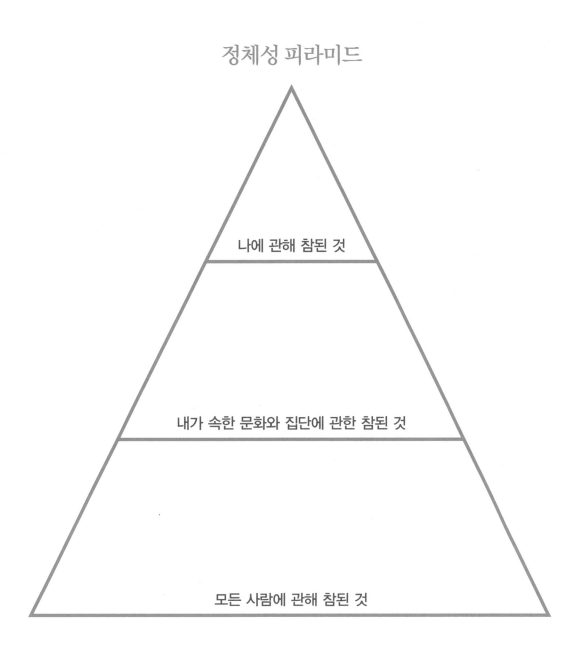

나에 관해 참된 것

내가 속한 문화와 집단에 관한 참된 것

모든 사람에 관해 참된 것

4.10   성에 대한 편견 탐구 서클

목적 남성과 여성에 관한 편견을 탐구하고 개인의 자아상에 성에 관한 편견이 미치는 중압감 탐구하기

준비물 토킹스틱, 서클 상징물, 성별상자 활동지, 펜

준비 의자를 둥그렇게 배치하고 앉는다.

서클 참여자 환영하기

침묵으로 초대하기 잠시 멈추고 호흡을 하고 소리를 듣기

공간열기 부록 2를 참조하거나 다른 것으로 대체

서클의 진행과정 소개하기 '나눔'이란 질문에 토킹스틱을 건네며 이야기하는 것을 의미한다. 진행자는 참여자로서 질문을 하고, 첫 번째로 대답한다. 그리고 토킹스틱을 옆 사람에게 건넨다. 진행자가 서클을 돌리는 방향으로 토킹스틱을 차례차례 건넨다. 첫 번째 나눔에서 이름을 말하고 질문에 답 한다. 패스통과라고 하고 그냥 토킹스틱을 건네도 괜찮다

학급의 공유된 가치와 약속 확인하기

마음연결하기 *오늘 기분이 어떤가요? 서클에서 편안하게 이야기를 나누기 위해 알리고 싶은 중요한 것이 있나요?*

중심활동   남성과 여성의 상자 안과 밖에 있는 것 이름 붙이기

모두에게 성별상자 활동지를 나눠주고 스스로 적게 한다. 상자 안에 사회가 소년과 소녀에게 되라고 혹은 하라고 하는 성격과 특징을 적게 한다.

상자 밖에는 자신이 믿는 남성과 여성의 성격과 특징을 적게 한다.

참여자들에게 자신의 생각은 어디에서 왔는지 생각해 보라고 한다.

부모님, 영화, 텔레비전, 음악, 친구 중 누구 혹은 무엇을 통해 들었는지 생각하게 한다.

나눔 *상자 안과 상자 밖에 적은 남성과 여성에게 기대되는 특성에 대해 나눠볼까요?*

나눔 *남자라면, 여자라면 이래야 한다는 메시지를 어디에서 들었다고 생각하나요? 부모님, 영화, TV, 친구, 학교에서 들었나요?*

활동지를 보고, 상자 안과 상자 밖에 적은 것이 자기 자신에 비추어 보았을 때 맞는지 성

찰한다. 상자 밖과 상자 안의 내용 중 자기 자신에 해당하는 것에 동그라미를 친다.

또는 10분 동안 성찰 일지를 쓴다. 내 자신에 관한 내용이 상자 밖에 있는 내용에 해당하는지 살핀다. 남성 혹은 여성으로서 상자 밖에 적은 특징을 드러내야 한다는 압박을 느낀 적이 있는 지, 이러한 압박감을 느낄 때 어떻게 대처하는지 적는다.

나눔 *상자 안과 밖에 적은 특성들을 나도 갖고 있다고 생각하나요?*

배움나눔 *지금 내 기분이 어떤지 한 단어로 표현해 주세요.*

공간닫기 부록 2를 참조하거나 다른 것으로 대체

참여한 모두에게 감사 표현하기

상자 밖 남성의 특성	상자 안 남성의 특성	상자 안 여성의 특성	상자 밖 여성의 특성

목적 관계의 중요한 요소가 삶에 미치는 긍정적인 영향을 생각하는데 도움 주기

준비물 토킹스틱, 서클 상징물, 전지

준비 의자를 둥그렇게 배치하고 앉는다.

서클 참여자 환영하기

침묵으로 초대하기 잠시 멈추고 호흡을 하고 소리를 듣기

공간열기 부록 2를 참조하거나 다른 것으로 대체

서클의 진행과정 소개하기

학급의 공유된 가치와 약속 확인하기

마음연결하기 *오늘 기분이 어떤가요? 오늘 서클에서 이야기를 나누려면 알아야 할 중요한 게 있나요?*

중심활동 나와 다른 사람들을 기분 좋게 하는 행동 찾기

참여자들이 5분 동안 다음 두 가지 질문에 자유롭게 생각하게 한다.

다른 사람과의 관계에서 여러분을 행복하고, 평화롭고, 즐겁게 하는 것은 무엇인가요?

다른 사람이 여러분에게 무엇을 해줄 때 행복하고, 평화롭고, 즐겁다고 느끼나요?

모든 참여자가 목록을 만들고 나면 두 사람씩 짝을 지어 건강한 관계에 필요한 중요한 요소를 만든다. 전체 그룹이 볼 수 있도록 전지에 목록을 게시한다..

나눔 *건강한 관계를 위한 핵심요소가 적힌 목록을 봐주세요. 모든 관계에 필요한 것이라 생각하나요? 낭만적인 관계에 필요한 요소는 다른가요? 부모와 자녀 관계, 친구 관계, 동료 관계에서는 어떤가요?*

나눔 *여러분 인생에서 건강하다고 생각하는 관계 한 가지를 이야기 해주겠어요?*

나눔 *건강한 관계를 위해 가장 중요한 요소는 무엇이라고 생각하나요?*

배움나눔 *오늘 한 서클이 어땠나요?*

공간닫기 부록 2를 참조하거나 다른 것으로 대체

참여한 모두에게 감사 표현하기

4.12 믿을 수 있는 친구 선택 서클

목적 인생에 긍정적인 영향을 미칠 믿을 수 있는 친구를 선택하는 방법 생각하기

준비물 토킹스틱, 서클 상징물, 종이 혹은 일지, 펜/마커

준비 의자를 둥그렇게 배치하고 앉는다.

서클 참여자 환영하기

침묵으로 초대하기 잠시 멈추고 호흡을 하고 소리를 듣기

공간열기 부록 2를 참조하거나 다른 것으로 대체

서클의 진행과정 소개하기 '나눔'이란 질문에 토킹스틱을 건네며 이야기하는 것을 의미한다. 진행자는 참여자로서 질문을 하고, 첫 번째로 대답한다. 그리고 토킹스틱을 옆 사람에게 건넨다. 진행자가 서클을 돌리는 방향으로 토킹스틱을 차례차례 건넨다. 첫 번째 나눔에서 이름을 말하고 질문에 답한다. 패스통과라고 하고 그냥 토킹스틱을 건네도 괜찮다

학급의 공유된 가치와 약속 확인하기

마음연결하기 *오늘 기분이 어떤가요? 오늘 서클에서 이야기를 나누기 위해 알리고 싶은 중요한 게 있나요?*

중심활동 신뢰로운 행동과 신뢰롭지 않은 행동 가늠하기

잠시 토킹스틱을 돌리는 것을 멈추고 브레인스토밍 활동을 한다.

첫 번째로, 학생들에게 '신뢰'라는 단어를 스스로 브레인스토밍하게 한다.

"신뢰"라는 단어가 여러분에게 무슨 의미인가요?

그 의미를 5분 동안 종이에 적게 한다. 전지에 단어의 의미를 모두 적게 한다.

단어의 의미에 대한 합의 없이 모든 의미를 기록한다.

둘째, 신뢰가 왜 중요한지 생각해 보도록 한다. 친구를 신뢰할 때 얻을 수 있는 유익을 3가지 이상 말하게 하고 전지에 적는다.

셋째, 자신이 신뢰하는 동성친구와 이성친구를 어떻게 알 수 있는지 생각해 보도록 한다.

누군가가 신뢰할 만 하다는 것을 알아 볼 수 있는 작은 행동들은 무엇이 있나요?

반대로, 다른 사람에게 신뢰를 주지 않는 작은 행동들은 무엇이 있나요?

서클진행자는 친구와 만나자고 약속을 하면 약속 장소에 오는지, 돈을 빌려주면 돈을 갚는지와 같은 예를 제시할 수 있다. 마찬가지로, 전화를 하기로 약속했는데 하지 않았다든지 어디에 있는지, 무엇을 하고 있는 지에 관해 거짓말을 할 때와 같은 경우를 신뢰를 주지 않는 행동의 예로 들 수 있다.

신뢰를 주는 행동, 신뢰를 주지 않는 행동으로 나눠 예를 전지에 적는다.

토킹스틱을 다시 사용한다.

나눔 우리 삶에서, 우리는 가족을 선택할 수 없지만 친구와 파트너는 선택할 수 있습니다. 우리가 함께 살펴 본 "행동들"이 여러분이 친구와 데이트 할 상대를 결정할 때 도움이 되나요?

나눔 믿을 수 없는 행동을 하는 사람과 관계를 만들어야 한다고 생각하나요?

나눔 내가 좀 더 신뢰를 주는 친구가 되기 위해 할 수 있는 것들은 무엇인가요?

나눔 여러분의 경험을 바탕으로 믿을 수 있는 친구를 선택하는 것에 관해 다른 사람에게 추천해 주고 싶은 방법은 무엇인가요?

배움나눔 오늘 한 서클이 어땠나요?

공간닫기 부록 2를 참조하거나 다른 것으로 대체

참여한 모두에게 감사 표현하기

4.13 운동팀 관계 형성 서클

목적 팀원 간의 연결감을 높이기, 팀원 간의 다양한 경험과 관점을 인식하는 능력 높이기, 관계 형성하기

준비물 토킹스틱, 운동과 연관된 서클 상징물, 서클의 기본 약속, 종이나 일지, 마커

준비 의자를 둥그렇게 배치하고 앉는다.

서클 참여자 환영하기

침묵으로 초대하기 잠시 멈추고 호흡을 하고 소리를 듣기

공간열기 부록 2를 참조하거나 다른 것으로 대체

서클의 진행과정 소개하기

팀의 공유된 가치와 약속 확인하기

마음연결하기 *오늘 기분이 어떤가요? 서클에서 편안하게 이야기를 나누기 위해 알리고 싶은 중요한 것이 있나요?*

중심활동 운동을 할 때와 팀으로 활동할 때의 가치 성찰하기

참여자들에게 팀의 일원으로서 활동할 때 자신에게 중요한 가치를 종이에 적게 한다. 가치를 적은 종이를 서클 중앙에 놓는다.

나눔 *종이에 적은 가치를 이야기 해주겠어요? 그 가치가 자신에게 어떤 의미인가요?*

나눔 *이 운동을 언제 왜 시작하게 됐나요?*

나눔 *지금도 이 운동을 계속 하고 있는 이유는 무엇인가요?*

나눔 *이 운동을 하며 자랑스럽게 느꼈던 경험을 나눠주세요.*

나눔 *이 운동을 통해 배운 역량이 자신의 삶에 도움을 준 것은 무엇인가요?*

나눔 *팀에게 감사하고 싶은 것은 무엇인가요?*

나눔 *중앙에 있는 가치 중 하나를 고르고 팀원이 그 가치를 보여주었을 때를 이야기 해 주세요.*

배움나눔 *오늘 한 서클이 어땠나요?*

공간닫기 부록 2를 참조하거나 다른 것으로 대체

참여한 모두에게 감사 표현하기

목적 팀에서 서로를 알아가고 운동 관련 외 자신에 관한 이야기 나누기
준비물 토킹스틱, 운동과 연관된 서클 상징물 소품, 지난 서클에서 팀원들이 공유한 가치,
서클의 기본 약속
준비 의자를 둥그렇게 배치하고 앉는다.

서클 참여자 환영하기

침묵으로 초대하기 잠시 멈추고 호흡을 하고 소리를 듣기
공간열기 부록 2를 참조하거나 다른 것으로 대체
서클의 진행과정 소개하기

팀의 공유된 가치와 약속 확인하기

마음연결하기 *오늘 기분이 어떤가요? 오늘 서클에서 이야기를 나누기 위해 알리고 싶은 중요한 게 있나요?*

중심활동 팀원들 좀 더 알아가기

나눔 *본인에게 팀이 된다는 것이 의미하는 바는 무엇인가요?*
나눔 *운동과 관련 없는 이야기를 하며 팀원들이 서로 알아간다는 것이 얼마나 중요할까요? 운동을 하면서 팀원들을 알아간다고 느끼나요?*
나눔 *팀원들에게 팀원들이 알지 못하는 혹은 알아줬으면 하는 자신의 이야기를 한가지 해 주세요?*
나눔 *지금까지 나눔에서 다른 사람의 이야기를 듣고 놀란 점은 무엇인가요?*
나눔 *팀원을 좀 더 많이 알기 위해 자신이 할 수 있는 일은 무엇인가요?*
배움나눔 *오늘 한 서클이 어땠나요?*
공간닫기 부록 2를 참조하거나 다른 것으로 대체

참여한 모두에게 감사 표현하기

경기 후 승패 성찰 서클

목적 이기거나 졌을 때 감정을 이해하고 좌절이나 역경을 극복하는 능력 높이기

준비물 토킹스틱, 팀과 관련한 운동용품 서클 상징물, 지난 서클에서 팀원들이 공유한 가치, 서클의 기본 약속

준비 의자를 둥그렇게 배치하고 앉는다.

서클 참여자 환영하기

침묵으로 초대하기 잠시 멈추고 호흡을 하고 소리를 듣기

공간열기 부록 2를 참조하거나 다른 것으로 대체

서클의 진행과정 소개하기

학급의 공유된 가치와 약속 확인하기

마음연결하기 오늘 기분이 어떤가요? 서클에서 편안하게 이야기를 나누기 위해 알리고 싶은 중요한 것이 있나요?

중심활동 경기에 이긴 경험과 진 경험 나누기

나눔 본인에게 이긴다는 것의 의미는 무엇인가요? 이길 때 기분이 어떤가요?

나눔 본인에게 진다는 것의 의미는 무엇인가요? 질 때 기분이 어떤가요?

나눔 경기에 져서 힘들었던 경험을 나눠 주시겠어요?

나눔 경기에 졌지만 좋게 느꼈던 경험을 나눠 주시겠어요?

나눔 이겼을 때 따라오는 책임은 무엇인가요?

나눔 경기가 끝날 때, 승패와 관계없이 어떤 감정에서 벗어나고 싶어지나요?

나눔 이길 때와 질 때 감정을 잘 다루는 사람 중 당신이 좋아하는 역할 모델은 누구인가요?

배움나눔 오늘 한 서클이 어땠나요?

공간닫기 부록 2를 참조하거나 다른 것으로 대체

참여한 모두에게 감사 표현하기

목적 개인과 팀이 잘한 점과 성장해야 할 점 성찰하기, 상대 팀의 노력과 기술 인식하고 평가하기

준비물 토킹스틱, 팀과 관련한 운동용품 서클 상징물, 지난 서클에서 팀원들이 공유한 가치, 서클의 기본 약속

준비 의자를 둥그렇게 배치하고 앉는다.

서클 참여자 환영하기

침묵으로 초대하기 잠시 멈추고 호흡을 하고 소리를 듣기

공간열기 부록 2를 참조하거나 다른 것으로 대체

서클의 진행과정 소개하기

학급의 공유된 가치와 약속 확인하기

마음연결하기 *오늘 기분이 어떤가요? 오늘 서클에서 이야기를 나누기 위해 알리고 싶은 중요한 게 있나요?*

중심활동 강점과 향상될 부분 평가하기

나눔 *오늘 경기에서 본인이 잘한 부분에 대해 어떻게 느끼나요?*

나눔 *본인이 더 잘 할 수 있었던 부분에 대해 어떻게 느끼나요?*

나눔 *오늘 경기에서 팀이 잘한 부분에 대해 어떻게 느끼나요?*

나눔 *팀이 더 잘 할 수 있었던 부분에 대해 어떻게 느끼나요?*

나눔 *오늘 경기에서 상대 팀이 잘한 부분은 무엇인가요?*

나눔 *다음 연습이나 경기를 위한 본인의 다짐은 무엇인가요?*

배움나눔 *오늘 한 서클이 어땠나요?*

공간닫기 부록 2를 참조하거나 다른 것으로 대체

참여한 모두에게 감사 표현하기

4.17 결석했던 친구 환영 서클

공동체 구성원이 하루나 이틀 이상 결석하면 돌아올 때 어색하거나 불편함을 느낄 수 있다. 예를 들어, 학생이 아파서 며칠을 결석할 경우 자신이 없는 동안 많은 일이 일어났다거나 돌아와서 적응을 못할 거라 생각할 수도 있다. 학생이 학교로 돌아오자마자 재연결 서클을 진행하면 자연스럽게 변화에 적응할 수 있게 되고 전체 수업을 복습할 수 있다.

목적 며칠간 결석했던 학생이 수업 안에 재통합될 수 있도록 하고 관계를 강화하기

준비물 토킹스틱, 서클 상징물, 학급의 공유된 약속

준비 의자를 둥그렇게 배치하고 앉는다.

서클 참여자 환영하기

침묵으로 초대하기 잠시 멈추고 호흡을 하고 소리를 듣기

공간열기 부록 2를 참조하거나 다른 것으로 대체

서클의 진행과정 소개하기

학급의 공유된 가치와 약속 확인하기

마음연결하기 오늘 기분이 어떤가요? 서클에서 편안하게 이야기를 나누기 위해 알리고 싶은 중요한 것이 있나요?

> **중심활동** 돌아온 학생을 환영하고 새로운 소식 알려주기

다시 학교로 돌아온 □□□를 환영하는 시간을 갖겠습니다.

나눔 *공간열기를 하면서 돌아온 친구에게 인사를 해주세요.*

나눔 *□□□가 없는 동안 배운 것 중 중요하다고 생각하는 것을 이야기 해 주세요.*

나눔 *□□□가 학교에 없는 동안 있었던 일을 만회하기 위해 □□□에게 알려줄 것이 있나요?*

배움나눔 *오늘 한 서클이 어땠나요?*

공간닫기 부록 2를 참조하거나 다른 것으로 대체

참여한 모두에게 감사 표현하기

모듈 5 : 사회감수성 학습

모든 서클은 사회 감수성 능력을 연습하는 장이다. 참여자들이 자신의 생각, 감정, 경험을 다른 사람과 공유하는 것을 배우기 때문이다. 다른 사람의 말을 경청하는 능력은 서클 안에서 계발할 수 있는 중요한 사회 감수성 기술이다. 서클에 참여하며 공감능력과 관점, 다른 사람의 욕구와 감정, 인생 경험을 인식하는 능력을 계발할 수 있다. 이번 장에서는 다양한 상황에서 경험하는 감정을 이야기하고 성찰할 수 있도록 돕는 아홉 개의 서클을 소개할 것이다.

우리는 연구 결과를 통해 사회 감수성 능력이 인생의 성공에 필수적인 요소이며 훈련을 통해 계발할 수 있는 기술임을 알 수 있다. 필수적인 감수성 기술은 다음과 같다.

- 자신의 감정을 인식하고 관리하기
- 다른 사람의 감정을 읽고 반응하기
- 다른 사람에 대한 공감과 관심능력 기르기
- 책임 있는 결정하기
- 건강하고 바람직한 관계 형성하고 유지하기

특별히 청소년들에게 감정 조절, 의사 결정과 같은 중요한 능력을 길러주기 위한 목적을 가진 배움과 학습은 두뇌의 신피질을 계발 및 강화하는데 도움을 준다. 다시 한번, 모든 서클은 이와 같은 기술을 연습하는 기회를 제공한다는 점을 강조하고 싶다. 이번 장에서 소개되는 활동은 청소년들이 자신의 감정을 알고 이를 성공적으로 관리하는 법을 배울 수 있도록 고안되었다. 오늘날 사회 감수성 능력을 계발하는데 도움을 주는 탁월한 교육과정이 많다. 이번 장에서 소개하는 서클 활동이 사회 감수성 계발 교육과정이 쉽게 발현하는데 도움이 되기를 바란다.

이번 장에서 소개되는 서클 활동과 사회 감수성 계발 교육과정의 차이점은 진행자의 활발한 참여 유무 일 것이다. 대부분의 서클에서, 진행자는 참여자들에게 서클의 방법을 설명하기 위해서 질문에 첫 번째로 답을 한다. 서클 활동 중에 그림 그리기, 일지쓰기, 활동지를 작성해야 한다면 진행자 역시 그 활동에 참여한다. 이는 진행자로서 서클 활동에서 자신이 겪는 감정을 존중하고, 취약성에 노출될 준비가 되어 있음을 의미한다.

진행자는 서클에서 자기 자신이 답하기를 원치 않는 질문을 묻지 않는다. 진행자로서, 참여자들이 정서적으로 편안한 수준에서 이야기를 나눠야 한다는 점과 대답하지 않을 권리가 있다는 점을 명심해야 한다. 사회 감수성을 다루는 서클에서 특히 성인 진행자는 자신의 감정을 나누고 활동에 진실하게 참여하며 서클이 진행되는 공간이 안전한 공간이 될 수 있도록 힘써야 한다. 진행자는 자신의 감정을 나눠야 하며 책임 있고 존중하는 태도로 서클에 임하며 모범을 보여 주어야 한다. 어른들이 아이들에게 자신의 감정을 표현하고 관리하는데 긍정적인 역할 모델을 한다는 것은 아이들의 행복을 돌보는 중요한 책임을 수행하는 것이다.

목적 고요하게 있는 능력을 향상시켜 정서능력을 함양하고 내면의 상태를 자각하기
준비물 토킹스틱, 종, 서클 상징물, 공유된 약속, 선택활동을 위한 그림 그리기 재료
준비 서클 참여자가 앉도록 한다.

서클 참여자 환영하기

침묵으로 초대하기 잠시 멈추고 호흡을 하고 소리를 듣기
공간열기 부록 2를 참조하거나 다른 것으로 대체
서클의 진행과정 소개하기 '나눔' 이란 질문에 토킹스틱을 건네며 이야기하는 것을 의미한다. 진행자는 참여자로서 질문을 하고, 첫 번째로 대답한다. 그리고 토킹스틱을 옆 사람에게 건넨다. 진행자가 서클을 돌리는 방향으로 토킹스틱을 차례차례 건넨다. 첫 번째 나눔에서 이름을 말하고 질문에 답 한다. 패스통과라고 하고 그냥 토킹스틱을 건네도 괜찮다

학급의 공유된 가치와 약속 확인하기

마음연결하기 *오늘 기분이 어떤가요? 서클에서 편안하게 이야기를 나누기 위해 알리고 싶은 중요한 것이 있나요?*

중심활동 침묵을 듣고 경험 성찰하기

다음을 천천히 읽는다.

우리는 침묵하는 법을 배울 것입니다. 아무도 이야기하지 않는 상태에서 침묵을 들을 때 우리는 무엇을 알아차리게 될까요? 숨을 크게 들이마신 후 천천히 내뱉습니다. 숨을 다 내쉬면 눈을 감고 신경을 귀에 집중시키세요. 다시 한번, 숨을 깊게 들이마시고 정신을 귀에 집중시킵니다. 귀에서 무슨 일이 벌어지는지 알아차리세요. 최대한 귀에 집중합니다. 듣습니다. 들어 보세요. 저도 이제 1분 동안 침묵하겠습니다. 아무도 말하지 않을 때 우리 내면에서 어떤 일이 일어나는지 느껴봅시다.

1분 동안 침묵
이제 눈을 뜨겠습니다.
나눔 *아무도 이야기 하지 않을 때 무엇을 들었나요?*
다음을 천천히 읽는다.

이제 몸과 정신에 귀를 기울여 보겠습니다. 눈을 감으세요. 내 몸과 정신의 내면에 집중해보겠습니다. 눈을 감은 채 심장을 느껴보세요. 심장이 뛰는 것을 느껴봅니다. 폐를 느껴보세요. 폐가 숨을 쉬는 것을 느껴보세요. 감정을 느껴봅니다. 저도 이제 1분 동안 침묵하겠습니다. 아무도 이야기하지 않을 때 무엇을 듣게 되는지 알아 차려보세요.

1분 동안 침묵

이제 눈을 뜨겠습니다.

나눔 모두 침묵했을 때 내면에서 일어나는 무엇을 알아차리게 됐나요?

선택활동 침묵했을 때 내면에서 일어났던 것을 그림으로 표현하게 한다.

나눔 토킹스틱을 돌리며 그림에 대해 나눈다.

배움나눔 오늘 서클이 어땠나요?

공간닫기 부록 2를 참조하거나 다른 것으로 대체

참여한 모두에게 감사 표현하기

우리를 기분 좋게 하는 사람과 기분 좋게 하는 것은? 서클

5.2

목적 자기 자신과 다른 사람을 기분 좋게 하는 것을 알아감으로 정서능력을 함양하기
준비물 토킹스틱, 종, 서클 상징물, 공유된 약속, 그림 그리기 재료
준비 서클 참여자가 앉도록 한다.

서클 참여자 환영하기

침묵으로 초대하기 잠시 멈추고 호흡을 하고 소리를 듣기
공간열기 부록 2를 참조하거나 다른 것으로 대체
서클의 진행과정 소개하기 '나눔'이란 질문에 토킹스틱을 건네며 이야기하는 것을 의미한다. 진행자는 참여자로서 질문을 하고, 첫 번째로 대답한다. 그리고 토킹스틱을 옆 사람에게 건넨다. 진행자가 서클을 돌리는 방향으로 토킹스틱을 차례차례 건넨다. 첫 번째 나눔에서 이름을 말하고 질문에 답 한다. 패스통과라고 하고 그냥 토킹스틱을 건네도 괜찮다

학급의 공유된 가치와 약속 확인하기

마음연결하기 *오늘 기분이 어떤가요? 서클에서 편안하게 이야기를 나누기 위해 알리고 싶은 중요한 것이 있나요?*

중심활동 우리를 기분 좋게 하는 사람 그리기

깊게 숨을 들이마시고 눈을 감습니다. 당신을 기분 좋게 하는 누군가를 떠올리세요. 나를 기분 좋게 하는 사람이 누군가요? 내 몸이 지금 어떤지, 가슴이 어떻게 느끼는지 살펴보세요. 숨을 깊게 쉬고 눈을 뜨세요. 이제, 나를 기분 좋게 만드는 사람에 대한 그림을 그려 보겠습니다.

그림을 충분히 그릴 수 있는 시간 주기

나눔 *이제 그림을 보여주며 그 사람의 어떤 점이 여러분을 기분 좋게 하는지 나눠주세요.*
나눔 *내가 다른 사람이 기분 좋을 수 있도록 도와줄 수 있는 일은 뭐가 있을까요?*
배움나눔 *오늘 한 서클에 대해 더 이야기 하고 싶은 것이 있나요?*
공간닫기 부록 2를 참조하거나 다른 것으로 대체

참여한 모두에게 감사 표현하기

신체적·정서적 상처 다루기 서클

목적 비신체적 아픔에 대해 이야기하게 함으로써 정서능력을 함양하기

준비물 토킹스틱, 종, 서클 상징물, 공유된 약속

준비 서클 참여자가 앉도록 한다.

서클 참여자 환영하기

침묵으로 초대하기 잠시 멈추고 호흡을 하고 소리를 듣기

공간열기 부록 2를 참조하거나 다른 것으로 대체

서클의 진행과정 소개하기

학급의 공유된 가치와 약속 확인하기

마음연결하기 *오늘 기분이 어떤가요? 서클에서 편안하게 이야기를 나누기 위해 알리고 싶은 중요한 것이 있나요?*

중심활동 우리 마음이 상처 받았을 때 돕는 방법 찾기

설명 *우리는 다양한 상처를 경험합니다. 칼에 베이거나 멍이 든다거나 두통을 느끼는 것은 신체적인 상처입니다. 어떤 상처는 우리의 마음과 감정에서 일어납니다. 신체적으로 상처를 입었을 때, 마음에 상처를 입었을 때 나는 누구를 찾아 가나요?*

나눔 *마음에 상처를 주는 것은 무엇인가요?*

나눔 *마음에 상처를 입었을 때 기분이 나아지는데 도움을 주는 것은 무엇이가요?*

나눔 *마음에 상처 입은 사람을 위해 당신이 도울 수 있는 일은 무엇인가요?*

마음에 상처 입은 사람을 도울 수 있는 좋은 생각을 나눠줘서 정말 고맙습니다.

배움나눔 *오늘 한 서클에 대해 더 이야기 하고 싶은 것이 있나요?*

공간닫기 부록 2를 참조하거나 다른 것으로 대체

참여한 모두에게 감사 표현하기

목적 화에 대해 인지하고 말하는 능력을 키움으로써 정서능력을 함양하기

준비물 토킹스틱, 종, 서클 상징물, 공유된 약속

준비 서클 참여자가 앉도록 한다.

서클 참여자 환영하기

침묵으로 초대하기 잠시 멈추고 호흡을 하고 소리를 듣기

공간열기 부록 2를 참조하거나 다른 것으로 대체

서클의 진행과정 소개하기 '나눔'이란 질문에 토킹스틱을 건네며 이야기하는 것을 의미한다. 진행자는 참여자로서 질문을 하고, 첫 번째로 대답한다. 그리고 토킹스틱을 옆 사람에게 건넨다. 진행자가 서클을 돌리는 방향으로 토킹스틱을 차례차례 건넨다. 첫 번째 나눔에서 이름을 말하고 질문에 답 한다. 패스통과라고 하고 그냥 토킹스틱을 건네도 괜찮다

학급의 공유된 가치와 약속 확인하기

마음연결하기 *오늘 기분이 어떤가요? 서클에서 편안하게 이야기를 나누기 위해 알리고 싶은 중요한 것이 있나요?*

중심활동 화를 탐구하고 도움이 되는 방법으로 표현하기

설명 *오늘 서클에서는 강한 감정에 대해 다루어 보겠습니다.*

나눔 *나를 화가 나게 하는 상황은 무엇인가요?*

나눔 *화가 났을 때 여러분은 어떻게 반응하나요?*

나눔 *살면서 화가 나에게 도움이 됐던 적이 있나요? 화가 나서 여러분이 곤란해졌다거나 도움이 되지 못한 적이 있나요*

나눔 *곤란해지지 않고 상황이 나빠지지 않게 화를 표현할 수 있는 방법은 무엇인가요?*

배움나눔 *오늘 한 서클에 대해 더 이야기 하고 싶은 것이 있나요?*

공간닫기 부록 2를 참조하거나 다른 것으로 대체

참여한 모두에게 감사 표현하기

내가 걱정하는 것 탐구 서클

목적 근심에 대해 인지하고 말하는 능력을 키움으로써 정서능력을 함양하기
준비물 토킹스틱, 종, 서클 상징물, 공유된 약속, 일지쓰기 재료, 그림 그리기 재료
준비 서클 참여자가 앉도록 한다.

서클 참여자 환영하기

침묵으로 초대하기 잠시 멈추고 호흡을 하고 소리를 듣기

공간열기 부록 2를 참조하거나 다른 것으로 대체

서클의 진행과정 소개하기

학급의 공유된 가치와 약속 확인하기

마음연결하기 *오늘 기분이 어떤가요? 서클에서 편안하게 이야기를 나누기 위해 알리고 싶은 중요한 것이 있나요?*

중심활동 희망, 걱정, 걱정으로부터 오는 스트레스 완화법 탐구하기

나눔 *오늘 서클에서는 우리에게 희망을 주는 것과 걱정하게 만드는 것에 대해 탐구해 보겠습니다. 나에게 희망을 주는 것은 무엇인가요?*

참여자들이 일지에 다음 질문에 답하게 한다.

내가 걱정하는 것은 무엇인가요?

일지에 글을 적거나 그림을 그릴 수 있는 충분한 시간을 갖는다.

나눔 *내가 걱정하는 것에 관해 글로 적은 것을 나눠주거나 그림을 보여주세요.*

나눔 *다른 사람이 걱정이 있거나 스트레스를 많이 받고 있다는 걸 어떻게 알 수 있나요?*

나눔 *자신의 걱정에 대한 스트레스를 줄이기 위해 할 수 있는 일은 무엇인가요?*

나눔 *걱정스러울 때 자신에게 희망을 주는 것에 대해 이야기해 주세요.*

스트레스와 걱정을 다룰 수 있는 좋은 생각을 나눠 주셔서 정말 고맙습니다.

배움나눔 *오늘 한 서클에 대해 더 이야기 하고 싶은 것이 있나요?*

공간닫기 부록 2를 참조하거나 다른 것으로 대체

참여한 모두에게 감사 표현하기

감정 일기 서클 5.6

목적 참여자들이 행동에 숨겨진 감정과 생각을 좀 더 인식할 수 있도록 돕고 감정을 인지하고 분별하고 조절할 수 있는 능력 향상시키기

준비물 토킹스틱, 종, 서클 상징물, 감정 날씨 일지

준비 서클 참여자가 앉도록 한다.

서클 참여자 환영하기

침묵으로 초대하기 잠시 멈추고 호흡을 하고 소리를 듣기

공간열기 부록 2를 참조하거나 다른 것으로 대체

서클의 진행과정 소개하기

학급의 공유된 가치와 약속 확인하기

마음연결하기 오늘 기분이 어떤가요? 오늘 서클에서 알리고 싶은 중요한 게 있나요?

중심활동 감정과 감정의 원인을 탐색하고 몸의 반응 살피기

오늘 서클을 시작하기 전에 몇몇 사람들과 만났을 거에요. 그 사람과 만나며 기분 좋은 감정을 경험했을 수도 있고 기분이 나빴을 수도 있어요. 감정을 생각하지 않는 습관을 지녔다거나 내가 느꼈던 감정을 기억하지 못할 수도 있어요. 감정을 다루는 것을 일상적으로 하지 않는 사람도 있을 거에요. 사람이 자신의 행동을 조절하는 영역 중 큰 부분이 행동 속에 숨어 있는 감정을 먼저 살펴 보는 겁니다. 이를 위해 감정 날씨 일지를 작성해 보겠습니다.

감정 날씨 일지를 나눈다. 감정 목록을 함께 보며 참여자들에게 익숙치 않은 단어의 의미를 설명한다. 참여자들과 감정 날씨 일지를 완성한다. 완성할 수 있도록 충분히 시간을 준다.

나눔 감정 날씨 일지를 작성하면서 어땠어요? 특정한 상황과 관련된 감정과 생각을 알 수 있었나요?

나눔 이번에는 일지에 작성하며 탐색한 감정과 몸이 어떻게 느꼈는지 이야기를 해주세요.

나눔 감정 날씨 일지를 작성하며 내 상황에 반응하는 생각과 감정이 달라진 것을 느낀 사람이 있나요? 다른 감정을 선택한 사람이 있나요?

배움나눔 오늘 한 서클에 대해 더 이야기 하고 싶은 것이 있나요?

공간닫기 부록 2를 참조하거나 다른 것으로 대체

참여한 모두에게 감사 표현하기

감정 날씨 일지

1. 오늘 내 감정을 날씨로 표현한다면?

2. 오늘 있었던 일을 구체적으로 적어 본다. 사람, 장소, 활동, 행사, 사건, 생각, 날씨 등 오늘 경험한 어떤 것이든 적는다.

3. 어떤 감정이 느껴지는가? 일어났던 일에 대한 감정은 어떤 것들이 있는가?

나의 감정을 나타내는 단어에 표시하기.

버려진	전투적인	부러워하는	무시받은	화난	슬픈
기쁜	혼란스런	격분한	강요받은	비참한	겁먹은
화난	모욕적인	흥분되는	급한	긴장한	바보같은
신경쓰이는	걱정스러운	지친	인상적인	불쾌한	앙심을 품은
근심스러운	화난	활기 넘치는	무관심한	격분한	다정한
부끄러운	좌절한	두려운	분노한	압도당한	긴장한
쓰린	밝은	지겨운	불안전한	아픈	골치 아픈
더 없이 행복한	바라는	신나는	고무된	겁에 질려 어쩔 줄 모르는	
불안정한	우울한	자포자기한	어리석은	자신감 없는	차별받는
속상한	지루한	약해진	무서운	고립된	만족하는
상처받기 쉬운	부담스러운	동떨어진	좋은	질투나는	압박받는
몹시 피곤한	고요한	심란한	죄책감이 드는	아주 기쁜	뿌듯한
걱정스런	유능한	방해받는	행복한	남겨진	거절받은
속은	열심인	무력한	집중하지 못하는	안심한	활기찬
날카로운	희망찬	외로운	후회하는	유치한	허무한
상처받은	기분이 저조한	분주한			

4. 지금 일어나고 있는 생각은 무엇인가?

5. 스트레스를 받을 때 몸의 느낌이나 몸의 증상은?

근육 긴장	무감각	불면증
두통	식욕부진	몽롱함
식은 땀	흥분	눈물 젖은
호흡곤란	불안	신체적인 아픔
심장이 두근거림	소화장애	몸이 뜨거워지거나 차가워짐
몸이 쑤심	속이 미식거림	혈압 상승

이 외 다른 증상은 무엇인가?

6. 위와 같은 증상에 어떻게 반응하고 행동하나요?

7. 위와 같은 증상이 있을 때 겪고 있는 진짜 문제는 무엇인가?
아래 문장을 완성해보세요.
문제는 _____이다였다.
진짜 문제는 _____이다였다.
문제는 정말 _____이다였다.

더 쓸 문장이 없을 때까지 문장 완성하기를 계속한다. 열린 마음으로 자세히 본다. 이 작업을 위해 시간을 들이고 용기를 내는 자기 자신에게 감사한다.

8. 특별한 점이 발견됐는가? 그렇다면 무엇인가?

9. 이 작업을 통해 배운 점은 무엇인가?

나는 정말 누구인가? 서클

목적 평상시의 경험보다 더 깊은 수준으로 자아를 성찰하는 능력과 자기인식 능력 키우기

준비물 서클 상징물, 토킹스틱, 종, "나는 정말 누구 일까요?" 활동지, 필기구

준비 서클 참여자가 앉도록 한다.

서클 참여자 환영하기

침묵으로 초대하기 잠시 멈추고 호흡을 하고 소리를 듣기

공간열기 부록 2를 참조하거나 다른 것으로 대체

서클의 진행과정 소개하기

학급의 공유된 가치와 약속 확인하기

마음연결하기 *오늘 기분이 어떤가요? 오늘 서클에서 알리고 싶은 중요한 게 있나요?*

중심활동 자아 탐구하기

"나는 정말 누구인가?" 활동지를 진행자를 포함한 서클 참여자 모두와 나눈다. 활동지의 문장을 완성하게 한다. 사람들이 일상적인 답변이 아닌 그 이상의 답을 찾을 수 있도록 질문이 의도적으로 반복된다는 것에 유념한다. 참여자들이 자신 내부에서 들려오는 답변을 적을 수 있도록 침묵으로 초대한다. 공간에 여유가 있다면 공간 구석이나 독립된 장소에서 작업을 할 수 있도록 한다. 5분동안 답을 작성할 시간을 주고 서클로 돌아오게 한다.

나눔 *활동지를 작성하면서 기분이 어땠나요?*

나눔 *다른 사람이 들으면 깜짝 놀랄만한 답변 한 가지를 이야기 하고 이유도 설명해주세요.*

나눔 *개인적으로 가장 마음에 드는 답변을 나눠주세요.*

참여자들에게 작성한 답변을 보게 한다. 답변 옆에 자신에게 늘 해당하는 것이면 A, 때때로 해당하는 것이면 B라고 적게 한다.

나눔 *A라고 옆에 적은 답변 한가지와 B라고 옆에 적은 답변 한 가지를 나눠주세요.*

나눔 *이 작업을 하면서 새롭게 알게 된 자신의 모습을 이야기 해 주세요.*

배움나눔 *오늘 한 서클에 대해 더 이야기 하고 싶은 것이 있나요?*

공간닫기 부록 2를 참조하거나 다른 것으로 대체

참여한 모두에게 감사 표현하기

나는 정말 누구일까요?

누군가에게 자신을 설명하라고 하면, 무엇을 이야기하겠는가?

나는 _____이다.

나는 _____이다.

나는 _____이다.

나는 _____이다.

나는 _____이다.

나는 _____이다.

나는 _____이다.

나는 _____이다.

나는 _____이다.

나는 _____이다.

나는 _____이다.

나는 _____이다.

5.8 안전한 공간만들기 서클

목적 사람들이 온전한 자신과 연결되도록 돕는 환경 알게 하기
준비물 토킹스틱, 서클 상징물, 그림 그릴 종이, 마커, 크레파스 등
준비 서클 참여자가 앉도록 한다.

서클 참여자 환영하기

침묵으로 초대하기 잠시 멈추고 호흡을 하고 소리를 듣기
공간열기 부록 2를 참조하거나 다른 것으로 대체
서클의 진행과정 소개하기

학급의 공유된 가치와 약속 확인하기

마음연결하기 *오늘 기분이 어떤가요? 서클에서 편안하게 이야기를 나누기 위해 알리고 싶은 중요한 것이 있나요?*

> **중심활동** 안전한 공간 상상하고 그림으로 표현하고 성찰하기

숨을 깊게 들어 마시고 내뱉으며 호흡을 살핀다. 눈을 감는 게 편하다면 눈을 감는다. 나 자신이 있는 그대로 온전하게 수용되는 공간에 있다고 상상한다. 그 공간에서는 나다운 모습으로 있을 수 있다. 그 공간에 누가, 무엇이 곁에 있는지 알아차린다. 무엇이 보이고, 느껴지고, 들리는지 어떤 냄새가 나고 어떤 맛이 느껴지는지 알아차린다. 마음속에 그 장소가 그려지면, 그림으로 이를 표현한다.

나눔 *그림을 보여주고 그림이 내게 어떤 의미인지 설명해주세요.*
나눔 *그림을 보면서, 내 자신과 나의 욕구에 대해 알게 된 것은 무엇인가요?*
나눔 *나 자신으로 온전히 있을 수 있는 공간을 더 많이 만들기 위해서 내가 할 수 있는 일은 무엇이 있을까요?*
배움나눔 *오늘 한 서클에 대해 더 이야기 하고 싶은 것이 있나요?*
공간닫기 부록 2를 참조하거나 다른 것으로 대체

참여한 모두에게 감사 표현하기

목적 어려움을 인지하고 조정하는 능력을 키우며 정서적 능력 함양하기, 어려움을 마주
했을 때 자신이 갖고 있는 회복탄력성의 힘을 인지하는 능력 함양하기
준비물 토킹스틱, 종, 서클 상징물, 학급의 공유된 약속, 그림 그리기 재료
준비 서클 참여자가 앉도록 한다.

서클 참여자 환영하기

침묵으로 초대하기 잠시 멈추고 호흡을 하고 소리를 듣기
공간열기 부록 2를 참조하거나 다른 것으로 대체
서클의 진행과정 소개하기 '나눔'이란 질문에 토킹스틱을 건네며 이야기하는 것을 의미
한다. 진행자는 참여자로서 질문을 하고, 첫 번째로 대답한다. 그리고 토킹스틱을 옆
사람에게 건넨다. 진행자가 서클을 돌리는 방향으로 토킹스틱을 차례차례 건넨다. 첫
번째 나눔에서 이름을 말하고 질문에 답 한다. 패스통과라고 하고 그냥 토킹스틱을 건네
도 괜찮다

학급의 공유된 가치와 약속 확인하기

마음연결하기 오늘 기분이 어떤가요? 오늘 서클에서 알리고 싶은 중요한 게 있나요?

중심활동 산을 빗대어 어려움을 극복하는 것에 대해 성찰하기

활동안내 오늘 서클에서 우리는 우리가 삶에서 직면하는 어려움과 힘든 점에 대해 이야기
를 나눌 것입니다. 역경은 때론 내 앞 길을 막고 있는 산처럼 느껴지죠. 내가 느낀 내 앞의
가장 큰 산은 무엇인가요? 그 산을 그림으로 표현해 보세요. 산의 색깔은 어떤지, 모양은
어떤지, 산을 오르기 어렵게 만드는 장애물은 무엇인지 그려 보세요.
그림을 그릴 수 있는 시간을 준다.
나눔 산을 그리며 어떤 느낌이 들었어요?
나눔 이제 산을 오르려 하는 나를 그려보세요.
그림을 그릴 수 있는 시간을 준다.
나눔 산을 수월하게 오를 수 있는데 도움을 주는 나의 두 세 가지 특성을 생각해보세요.
나의 어떤 특성이 등산의 난제를 극복하게 해 줄까요? 어려워 보이는 산을 넘어 본 적이
있나요?

나눔 산을 넘는 그림을 나눠보겠습니다. 어떤 특성이 여러분이 산을 넘는데 도움을 주었나요? 누구와 무엇이 도움을 주었습니까?

삶의 어려움을 극복하는 힘과 지혜를 나눠준 모든 참여자에게 감사의 마음을 전한다..

배움나눔 *오늘 한 서클에 대해 더 이야기 하고 싶은 것이 있나요?*

공간닫기 부록 2를 참조하거나 다른 것으로 대체

참여한 모두에게 감사 표현하기

모듈6 : 중요하지만 어려운 대화들

이 장에서 소개하는 서클 모형은 중요하지만 이야기하기 어렵고 꺼려지는 주제들에 대해 다룬다. 배제, 불공정함, 불평등, 가난, 차별, 억압, 폭력, 상실, 비통함, 트라우마는 학교 공동체의 구성원 모두에게 크게 영향을 미친다. 위에서 언급한 주제들은 우리의 세계관 형성, 행동, 선택, 생각의 전제, 관계에 심오한 영향을 미치며 종종 학교 공동체 내의 갈등과 오해, 부정적 행동의 원인이 된다.

이 주제들은 중요하지만 이야기하기에 고통스럽고 복잡하며 어렵다. 대부분의 어른들은 민감하고 심각한 주제인 인종과 특권 계층, 성, 따돌림, 폭력에 대해 본인들이 말할 준비가 되어 있지 않다고 생각한다. 그 말에 동의한다. 이 주제는 아이들과 가족에게 영향을 끼치는 많은 문제들을 내포하고 있어 복잡하다. 우리 사회가 이를 해결하기 위해 분투해 온 것이 사실이지만, 어른들이 침묵하면, 청소년들은 현실의 문제에 대한 느낌과 생각을 이야기하는 안전한 공간을 경험할 수 없다.

서클은 '모든 사람이 공간을 만드는데 기여한다'는 독특한 특징을 갖고 있다. 이 특징은 서클에 강렬하고 불편한 진실을 안전하게 붙들 수 있는 힘을 준다. 이 장에서 제시하는 모든 서클은 교실과 학교에서 서클을 충분히 경험해, 서클의 과정을 신뢰하는 모임을 위한 모형이다. 서클의 방식은 참여자들에게 우리 모두는 사람들과 좋은 관계를 맺기를 소망한다라는 사람의 보편적인 특성을 상기시켜 준다. 서클은 우리로 하여금 우리 자신과 다른 사람의 아름다운 모습을 볼 수 있도록 도와준다. 이러한 전제 가운데 우리는 더 정직하고 직접적으로 어려운 진실을 바라볼 수 있게 되는데 그 진실은 바로 우리는 서로에게 해를 끼칠 수 있는 존재라는 것이다.

이 장에서 소개될 서클의 모형을 진행할 때에는 이 책에 지금까지 소개되었던 서클 모형을 진행할 때 보다 더 안전한 공간을 만들어야 한다. 그래서 가치 공유하기, 약속 세우기, 마음연결하기 때 의미 있는 시간을 보내는 것이 중요하다. 토킹스틱의 사용 안내를 따르고 서로 존중하며 듣는 것으로 형성되는 안전한 공간을 통해 참여자들은 어려운 주제에 관하여 정직하게 대화 할 수 있다. 서클에서 존중하는 공간을 만들어 갈 수 없을 때 비난하기보다 침묵하는 것이 최선이며 서클 공간을 닫고 참여자들이 존중하는 공간을 만들 수 있을 때 다시 서클을 여는 것이 좋다. 진행자가 서클에서 학생들과 똑같이 질문에 답하고 활동에 참여하는 방식은 의미가 있다. 서클 공간의 안전함을 유지해주며 불편한 주제에 공손한 태도로 임하는 방식을 참여자들에게 보여줄 수 있기 때문이다. 돌아가며 말하기 시간에 상처를 드러내야 한다면 진행자가 먼저 이를 드러내는 것이 중요하다. 이번 장의 서클 모형은 대체로 토킹스틱을 두 번씩 돌리는 것이 도움이 된다. 토킹스틱이 돌아가는 동안 참여자들은 좀 더 깊이 성찰하고 생각을 정리할 기회를 갖게 되기 때문이다.

이 장의 많은 서클들이 불공정과 불평등으로 말미암아 사회 전반적으로 발생하는 피해에 관해 다룬다. 학생과 교사는 인종, 종교, 성적 지향, 성별, 재산, 능력, 신체 및 정신상태에 따른 불평등의 짐을 지고 살아간다. 특권 계층의 사람들은 죄책감, 부인, 소외, 불안, 침묵, 타인과의 괴리감이라는 짐을 안고 살아간다. 우리에게는 이 문제에 대해 이야기 할 공간이 필요하다. 서클을 통해 이러한 현실이 다른 사람과 맺는 관계에 미치는 영향을 정직하게 살펴보고, 우리의 행동이 이러한 현실로부터 어떤 영향을 받았는지 이해하고, 우리가 하고 있는 행동이 타인에게 피해를 준다면 이를 해결하기 위해 할 수 있는 행동은 무엇인지 탐구할 수 있다. 우리에게 타인을 사람으로 바라보는 시선을 회복하여 타인과 긍정적으로 연결되는 방법을 모색하는 것이 필요하다.

위에서 언급한 주제 외에도 교직원, 학부모, 학생들과 나누고 싶은 대화 주제들이 많을 것이다. 여러분이 직접 학교공동체에 필요한 주제에 대해 이야기하는 서클 활동을 만들어 보기를 바란다. 우리가 이 장에서 나눌 이야기는 논리적으로 분석하는 것을 넘어 문화적으로 이해하는 것이 필요한 주제이다. 이 주제가 우리의 가슴과 정신을 새로운 곳으로 인도하기를 기대한다.

동기 부여 탐구 서클

목적 학생들이 대학진학과 같은 장기 목표를 이루는데 있어 동기를 유발하는 자원과 저해하는 요인을 성찰하도록 돕기

이 서클의 목적은 학생들이 다른 사람의 경험을 통해 배우고 도움과 필요한 지원을 요청하기 위한 방법을 찾을 수 있도록 돕는데 있다.

준비물 토킹스틱, 종이, 펜

준비 서클 참여자가 다른 가구 없이 의자로만 둥그렇게 앉도록 한다.

서클 참여자 환영하기

침묵으로 초대하기 잠시 멈추고 호흡을 하고 소리를 듣기

공간열기 부록 2를 참조하거나 다른 것으로 대체

토킹스틱 설명하기

마음연결하기 *오늘 내 몸과 마음, 감정의 상태는 어떤가요?*

> **중심활동** 긍정적으로 동기부여를 해주는 것이 무엇인지 확인하고, 그러한 지원을 어떻게 받을 수 있는지 알기

활동안내 *동기의 사전적 정의는 어떤 사람이 무언가를 하게끔 하는 힘과 영향을 의미합니다. 또 다른 정의로는 어떤 사람이 특정한 방식으로 행동하게 하는 이유를 뜻하기도 합니다.*

오늘 서클의 목적은 숙제나 시험을 위해 공부하는 동기, 혹은 비록 어렵거나 유쾌하지 않지만 해야 할 일을 해야 하는 동기에 대해 이야기 해 보겠습니다. 잠을 자고 싶거나 TV를 보고 싶거나 비디오게임을 하고 싶거나, 친구와 전화 통화를 하고 싶을 때 해야 할 일을 할 수 있도록 돕는 것은 무엇일까요?

참여자에게 묻기: *종이의 한 쪽 면에 "나의 동기를 자극하는데 도움을 주는 것"이라 적고 "동기를 저해시키는 것"이라고 적으세요.*

스스로 두 가지 리스트를 작성하게 한다. 리스트를 작성하는데 시간을 준다.

나눔 *함께 나눠 봅시다. 숙제가 아닌 다른 일을 하고 싶을 때 숙제를 하게 하는 힘이나 영향이 있다면 무엇인가요? 해야 할 일을 못하게 하는 힘은 무엇이 있나요?*

나눔 *이제 내 삶의 목표와 책임에 대해 생각해보겠습니다. 운동을 하러 밖에 나가거나*

체육관에 가도록 스스로 동기를 부여하는 방법은 무엇인가요? 건강한 음식을 먹거나 몸을 돌보는 부분은 어떤가요?

나눔 동기부여를 위해 자신에게 필요한 것이 무엇인지 알 수 있나요? 다른 사람이 나의 필요를 채워줄 수 있는 부분을 알 수 있나요? 스스로 나의 필요를 채우기 위해 무엇을 하나요?

나눔 열심히 학교 생활을 하기 위해 받고 싶은 지원과 도움을 세 가지씩 말해주세요.

배움나눔 오늘 서클에서 배운 것 중 적용해 보고 싶은 것은 무엇인가요?

공간닫기 부록 2를 참조하거나 다른 것으로 대체

참여한 모두에게 감사 표현하기

소외된 경험에 관한 서클

목적 사회적으로 소외되었던 경험에 대해 이야기하기, 보편적인 경험이지만 상처를 받게 되는 소외의 사회적 역동성 인식하는 능력 키우기, 공동체가 소외를 예방할 수 있는 사회적 행동을 계발하도록 지원하기

준비물 토킹스틱, 서클 상징물, 학급의 공유된 가치와 약속, 동화책 『날 좀 내버려 둬』, 『세상에서 가장 맛있는 자장면』, 종 또는 벨소리

준비 서클 참여자가 동그랗게 놓여진 의자에 앉도록 안내한다.

서클 참여자 환영하기

침묵으로 초대하기 잠시 멈추고 호흡을 하고 소리를 듣기

공간열기 부록 2를 참조하거나 다른 것으로 대체

서클의 진행과정 소개하기

학급의 공유된 가치와 약속 확인하기

마음연결하기 *오늘 기분이 어떤가요? 서클에서 편안하게 이야기를 나누기 위해 알리고 싶은 중요한 것이 있나요?*

중심활동 소외된 경험 성찰하기

진행자가 책을 소리 내어 읽거나 소그룹으로 이야기를 소리 내어 읽는다.

나눔 *자신의 경험으로 보아, 소외된다고 생각될 때 느낌은 어떤가요?*

나눔 *소외된다고 생각할 때가 언제인지 이야기 해주겠어요?*

나눔 *후에 누군가가 소외된 것을 본다면 무엇을 하겠어요?*

배움나눔 *오늘 서클에서 좋았던 것은 무엇인가요?*

공간닫기 부록 2를 참조하거나 다른 것으로 대체

참여한 모두에게 감사 표현하기

따돌림에 관해 이야기하기 서클

목적 따돌리는 행동의 영향을 이해하도록 돕기, 따돌리는 행동을 인식할 수 있는 능력 키우기, 제 3자로서 따돌림을 받는 사람을 지원할 수 있는 능력 강화시키기

준비물 토킹스틱, 서클 상징물, 종 또는 벨소리

준비 서클 참여자가 다른 가구 없이 의자로만 둥그렇게 앉도록 한다.

서클 참여자 환영하기

침묵으로 초대하기 잠시 멈추고 호흡을 하고 소리를 듣기

공간열기 부록 2를 참조하거나 다른 것으로 대체

가치 공유하기 존중과 관련된 가치를 나누도록 한다. 참여자들이 가치를 이야기 할 때 말한 가치를 종이에 적어 서클의 중심에 놓는다.

서클의 기본 약속 확인하기

서클의 진행과정 소개하기

마음연결하기 *내 기분을 날씨로 표현한다면, 오늘 나는 어떤 날씨일까요?*

중심활동 따돌리는 행동을 성찰하고 할 수 있는 여러 반응 탐색하기

나눔 *따돌림을 받을 때 어떤 기분인가요?*

나눔 *어떤 행동이 나로 하여금 따돌림을 받는다고 느끼게 하나요?*

나눔 *사람들이 누군가를 따돌리는 이유는 무엇 때문이라고 생각하나요??*

나눔 *여러분이 누군가가 따돌림을 받는 걸 보았던 시간을 기억해보세요.*
그 때 어떤 감정이었어요?

나눔 *후에 누군가가 따돌림 받는 걸 보게 된다면 무엇을 하겠어요?*

배움나눔 *오늘 서클에서 다루었던 이야기 중에 미래의 나 자신과 누군가를 돕기 위해 갖고 가고 싶은 것은 무엇인가요?*

공간닫기 부록 2를 참조하거나 다른 것으로 대체

참여한 모두에게 감사 표현하기

뒷담화의 영향을 이야기하는 서클

목적 뒷담화의 영향을 이해하는 능력을 키우기, 뒷담화를 하고 싶은 마음에 저항하는 능력 키우기, 관계 강화하기

준비물 토킹스틱, 서클 상징물, 종 또는 벨소리

준비 서클 참여자가 다른 가구 없이 의자로만 둥그렇게 앉도록 한다.

서클 참여자 환영하기

침묵으로 초대하기 잠시 멈추고 호흡을 하고 소리를 듣기

공간열기 부록 2를 참조하거나 다른 것으로 대체

가치 공유하기 공동체에서 건강한 관계를 맺기 위해 중요한 가치를 나누도록 한다. 참여자들이 가치를 이야기 할 때 말한 가치를 종이에 적어 서클의 중심에 놓는다.

서클의 기본 약속 확인하기

서클의 진행과정 소개하기

마음연결하기 *오늘 내 몸과 마음, 감정의 상태는 어떤가요?*

중심활동 뒷담화와 뒷담화의 영향, 뒷담화하지 않을 수 있는 방법 성찰하기

나눔 *뒷담화라는 단어를 들었을 때, 여러분 머릿속에 떠오르는 한 개나 두 개의 단어를 이야기 해주세요.*

참여자들이 말하는 단어를 칠판에 적는다.

참여자들에게 다른 사람이 자신에 관해 뒷담화를 했을 때의 경험을 떠올려 보라고 한다. 그 때의 감정을 알아차려 보게 한다. 그 때의 감정을 세 개에서 다섯 개 사이의 단어로 적게 한다.

나눔 *어떤 감정을 적었나요?*

이야기하는 감정을 칠판에 적는다.

참여자들에게 묻는다. *다른 사람을 뒷담화했을 때의 경험을 떠올려 보세요. 그 때를 생각하면 지금 어떤 감정이 드나요. 이 감정을 몇 개의 단어로 적어보세요.*

나눔 *뒷담화 했을 당시 나의 감정은 무엇이었나요?*

이야기하는 감정을 칠판에 적는다.

나눔 *어떤 유형의 뒷담화가 가장 피해를 주는 것 같나요?*

나눔 뒷담화 때문에 자신이나 주변 사람이 경험했던 피해는 무엇인가요?

나눔 뒷담화를 했을 때 어떤 유익이 있나요?

나눔 뒷담화가 아닌 다른 사람에게 일어난 일이나 다른 사람에 관한 이야기를 할 때는 언제인가요?

나눔 누군가가 다른 사람에 대한 뒷담화를 내게 할 때 가장 어려운 점은 무엇인가요?

나눔 뒷담화하는 대화의 주제에서 빠져 나오는 나만의 전략이 있다면 무엇인가요?

배움나눔 오늘 서클에서 다루었던 이야기 중에 미래의 나 자신과 누군가를 돕기 위해 갖고 가고 싶은 것은 무엇인가요?

공간닫기 베르나르드 김벨의 말을 짧게 인용하겠습니다.

"오르막 길을 달리고 사람을 내쫓는 두 가지 일은 심장에 좋지 않습니다."

참여한 모두에게 감사 표현하기

목적 공동체가 함께 모여 구성원의 죽음과 관련한 감정을 나눌 수 있는 공간 만들기
준비물 토킹스틱, 상황과 관련된 서클 상징물, 서클의 가치와 약속, 종 또는 벨소리
준비 서클 참여자가 다른 가구 없이 의자로만 둥그렇게 앉도록 한다.

서클 참여자 환영하기

침묵으로 초대하기 잠시 멈추고 호흡을 하고 소리를 듣기
공간열기 부록 2를 참조하거나 다른 것으로 대체
가치 공유하기 각자가 사랑하는 사람으로부터 배운 중요한 가치를 나누게 한다. 참여
자들이 가치를 이야기 할 때 말한 가치를 종이에 적어 서클의 중심에 놓는다.

서클의 기본 약속 확인하기

서클의 진행과정 소개하기

중심활동 함께 애도의 과정 겪기

서클에서 다룰 상실에 관해 밝힌다. 사람들이 상실을 경험할 때 다양한 감정을 갖는
것이 매우 일반적인 사실임을 설명한다. 감정은 개인적이며 각자에게 다르게 경험될
수 있는 것임을 설명한다.

나눔 *마음연결하기를 위해 지금 내가 느끼는 두 세가지 감정을 한 문장으로 표현해주세
요.*

나눔 *고인이 돌아가셨다는 소식을 들었을 때 어디에 있었나요? 그 때의 감정과 몸의 상
태는 어땠나요?*

나눔 *고인에 대해 가장 그리워 하는 것은 무엇인가요?*

나눔 *고인에 관한 긍정적이거나 혹은 재미있었던 추억 한 가지를 나눠주세요.*

나눔 *고인을 기리며 닮고 싶은 고인의 긍정적인 면 한 가지는 무엇인가요?*

배움나눔 *서클을 하고 난 후의 기분이 어떤가요?*

공간닫기 부록 2를 참조하거나 다른 것으로 대체

참여한 모두에게 감사 표현하기

6.6 공동체 트라우마에 반응하는 서클

목적 공동체의 트라우마와 그 영향을 인지하는 공간을 만들고 감정을 표현하기, 사람들과 연결되며 치유를 경험하고 트라우마를 다루기

준비물 토킹스틱, 서클 상징물, 종 또는 벨소리

준비 서클 참여자가 다른 가구 없이 의자로만 둥그렇게 앉도록 한다.

서클 참여자 환영하기

침묵으로 초대하기 잠시 멈추고 호흡을 하고 소리를 듣기

공간열기 부록 2를 참조하거나 다른 것으로 대체

가치 공유하기 어려움을 만났을 때 내게 중요한 가치가 무엇인지 나누게 한다. 참여자들이 가치를 이야기 할 때 말한 가치를 종이에 적어 서클의 중심에 놓는다.

서클의 기본 약속 확인하기

서클의 진행과정 소개하기 '나눔' 이란 질문에 토킹스틱을 건네며 이야기하는 것을 의미한다. 진행자는 참여자로서 질문을 하고, 첫 번째로 대답한다. 그리고 토킹스틱을 옆사람에게 건넨다. 진행자가 서클을 돌리는 방향으로 토킹스틱을 차례차례 건넨다. 첫번째 나눔에서 이름을 말하고 질문에 답 한다. 패스통과라고 하고 그냥 토킹스틱을 건네도 괜찮다

마음연결하기 *오늘 서클에 가져온 나의 강점은 무엇인가요?*

> **중심활동** 공동체의 트라우마와 그 영향, 도움이 되는 것 성찰하기

공동체의 트라우마를 확인한다. 예를 들어 젊은 사람의 총기사망, 공동체 구성원의 자살, 가족 간 살인, 대형 화재, 스쿨버스 사고, 대폭풍우, 홍수, 혼란을 야기하는 지역사회의 사건, 공동체 단위의 두려움과 혼란, 분노가 있다.

설명 *오늘 우리는 서클에서 일어난 일로 인하여 지금껏 본인이 어땠는지 이야기하는 시간을 갖겠습니다. 서클을 통해 일상생활을 회복하기 힘든 시간을 보내고 있는 여러분이 서로를 도울 수 있기를 바랍니다.*

나눔 *일어났던 일로 인해 어떤 감정을 갖고 있나요?*

나눔 *일어났던 일로 인해 가장 힘든 점은 무엇인가요?*

나눔 *일어났던 일로 인해 내게 생긴 미래에 대한 두려움은 무엇인가요?*

나눔 일어났던 일로 인해 우울해 질 때 기분 전환에 도움을 주는 사람은 누구인가요?

나눔 기분 전환에 도움을 주는 신체적인 활동은 무엇인가요?

나눔 이 일을 겪으며 발견한 나의 강점은 무엇인가요? 나와 같은 일을 겪는 사람에게서 발견한 강점은 무엇인가요?

나눔 힘든 시간을 겪을 때 내게 희망을 주는 것은 무엇인가요?

모든 질문을 다룰 시간이 충분하지 않을 때에는 가장 연관성이 많은 질문을 선택한다. 참여자들이 이야기를 충분히 하지 않았다고 생각될 경우 토킹스틱을 한 번 더 돌린다.

배움나눔 서클을 마친 후에 내 자신을 어떻게 돌보고 싶은가요?

공간닫기 부록 2를 참조하거나 다른 것으로 대체

참여한 모두에게 감사 표현하기

6.7 상실을 다루는 서클

목적 참여자들이 삶 가운데 경험한 상실과 그 영향을 알아가도록 하기
준비물 토킹스틱, 서클 상징물, 그림그리기 재료종이, 마커, 크레파스, 색연필, "아이들이 다뤄야 할 상실" 유인물, "자기공격"과 "타자공격" 목록 유인물, 욕구목록표, 종 또는 벨소리
준비 서클 참여자가 다른 가구 없이 의자로만 둥그렇게 앉도록 한다.

서클 참여자 환영하기

침묵으로 초대하기 잠시 멈추고 호흡을 하고 소리를 듣기
공간열기 부록 2를 참조하거나 다른 것으로 대체
가치 공유하기 이번 주에 실천한 소중한 가치 한 가지를 나누게 한다. 참여자들이 가치를 이야기 할 때 말한 가치를 종이에 적어 서클의 중심에 놓는다.

서클의 기본 약속 확인하기

서클의 진행과정 소개하기
마음연결하기 *내 인생에서 감사한 것을 나눠주세요.*

중심활동 상실을 경험할 때 욕구와 감정 탐색하기

"다뤄져야 하는, 아이들이 경험한 상실", "자기공격/타자공격" 유인물과 욕구목록표를 나눠 준다. *각자의 삶에서 경험한 큰 상실을 떠올려보세요. 떠올린 상실을 이미지나 그림으로 표현하게 한다.*
나눔 *그림과 함께 내 인생에서 경험한 상실과 그 상실로 인한 감정을 나눠주세요.*
나눔 *내가 이름 붙인 감정 아래 숨겨진 욕구는 무엇일까요?*
충족된 욕구와 충족되지 않은 욕구는 무엇인가요?
나눔 *과거에 일어났던 상실을 다룰 때, 자기공격과 타자공격 중 내가 많이 사용했던 것은 무엇인가요?*
나눔 *좀 더 건강한 방식으로 욕구를 채울 수 있는 방법은 무엇인가요?*
배움나눔 *오늘 경험한 서클에서 갖고 가고 싶은 것은 무엇인가요?*
공간닫기 부록 2를 참조하거나 다른 것으로 대체

참여한 모두에게 감사 표현하기

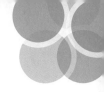

욕구 목록표

자율성

- 자신의 꿈, 목적, 가치를 선택하기
- 자신의 꿈, 목적, 가치를 이룰 수 있는
  계획 선택하기

축하와 애도

- 꿈의 달성과 삶의 창조성을 축하하기
- 사랑하는 사람, 꿈과 같은 상실을 애도하기
- 존엄성
- 진정성
- 창조성
- 의미
- 자기존중

상호의존성

- 수용
- 인정
- 친밀함
- 공동체
- 배려
- 삶의 풍요로움에 기여
  자신의 능력을 나눠줌으로써 생명에 기여하기
- 정서적 안정
- 공감
- 정직자신의 한계를 배울 수 있도록 힘을 실어주기
- 사랑
- 안도
- 존중

- 지지
- 신뢰
- 이해
- 따뜻함

신체적 돌봄

- 공기
- 음식
- 움직임과 운동
- 삶을 위협하는 것들로부터의 보호
  바이러스, 박테리아, 곤충, 천적
- 휴식
- 성적 표현
- 쉼
- 신체적 접촉
- 물

놀이

영적 교감

- 아름다움
- 조화
- 영감
- 질서
- 평화

아이들이 다뤄야 하는 상실

• 부모에게 버려졌거나 부모가 누구인지 모르는 경우

• 부모가 이혼한 경우

• 부모와 사별한 경우

• 가정을 떠나 양육기관에 보내졌거나 입양된 경우

• 병에 걸려 다른 아이들이 참여하는 활동에 참여하지 못할 경우, 건강을 잃은 경험

• 있었던 곳을 떠나 전학을 가고 새로운 친구를 사귀어야 할 경우, 안정감과 안정성을 상실한 경험

• 미래를 준비하는데 도움이 되는 교육을 받지 못하거나 안전하지 않은 학교에 진학한 경우

• 부모가 약물에 중독된 경우 관심과 사랑, 지지를 상실한 경험

• 위험한 지역에 살고 있어 밖에 나갈 때 안전하지 않거나 친구와 놀러 다닐 수 없는 경우, 자유를 상실한 경험

• 지역사회에서 발생한 폭력으로 친구와 친척이 목숨을 잃은 경우

• 신체 학대, 성폭행, 성희롱을 당한 경우: 존중받아야 하는 개인의 경계를 침해받아 인간 존엄성을 상실한 경험. 이는 자기 존중과 자아존중감에 상처를 입힐 수 있음. 자신이 망가졌거나, 부서졌다고 느끼며 온전함을 상실한 경험

• 구류되거나 상주 치료를 받게 될 경우: 언제 먹을지, 어디에 갈지, 언제 목욕을 할 지와 같은 스스로 선택할 수 있는 능력을 상실한 경험

• 내 미래에 대한 긍정적이고 건설적인 신념을 잃을 경우: 과거와 다른 방법을 선택할 수 있다는 희망을 상실한 경험

• 나를 둘러싼 세계를 이해할 수 없거나 갑자기 나를 둘러싼 세계가 불공정하고 냉담하게 보일 경우

자기공격과 타자공격

자기공격(Acting in)

술과 약물 중독

과로

섭식장애

우울증슬픔, 절망

무기력, 불안, 자기비난, 수치심

통증, 두통, 연약함 등

타자공격(Acting out)

법을 준수하지 않음

공격성, 비난, 짜증

경직, 불관용

다른 사람을 공감하는 능력 상실

위험수위가 높은 행동, 약물 중독, 부적절한 성적 행동

따돌림

반복되는 갈등

비통함 마주하기 서클

목적 비통함이 자연스러운 감정임을 인식하게 돕고 비통함을 감추기 위한 위장된 방법 알기

준비물 토킹스틱, 서클 상징물, 종 또는 벨소리, 찰스 C. 핀의 시 "내가 쓰고 있는 가면" http://www.poetrybycharlescfinn.com, "가면" 유인물, 종이, 그림그리기 재료종이, 마커, 크레파스, 색연필, "아이들이 다뤄야 할 상실" 유인물, 공작용 판지, 가벼운 판지, 실, 마커, 가위, 풀, 펀치, 다양한 미술재료

준비 서클 참여자가 다른 가구 없이 의자로만 둥그렇게 앉도록 한다.

서클 참여자 환영하기

침묵으로 초대하기 잠시 멈추고 호흡을 하고 소리를 듣기

공간열기 시 "내가 쓰고 있는 가면"을 읽거나 다른 것으로 대체

가치 공유하기 어려움을 만났을 때 내게 중요한 가치가 무엇인지 나누게 한다. 참여자들이 가치를 이야기 할 때 말한 가치를 종이에 적어 서클의 중심에 놓는다.

서클의 기본 약속 확인하기

서클의 진행과정 소개하기

마음연결하기 *오늘 내 마음을 무겁게 하는 것과 가볍게 하는 것을 한 가지씩 나눠주세요.*

중심활동 비통함과 비통함을 감추기 위한 가면 성찰하기

비통함에 대한 정의가 무엇인지 참여자들에게 묻는다.

참여자들의 대답을 전지나 칠판에 적는다.

나눔 *비통함을 이루는 감정은 무엇일까요? 종이에 적어, 자신의 차례가 왔을 때 작성한 감정을 읽어주세요.*

설명하기 *때때로 우리는 비통함을 다른 감정의 가면 뒤에 숨깁니다. 상실을 경험했을 때 빈번히 화를 내거나 혹독해지거나 과격해짐으로써 비통함을 감춥니다.*

사람들이 쓰는 가면 목록을 적은 "가면" 유인물을 참여자들에게 나눠 준다.

참여자들에게 어떤 종류의 가면을 쓰고 비통함을 감추는지 고르게 한다. 유인물에 없는 가면을 쓸 경우, 자신의 것을 적게 한다. 미술 재료를 활용하여 자신이 쓰는 가면을 만들도록 초대한다. 가면을 썼을 때 자신의 감정, 태도, 느낌을 전달 할 수 있게 제작하도록

한다.

가면 제작이 끝나면 서클로 돌아오기를 요청한다.

나눔 비통함을 감추기 위해 내가 쓰는 감정 가면이 무엇인지, 가면을 쓰면 어떤 감정을 숨길 수 있는지 이야기 해주세요.

나눔 가면을 썼을 때 나는 어떻게 행동하나요?

나눔 가면을 벗고 진정한 감정을 마주하는 데 도움이 되는 것은 무엇인가요?

배움나눔 오늘 경험한 서클에서 내게 도움이 되는, 갖고 가고 싶은 것은 무엇인가요?

공간닫기 부록 2를 참조하거나 다른 것으로 대체

참여한 모두에게 감사 표현하기

가면들

　다음 내용은 때때로 사람들이 쓰는 가면의 목록이다. 우리는 경험하고 싶지 않은 특정한 감정을 감추기 위해 가면을 쓴다. 이 중 내게 익숙한 가면은 무엇인가?

- 화난 표정을 짓고 있는 가면

- 모든 것을 알고 있다는 표정의 가면

- 전혀 신경쓰지 않는다는 표정의 가면

- 폭력배 가면

- 광대 가면

- 마약쟁이 가면

- 나쁜 소년/소녀 가면

- 실패자 가면

- 아무것도 나를 방해하지 않아 가면

- 외톨이 가면

- 마약에 취해 멍한 가면

- 극도로 흥분하거나 통제가 불가능한 가면

　가면을 썼을 때 나는 어떻게 행동하고 있는가?

목적 나와 타인의 트라우마를 관찰한 것을 통해 얻은 트라우마에 대한 지혜를 인식하고 발견하기

준비물 토킹스틱, 서클 상징물, 종 또는 벨소리, 종이 또는 일지, 필기구, 서클의 가치와 약속

준비 서클 참여자가 다른 가구 없이 의자로만 둥그렇게 앉도록 한다.

서클 참여자 환영하기

침묵으로 초대하기 잠시 멈추고 호흡을 하고 소리를 듣기

공간열기 부록 2를 참조하거나 다른 것으로 대체

가치 공유하기 어려운 주제에 대해 토의할 때 내게 중요한 가치가 무엇인지 나누게 한다. 참여자들이 가치를 이야기 할 때 말한 가치를 종이에 적어 서클의 중심에 놓는다.

서클의 기본 약속 확인하기

서클의 진행과정 소개하기

마음연결하기 *오늘 기분이 어떤가요? 마음연결하기 시간에 함께 나누고 싶은 이야기가 있나요?*

중심활동 트라우마를 낳는 경험과 트라우마와 관련된 감정 성찰하기

트라우마의 정의를 눈에 띄는 장소에 게시한다.

트라우마의 정의를 함께 읽어볼까요? "비정상적으로 충격적이고 고통스럽고 해로운 일이 발생했을 때 우리의 감정이 압도되어 깊은 상처가 남은 상태"를 말합니다.

참여자들에게 함께 트라우마의 예를 들어보자고 제안한다.

진행자는 두렵고 불안한 모든 사건이 트라우마가 아닌 것을 명료화한다.

트라우마는 스트레스와 다르다. 스트레스는 시험을 치루거나, 면접을 볼 때 경험하지만 일상적인 경험에 속한다.

종이에 스트레스를 겪고 있는 사람이나 자신이 겪은 스트레스에 대해 적도록 한다. 이어서 트라우마를 겪고 있는 사람이나 자신이 겪은 트라우마와 그로 인해 비롯된 감정에 대해 적도록 한다.

글을 작성할 시간을 준다.

나눔 각자가 스트레스로 여기는 사건과 트라우마로 여기는 사건을 나눠주세요.

나눔 트라우마를 경험할 때 어떤 감정을 경험하나요?

나눔 자신이나 다른 사람들이 트라우마 때문에 어떤 영향을 받는다고 생각하세요?

나눔 우리 모두는 경험을 통한 지혜를 갖고 있습니다. 여러분보다 어린 사람들에게 나눠주고 싶은 트라우마에 대한 지혜는 무엇인가요?

배움나눔 오늘 경험한 서클에서 갖고 가고 싶은 것은 무엇인가요?

공간닫기 부록 2를 참조하거나 다른 것으로 대체

참여한 모두에게 감사 표현하기

폭력을 목격했을 때 다루는 서클

6.10

목적 폭력을 목격한 경험을 나누고 폭력에 노출되었을 때의 영향 탐구하기

준비물 토킹스틱, 서클 상징물, 종 또는 벨소리, 종이 또는 일지, 필기구, 폭력의 유형 유인물

준비 서클 참여자가 다른 가구 없이 의자로만 둥그렇게 앉도록 한다.

서클 참여자 환영하기

침묵으로 초대하기 잠시 멈추고 호흡을 하고 소리를 듣기

공간열기 부록 2를 참조하거나 다른 것으로 대체

가치 공유하기 어려운 주제에 대해 토의할 때 내게 중요한 가치가 무엇인지 나누게 한다. 참여자들이 가치를 이야기 할 때 말한 가치를 종이에 적어 서클의 중심에 놓는다.

서클의 기본 약속 확인하기

서클의 진행과정 소개하기

마음연결하기 *오늘 서클에 내가 가져 온 강점은 무엇인가요?*

중심활동 폭력을 목격한 경험과 어떻게 이를 다룰지 성찰하기

우리 사회에는 많은 종류의 폭력이 있고 우리는 여러 요인들에 의해 폭력에 노출됩니다. 폭력의 유형을 함께 확인한다.

참여자들이 일지를 활용해 지난 주, 지난 달, 작년 한 해동안 목격한 폭력의 유형을 성찰한다.

일지에, 목격한 폭력 사건 중 한 가지 이상에 대해 묘사하고 사건을 봤을 때 느낀 감정을 성찰하고 적는다.

나눔 *폭력을 목격했을 때 들었던 생각과 감정을 나눠주세요.*

나눔 *폭력을 목격했을 때 어떤 행동을 취했나요? 취했던 행동에 대해 어떻게 느끼나요? 행동을 취하지 않았다면, 당시에 했었으면 하는 행동은 무엇인가요?*

나눔 *폭력을 목격한 후 이를 극복하는데 도움이 됐던 힘은 무엇인가요? 내 주변에서 일어나는 폭력이 주는 스트레스를 어떻게 다루고 있나요?*

나눔 *오늘 서클에서 다양한 폭력을 목격한 후의 영향과 주변에서 발생하는 폭력을 다루는 방법에 대해 나눠 보았습니다. 서클을 통해 무엇을 배웠나요?*

나눔 나보다 어린 사람이 폭력을 목격했을 때, 내가 주고 싶은 조언이 있다면 무엇인가요?

배움나눔 오늘 경험한 서클에서 갖고 가고 싶은 것은 무엇인가요?

공간닫기 부록 2를 참조하거나 다른 것으로 대체

참여한 모두에게 감사 표현하기

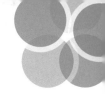

폭력의 유형

폭력과 학대의 유형	정의	예
신체적 폭력/학대	고의적으로 신체적인 힘을 사용해 사망, 장애, 부상이나 해함으로 위협을 가함	할퀴기, 밀기, 던지기, 거칠게 밀기, 붙잡기, 물기, 조르기, 흔들기, 치기, 주먹으로 때리기, 화상 입히기, 무기 사용, 신체 구속, 트라우마를 경험할 때 어떤 감정을 경험하나요?
성적 폭력/학대	상대의 의지에 반하는 성적인 행동, 상대가 원하지 않는 성적인 관심과 접촉과 행동을 보임	강간, 강제적인 접촉, 성관계에 대한 압박, 음란한 언어 사용, 원하지 않는 신체적 접촉과 애정표현, 비접촉적인 성적학대와 성희롱, 성적으로 문란한 내용의 문자나 사진을 휴대폰으로 전송
정서적 폭력/학대	상대가 본인을 어리석거나 가치 없다고 느끼게 하는 언어를 사용하거나 행동함	욕하기, 비난하기, 깎아내리기, 수치심 주기, 모욕 주기, 피하기, 협박, 소외시키기, 굴욕감 주기, 위협하기, 사생활 침해
심리, 정신적 폭력/학대	피해자의 심리적 온전함을 직접적으로 손상시키는 단발적이거나 지속적 행동으로 주로 언어나 신체적 폭력으로 행해짐	심리적으로 몰아 세우기, 이익을 취하기 위해 속이기, 통제하기 위해 폭력으로 위협하기, 스토킹/범죄 성희롱, 지속적인 압박을 가해 욕구와 흥미를 상실하게 하기, 성인을 아이나 종처럼 대하기, 현실을 왜곡시켜 정신을 잃게 하기

폭력과 학대의 유형	정의	예
영적 폭력/학대	사람의 영적 신념을 조작하거나 지배하거나 조종함	영적이거나 종교적인 활동을 강요하기, 신앙과 신앙활동 놀리기, 선호하는 전통과 방식 금지하기
문화적/구조적 폭력/학대	인종, 성적 지향, 종교적 배경, 문화적 신념과 가치에 대해 육체적, 성적, 심리적 폭력을 사용함	증오에 의한 범죄, 전쟁, 제노사이드, 무차별적 테러, 종교박해, 여성 "명예" 살인, 린치 정당한 법적 수속에 의하지 아니하고 잔인한 폭력을 가하는 일
언어학대	글과 말로 사람에게 해를 가함	고함, 소음, 끼어들기, 사이버왕따, 모욕감 주기, 욕하기, 이래라저래라 시키기, 상대방에게 쓸데 없고 말썽만 일으키는 존재라 말하기, 조롱, 해로운 소문 퍼트리고 험담하기
재정적/경제적 학대	타인의 재정을 조작하거나 힘을 사용해 통제함, 타인의 재산에 접근하지 못하도록 함	돈을 주지 않음, 교육할 기회를 주지 않음, 직업 선택의 자유를 주지 않음, 사기 및 신용사기, 허락 없이 재정 사용, 상대가 돈을 쓸 때 수치심을 줌
유기	보호자가 돌볼 책임이 있는 노약자를 적절하게 돌보지 않음	욕구를 스스로 충족할 수 없는 사람의 욕구를 충족시켜 주지 않음, 유기, 도움이 필요한 사람의 곁을 지키지 않음
도덕적 불의	합법적인 지위를 지닌 사람이 타인의 윤리기준을 침해함, 높은 지위에 있는 사람이 정의를 훼손함	권력을 갖고 있는 사람이 불의에 대하여 정의롭게 행동하지 않을 때

청소년 폭력의 뿌리 탐구 서클 **6.11**

목적 청소년 폭력의 숨겨진 원인을 이해하는 과정을 함께 탐색하기
준비물 토킹스틱, 서클 상징물, "폭력의 뿌리" 개인 유인물 또는 확대 유인물
준비 서클 참여자가 다른 가구 없이 의자로만 둥그렇게 앉도록 한다.

서클 참여자 환영하기

침묵으로 초대하기 잠시 멈추고 호흡을 하고 소리를 듣기
공간열기 부록 2를 참조하거나 다른 것으로 대체
가치 공유하기 어려운 주제에 대해 토의할 때 내게 중요한 가치가 무엇인지 나누게 한다. 참여자들이 가치를 이야기 할 때 말한 가치를 종이에 적어 서클의 중심에 놓는다.

서클의 기본 약속 확인하기

서클의 진행과정 소개하기

마음연결하기 *최근 경험한 내 인생의 평화로운 순간을 이야기 해 주겠어요?*

중심활동 폭력의 뿌리와 폭력에 대응하는 방식 탐구하기

참여자들에게 일반적인 청소년 폭력의 유형이 무엇인지 생각해 보자고 한다.
나눔 *청소년 폭력의 종류를 앞의 이야기와 중복되지 않도록 말해 주겠어요?*
전지에 그려 놓은 큰 나무 그림의 잎 부분에 폭력의 종류를 한 가지씩 적는다.
나눔 *이 외의 다른 종류의 폭력은 없나요?*
나뭇잎에 해당하는 부분이 채워질 때까지 폭력의 종류를 이야기 한다.
예는 다음과 같다.
주먹다짐, 관계 내 폭력, 총이나 칼 소지, 총이나 칼로 위협하기, 성폭행, 부모가 자녀에게 가하는 폭력, 자녀가 부모에게 가하는 폭력, 조직 폭력, 상급생이 가하는 학대.
참여자를 작은 모임으로 나눠 이러한 폭력이 발생하는 원인에 대해 함께 생각해보고 뿌리 부분에 폭력의 원인을 적게 한다.
어떤 뿌리는 더 깊은 뿌리와 연결될 수 있다고 일러 둔다.
가능한 많은 뿌리를 찾을 수 있도록 한다.
나눔 *그림을 보며 중요하다고 생각하거나 느낀 점을 이야기 해주세요.*
나눔 *폭력의 원인에 대한 자신의 생각이나 다른 사람의 생각을 들으면서 느낀 점은 무엇*

인가요?

나눔 폭력의 뿌리 활동 결과를 보며 여러분이 하고 싶은 행동이 있나요?

배움나눔 내 삶에 있는 폭력을 줄이기 위해 오늘 경험한 서클에서 갖고 가고 싶은 것은 무엇인가요?

공간닫기 부록 2를 참조하거나 다른 것으로 대체

참여한 모두에게 감사 표현하기

폭력의 뿌리 활동지

6.12 사회 계층의 구조적 영향 탐구 서클

목적 정체성에 따른 사회 계층에 대한 인식 능력 키우기, 사회 계층 구조가 야기하는 피해 인식하기, 특권의식을 느꼈던 경험과 그렇지 않았던 경험을 인식하는 능력 키우기

준비물 토킹스틱, 서클 상징물, "사회적 정체성 수레바퀴" 유인물, 종이 또는 일지, 필기구, 종 또는 벨소리

준비 서클 참여자가 다른 가구 없이 의자로만 둥그렇게 앉도록 한다.

서클 참여자 환영하기

침묵으로 초대하기 잠시 멈추고 호흡을 하고 소리를 듣기

공간열기 부록 2를 참조하거나 다른 것으로 대체

서클의 진행과정 소개하기

학급의 공유된 가치와 약속 확인하기

마음연결하기 *오늘 어떤가요? 함께 서클에서 이야기를 나눌 때 본인이 더 편안할 수 있도록 우리에게 알리고 싶은 생각이 있나요?*

중심활동 사회 계층 속 자신의 위치와 그 속에 살아가는 기분 탐구하기

참여자들과 확인하기 *정체성의 핵심을 이루는 중심자아는 인생에서 벌어지는 사건과 관계없이 선하고 지혜롭고 강합니다. 중심자아와 다르게, 우리는 사회적으로 사람의 가치를 서열에 따라 구분짓습니다. 사회적으로, 서열이 높은 정체성을 갖는 사람이 권력을 갖게 됩니다. 정체성을 이루는 가치는 서열을 매길 수 없는 것인데도요. 우리 사회는 인종, 성별, 나이, 성적 지향, 수입, 종교 등의 유사성에 따라 위계를 나누고 있어요.*

참여자들이 인종에 따라 어떤 특권이나 차별을 받는지 자유롭게 이야기를 나누도록 한다.

참여자들에게 다음과 같이 묻는다.

성별 중 특권이나 권력을 갖는 성별은 무엇인가요? 그렇지 않은 성별은 무엇인가요?

사회경제적 계층에서 특권이나 권력을 갖는 사람은 누구인가요? 그렇지 않은 사람은 누구인가요?

"사회적 정체성 수레바퀴" 유인물을 나눈다. 바퀴의 부분마다, 자신의 정체성을 따라 본인이 높은 계층에 속하는지 낮은 계층에 속하는지 결정하게 한다. 사회가 자신의 가치를

어떻게 순위 매기고 있는지 생각 한 후, 높은 계층에 속할 경우 고, 낮은 계층에 속할 경우 저라고 적게 한다.

일지를 나눠 사회 계층이 자신을 평가 절하 했을 때의 기분을 적게 한다.

나눔 *바퀴의 영역 중 '저'라고 적은 것은 무엇인가요? '저'라고 적은 영역 중 사회 계층에서 낮은 위치에 있어서 피해를 받은 경험이 있다면 나눠주겠어요?*

나눔 *사회로부터 자신이 평가절하 받는다는 경험을 겪을 때 기분이 어땠나요?*

나눔 *바퀴의 영역 중 '고'라고 적은 것은 무엇인가요?*

참여자들이 특권 계층에 속한 영역을 찾는데 어려움을 겪는다면, 어린 동생이나 아이들을 대하는 자신의 모습은 어떤지 묻는다. 나이에 따른 특권 행동의 예이다.

나눔 *여러분들이 이야기 해 준 특권들이 정당한가요?*

나눔 *상대의 사회적 정체성 때문에 좋아하지 않았는데, 실제로는 자신이 좋아했다는 걸 깨달은 경험이 있다면 이야기 해주세요.*

나눔 *다른 사람의 이야기를 듣고 떠오른 생각이나 감정이 있다면 나눠주세요.*

배움나눔 *오늘 서클을 한 소감을 나누겠습니다.*

공간닫기 부록 2를 참조하거나 다른 것으로 대체

참여한 모두에게 감사 표현하기

사회적 정체성 수레바퀴

아리조나 주립대 산하 "Voices of Discovery"에서 발췌

목적 참여자들의 삶 속에서 특혜와 억압과 관련된 경험을 이야기하는 공간을 만들고 구조적 불평등이 모든 사람의 일상에서 어떻게 작동하고 있는지 인식하기

준비물 토킹스틱, 서클 상징물, 종 또는 벨소리, "특혜를 받는가? 억압을 받는가?" 유인물, "억압의 유형" 유인물

준비 서클 참여자가 다른 가구 없이 의자로만 둥그렇게 앉도록 한다.

서클 참여자 환영하기

침묵으로 초대하기 잠시 멈추고 호흡을 하고 소리를 듣기

공간열기 부록 2를 참조하거나 다른 것으로 대체

가치 공유 다른 사람이 자신을 대할 때 중요한 가치를 나누도록 한다. 참여자들이 가치를 이야기 할 때 말한 가치를 종이에 적어 서클의 중심에 놓는다.

서클의 기본 약속 확인하기

서클의 진행과정 소개하기

마음연결하기 *오늘 내 몸과 마음, 감정의 상태는 어떤가요?*

중심활동 사회적 지위로 인한 특권과 불이익에 대하여 이름 붙이기

설명하기 *구조적 불평등이 존재하는 사회와 모임에서, 사회적 특권을 갖는 사람들은 당연하게 특권을 누리지만 특권이 특권인지 알 지 못합니다. 반면, 특권을 갖지 못한 사람들은 어려움과 결핍을 고통스럽게 경험합니다.*

남성, 백인, 이성애자, 신체가 건강한 사람은 동성애자, 양성애자, 장애인이 아니기 때문에 혜택을 받습니다. 오늘 활동은 특권과 억압에 대한 의식을 키워 사회적 평등을 지지하는 행동을 하기 위한 목적을 갖고 있습니다.

"특혜를 받는가? 억압을 받는가?" 유인물을 나눠준다. 참여자들에게 특혜를 받는 부분과 그렇지 못하는 부분을 유인물에 표시하도록 한다.

나눔 *유인물에 작성한 것을 나누겠습니다. 이 활동을 하면서 어떤 감정이 들었나요?*

유인물을 반대로 뒤집어 다음에 관해 작성하게 한다.

지배층에 속해 누리게 되는 혜택과 피지배층에 속해 받는 불이익과 어려움을 적어보세요.

나눔 사회적 불평등으로 인해 발생하는 특혜와 불이익에 대해 적으며 든 생각을 나눠주세요.

나눔 일상생활에서 특혜를 경험하는 때는 언제인가요? 이로 인해 생활이 얼마나 편해지나요?

나눔 억압받는 위치에 속해 있을 때 갖게 되는 강점은 무엇인가요?

배움나눔 서클에서 이야기를 나누며 떠오른 생각과 감정은 무엇인가요? 오늘 서클에서 내가 배운 것은 무엇인가요?

공간닫기 부록 2를 참조하거나 다른 것으로 대체

참여한 모두에게 감사 표현하기

"특혜를 받는가? 억압을 받는가?"

억압에 유형

억압의 유형	변수	영향받지 않는 집단	영향받는 집단
인종차별	인종	백인	유색인종아프리카인, 아시아인 원주민, 라틴아메리카인
성차별	성	남성	여성
계급 차별	사회경제적 지위	중산층, 상류층	서민, 노동 계급
엘리트주의	교육 수준에 따른 서열	공식적인 교육을 받은 노동자, 교육면제권을 받은 관리인 혹은 노동자, 교직원	공식적인 교육을 받지 받지 못한 자, 학생
종교적 억압	종교	기독교인, 개신교인	무슬림 외
반유대주의	종교	기독교인	유대교인
군국주의	군사 지위	세계 1,2차 전쟁, 한국전쟁, 걸프전, 이라크전, 아프가니스탄 전쟁	베트남전 참전용사
노인차별	나이	중년	노인65세 이상
꼰대주의	나이	성인	아동/청소년
이성애주의	성적지향	이성애주의자	게이, 레즈비언, 양성애자, 트렌스젠더
장애인 차별	신체, 정신적 능력	일시적으로 신체 건강한 자	신체적 정신적 장애를 가진 자
외국인혐오증	이민 여부	미국 시민권자	이민자, 불법체류자
언어 차별	언어	영어	영어가 제2외국어인 사람, 영어를 못하는 사람
종 차별	종	인간	동물/식물/식물군

목적 인종이 의미하는 바가 무엇인지 탐색하기, 인종의 의미를 이해하는 새로운 가능성을 제안하는 대화 시작하기

준비물 토킹스틱, 서클 상징물, 종 또는 벨소리, 인종에 관한 읽기 자료, "인종-오해의 힘, 알란 굿맨과의 인터뷰", 서클의 약속

준비 서클 참여자가 다른 가구 없이 의자로만 둥그렇게 앉도록 한다.

서클 참여자 환영하기

침묵으로 초대하기 잠시 멈추고 호흡을 하고 소리를 듣기

공간열기 부록 2를 참조하거나 다른 것으로 대체

가치 나누기 매우 어려운 주제에 대하여 의견을 나눌 때 좋은 방식으로 참여할 수 있도록 돕는 가치를 나누도록 한다. 참여자들이 가치를 이야기 할 때 말한 가치를 종이에 적어 서클의 중심에 놓는다.

서클의 기본 약속 확인하기

서클의 진행과정 소개하기
마음연결하기 *오늘 기분이 어떤가요? 오늘 서클에 가져온 선물이 있다면 무엇인가요?*

중심활동 인종에 대해 알고 있는 것과 경험한 것 탐색하기

인종에 대해 함께 이야기 해보는 여행을 시작하겠습니다. 인종은 우리 사회에서 많은 영향을 미치지만 서로, 각자에게 인종이 의미하는 것이 무엇인지 이야기 나눌 기회가 거의 없었습니다. 이 주제에 관해 정직하고 존중하는 마음으로 이야기하려면 많은 용기가 필요합니다. 용기가 필요한 여정에 최고의 모습으로 참여하고 있는 여러분에게 감사의 마음을 전합니다.

나눔 *인종은 본인에게 어떤 의미인가요? 일상 생활을 하는 데 영향을 미치는 정체성 중 하나인가요?*

나눔 *본인의 인종을 가장 의식할 때는 언제인가요? 가장 의식하게 되는 순간 경험한 것을 나눠주세요.*

나눔 *상대방의 인종을 가장 의식하게 될 때는 언제인가요?*

인종에 관한 글인 "인종-오해의 힘, 알란 굿맨과의 인터뷰"가 실린 유인물을 나눠 준다.

유인물을 소리 내어 읽는다. 다 읽은 후에 참여자들이 1~2분 동안 본문에 나온 단어를 음미하고, 다시 한번 읽을 수 있도록 침묵한다.

나눔 읽은 내용 중에, 눈에 띄거나 놀라운 것이 있다면 무엇인가요? 무엇에 주목하게 되는지, 그 이유는 무엇인지 말해 주겠어요?

나눔 읽기 자료에 관해 더 나누고 싶은 생각이나, 서클에서 나온 이야기 중에 나누고 싶은 이야기가 있나요?

나눔 인종에 관하여 더 알고 싶은 것은 무엇인가요?

나눔 더 알고 싶은 것에 대해 어떻게 알 수 있을까요?

배움나눔 오늘 서클에서 내가 배운 것은 무엇인가요?

공간닫기 참여자 모두 함께 일어나 서클이 진행 되는 동안 쌓였을 긴장감과 불편함을 털어낼 수 있도록 몸 전체를 흔들도록 초대하기, 부록 2를 참조하거나 다른 것으로 대체

참여한 모두에게 감사 표현하기

인종- 오해의 힘, 알란 굿맨과의 인터뷰 (PBS online, 편집)

생물학적으로 인종이란 개념을 폐기하는 것이 얼마나 어려운가?

인종이라는 개념이 생물학적으로 근거 없는 믿음인지 이해하기 위해서는 근본적이고 절대적인 관점의 전환이 필요하다. 내게는 마치 지구가 편평하지 않다는 것을 이해하는 것과 같았다. 우리 눈에 세상은 편평해 보인다. 내가 당신을 산꼭대기에서 세상을 내려다 보게 하거나, 평야나 창문가에서 지평선을 바라보게 한다면 "편평하다고 생각했던 게 지금 보니 곡선이네요." 라고 말할지도 모른다. 인종은 생물학에 근거하지 않는데, 인종이라는 개념의 어원은 생물학에 근거를 두고 있다.

이 사실이 많은 사람들에게는 꽤 많은 충격을 준다. 당신이 인종을 보고, 생각하고, 이해할 때, 사실 인종을 이해한 게 아니라 문화가 준 렌즈를 통해 인종을 이해한다고 생각할 뿐이다. 이것이 굉장히 어려운 일이다.

많은 학생들이 이와 같은 설명을 좋아한다는 게 희망적이다. 학생들이 하얗다고 생각하는 것은 문화적인 해석이다. 인종이 문화적 해석일 뿐이며 우리 모두는 근본적으로 같다라는 걸 인식하기 시작하면 자유를 느낀다. 정치와, 정치 경제, 오래된 이데올로기가 사람들을 구별해 왔다. 인종과 인종차별을 조장해 사람들을 구별한 것이 정책이 해 왔던 일이다.

내 경험에 의하면 이 시대의 어린이들은 우리 모두가 같은 사람이고 하나라는 것, 생물학적인 인종이라는 개념은 사람들을 구별하는 잘못된 믿음이라는 것을 좋아한다. 아이들은 우리를 가로막는 장벽을 무너트리고 하나로 묶는 일에 환호한다.

생물학적으로 인종이란 개념을 바꾸는 것이 중요한 이유는 무엇인가?

우리는 인종차별을 숨쉬는 것처럼 자주 경험한다. 인종차별이 존재하는 세상에서 살기 때문이다. 인종차별의 공기를 마실 수 밖에 없다. 우리가 숨을 쉬고 있는 공기처럼 인종차별을 흔하다는 것을 아는 것은 중요한 출발점이다.

우리 모두는 인종을 구별하는 사회 가운데 살아간다. 유색인은 그렇지 않은 사람보다 이를 보다 분명하고 극적이고 강압적인 형태로 경험한다.

중요한 것은 인종이라 개념이 매우 현저하게 사회적, 역사적이라는 것이다. 인종이 사회제도와 법 체계를 만들었고, 기숙사와 의대, 치의대 안에서 생활하는 사람들의 교류에 영향을 미친다. 인종이 생물학적인 요소와 관계없다는 것을 증명하면 사회적 위계가 만든 허상을 보여 주게 될 것이다. 그러면 우리는 인종의 실제를 알게 될 것이다. 사람들은 꾸준히 이 의견을 제안해 왔다. 의견을 개진해 나가고 수정, 발전시키는 것은 우리의 몫이다. 이 일은 전적으로 우리에게 달려있다.

인종으로 인한 영향 탐색하기 서클

목적 인종에 따라 구성되는 사회 구조의 현실에 대하여 정직한 대화를 할 수 있는 공간 만들기, 청소년들이 경험하지만 인지하지 못했던 현실을 성찰할 수 있도록 지원하기

준비물 토킹스틱, 서클 상징물, 종 또는 벨소리, 종이 또는 일지, 필기구, 서클의 약속

준비 서클 참여자가 다른 가구 없이 의자로만 둥그렇게 앉도록 한다.

서클 참여자 환영하기

침묵으로 초대하기 잠시 멈추고 호흡을 하고 소리를 듣기

공간열기 부록 2를 참조하거나 다른 것으로 대체

가치 공유 매우 어려운 주제에 대하여 의견을 나눌 때 좋은 방식으로 참여할 수 있도록 돕는 가치를 나누도록 한다. 참여자들이 가치를 이야기 할 때 말한 가치를 종이에 적어 서클의 중심에 놓는다.

서클의 기본 약속 확인하기

서클의 진행과정 소개하기

마음연결하기 *오늘 기분이 어떤가요? 지난 24시간 동안 자신이 긍정적으로 행동한 것에 대해 말해주세요.*

중심활동 사회와 삶 속에서 인종이 주는 영향 성찰하기

나눔 *삶에서 버려진 기분을 느꼈다거나 존중받지 못했거나 고통스러웠던 경험을 나눠주세요.*

우리는 사회에 인종이 어떤 역할을 하는 지 이야기 해 보고자 합니다. 인종 때문에 배제된 경험, 특권을 받았던 경험을 예로 들 수 있겠습니다. 감정적으로 힘든 대화일지 모릅니다. 이러한 어려움에도 불구하고, 우리 삶에서 인종 차별의 현실을 인정하는 것은 매우 중요한 일이라고 생각합니다. 토킹스틱을 받으면, 숨을 한 두 번 정도 들이마시고 내뱉어 보세요. 꺼내기 힘든 말을 할 때 도움이 될 겁니다. 언제든지 통과를 할 수 있다는 것을 기억해 주세요.

나눔 *인종이 우리 사회에 영향을 미치는 곳은 어디인가요?*

나눔 *지금까지 말한 곳 외에 이 사회에 인종이 영향을 미치고 있는 곳은 어디인가요?*

나눔 인종 때문에 본인이나 자신이 아끼는 주변 사람들이 겪는 어려움을 어떻게 해결하고 싶나요?

나눔 체크아웃을 하기 전에 하고 싶은 말이 있나요?

배움나눔 오늘 서클에서 내가 배운 것은 무엇인가요?

공간닫기 참여자 모두 함께 일어나 서클이 진행 되는 동안 쌓였을 긴장감과 불편함을 털어낼 수 있도록 몸 전체를 흔들도록 초대하기, 부록 2를 참조하거나 다른 것으로 대체

참여한 모두에게 감사 표현하기

목적 인종이라는 주제에 몸과 정신, 마음과 영혼이 어떻게 반응하는지 알아차리고 성찰하기, 일반적으로 사람들이 다루지 않는 권력power을 인식하는 능력 키우기
준비물 토킹스틱, 서클 상징물, 종 또는 벨소리, 종이 또는 일지, 필기구, 서클의 약속
준비 서클 참여자가 다른 가구 없이 의자로만 둥그렇게 앉도록 한다.

서클 참여자 환영하기

침묵으로 초대하기 잠시 멈추고 호흡을 하고 소리를 듣기
공간열기 부록 2를 참조하거나 다른 것으로 대체
가치 공유 매우 어려운 주제에 대하여 의견을 나눌 때 좋은 방식으로 참여할 수 있도록 돕는 가치를 나누도록 한다. 참여자들이 가치를 이야기 할 때 말한 가치를 종이에 적어 서클의 중심에 놓는다.

서클의 기본 약속 확인하기

서클의 진행과정 소개하기
마음연결하기 *오늘 기분이 어떤가요? 마음연결하기 시간에 함께 나누고 싶은 이야기가 있나요?*

중심활동 인종에 관한 감정 탐색하기–단어, 경험, 감정, 경험으로부터 오는 지혜

인종이라는 단어를 칠판이나 보드에 크게 적는다.
참여자들이 인종이라는 단어를 보거나 들었을 때 마음속에 떠오르는 생각을 5개에서 10개 까지 단어로 적게 한다.
나눔 적은 단어를 나눠주세요.
인종이 내 삶에 영향을 미쳤던 때를 생각해 생각해 보겠습니다. 경험했던 순간을 떠올려 봅니다. 이제 앉아서 1분간 침묵하세요. 눈을 감거나 아래를 바라보세요. 내면에서 일어나는 것을 느껴 봅니다. 내 몸, 정신, 가슴, 영혼이 어떤지 살펴봅니다. 정신적, 신체적, 정서적, 영적으로 알아차리거나 느꼈던 것을 단어나 구, 문장으로 적거나 그림으로 그려보세요.
나눔 *알아차리고 느낀 것을 나누는 시간을 갖겠습니다*

나눔 인종이라는 단어를 들었을 때 추가적으로 드는 생각을 나눠주세요.

나눔 인종에 대하여 말할 때 가장 힘든 점은 무엇인가요?

나눔 삶 속에 인종에 대한 감정을 이야기할 수 있는 공간이 있나요? 있다면 그 곳은 어디인가요?

나눔 우리 모두는 경험을 통해 지혜를 얻습니다. 내 삶의 경험을 통해 얻은, 학교에 있는 어른들이 이해하길 바라는 인종에 관한 지혜는 무엇인가요?

나눔 마치기 전에 하기 전에 더 하고 싶은 말이 있나요?

배움나눔 오늘 서클을 통해 배운 것은 무엇인가요?

공간닫기 참여자 모두 함께 일어나 서클이 진행 되는 동안 쌓였을 긴장감과 불편함을 털어낼 수 있도록 몸 전체를 흔들도록 초대하기, 부록 2를 참조하거나 다른 것으로 대체

참여한 모두에게 감사 표현하기

백인들에게 주어진 특권에 대해 알아보는 서클

목적 인종에 관한 주제에 대해 이야기할 때 다루지 않는 힘의 불균형을 인식하는 능력 키우기

준비물 토킹스틱, 서클 상징물, 종 또는 벨소리, 종이 또는 일지, 필기구, 서클의 약속

준비 서클 참여자가 다른 가구 없이 의자로만 둥그렇게 앉도록 한다.

서클 참여자 환영하기

침묵으로 초대하기 잠시 멈추고 호흡을 하고 소리를 듣기

공간열기 부록 2를 참조하거나 다른 것으로 대체

가치 공유 매우 어려운 주제에 대하여 의견을 나눌 때 좋은 방식으로 참여할 수 있도록 돕는 가치를 나누도록 한다. 참여자들이 가치를 이야기 할 때 말한 가치를 종이에 적어 서클의 중심에 놓는다.

서클의 기본 약속 확인하기

서클의 진행과정 소개하기

마음연결하기 *오늘 기분이 어떤가요? 지난 24시간 동안 자신이 긍정적으로 행동한 것에 대해 말해주세요.*

중심활동 자신이 경험한 백인의 특권을 알아보고 팀 와이즈의 글 성찰하기

나눔 '백인이 가진 특권' 이라는 표현이 내게 어떤 의미로 다가 오나요?

나눔 *내가 속한 세계 가운데 백인의 특권을 본 적이 있나요? 봤다면 어디에서 봤는지 이야기해 줄래요?*

팀 와이즈의 책 『나 같은 백인 *White Like Me*』의 서문에서 발췌한 두 장의 유인물을 나눠준다. 유인물을 소리 내어 읽는다. 다 읽은 후에 참여자들이 1,2분 동안 본문에 나온 단어를 음미하고, 다시 한번 읽을 수 있도록 침묵한다.

나눔 *읽은 내용 중에, 눈에 띄거나 놀라운 것이 있다면 무엇인가요? 주목하게 되는 것과 그 이유는 무엇인가요?*

나눔 *읽기 자료나 서클에서 나온 이야기에 대해 나누고 싶은 이야기가 있나요?*

나눔 *이 글에서 자신에게 가장 중요하다고 생각한 것은 무엇인가요?*

나눔 *팀 와이즈가 "내가 말한 모든 것은 사랑으로부터 왔다"고 말한 것에 대해 어떻게*

생각하나요?

나눔 체크아웃을 하기 전에 더 하고 싶은 말이 있나요?

배움나눔 오늘 서클을 통해 배운 것은 무엇인가요?

공간닫기 참여자 모두 함께 일어나 서클이 진행 되는 동안 쌓였을 긴장감과 불편함을 털어낼 수 있도록 몸 전체를 흔들도록 초대하기, 부록 2를 참조하거나 다른 것으로 대체

참여한 모두에게 감사 표현하기

팀 와이즈의 인종과 백인에 관하여

"우리 모두가 인종차별을 겪고 있다."

나는 사회가 유색인종에게는 의도적으로 주지 않은 특권과 이익을 태어나면서부터 받은 백인이다. 예전에 나는 모든 사람이 인종 차별을 겪고 있다는 생각을 할 수 없었고 그 생각에 기반한 행동 역시 할 수 없었다. 특권층의 혜택을 받고 자란 사람으로서 사회에서 부러움을 받는 위치에 있었기 때문에 많은 사람들이 내게 본인에게 유익을 주는 사회 구조를 왜 바꾸려고 애쓰는지 묻곤 했다.

백인 미국인으로서 나는 인종차별을 직접으로 경험한 적은 거의 없다. 대부분의 백인들은 백인이 아닌 사람들과 일상에서 분리된 채 살아가고 있기 때문이다. 나는 이 분리된 현실이 바로 인종차별을 경험한다는 것과 같은 의미라고 생각한다. 우리 모두 인종차별을 겪고 있다. 왜냐하면 태어나면서부터 생물학적이나 유전학적으로 우열이 없음에도 불구하고 피부 색깔에 따라 차별하는 사회에서 살기 때문이다. 인종은 과학적 개념이 아니라 사회적 개념이다. 이 주제에 대해 이야기하는 빈도와 상관없이 우리는 이 개념에서 벗어날 수 없다.

백인의 특권이 사람에 따라 다르게 적용된다

할 지라도, 모든 자격이 동등할 때 백인이라는 조건은 매우 유리하다. 예를 들어 백인 중에도 가난한 사람이 많지만 그들의 가난은 유색인종인 노동자 계층의 가난과는 다르며, 일반적으로 우위를 선점한다. 백인이라는 하나의 특권이 다른 특권보다 늘 우선시 되지 않겠지만 백인인 개인이 인종문제와 관계없는 어려움에 봉착했을 때, 이와 비슷한 상황에 처한 유색인종보다 유리한 상황은 지속될 것이다.

다른 무엇보다, 나는 이 글을 내 가족을 위해 썼다. 누군가에게는 내 글이 낯설게 느껴질 수 있겠지만 이 글을 사랑으로 인해 썼음을 알아주었으면 좋겠다. 지각이 없거나, 무비판적이거나 눈먼 사랑이 아닌 진실하고 정직한 사랑의 마음으로 이 글을 썼다. 내 마음의 진정성을 믿는 사람들이 이 글에 대하여 어떤 말을 하든지 나는 들을 준비가 되어 있다.

여전히 배워가고 있는 백인됨의 핵심 의미

나는 여전히 배우고 있는 과정 중에 있는 백인됨의 핵심 의미를 6가지로 나누어 책 나와 같은 백인White like me을 썼다. 책의 첫 번째 부분은 백인이 된다는 것은 "소속되어 태어난다는 것"이다. 이 말은 나의 친구이자 뜻을 같이 하는 동지인 맵 세그레스트Mab Segrest가 한 말이다. 비록 내 친구는 이 말을 다른 맥락에서 사용했지만, 나는 이 말은 들은 이후부터 늘 이 용어가 백임됨의 핵심이라 생각해 왔다. 백인이라는 건 유색인종보다 합법성의 여부가 제기될 가능성이 적은 환경에서 태어남을 의미한다. 사는 곳과 일하는 곳, 다니는 학교에서 말이다. 심지어, 백인이 된다는 것은 혜택을 받는 시스템에 놓인다는 것이다. 권력을 가진 집단의 일원이 되어 선두에 설 수 있는 기회를 제공받는다.

둘째, 백인이라는 것은 과거의 이익을 전수받을 뿐만 아니라 유색인종에게는 차별로 작용하는 인종적 특권의 유익을 지속적으로 누린다는 것을 의미한다.

셋째, 백인은 인종차별과 불공정한 특권을 유발하는 시스템에 저항하는 것을 선택할 수 있다. 물론 이 일이 쉽지 않다. 사실, 친구와 가족으로부터 소외된다는 두려움과 따를 수 있는 역할 모델이 적다는 것이 저항하기 힘들게 하고, 저항했을 때 효과도 별로 없게 하지만, 저항 자체가 중요하긴 하다.

넷째, 종종 백인이 인종차별에 저항할 때 의도하지 않게 인종차별을 할 때가 있다. 이는 인종의 종속관계를 강화하게 된다. 이런 실수를 하지 않도록 각별히 조심해야 한다.

다섯 째, 백인은 인종차별 구조에서 오는 특권을 누리기 위해서 막대한 비용을 지불해야 한다. 이 비용은 개인과 집단이 지불하기에 매우 큰데 이는 백인 스스로 인종차별에 대항하여 싸우게 하는 원동력이 된다.

마지막으로, 인종차별이라는 불의에 대하여 싸울 때, 희망이 있다는 것이다. 특권과 협력, 저항과 희망으로부터 오는 상실을 통해 결과적으로 우리는 지금보다 더 정의롭고 안정적인 사회에 살 수 있게 된다.

사회적 불평등의 영향 탐구 서클 **6.18**

목적 사회적 불평등과 허약한 건강상태와 같은 사람들의 삶의 부정적인 결과의 연관성 이해하기, 사회적 불평등 때문에 보이지 않게 축적되는 결과에 대한 인식 키우기
준비물 토킹스틱, "토미 이야기" 유인물, 일지
준비 서클 참여자가 다른 가구 없이 의자로만 둥그렇게 앉도록 한다.

서클 참여자 환영하기

침묵으로 초대하기 잠시 멈추고 호흡을 하고 소리를 듣기
공간열기 부록 2를 참조하거나 다른 것으로 대체
마음연결하기 *오늘 내 몸과 마음, 감정의 상태는 어떤가요?*

서클의 기본 약속 확인하기

중심활동 "토미 이야기"를 읽고 그의 죽음의 원인을 성찰하기

"토미 이야기" 유인물을 나눈다.
진행자가 소리 내어 읽거나 서클에서 돌아가며 함께 읽는다.
토미의 죽음에 누가 책임이 있는지, 이야기를 읽은 후에 어떤 느낌이 드는지 일지에 적게 한다.
나눔 *일지에 적은 것을 나눠주세요.*
나눔 *오늘 서클에서 배운 것은 무엇인가요?*
배움나눔 부록 2를 참조하거나 다른 것으로 대체
공간닫기 부록 2를 참조하거나 다른 것으로 대체

참여한 모두에게 감사 표현하기

토미 이야기
폭력의 뿌리 이해하기

소년 토미에 관한 이야기이다. 토미는 9살에 천식으로 급작스럽게 사망했다. 갑작스럽고 격렬한 천식 발작이 올 때, 토미는 마당에서 놀고 있었다. 며칠 전까지 심하지 않은 감기를 앓고 있었고, 때때로 감기에 걸리면 천식발작이 있었지만 토미는 쌕쌕거리는 것에 크게 신경을 쓰지 않았다. 엄마, 아빠가 화를 내는 것을 원하지 않아서 천식 증상이 오는 것을 무시했다. 집안에서 고함과 비명이 커진 이후로 토미는 집에서 피할 곳을 찾기 시작했다. 집안에서의 싸움으로 인해 토미의 호흡이 악화된 것처럼 보였다.

토미는 모든 문제가 아빠의 해고 이후부터 시작되었다고 말하곤 했다. 토미의 아빠는 자동차 제조 회사에서 판금을 만드는 노동자였다. 때때로 토미는 아빠와 함께 고속도로의 고가 난간에 기대어 씽씽 달리는 차들을 내려다 보곤 했다. 아빠는 토미에게 본인이 만드는 다양한 모델의 자동차들에 대해 자랑을 했고 아들은 스포츠카와 가족승합차를 만드는 아빠의 강한 등과 근육질 팔이 자랑스러웠다. 토미가 자동차의 배기관에서 뿜어져 나오는 오염 물질에 대해 알 리 없었다. 토미의 엄마는 집 근처 미용실에서 근무하는 미용사로, 주립대학교의 시간제 학생이었다. 엄마는 경영학 학사를 위해 공부했고 언젠가 작은 사업을 시작하겠다는 꿈을 갖고 있었다. 토미는 학위를 위해 열심히 공부하는 엄마가 자랑스러웠다.

어느날 토미 아빠가 일하는 자동차 제조 회사는 구조조정을 하기 위해 지역노동자 2000명 가량을 해고했다. 회사는 노동력이 더 싸고 환경규제가 덜한 멕시코에서 자동차를 생산하기로 결정했다. 공장의 노동자들은 지역 주민들에게 일자리를 주는 자동차 회사에 우대정책을 주지 않는 정부에게 몹시 화가 났다. 노동조합의 책임자들이 해고를 막을 방법이 없다 말하자 토미의 아빠는 매우 실망했다.

갑자기, 아빠는 시간 당 17,000원을 받는 월급을 잃었다. 건강보험, 퇴직연금과 그 외의 혜택도 받을 수 없었다. 아빠가 다른 직장을 찾는 동안 가족들은 퇴직금과 실업급여로 살아갔다. 아빠는 건강하고 훌륭한 경력을 갖고 있었지만 본인이 시장에서 경쟁력 있는 기술을 갖고 있지 않고, 다른 일을 찾기 힘들다는 것을 알게 됐다. 고등학교 졸업장만으로는 전문 분야에서 일할 수 있는 기회를 찾기 어려웠다. 직업교육 훈련 프로그램에 등록하려 했지만 등록비를 마련할 여유가 없었고 당장 일을 해 생활비를 벌어야 했다.

엄마는 미용실에서 더 일하기 위해 대학 수업의 양을 줄였다. 아빠는 두 가지 일을 했지만 수입도 적고 복지혜택도 없었다. 이른 아침과 늦은 오후에 지역 학교 버스 운전사로 일했는데 하루에

4만원을 벌었을 뿐이다. 버스 운행을 쉬는 오전과

오후 시간동안 패스트푸드 음식점에서 일했다. 오랜 시간 두 가지 일을 했지만 생활에 필요한 돈을 모두 벌 수 없었다.

토미의 가족은 건강 보험의 혜택을 받을 수 없어 걱정했다. 패스트푸드 음식점을 통해 아빠는 건강보험의 혜택을 받을 수 있었지만 가족들은 아니었다. 아빠가 다른 가족의 건강보험료를 납부해야 했지만 그럴 여유가 없었다. 몇 달 전부터 토미의 심한 발작 후 받은 집중 호흡기 질환 치료비를 납부하고 있었다. 그래서 토미의 가족은 몸이 아프지 않도록 조심하고 지역 건강 보험을 최대한 활용하고 있었다. 토미네 경제사정은 국가로부터 건강보험을 보조받기에는 부유했고, 개인 건강보험을 유지하기에는 가난했다.

엄마는 토미가 어렸을 적에 모유수유를 하지 않은 것을 후회했다. 토미가 모유수유를 했더라면 건강했을 수도 있다는 이야기를 들었기 때문이다. 토미의 첫 번째 천식발작은 토미가 세 살이 됐을 때였다. 온 가족이 놀랐지만, 지역 병원 응급실의 첫 번째 조치로 토미의 호흡은 안정을 찾았다. 토미네 가족은 병원을 정기적으로 찾았고 토미의 건강을 위해 노력했으며 이는 토미에게 도움이 됐다. 병원에서 천식을 어떻게 하면 다룰 수 있는 지, 발작을 예방하기 위해 무엇을 해야 하는 지, 쌕쌕거림이 시작되면 무엇을 해야 하는지 배웠다.

토미의 아빠는 담배를 끊었고, 엄마는 미용실에서 일을 하고 집에 오기 전에 옷을 갈아 입었다. 일할 때 묻은 향수나 화학 물질이 토미에게 해를 끼칠 수 있었기 때문이었다. 토미네 가족은 살던 곳 새로 지은 건물로 이사를 갔다. 집세가 더 비쌌지만 이전 집보다 곰팡이 걱정이 없는 곳이었다. 때때로 토미는 발작으로 인해 괴로웠지만 토미의 부모는 토미의 증상을 대부분 해결할 수 있었다.

아빠의 실직 후, 아빠는 화를 더 자주 내고 쉽게 피곤해 했으며 엄마는 불안해하고 짜증을 자주 냈다. 토미의 발작 횟수는 늘어났고 증세도 심각해졌다. 개인 내과의에게 진찰받는 비용을 낼 수 없게 되자 다른 지역의 진찰과 응급실을 찾았다. 다른 의료진과 다른 치료법을 만나게 됐다. 친절한 의료진도 있었지만 이런 저런 이유로 토미의 부모에게 불평을 하는 불친절한 이들도 있었다. 진료를 기다리는 대기 시간이 길어지자 토미의 여동생은 칭얼대기 시작했다. 직원이 토미 엄마에게 소리를 지르는 바람에 여동생은 울음을 터트릴 뻔했다. 병원에서 집으로 돌아오며 기진맥진한 토미의 부모는 다시는 그 병원을 가지 않겠다고 다짐했다. 토미의 다음 발작이 오자 부모는 집에서 할 수 있는 방법을 총동원해 토미의 발작을 해결해 보려고 했다. 하지만 소용이 없었다.

가족의 삶은 흐트러지기 시작했다. 고함소리, 눈물, 비명은 커져갔고, 엄마 아빠가 아무리 열심히 일해도 식탁 위 음식은 턱없이 부족했고, 맥도날드 음식도 없었고, 대형 마트에 가는 일도 없었다. 더 이상 집세를 낼 수 없어 가족은 엄마의 상사네 아파트 지하로 이사를 갔다. 지하실의 습기와 곰팡이는 토미에게 좋지 않은 환경이었다. 아빠는 담배를 많이 피웠고 엄마도 담배를 피우기 시작했다. 뿐만 아니라 이사간 집은 오염되고 버려진 산업 부지 옆에 있었고, 주변에 공장이 많아 대기가 대부분 뿌연 연기로 가득 차 있었다.

어쩌면 토미가 먹었던 음식이 문제였을지 모른다. 집안은 혼란스러웠고, 가정의 수입은 적었기 때문에 아이가 영양가 있는 음식을 섭취할 수 있는 건 힘든 일이었다. 엄마는 가공 식품을 너무 많이 먹으면 안된다는 걸 알고 있었지만 팬트리 사에서 제조하는 음식을 먹일 수밖에 없었다. 신선한 과일과 채소, 닭고기와 생선을 사 먹을 여유가 없었다. 토미가 몇 번을 쌕쌕거리는 소리를 냈지만 떨어진 약을 다시 사려면 다음 급료를 받을 때까지 기다려야만 했다.

발작이 왔던 때는 토미와 여동생 앤만 집에 있던 늦은 오후였다. 엄마는 몇 블록 떨어진 미용실에서 일을 하고 있었고, 아빠는 학교 버스를 운전하는 중이었다. 앤이 옆집으로 달려가 엄마에게 전화를 걸었고, 엄마가 집에 왔을 때엔 아무것도 할 수 있는 게 없었다.

토미에게 해 줄 수 있는 건 아무것도 없었고, 토미는 간신히 숨만 쉬고 있었다. 이웃이 911에 전화를 걸었고, 감사하게도, 긴급 의료원이 빨리 도착했다. 토미에게 산소 호흡기를 씌우고 치료약을 처방하자 안정을 찾았다. 토미를 가까운 병원 응급실로 이송했다. 토미의 호흡은 점점 안정을 찾았다. 입원을 해야 했지만 입원을 할 수 없었다. 토미 가족이 보험이 없었기 때문이었다. 토미를 시립 병원으로 이송했다. 이송 도중 토미는 심한 발작을 일으켰고 발작은 멈추지 않았다. 시립 병원에 도착했을 때 토미는 이미 사망했다.

목적 참여자들이 남성의 특권, 성적 지위sexual entitlement, 여성을 향한 폭력에 대한 기존의 생각과 가치를 성찰할 수 있도록 돕기

준비물 토킹스틱, 서클 상징물, 종 또는 벨소리, "들어 올릴 수 있는 다리" 유인물, 일지, 필기구,

준비 서클 참여자가 다른 가구 없이 의자로만 둥그렇게 앉도록 한다.

서클 참여자 환영하기

침묵으로 초대하기 잠시 멈추고 호흡을 하고 소리를 듣기

공간열기 부록 2를 참조하거나 다른 것으로 대체

가치 공유 매우 어려운 주제에 대하여 의견을 나눌 때 좋은 방식으로 참여할 수 있도록 돕는 가치를 나누도록 한다. 참여자들이 가치를 이야기 할 때 말한 가치를 종이에 적어 서클의 중심에 놓는다.

서클의 기본 약속 확인하기

서클의 진행과정 소개하기

마음연결하기 *오늘 기분이 어떤가요? 함께 서클에서 이야기를 나눌 때 본인이 더 편안할 수 있도록 우리에게 알리고 싶은 생각이 있나요?*

중심활동 "도개교(들어 올릴 수 있는 다리)"를 읽고 책임감과 성에 관해 성찰하기

"도개교"를 소리 내어 읽는다.

참여자들에게 일지에 다음 질문에 대한 답을 자신의 가치를 토대로 적어 보게 한다.

남작부인의 죽음에 가장 책임이 있는 사람은 누구라고 생각합니까?

이야기의 등장인물 중 남작 부인의 죽음에 책임을 지는 사람은 누구라고 생각합니까?

모든 등장인물을 가장 책임감 있는 사람부터 책임감 없는 사람 순으로 순위를 매긴다면?

나눔 *책임감 있는 순위의 결과와 평가 방법을 설명해 주세요. 특히, 가장 책임감 있다고 생각한 사람에 대한 이유를 설명해 주세요.*

나눔 *이야기를 읽으며 들었던 생각과 서클에서 책임감에 대한 다른 사람의 생각을 들으며 떠올랐던 생각을 나눠주세요.*

나눔 오늘 활동을 통해 성과 성별, 여성에 대한 폭력을 바라보는 문화적인 태도에 대해 알게 된 것은 무엇인가요??

배움나눔 *서클을 끝낸 소감은 어떤가요? 서클을 떠나며 필요한 게 있나요?*

공간닫기 부록 2를 참조하거나 다른 것으로 대체

참여한 모두에게 감사 표현하기

도개교(들어 올릴 수 있는 다리)

질투 많은 남작이 외진 지역을 둘러보러 집을 비울 때 그의 아름다운 아내에게 말했다. "내가 없는 동안 성을 비우지 말거라, 그렇지 않으면 돌아와 심한 벌을 주겠다."

젊은 남작부인은 시간이 얼마 지나지 않아 외로워서 남편의 경고에도 불구하고 근처 전원 지대에 살고 있는 애인을 찾아 가기로 마음 먹었다. 남작 부부가 살고 있는 성은 물살이 빠른 넓은 강에 둘러 싸여 있는 섬에 있었다. 도개교를 건너야 강의 좁은 어귀에 있는 뭍에 갈 수 있었다. 그녀는 "분명 남편이 오기 전에 내가 먼저 돌아오겠지" 라고 생각했다. 하인에게 도개교를 내려달라고 하며 그녀가 돌아올 때까지 다리를 올리지 말라고 했다. 애인과 즐겁게 몇 시간을 보낸 뒤 남작부인은 도개교로 돌아왔다. 그런데 문지기가 무시무시하게 생긴 장검을 휘두르며 문을 지키고 있었다.

"부인은 이 다리를 건널 생각을 마시오. 건너면 죽이겠소." 소리 지르며 문지기가 말했다. "남작께서 내게 그리하라 명령하셨소."

생명의 위협을 느낀 남작부인은 애인에게 달려가 도움을 요청했다. "우리는 연애만 하는 관계잖습니까? 나는 당신을 도울 수가 없어요." 애인이 말했다. 남작부인은 강에 있는 뱃사공에 찾아가 그녀의 곤경을 설명하고, 강 건너편까지 자신을 태워줄 수 있는지 물었다.

"5 마르크를 주면 그리 해 드리겠소."

"지금은 갖고 있는 돈이 없어요." 그녀는 애원했다.

"딱하기도 하시지. 돈이 없으면 태워 드릴 수 없소." 뱃사공은 단호했다.

겁에 질린 남작부인은 친구의 집에 울면서 달려갔다. 친구에게 그녀의 절망적인 상황을 설명한 뒤 뱃삯을 구걸했다.

"남편 말을 잘 들었으면 이런 일도 없었잖니. 난 너한테 돈 안 줄거야."

새벽이 다가왔다. 해볼 수 있는 것이 아무것도 없던 남작부인은 절망하며 다리로 돌아와 성으로 건너가기를 기다렸고, 문지기의 칼에 의해 죽음을 당했다.

시나리오를 읽고 등장인물들이 남작부인의 죽음에 대한 책임의 정도를 1에서 6까지 순위를 매겨주세요.
〈1은 남작부인의 죽음에 책임이 가장 큰 사람이고, 6은 가장 작은 사람입니다.〉

	남작	남작부인	문지기	뱃사공	친구	애인
개인적으로 매긴 순위						
그룹으로 매긴 순위						

자신이 매긴 순위에 대해 설명하고 이야기를 나눌 준비를 해주세요.

성의 불평등에 대한 탐구 서클

목적 10대 임신에 관한 문화적 사고방식과 가치, 행동 성찰하기
준비물 토킹스틱, 서클 상징물, 종 또는 벨소리, 투팔 사쿠Tupak Shakur의 "브렌다가 임신을 했대"Brenda's Got a Baby 노래 음원, 일지, 필기구
준비 서클 참여자가 다른 가구 없이 의자로만 둥그렇게 앉도록 한다.

서클 참여자 환영하기

침묵으로 초대하기 잠시 멈추고 호흡을 하고 소리를 듣기
공간열기 부록 2를 참조하거나 다른 것으로 대체
가치 공유 본인이 아이를 가진다면 아이에게 물려주고 싶은 가치를 나누도록 한다. 참여자들이 가치를 이야기 할 때 말한 가치를 종이에 적어 서클의 중심에 놓는다.

서클의 기본 약속 확인하기

서클의 진행과정 소개하기

마음연결하기 *오늘 서클에 가져온 나의 강점은 무엇인가요?*

중심활동 "브렌다가 임신을 했대"를 읽고 그녀의 죽음의 원인 성찰하기

투팔 사쿠의 "브렌다가 임신을 했대" 노래의 가사를 소리 내어 읽거나 스마트폰으로 노래를 들려 준다. 브렌다가 죽은 이유에 대한 생각을 일지에 적게 한다.
나눔 *브렌다가 죽은 원인에 대한 본인의 생각을 나눠주세요.*
나눔 *이 상황에 대해 어떤 감정이 드나요?*
나눔 *이 상황이 성의 불평등과 연관이 있다고 생각하나요? 있다고 생각하면 그 이유가 무엇인가요? 없다고 생각하면 그 이유가 무엇인가요?*
나눔 *오늘 이야기를 나누며 배운 것은 무엇인가요?*
배움나눔 *서클을 한 후 소감은?*
공간닫기 부록 2를 참조하거나 다른 것으로 대체

참여한 모두에게 감사 표현하기

브렌다가 임신을 했대

브렌다가 임신을 했대
브렌다가 임신을 했대

브렌다가 임신을 했대
브렌다가 임신을 했대
브랜다는 새파랗게 어려서 아직 멍청한데
정말 안됐어
브랜다는 자기 이름도 제대로 못 쓴단 말야
우리 문제는 아니지만 브렌다 가족한테는 큰일 났지.
아니야 우리 공동체에 큰 일이 난거야.
브렌다가 임신한 게 우리 사회에 얼마나 큰 영향을 미치는 지 말해줄게

브렌다는 엄마에 대해 잘 몰라
슬프게도 아빠는 마약 중독자에 빚이 많았지
브렌다는 아빠의 이야기를 몰랐어
아빠와도 사이가 안 좋았지

가난하다고 인생이 끝나는 건 아니야
물론 내 생각일 뿐이지만
난 유혹에 저항할 수 있다면 뭐든지 해야 한다고 생각해

브렌다 남자친구는 브렌다의 사촌이었어
재미 다 보니까 헤어졌어
임신했을 때 브렌다는 가족들한테 임신한 사실을 숨기고 싶어 했어
가족들은 브렌다가 나가서 애를 여럿 낳았다고 해도 상관하지 않았을 거야
브렌다가 정부에서 받는 돈에나 신경썼겠지

브렌다의 배는 점점 불러오는데
브렌다의 변화를 눈치 챈 사람은 아무도 없었어
브렌다는 이제 고작 12살인데 임신을 했어
치한이랑 사랑을 할 땐
그 사랑이 영원할 줄로만 믿었지
둘이 영원히 함께 일거란 착각을 했어
그 놈은 떠나고 혼자 아이를 낳게 됐어
화장실 바닥에서 아이를 낳았지

버릴 것과 지킬것을 몰랐던 브렌다는
갓난아기를 싸서 쓰레기통에 버렸어
아이를 버리면 자유로울 거라 생각했을 거야
이제 아이 울음소리를 듣지 않아도 되거든

브렌다는 아이가 엄마 눈을 쏙 빼닮은 걸 몰라

아가는 쓰레기 더미 속에 있는데
엄마는 아가의 울음소리를 멈추게 해 줄 수가 없어
울음소리 때문에 브렌다의 마음은 찢어졌어
브렌다는 도망가고 싶었지

아가야 너 때문에 나는 복지금도 못받아
사회복지사가 매일 이곳에 온다고

브렌다는 스스로 살아갈 방법을 찾아야 했어
가족에게 돌아갈 수도 없었거든
가족들은 브렌다가 집에 있기를 원치 않아
돈도 없고 아기를 돌봐줄 사람도 없어
일할 곳도 없어
가난한 사람들한테 마약을 팔려 했지
끝내 도둑질을 했어
다음에 팔 수 있는 건 뭐가 있을까
팔 수 있는 게 아무것도 없어
몸을 파는 게 지옥에서 살 수 있는 방법인 걸 알게 된 브렌다는
몸을 팔아 집세를 내
불평같은 건 하지 않아

창녀인 브렌다는
결국 살해를 당해

브렌다에게는 아이가 있었어
브렌다에게는 아이가 있었어
브렌다에게는 아이가 있었어
브렌다에게는 아이가 있었어
브렌다에게는 아이가 있었어
브렌다에게는 아이가 있었어

소녀들을 위한 경계선에 관해 생각하고 이야기하는 서클

목적 청소년기 소녀들의 안전함, 존엄성, 자율성을 침해하는 신체적·비신체적인 행동에 대해 생각하도록 하기, 타인이 자신이 만든 경계선을 넘어오려고 할 때 소리 내어 말할 수 있는 방법 탐구하고 연습하기

준비물 토킹스틱, 서클 상징물, 종 또는 벨소리, 일지, 필기구

준비 서클 참여자가 다른 가구 없이 의자로만 둥그렇게 앉도록 한다.

서클 참여자 환영하기

침묵으로 초대하기 잠시 멈추고 호흡을 하고 소리를 듣기

공간열기 부록 2를 참조하거나 다른 것으로 대체

가치 공유 본인이 엄마가 된다면, 딸에게 물려주고 싶은 가치를 나누도록 한다. 참여자들이 가치를 이야기 할 때 말한 가치를 종이에 적어 서클의 중심에 놓는다.

서클의 기본 약속 확인하기

서클의 진행과정 소개하기

마음연결하기 *오늘 내 몸과 마음, 감정의 상태는 어떤가요?*

> **중심활동** 나의 경계선이 무엇인지 탐구하고
> 타인이 경계선을 넘었을 때 반응하는 방법 탐구하기

나눔 *"경계선"이라는 단어의 의미를 자유롭게 나눠 보겠습니다. "경계선"이라는 단어가 자신에게 어떤 의미입니까?*

전지나 칠판에 "경계선"의 뜻을 적는다.

경계선은 어떤 영역의 한계를 표시해둔 선 혹은 나눈 선/ 용인 할 수 있는 행동의 범위를 말한다.

안내 *우리 모든 사람은 자신만의 경계선을 갖고 있습니다. 신체적, 언어적, 감정적인 면에서 말이죠. 우리는 나의 경계선을 침해한 사람에게 내가 어떤지 분명하게 말할 필요성이 있어요.*

다음 시나리오를 전지나 칠판에 게시하거나 유인물로 만들어 나눠준다. 참여자들에게 일

지에 이와 같은 대우를 받는다면 어떤 감정을 느낄지 적게 한다.

- 버스를 타려는데 누군가가 지나치며 나를 밀은 경우
- 반 친구가 허락 없이 손에 있는 연필을 가져간 경우
- 반 친구가 허락 없이 나를 포옹한 경우
- 반 친구가 허락 없이 내 볼에 입을 맞춘 경우
- 반 친구가 내가 입고 있는 옷에 대해 한 마디 한 경우
- 누군가가 내가 지나가고 있을 때 휘파람을 분 경우
- 누군가가 허락 없이 내 팔짱을 낀 경우
- 누군가가 허락 없이 내 엉덩이를 만진 경우

나눔 *게시된 행동 중 나의 경계선을 침범한 경우는 어떤 상황인가요? 이 때 어떤 느낌이 드나요?*

나눔 *매우 편안한 상태를 상상하며 다음 질문에 답해보세요. 나의 경계선을 침범한 사람에게 무슨 말을 하고 싶어요?*

나눔 *개인의 경계선을 존중하는 사회를 만들기 위해, 나 자신과 타인에게 내가 할 수 있는 일은 무엇이 있나요?*

배움나눔 *오늘 서클에서 배운 것 중 내게 도움이 된 것은?*

공간닫기 *참고자료 2 참조하거나 다른 것으로 대체*

참여한 모두에게 감사 표현하기

목적 성희롱의 일반적인 모습 생각해보기, 성희롱이 타인에게 미치는 영향 탐구하기, 성희롱을 당하는 사람을 대신해 문제에 개입할 수 있는 방법 고려하기

준비물 토킹스틱, 서클 상징물, 종 또는 벨소리, 시나리오를 적은 전지, "시나리오 선택하기" 유인물 개인당 3장씩 준비

준비 서클 참여자가 다른 가구 없이 의자로만 둥그렇게 앉도록 한다.

서클 참여자 환영하기

침묵으로 초대하기 잠시 멈추고 호흡을 하고 소리를 듣기

공간열기 부록 2를 참조하거나 다른 것으로 대체

가치 공유 본인이 엄마가 된다면, 딸에게 물려주고 싶은 가치를 나누도록 한다. 참여자들이 가치를 이야기 할 때 말한 가치를 종이에 적어 서클의 중심에 놓는다.

서클의 기본 약속 확인하기

서클의 진행과정 소개하기

마음연결하기 *오늘 내 마음을 무겁게 하는 것과 가볍게 하는 것 한 가지씩 나눠주세요.*

중심활동 성희롱 시나리오를 성찰하며 반응할 수 있는 선택 방법 탐색하기

전지나, 칠판에 적은 시나리오를 읽는다.

시나리오 1 *복도를 걸어가고 있는데 어떤 사람이 여자 아이의 엉덩이를 만지는 것을 보았다. 여자아이는 화가 났지만 아무 반응도 하지 않았다.*

시나리오 2 *반 친구가 후배를 화장실로 끌고 가 문을 닫는 것을 보았다. 후배가 소리 지르며 문을 발로 차는 소리를 들었다.*

시나리오 3 *친구들이 자신들이 좋아하지 않는 여자아이의 치마를 사람들 앞에서 들추려는 계획을 세운다.*

시나리오 4 *친구들과 자리에 앉아 있었다. 한 친구가 다른 친구의 바지를 친구들이 보는 앞에서 내렸다.*

시나리오 5 *누군가가 핸드폰으로 반 친구의 옷을 벗은 사진을 내게 보냈다.*

시나리오 6 *친구의 성과 관련된 소문을 들었다.*

시나리오 7 *페이스북이나 소셜 미디어 페이지에서 친구에 관한 성적인 댓글을 보았다.*

"시나리오 선택하기" 활동지를 3장씩 나눠준다.

3개의 시나리오를 골라 각각의 상황에 맞는 활동지를 작성하게 한다.

나눔 시나리오 상황 중 한 가지를 선택해주세요. 내가 당사자라면 어떤 느낌일지, 이 상황을 본 제 삼자라면 어떤 느낌일지, 당사자를 돕기 위해 내가 할 수 있는 행동은 무엇인지 이야기를 나눠 봅시다.

나눔 시나리오와 같은 상황을 본인이 겪은 적이 있나요? 누군가가 내 경계선을 침범했을 때에 관한 경험을 이야기할 수 있나요? 그 때의 기분은 어땠나요? 어떤 말을 했고 무엇을 했나요? 다른 사람이 한 말과 행동은 무엇인가요?

나눔 시나리오와 같은 상황을 본 적이 있나요? 그 때의 기분이 어땠나요? 무슨 말을 했고 무엇을 했나요? 무슨 말을 하고 싶었나요? 무엇을 하고 싶었나요?

나눔 당사자를 돕기 위해 제안한 행동에 대해 생각해 보겠습니다. 이 행동들이 현실적이라 생각하나요? 이 행동을 하고자 할 때, 장애물은 무엇일까요?

나눔 목격한 제 3자로서 이 행동을 실천하고, 괴롭힘을 당하는 사람을 지지하기 위해 필요한 것은 무엇인가요?

배움나눔 오늘 서클에서 배운 것 중 다른 사람을 돕기 위해 갖고 가고 싶은 것은?

공간닫기 부록 2를 참조하거나 다른 것으로 대체

참여한 모두에게 감사 표현하기

시나리오 선택하기

시나리오를 선택하고 당사자가 어떻게 느꼈는지, 이를 지켜보는 제3자였다면 본인은 어떻게 느꼈을지, 당사자를 어떻게 도울 수 있는지 생각해 본다.

선택한 시나리오의 상황

당사자가 느낀 느낌	이 상황을 본 제3자의 기분	내가 당사자를 돕기 위해 할 수 있는 일

사랑과 결혼 서클

목적 사랑에 대한 관점 탐구하기, 결혼의 의미에 대한 생각 나누기, 결혼관이 결혼의 평등성과 동성결혼에 대한 생각에 어떤 영향을 주는지 탐구하기

준비물 토킹스틱, 서클 상징물, 종 또는 벨소리, 마커, 필기도구, 인덱스카드, 실, 펀치

준비 서클 참여자가 다른 가구 없이 의자로만 둥그렇게 앉도록 한다.

서클 참여자 환영하기

침묵으로 초대하기 잠시 멈추고 호흡을 하고 소리를 듣기

공간열기 부록 2를 참조하거나 다른 것으로 대체

서클의 기본 약속 확인하기

서클의 진행과정 소개하기

마음연결하기 *오늘 내 감정을 세 가지 단어로 표현해주세요.*

> **중심활동** 결혼과 사랑에 대한 생각과 감정 탐구하기

세상에는 결혼에 대한 다양한 관점이 있고, 모든 사람은 사랑 받을 자격이 있음을 설명한다. 결혼에 대한 다양한 관점은 강한 신념에 따른 것임을 인정하고 모두가 서로의 결혼관을 존중하는 것이 중요함을 상기한다. 존중은 동의가 아니다. 존중이란 사람으로서 다른 사람의 가치를 묵살하지 않고 나와 다른 의견을 잘 듣겠다는 의지다.

참여자들은 인덱스 카드에 오늘날 사랑과 결혼에 대해 대화를 나눌 때 우리들에게 필요한 가치를 적어, 줄과 펀치를 사용해 가치 목걸이를 만든다. 서클을 하는 동안 가치 목걸이를 착용해 서클에 참여한 모두가 선택한 가치를 상기할 수 있도록 한다.

나눔 *본인이 쓴 가치를 이야기하고 왜 그 가치를 선택했는지 이유를 말해주세요.*

나눔 *내가 생각하는 사랑의 정의는 무엇인가요? 사랑에 다양한 종류가 있다고 생각하나요?*

나눔 *결혼과 사랑의 관계는 무엇이라고 생각하나요?*

나눔 *다음 인용구를 읽으면 어떤 느낌이나 생각이 떠오릅니까?*

나는 결혼이 한 남자와 한 여자의 결합이라 생각하지 않아요. 사랑과 사랑의 결합이에요.

– 프랭크 오션(아프리카계 미국가수, 작사가, 랩퍼)

나눔 *결혼에 대한 사회적 관념 중 나를 가장 두렵게 하는 것은 무엇인가요?*

나눔 동성결혼이 적절하다고 생각하나요?

배움나눔 오늘 대화 모임에서 들은 것을 성찰해 봅니다. 오늘 대화를 하기 전에 만들었던 가치가 중요했던 이유를 말해주세요.

공간닫기 서클에 있는 모든 사람이 손을 잡고 1분 동안 눈을 감고 모든 사람이 동등하다라는 핵심 신념을 성찰하고 기억하도록 초대한다. 손을 잡으며 모든 사람이 서로에게 연결되어 있고 각자의 신념과 상관없이 그 순간 모두가 동등함을 나눈다. 혹은 자신만의 방법으로 공간을 닫는다.

참여한 모두에게 감사 표현하기

우리가 이 사회와 다르거나
조화를 이루지 못한다고 느낄 때 하는 서클

목적 나의 정체성이 사회적 기대와 조화를 이루지 못할 때 드는 감정 이야기하기, 사회적 규범과 반하는 정체성을 더 깊이 이해하기, 잠재적으로 대화하기 어려워 질 수 있는 주제에 대하여 사려 깊게 대화할 수 있는 능력 키우기

준비물 토킹스틱, 서클 상징물, 종 또는 벨소리, 가로면으로 긴 텐트를 만들 수 있는 딱딱한 종이 참여자 수만큼 준비하기, 마커

준비 서클 참여자가 다른 가구 없이 의자로만 둥그렇게 앉도록 한다.

서클 참여자 환영하기

침묵으로 초대하기 잠시 멈추고 호흡을 하고 소리를 듣기

제안하고 싶은 공간열기

당신이 누구인지 잊지 마십시오. 왜냐하면 세상은 잊을 거거든요.

당신의 정체성이 당신의 강점이 되게 하십시오.

그러면 정체성이 약점이 되지 않을 겁니다.

당신의 정체성과 흠뻑 사랑에 빠지면 그로 인해 아프지 않을 겁니다.

– 조지 R.R. 마틴, 유럽계 미국인, 소설가, 단편 소설가

서클의 기본 약속 확인하기

서클의 진행과정 소개하기 '나눔'이란 질문에 토킹스틱을 건네며 이야기하는 것을 의미한다. 진행자는 참여자로서 질문을 하고, 첫 번째로 대답한다. 그리고 토킹스틱을 옆 사람에게 건넨다. 진행자가 서클을 돌리는 방향으로 토킹스틱을 차례차례 건넨다. 첫 번째 나눔에서 이름을 말하고 질문에 답 한다. 패스통과라고 하고 그냥 토킹스틱을 건네도 괜찮다

마음연결하기 *오늘 서클에 가져온 나의 강점은 무엇인가요?*

> **중심활동** 차이와 기대, 차이와 기대 사이의 긴장 성찰하기

장막과 마커를 나눈다.

나눔 *차이에 대해 대화를 나눌 때 필요한 가치는 무엇인가요? 종이 텐트 양면에 그 가치*

를 적어주세요. 토킹스틱이 자신에게 올 때, 가치가 무엇인지 왜 그 가치가 본인에게 중요한지 말해주세요. 말한 후에 텐트를 바닥에 놓아주세요.

나눔 사회의 기대와 다른 사람들의 행동 방식은 어떤 것들이 있나요?

나눔 나에 대한 사회적 기대와 내가 다르다고 느꼈던 적이 있나요?

나눔 가족과 친구 같은 나와 친한 사람들과 맞지 않을 때 어떤 느낌이 드나요? 맞지 않다고 느낀 적이 있나요?

나눔 사람들과 다르다고 느끼는 사람에게 필요한 지원은 무엇일까요?

나눔 다른 사람과 다르다고 느끼며 정체성의 씨름을 하고 있는 사람을 나는 어떻게 도울 수 있나요?

나눔 토킹스틱을 받으면, 다음 질문에 답해주세요. 차이에 대한 다른 사람의 경험을 들으며 내게 다가온 생각과 의견은 무엇인가요?

배움나눔 오늘 서클이 어땠나요?

공간닫기 부록 2를 참조하거나 다른 것으로 대체

참여한 모두에게 감사 표현하기

서클은 모든 사람을 위한 활동이다. 서클은 공동체 구성원 간에 건강하고 강한 연결감을 만들고자 할 때 사용할 수 있는 중요한 자원이다. 서클이 존재의 돌봄과 성장에 주목하기 때문에 서클의 방식은 학생들에게처럼, 교직원에게도 가치 있다. 서클이 존재의 돌봄과 성장에 주목하기 때문이다. 우리 모두에게는 가슴으로 이야기하며 사회정서 기술을 성장시킬 수 있는 연습의 장과 소속감을 느끼고 우리가 가져오는 선물의 가치를 알아주는 장소가 필요하다. 다른 사람이 우리의 문제에 관심을 갖고, 우리가 삶의 우여곡절과 씨름할 때 우리를 기꺼이 수용해 줄 공간이 필요하다. 때로는 어렵지만 중요한 대화에 참여하며 과거의 피해를 회복할 수 있는 기회도 서클을 통해 얻는다. 우리 모두는 성장하기 위해 다른 사람의 도움이 필요하다.

일반적으로 학교에서 교직원이 먼저 서클을 경험한다. 지난번에 언급했던 것과 같이, 교사들은 서클이 교실에서 작동하는지 확인하기 위해 서클을 미리 경험하고 싶어 한다. 서클 진행을 훈련하는 방법은 서클에 참여하는 것이다. 교직원 서클을 열어 아이들이 서클을 경험하기 전에 어른들에게 서클을 소개하는 것은 서클을 학교 공동체에 적용하기 위한 일반적인 방법이다. 이미 1장에서 교직원들과 교육자로서 갖는 가치와 어려움에 대한 주제로 서클을 진행하는 모델을 보여주었다.

이번 장에서 교직원과 함께 할 수 있는 12개의 서클 모형을 소개한다. 교직원이라 함은 학교 공동체에서 일하는 모든 어른을 일컫는다. 가르치는 교사뿐만 아니라, 행정팀, 협력단체, 학생지도부, 교목실, 청소용역, 관리, 교통, 교통안전 직원을 말한다. 아이들의 행복에 책임감을 갖는 교직원들의 유대가 강해질수록 아이들을 돌볼 수 있는 공동체의 능력은 더 강해진다. 교직원과 서클을 할 때 다른 사람을 잘 돌보기 위해 필요한 자원을 우리 공동체가 이미 갖고 있다는 것을 아는 것이 중요하다. 우리 안에 있는 보물을 더 많이 발견 할수록 모든 아이들의 욕구를 충족시킬 수 있는 창조적인 잠재력을 더 잘 발휘 할 수 있다.

첫 번째 서클 모형은 가치를 탐구하고 공유된 약속을 만드는 것이다. 건강한 공동체는 핵심 가치와 그 가치를 실천하기 위한 명료한 목표를 갖고 있다. 학교의 어른인 우리에게는, 우리의 가치를 공유하고, 내면화하고, 가치가 의미하는 바를 이해하고, 가치가 일상생활에서 어떻게 드러나는지 살펴볼 뿐만 아니라, 공동체 구성원이 바라는 행동을 지원하는 시스템과 과정을 만들 수 있는 시간과 공간이 필요하다. 이는 공동체를 구축할 때 가장 중요하게 여기며 지속적으로 창조해 나가야 하는 과정이지만 가장 간과되기 쉬운 부분이다. 시간적인 여유가 없는 교직원들에게 함께 앉아 유대관계를 형성하고, 가장 가슴 뛰게 하는 가치를 표현하고, 어려움을 인정하고, 도움을 청하고, 지원을 확장하는 시간이 사치스럽게 느껴질 수 있기 때문이다.

자주는 아니지만 정기적으로 시간과 공간을 마련해 교직원 서클을 진행한다면 교직원 간 관계의 질이 뚜렷하게 높아질 것이며 이는 공동체 구성원 모두의 배움과 삶에 긍정적인 영향을 미칠 것이다. 학교에 긍정적인 문화를 창조하기 위해 협력이 필요하다. 상부에서 내려오는 지시, 규칙, 정책으로 만들어지지 않는다. 작은 행동, 말, 미소, 친절, 배려와 돌봄이 쌓일 때 이루어진다. 일상의 문화는 작은 행동들을 실천하는 개인이 무수히 많아질 때 만들어진다. 모든 학생이 행복감과 소속감을 느끼도록 지원하는 긍정적인 학교 문화를 만들기 위해서는 교직원이 반드시 이러한 문화를 창조하고 경험해야 한다. 우리의 경험에 의하면, 긍정적인 학교 문화를 창조하기 위해 정기적으로 서클로 앉아 중요한 문제인, 우리 공동체가 서로를 어떻게 대하는 지에 대해 성찰하는 것이 가장 좋은 방법이다. 궁극적으로, 회복적인 학교를 만드는 일은 가치와 가치를 기반한 행동을 일상에서 실현하는 방법에 달려 있다. 정책과 구조, 일과schedule와 시스템은 가치를 지원하고 반영해야 하며, 가치를 반영한 행동을 우선순위에 따라 장려하고 보상해야 한다. 이 일은 어려울 뿐만 아니라 많은 일을 요구한다. 그러나 서클에서, 우리는 우리가 행동을 선택할 수 있는 존재임을 상기한다. 자신과 타인에게 행동하는 방식을 선택하고 통제할 수 있는 존재는 우리 자신 뿐임을 확인한다. 모든 아이들에게는 가치에 헌신하고, 명료하고 확실하게 가치에 따라 살아가는 어른이 필요하다. 우리의 행동이 아이들에게 줄 수 있는 가장 큰 가르침이다.

목적 아이들이 효과적이고 존중하며 상호작용을 하는데 역할모델이 될 수 있는 교직원이 학교에서 함께 협력하여 일할 때 작동하는 공유된 약속 만들기

준비물 토킹스틱, 서클 상징물, 종 또는 벨소리, 종이조각 1인당 5개, 긴 종이 조각 여러 개, 필기구, 마커

준비 서클 참여자가 다른 가구 없이 의자로만 둥그렇게 앉도록 한다.

서클 참여자 환영하기

침묵으로 초대하기 잠시 멈추고 호흡을 하고 소리를 듣기

공간열기 부록 2를 참조하거나 다른 것으로 대체

서클의 진행과정 소개하기 '나눔' 이란 질문에 토킹스틱을 건네며 이야기하는 것을 의미한다. 진행자는 참여자로서 질문을 하고, 첫 번째로 대답한다. 그리고 토킹스틱을 옆 사람에게 건넨다. 진행자가 서클을 돌리는 방향으로 토킹스틱을 차례차례 건넨다. 첫 번째 나눔에서 이름을 말하고 질문에 답 한다. 패스통과라고 하고 그냥 토킹스틱을 건네도 괜찮다

가치 공유하기 참여자들이 아이들과 관계를 맺을 때 중요한 가치를 나누도록 한다. 참여자들이 가치를 이야기 할 때 말한 가치를 종이에 적어 서클의 중심에 놓는다.

서클의 기본 약속 확인하기

마음연결하기 *오늘 기분이 어떤가요? 우리가 알아야 할 특별한 일이 있다면 함께 말해주세요*

중심활동 교직원 사이의 공유된 약속 만들기

설명하기 *오늘 서클에서, 교직원 사이의 공유된 약속을 만들었으면 좋겠습니다. 공유된 약속은 우리가 함께 일하고 서로를 대할 때 어떤 모습이면 좋을 지에 관한 것입니다. 이 약속이 우리 아이들이 서로를 그리고 학교의 어른들과 어떻게 지내기를 바라는 지에 대한 모델이 될 수도 있을 것 같아요.*

모두에게 종이 5장를 나눠준다.

일을 잘하기 위해 다른 사람에게 부탁하고 싶은 다섯 가지를 종이에 한 가지씩 적게 한다.

나눔 종이에 적은 것 중 한 가지를 나눠주시겠어요? 왜 중요한지 설명해 주시고 종이를 바닥에 놓아주세요. 내가 적은 것과 비슷한 가치를 다른 사람이 이미 전시했으면 그 근처에 종이를 놓아주시기를 바랍니다.

종이에 적은 것을 모두 말할 때까지 5번 반복한다.

나눔 사람들이 말한 필요를 들으며 새롭게 알게 된 것과 본인을 놀라게 한 것은 무엇인가요?

토킹스틱을 돌리는 것은 잠시 멈추고 비슷한 단어가 적힌 종이를 모아 주제를 나눈다. 서클을 해체하고 몇 개의 소그룹을 만든다.

소그룹별로 주제에 따라 다음 문장을 완성하게 한다. "함께 있을 때 최선을 다해 일할 수 있도록 우리는…" 긴 종이에 문장을 적게 한다.

서클로 모두 모이게 한다. 각각의 모임에서 만든 문장을 발표하고 문장을 적은 종이를 중앙에 놓도록 한다.

나눔 일상에서 교직원으로 상호작용할 때 만든 각각의 약속에 동의하시나요? 우리는 사람이기 때문에 실수할 수 있습니다. 공유된 약속이라는 개념은 우리가 약속을 지키지 않을 때에도 서로에게 책임감을 갖겠다는 의지를 보여주는 것입니다. 이 약속을 지킬 수 있나요?

어떤 약속에 대해 반대가 있을 때 토킹스틱을 건네, 어떤 필요를 채울 수 있고, 어떤 필요는 채울 수 없는지 묻는다. 약속을 만드는데 사용한 언어에 숨겨진 욕구를 찾고 공통분모를 탐색해 모두가 수용할 수 있는 약속을 만든다. 합의가 이루어지지 않는 약속은 다음 모임 때 다루도록 하고 다른 약속을 채택하는 과정으로 넘어간다.

학생들에게 긍정적인 문화를 만드는 작업을 함께 한 모두에게 감사의 마음을 전한다.

공유된 약속이 지켜지지 않을 경우 언제든지 약속을 수정할 수 있음을 알린다.

나눔 서클을 마치며 드는 생각을 나눠주세요.

공간닫기 부록 2를 참조하거나 다른 것으로 대체

참여한 모두에게 감사 표현하기

합의된 약속을 적절한 공간에 게시하고 다음 교직원 서클 모임 때 가져오기

목적 교직원들의 지속적인 성장과 자기 성찰을 지원하고 교직원간의 관계 만들기
준비물 토킹스틱, 서클 상징물, 종 또는 벨소리, 지난 서클에서 만든 공유된 약속
준비 서클 참여자가 다른 가구 없이 의자로만 둥그렇게 앉도록 한다.

서클 참여자 환영하기

침묵으로 초대하기 잠시 멈추고 호흡을 하고 소리를 듣기
공간열기 부록 2를 참조하거나 다른 것으로 대체

지난 서클에서 만든 공유된 가치와 약속 확인하기

서클의 진행과정 소개하기

마음연결하기 *오늘 나의 기분은? 우리가 알아야 할 중요한 것이나, 서클에서 이야기를 나눌 때 편안하기 위해서 구성원들에게 알리고 싶은 것이 있나요?*

중심활동 긍정적인 시각에서 업무 성찰하기

나눔 *지금 하고 있는 일을 하게 된 이유와 이 직업이 각자에게 어떤 의미가 있는지 나눠주세요.*

나눔 *다른 일의 경험이 지금 하고 있는 일을 준비하는데 어떻게 도움이 되었는지 나눠주세요.*

나눔 *팀 안에서 일이 잘된다고 할 때 생각나는 것은 무엇인가요?*

나눔 *일에서 가장 어려운 것은 무엇인가요? 어려운 이유는 무엇인가요?*

나눔 *일을 할 때 본인에게 도움이 되는 지원은 무엇인가요?*

나눔 *팀 내에서 다른 사람을 지원할 수 있는 본인의 강점과 능력은 무엇인가요?*

체크아웃 *오늘 경험한 서클이 어땠나요?*

공간닫기 부록 2를 참조하거나 다른 것으로 대체

참여한 모두에게 감사 표현하기

7.3 교직원 팀 형성 서클

목적 교직원 간 목적을 공유하고 관계 강화하기
준비물 교직원의 업무와 관련된 서클 상징물_{비전 선언문, 목적, 교육도구, 교육 결과물을 상징하}는 것, 토킹스틱, 종 또는 벨소리, 실뭉치
준비 서클 참여자가 다른 가구 없이 의자로만 둥그렇게 앉도록 한다.

서클 참여자 환영하기

침묵으로 초대하기 잠시 멈추고 호흡을 하고 소리를 듣기
추천하는 공간열기-공동의 약속에 기반한 연결망 활동_{참고 378쪽}
지난 서클에서 만든 공유된 가치와 약속 확인하기
서클의 진행과정 소개하기

중심활동 한 주 성찰하기

시기와 상황의 적절성을 고려해 나눔의 질문을 선택하여 서클을 진행한다.
나눔 *이번 주에 가장 좋았던 것은 무엇이었나요?*
나눔 *이번 주에 가장 힘들었던 것은 무엇이었나요?*
나눔 *본인이 다르게 행동했으면 했던 일은 무엇이었나요?*
나눔 *내가 다르게 행동했으면 했던 대상(학생, 학급)에게 어떤 말을 하고 싶나요?*
나눔 *이번 주에 감사했던 것 한 가지를 말해주세요.*
체크아웃 *다음 주를 새롭게 시작하기 전, 이번 주말 내 자신을 돌보기 위해 하고 싶은 한 가지는 무엇인가요?*
공간닫기 부록 2를 참조하거나 다른 것으로 대체

참여한 모두에게 감사 표현하기

학교에서 관계가 중요한 이유 탐구 서클

목적 배움에서 관계의 중요성을 탐구하기 위해 성찰하는 공간 만들기, 교직원들이 교직원과, 학생과 관계를 형성하는 시간을 가질 수 있도록 지원하기, 관계를 가치 있게 여기는 문화 만들기

준비물 토킹스틱, 종 또는 벨소리, 서클 상징물, 지난 서클에서 만든 가치와 공유된 약속, 종이와 펜

준비 서클 참여자가 다른 가구 없이 의자로만 둥그렇게 앉도록 한다.

서클 참여자 환영하기

침묵으로 초대하기 잠시 멈추고 호흡을 하고 소리를 듣기
공간열기 부록 2를 참조하거나 다른 것으로 대체

지난 서클에서 만든 공유된 가치와 약속 확인하기

서클의 진행과정 소개하기

중심활동 우리가 도움을 받을 수 있는 사람과 도움을 받을 수 있는 것 성찰하기

설명하기 우리는 서클을 통해 공동의 지혜에 다가갈 수 있습니다. 지난 날의 삶의 경험은 오늘날 삶의 도전을 만났을 때 지혜와 통찰을 주는 자원입니다. 우리 삶에서 관계에 대해 경험한 것이 아이들에게 도움이 될 것입니다

나눔 포기하고 싶어 하는 누군가에게 용기를 북돋아 주고 영향을 주었던 교육자로서의 경험을 이야기해 주세요.

나눔 여러분이 포기하고 싶을 때 지속 할 수 있도록 영향을 준 사람은 누구인가요? 그 사람에게 영향을 받은 이유는 무엇인가요?

참여자들에게 삶에서 만난 5명의 멘토의 이름을 종이나 일지에 적게 한다. 이름 옆에, 본인에게 중요해 따랐던 멘토들의 한 두가지 특성을 적게 한다.

나눔 나의 역할 모델의 특징은 무엇인가요? 적은 내용을 말해주세요.

나눔 적은 내용을 보면서 알게 된 것은 무엇인가요? 우리의 역할 모델과의 관계의 특징은 무엇인가요?

신체적으로, 감정적으로, 정신적으로, 영적으로 연결되었나요?

나눔 학생과 동료 교직원과 함께 하는 나의 업무에서 관계의 중요성에 대한 나의 경험은

무엇인가요?

나눔 학급에서 관계를 만들 때 가장 효과적인 전략이라고 생각한 것은 무엇인가요?

체크아웃 서클을 마치기 전에 나누고 싶은 한 마디가 있다면 무엇인가요?

공간닫기 부록 2를 참조하거나 다른 것으로 대체

참여한 모두에게 감사 표현하기

일이 어려워질 때 우리 자신을 돌보는 서클

목적 교직원들이 성찰하고 지원을 받아 회복할 수 있는 공간 만들기

준비물 토킹스틱, 종 또는 벨소리, 서클 상징물, 지난 서클에서 만든 가치와 공유된 약속, "당신의 낙하산을 준비해 준 사람은 누구인가?" 362쪽 참조

준비 서클 참여자가 다른 가구 없이 의자로만 둥그렇게 앉도록 한다.

서클 참여자 환영하기

침묵으로 초대하기 잠시 멈추고 호흡을 하고 소리를 듣기

공간열기 부록 2를 참조하거나 다른 것으로 대체

지난 서클에서 만든 공유된 가치와 약속 확인하기

서클의 진행과정 소개하기

중심활동 "당신의 낙하산을 준비해준 사람은 누구인가?"를 읽고 지원에 대해 성찰하기

나눔 *오늘 기분이 어떠세요? 지난 주에 가장 좋았거나 재미있었던 일에 대해 이야기를 나눠주세요.*

나눔 *요즘 교육가로서 어려운 일은 무엇인가요?*

나눔 *낙담될 때 일을 계속 할 수 있도록 영감을 주는 것은 무엇인가요?*

나눔 *토킹스틱을 다시 한번 돌리겠습니다. 다른 사람의 이야기를 들으며 생각난 이야기를 말해주세요.*

"당신의낙하산을준비해준사람은누구인가?"를 소리 내어 읽는다.

나눔 *누가 여러분의 가방에 낙하산을 넣어 준 사람은 누구인가요?*

나눔 *어려운 순간을 이겨내기 위해 동료가 지원해 주었으면 하는 것은 무엇인가요?*

나눔 *동료가 어려운 시간을 겪고 있을 때 동료를 지원하기 위해 내가 할 수 있는 일은 무엇인가요?*

나눔 *오늘 서클을 마치기 전에 하고 싶은 이야기가 있나요?*

공간닫기 부록 2를 참조하거나 다른 것으로 대체

참여한 모두에게 감사 표현하기

7.6 자기 돌봄 서클

목적 삶의 모든 영역에서 자기 자신 돌보기

준비물 토킹스틱, 종 또는 벨소리, 서클 상징물, 마커, 종이A4 이상 와 펜

준비 서클 참여자가 다른 가구 없이 의자로만 둥그렇게 앉도록 한다.

서클 참여자 환영하기

침묵으로 초대하기 잠시 멈추고 호흡을 하고 소리를 듣기

공간열기 부록 2를 참조하거나 다른 것으로 대체

지난 서클에서 만든 공유된 가치와 약속 확인하기

서클의 진행과정 소개하기

마음연결하기 *최근 내게 기쁨을 준 것에 대해 나눠주세요.*

중심활동 우리 삶에서 '자기 돌봄'이 조화롭게 이루어지고 있는지 평가하기

종이에 큰 원을 그리게 한다. 선을 그어 원을 4개로 나눈다. 4분원 안에 각각 '정신적', '신체적', '정서적', '영적'이라고 적는다. 4가지 영역을 돌보기 위해 삶에서 자기 자신을 어떻게 지원하고 있는지 적는다. 적는 활동이 끝나면, 자기 돌봄이 더 필요한 영역이 있는지 묻는다. 앞으로 스스로를 더 잘 돌보기 위해 세우고 싶은 목표를 사분원 옆에 적게 한다.

나눔 *나의 '자기돌봄'이 어떻게 이루어지고 있는지 살피며 느낀 점을 나눠주세요. 깨달은 점, 새로 생긴 목표를 나눠도 좋습니다.*

나눔 *서클에서 다른 사람의 이야기를 들으며 새롭게 깨달은 것이 있다면 나눠주세요.*

나눔 *'자기돌봄'을 할 때 가장 어려운 점은 무엇인가요?*

체크아웃 *오늘 서클을 마치기 전에 하고 싶은 이야기가 있나요?*

공간닫기 부록 2를 참조하거나 다른 것으로 대체

참여한 모두에게 감사 표현하기

학생과 교사의 수업평가 서클

목적 수업에서 이루어지는 가르침과 배움의 활동 및 관계를 건설적으로 평가하며 교수 학습 활동 개선하기

준비물 토킹스틱, 종 또는 벨소리, 서클 상징물, 지난 시간에 정한 공유가치와 약속

준비 서클 참여자가 다른 가구 없이 의자로만 둥그렇게 앉도록 한다.

서클 참여자 환영하기

침묵으로 초대하기 잠시 멈추고 호흡을 하고 소리를 듣기

공간열기 부록 2를 참조하거나 다른 것으로 대체

지난 서클에서 만든 공유된 가치와 약속 확인하기

서클의 진행과정 소개하기

마음연결하기 *오늘 기분이 어떤가요? 서클을 시작하기 전에 참여자들이 알아주었으면 하는 것이 있나요?*

중심활동   수업에서 잘 되는 것과 향상되기 위해 할 수 있는 것 평가하기

나눔 *이 수업에서, 학생과 교사 사이의 관계와 학생과 학생 사이의 관계가 잘 이루어지고 있나요?*

나눔 *이 수업에서, 관계 면에서 어려움이 생기는 지점은 어디인가요?*

나눔 *이 수업에서, 교사가 가르침과 배우는 활동에서 잘 하는 것은 무엇인가요?*

나눔 *이 수업에서, 학생들이 가르치고 배우는 활동에서 잘 하는 것은 무엇인가요?*

나눔 *이 수업에서, 가르치고 배우는 활동에서 혼란스럽거나 어려운 것은 무엇인가요?*

나눔 *가르치고 배우는 활동과 관계가 지속적으로 성장하기 위해 제안하고 싶은 것은 무엇인가요?*

나눔 *가르치고 배우는 활동과 관계 성장을 위해 본인이 지원할 수 있는 것은 무엇인가요?*

서클에서 나눈 아이디어와 제안을 정리한다.

체크아웃 *서클을 한 소감은 어떤가요?*

공간닫기 부록 2를 참조하거나 다른 것으로 대체

참여한 모두에게 감사 표현하기

학부모-교사 모임 서클

목적 학부모-교사 모임 시간에 학부모가 동등하게 앉아 있을 수 있도록 힘 실어주기, 학생에 대한 학부모의 지혜에 더 쉽게 다가가기, 학교와 가정의 관계 강화하기

준비물 토킹스틱, 종 또는 벨소리

준비 서클 참여자가 다른 가구 없이 의자로만 둥그렇게 앉도록 한다.

서클 참여자 환영하기

침묵으로 초대하기 잠시 멈추고 호흡을 하고 소리를 듣기

공간열기 부록 2를 참조하거나 다른 것으로 대체

토킹스틱 소개 및 토킹스틱의 작동방법 설명하기

서클의 진행과정 소개하기

마음연결하기 *지금 나의 기분은 어떤가요?*

중심활동   학생의 강점, 힘든 점, 지원 방법 파악하기

나눔 *○○○의 장점과 특별한 점은 무엇인가요?*

나눔 *학교에서 ○○○가 잘 지낸다라고 느낄 때는 언제인가요?*

나눔 *서클에서 다른 사람의 이야기를 들으며 하고 싶은 말이 있나요?*

나눔 *○○○가 성장하기 위해 제안하고 싶은 것은 무엇인가요?*

나눔 *○○○가 성장하기 위해 추가적으로 제안하고 싶은 것은 무엇인가요?*

나눔 *더 나누고 싶은 이야기가 있다면 말해주세요.*

모든 구성원의 기대를 명료화한다. 미해결 과제를 확인하고 어떻게 다룰 것인지 나눈다.

체크아웃 *학교와 가정이 협력할 때, 학교와 가정에 대해 감사한것은 무엇인가요?*

공간닫기 부록 2를 참조하거나 다른 것으로 대체

참여한 모두에게 감사 표현하기

어떻게 아이들을 돌볼까 생각하는 서클

목적 아이들의 상태에 관해 깊이 성찰할 수 있도록 동기 부여하기, 아이들의 성장을 돕기 위해 어른들의 참여 독려하기

준비물 토킹스틱, 종 또는 벨소리, 서클 상징물, "당신의 아이들은 잘 있나요?"358쪽 참고 읽기 자료, 저글링용 작은 솜인형, 지난 시간에 만든 공유된 가치와 약속

준비 서클 참여자가 다른 가구 없이 의자로만 둥그렇게 앉도록 한다.

서클 참여자 환영하기

침묵으로 초대하기 잠시 멈추고 호흡을 하고 소리를 듣기

추천하는 공간열기 솜인형으로 하는 저글링 Appendix 2, Section 4, 409쪽

서클의 진행과정 소개하기 '나눔'이란 질문에 토킹스틱을 건네며 이야기하는 것을 의미한다. 진행자는 참여자로서 질문을 하고, 첫 번째로 대답한다. 그리고 토킹스틱을 옆 사람에게 건넨다. 진행자가 서클을 돌리는 방향으로 토킹스틱을 차례차례 건넨다. 첫 번째 나눔에서 이름을 말하고 질문에 답 한다. 패스통과라고 하고 그냥 토킹스틱을 건네도 괜찮다

나눔 *저글링을 한 후 나의 기분은 어떤가요?*

관찰하기 *많은 사람이 이야기 한 것처럼, 우리 삶에는 수많은 일들이 정신없이 벌어지고 있습니다. 우리는 이 일들을 혼자 할 수 없어요. 다른 사람의 도움이 필요합니다. 놀이, 유머, 웃음은 행복한 삶을 위해 매우 중요해요. 아이들의 행복 또한 마찬가지입니다. 이 활동이 우리에게 아이와 성인 모두가 건강하게 성장하기 위해 놀이가 중요하다는 것을 상기시켜 주었길 바랍니다.*

지난 서클에서 만든 공유된 가치와 약속 확인하기

마음연결하기 *요즘 어떻게 지냈나요?*

중심활동 학급과 학교에서 아이들이 느끼는 행복 평가하기

"당신의 아이들은 잘 있나요?"를 읽습니다.

읽은 후 내용을 더 잘 이해하기 위해 침묵 요청하기/초대하기

나눔 *누군가가 "학교에서 아이들은 잘 지내?"라고 묻는다면 어떻게 답하겠어요?*

나눔 *토킹스틱을 다시 돌리겠습니다. 다른 사람의 말을 듣고 생각난 점을 나눠주세요.*

나눔 1에서 10까지의 척도가 있을 때, 우리학교 학생의 행복과 성장 지수를 어떻게 평가하나요? 1은 가장 위험한 상태이고 10은 완벽하게 좋은 상태를 가리킵니다.

나눔 3에 해당하는 학생이 4로 성장하기 위해 혹은 6에 해당하는 학생이 7로 성장하기 위해 내가 할 수 있는 일은 무엇인가요?

나눔 "아이들은 잘 지내?" 라는 질문이 학교 업무의 핵심 질문으로 자리 잡기 위해, 학교 공동체에서 내가 할 수 있는 일은 무엇인가요?

체크아웃 오늘 경험한 서클에 대해 하고 싶은 말이 있나요?

공간닫기 부록 2를 참조하거나 다른 것으로 대체

참여한 모두에게 감사 표현하기

서클의 핵심 신념 탐구 서클   7.10

목적 우리의 중요한 신념 성찰하기, 행동에 신념이 반영될 수 있도록 신념의 의미 인식하기, 신념의 다양성 탐구하기

준비물 토킹스틱, 종 또는 벨소리, 서클 상징물, 지난 시간에 만든 공유가치와 약속,

준비 서클 시작 전에 서클 참여자에게 서클의 핵심 신념 유인물을 읽고, 활동지를 작성해 갖고 올 수 있도록 안내한다. 서클 참여자가 의자로만 둥그렇게 앉도록 한다.

서클 참여자 환영하기

침묵으로 초대하기 잠시 멈추고 호흡을 하고 소리를 듣기

공간열기 부록 2를 참조하거나 다른 것으로 대체

지난 서클에서 만든 공유된 가치와 약속 확인하기

서클의 진행과정 소개하기

마음연결하기 *오늘 하루 어떻게 지내고 있어요?*

> **중심활동**   핵심 신념 성찰하고 삶에서 핵심 신념의 역할 성찰하기

나눔 *핵심 신념을 읽고 생각할 때 여러분의 몸과 감정, 정신, 영혼은 어떻게 반응했나요?*

나눔 *핵심 신념 중 한 가지를 골라 자신이 어떻게 반응했는지 말해주세요. 그 신념에 동의하나요? 아니면 그 신념과 자신이 믿는 바가 다르다고 느끼나요? 핵심 신념을 생각할 때 어떤 이미지가 떠오르나요? 핵심 신념에 대해 하고 싶은 이야기는 무엇인가요?*

나눔 *토킹스틱을 받으면, 서클에서 다른 사람의 이야기를 통해 깨닫게 된 점을 나눠주세요.*

나눔 *목록 외에, 아이들과 청소년과 활동할 때 추가 하고 싶은 핵심 신념이 있다면 말해주세요.*

나눔 *핵심 신념에 대해 생각해 보는 시간이 자신에게 도움이 됐나요?*

체크아웃 *서클을 마치기 전에 하고 싶은 말이 있나요?*

공간닫기 부록 2를 참조하거나 다른 것으로 대체

참여한 모두에게 감사 표현하기

핵심 신념 활동지

이 책의 핵심 신념을 발췌한 글이다. 7개의 신념을 각각 읽고 1~5의 척도로 본인이 신념에 얼마만큼 동의하는지 표시해 보라. 1은 전혀 동의하지 않는다, 5는 완전히 동의한다를 나타낸다. 활동지 끝 공간에, 책에서 제시한 7가지 핵심 신념과 다를 수 있는 나의 핵심 신념을 적는다.

1. 모든 사람의 내면에는 선하고 지혜롭고 강한 자아가 있다.

우리는 사람마다 누구나 선하고 지혜롭고 강하며, 결코 사라지지 않는 자아를 지니고있다고 믿는다. 이 책에서는 이 자아를 '핵심자아' 혹은 '참자아' 라고 부를 것이다. 누구나 이 '핵심자아' 를 가지고 있다. 그것은 당신과 당신이 만나는 학생들, 그리고 매일 함께 일하는 당신의 동료들에게도 있다. 이 자아는 지혜롭고, 친절하고, 바르고, 착하며 강하다. 이 핵심자아는 파괴되지 않는다. 과거에 무슨 짓을 했건, 어떤 일이 일어났던 간에 이 자아는 처음 태어나던 날과 다를 바 없이 여전히 선하고 지혜롭고 강하다.

자아를 이렇게 보는 방식은 한 사람의 행위와 존재를 별개로 본다는 것이다. 우리의 행위가 우리 존재의 모든 것은 아니다. 이 점에 대해 우리는 가끔 혼란스러워한다. 우리는 가끔 우리가 수행하는 역할이나 우리의 감정을 자신의 자아로 착각한다. 자아를 이렇게 보는 방식은 한 사람의 행위와 존재를 별개로 본다는 것이다. 우리의 행위가 우리 존재의 모든 것은 아니다. 이 점에 대해 우리는 가끔 혼란스러워한다. 우리는 가끔 우리가 수행하는 역할이나 우리의 감정을 자신의 자아로 착각한다.

1	2	3	4	5
동의하지 않음				동의함

의견 _____

_____

2. 이 세상은 깊이 연결되어 있다.

카오스 이론chaos theory에 따르면 남아메리카에서 나비가 날개 짓을 할 때 그로 인해 북아메리카에서는 바람의 방향이 달라진다. 이것은 전 지구적 차원에서 자연의 힘들이 상호 연결되어 있음을 말해주는 것이다. 기후변화 역시 자연의 상호연결성을 뚜렷하게 보여주는 사례다. 우리의 행동이 자연에 미치는 결과를 언제나 자각하는 것은 아니다. 그러나 궁극적으로 우리가 하는 행동에 따라 그 결과가 달라진다는 것을 알아야한다.

특히 인간관계에서 우리는 매우 깊게 서로 연결되어 있다. 원주민들이 사용하는 '우리는 모두가 친척이다' 는 말은 인류가 모든 생명체와 연결되어 있으며 자연계의 일부라는 의미이다. 아프리카의 전통사회에서는 이것을 '한 사람 한 사람이 근원적으로 전체의 일부' 라는 의미로 "우분투"라 한다. "우리가 있기 때문에 내가 있다"는 뜻이다.

1	2	3	4	5
동의하지 않음				동의함

의견 _____

_____

3. 모든 사람은 좋은 관계에 대한 깊은 갈망을 지니고 있다.

우리는 모든 사람이 사랑하고 사랑받기를 또 존중받기를 원한다고 믿는다. 사람들의 행동만 놓고 보면 그렇지 않아 보일 수도 있다. 특별히 타인으로부터 사랑받거나 존중받아본 경험이 없는 사람의 경우에는 더더욱 그렇다. 그러나 뼛속 깊은 곳에서부터 우리는 사람들과의 좋은 관계를 원한다. 넬 나딩스Nel Noddings는 아이들은 자신들에게 중요한 사람 그리고 자신들을 중요하게 여기는 사람의 말을 듣는다고 지적했다.

1	2	3	4	5
동의하지 않음				동의함

의견 _____

_____

4. 누구나 재능이 있다. 그 재능이 발현되기 위해서는 모든 이들의 도움이 필요하다.

원주민들의 가르침에 따르면 모든 아이는 대지로부터 네 가지의 독특한 재능을 부여받고 태어난다. 어른들에게는 이러한 재능을 알아보고 그것을 잘 개발하도록 도울 책임이 있다. 그래야 아이들이 어른이 되었을 때 자신만의 고유한 생의 목표를 깨닫고 타인을 돕는데 자신의 재능을 활용할 수 있을 것이다. 스와힐리 속담에 따르면 우리가 서로에게 줄 수 있는 최고의 선물이란 자신의 부요한 것을 나눠주는 것이 아니라 남들로 하여금 그들이 스스로 얼마나 풍부한 것들을 지니고 있는지 깨닫도록 돕는 것이다. 우리 모두가 다른 누군가에게 기여할 수 있는 소중한 무엇인가를 가진 존재라는 인식이 중요하다.

우리는 인간 사회에서 모든 재능들은 공동의 복지와 불가분의 관계라는 것을 믿는다. 가족이나 조직 내에서도 그렇다. 서로 다른 사람들이 필요하다. 그래야 서로가 다른 것을 보고 다르게 움직일 수 있기 때문이다. 다양한 재능과 성격 그리고 다양한 관점을 가진 사람들의 기여가 있어야 우리가 필요한 것을 얻어낼 수 있는 혁신적인 해결책을 찾을 수 있다.

1	2	3	4	5
동의하지 않음				동의함

의견 _____

_____

5. 긍정적인 변화를 위해 필요한 것들은 이미 우리에게 주어져 있다.

우리는 학교 공동체 내에서 긍정적인 변화를 이끌어내기 위해 필요한 모든 것이 이미 우리에게 주어져 있다고 믿는다. 우리의 가장 위대한 보물이자 희망이라 할 수 있는 인간의 창의성과 헌신을 믿기 때문이다.

학교 공동체 속에는 누군가 발굴해 주기를 기다리고 있는 수많은 지혜와 재능의 보고寶庫가 있다고 믿는다. 우리는 학교 안팎의 모든 인적 구성원들 – 학생, 교사, 학부모와 그들의 확대 가족들, 관리자들, 실무사들, 지킴이들, 행정요원들, 그리고 지역사회의 모든 인적자원들-의 지혜와 창의 적인 에너지를 어떻게 끌어들일 것인지 알아야한다. 이를 통해 우리가 가진 집단적 잠재력을 마음껏 발휘하여 결국 우리가 원하는 세상을 만들어갈 수 있다. 우리 자신들이야말로 우리가 그토록 기다려 왔던 바로 그 사람들이다.

1	2	3	4	5
동의하지 않음				동의함

의견 _____

_____

6. 인간은 전인적인 존재다.

영어에서 "건강"과 "전체"라는 단어는 어원이 같다. 우리가 하는 행동들 속에는 이성, 육체, 감정 그리고 영혼이 모두 포함되어 있다. 그것들은 모두 동등한 비중을 지닌다. 이성, 육체, 감정 그리고 영혼이 모두 각각 배움의 방법들, 그리고 지식과 지혜를 모두 아우르고 있는 배움의 원천을 제공해 준다. 배움이란 이성뿐만 아니라 몸과 마음 그리고 영혼이 모두 참여하는 통합적인 과정이다. 오늘날 두뇌연구에 의하면 정서가 담긴 정보가 그렇지 않은 정보에 비해 우리의 두뇌에 훨씬 깊이 각인되며, 아동들은 교사가 자신들에게 관심이 있다는 사실을 알기 전까지는 교사가 가진 지식에 대해 관심을 보이지 않는다.

건강한 학교문화를 창조하려는 우리의 접근방법은 우리 자신의 모든 부분들, 즉 우리의 지성 과 감정과 영혼과 육체를 모두 끌어 들이는 것이다. 우리는 인간의 잠재능력가운데 하나인 다중지능

을 키우기 위해 우리 존재의 모든 영역들이 가진 필요들을 잘 만족시키도록 힘써야한다.

1	2	3	4	5
동의하지 않음				동의함

의견 _____

_____

7. 우리는 진정한 자아로 살아가는 습관을 만들기 위해 연습이 필요하다.

우리에게는 우리가 진정한 자아와 연결되도록 도와줄 연습이 필요하다. 그래야 우리는 우리가 추구하는 가치와 발맞추어 살 수 있고 교실 및 학교 안에서 건강한 관계들을 만들어갈 수 있다. 학교 공동체 안에서 교사와 학생들 간의 관계는 어떤 의도의 산물이다. 만일 우리가 긍정적인 관계성들을 소중히 가꾸려는 의지가 있다면 관계는 저절로 풍성해 진다.

이 책에서 소개될 서클들은 우리가 내면의 건강한 자아와 연결되고 또 학교안에서 긍정적인 관계들을 더욱 풍성하게 가꿔줄 수 있는 검증된 방법들을 제시할 것이다. 평화만들기 서클은 우리 안의 선한 늑대를 먹이고 양육하는 실습의 과정이라 할 수 있다. 우리가 직접 서클을 실천할 때, 바로 거기서 서클의 마법이 일어나는 것이다.

1	2	3	4	5
동의하지 않음				동의함

의견 _____

_____

나의 핵심 신념   기타 의견

1. _____   _____

2. _____   _____

3. _____   _____

4. _____   _____

5. _____   _____

_____ .

7.11 회복적 학교 문화 평가 서클

목적 학교 공동체에 회복적 문화를 만들기 위해 걸어왔던 길 성찰하기, 회복적 학교 문화로 변화하는 동안 경험한 성공과 어려움 성찰하기, 교직원들의 지속적인 성장과 자기성찰 지원하기

준비물 토킹스틱, 종 또는 벨소리, 서클 상징물, 지난 시간에 만든 공유된 가치와 약속

준비 서클 참여자가 다른 가구 없이 의자로만 둥그렇게 앉도록 한다.

서클 참여자 환영하기

침묵으로 초대하기 잠시 멈추고 호흡을 하고 소리를 듣기

공간열기 부록 2를 참조하거나 다른 것으로 대체

지난 서클에서 만든 공유된 가치와 약속 확인하기

서클의 진행과정 소개하기

마음연결하기 최근 학생과 유쾌하게 연결됐던 순간은 언제인가요?

중심활동 학교 문화 변화의 긍정적인 점과 어려운 점 평가하기

나눔 관계에서 학생들이 회복적 접근의 관점에서 행동했던 것은 무엇인가요?

나눔 다른 사람들의 이야기를 들은 후 떠오른 생각은 무엇인가요?

나눔 관계에서 교직원들이 회복적 접근의 관점에서 행동했던 것은 무엇인가요?

나눔 우리 학교가 회복적 문화로 변화되고 있음을 느꼈던 순간은 언제인가요? 구체적인 상황을 예를 들어 이야기해주세요.

나눔 회복적 생활교육을 교육 현장에 적용했을 때 어려움을 느끼는 지점은 무엇인가요?

나눔 회복적 생활 교육 운동을 지속적으로 할 수 있도록 도와주는 것은 무엇인가요?

체크아웃 오늘 서클에서 내게 도움이 됐던 것은 무엇인가요?

공간닫기 부록 2를 참조하거나 다른 것으로 대체

참여한 모두에게 감사 표현하기

목적 변화가 주는 스트레스 줄이기, 변화가 주는 긍정적인 잠재력 키우기, 변화를 겪으며 회복탄력성 키우기, 관계 만들기

준비물 토킹스틱, 종 또는 벨소리, 서클 상징물, 지난 시간에 만든 공유된 가치와 약속, 저글링용 작은 솜인형

준비 서클 참여자가 다른 가구 없이 의자로만 둥그렇게 앉도록 한다.

서클 참여자 환영하기

침묵으로 초대하기 잠시 멈추고 호흡을 하고 소리를 듣기

공간열기 솜인형으로 하는 저글링384쪽 참고 혹은 다른 것으로 대체

지난 서클에서 만든 공유된 가치와 약속 확인하기

서클의 진행과정 소개하기

마음연결하기 *현재 내게 기쁨을 주는 것과 스트레스를 주는 것은 무엇인가요?*

중심활동   변화 성찰하기 – 유익한 점, 어려운 점, 지원을 요청할 점

나눔 *학교에서 경험하는 변화 중 내게 가장 크게 다가오는 것은 무엇인가요?*

나눔 *변화로 인해 신이 나고 힘이 나는 것은 무엇인가요?*

나눔 *변화로 인해 슬픈 것은 무엇인가요? 변화로 인해 잃어버린 것은 무엇인가요?*

나눔 *변화로 인해 부담스러운 것은 무엇인가요? 변화가 주는 어려움을 다루는 나만의 방법은 무엇인가요?*

나눔 *변화의 과정 중 공동체가 서로를 지원하기 위해 할 수 있는 일은 무엇인가요?*

돌아가며 말하기를 진행할 때 깊이 있게 생각하기 위해 토킹스틱을 두 번 돌릴 수 있다.

체크아웃 *오늘 서클에 대한 소감은 무엇인가요?*

공간닫기 부록 2를 참조하거나 다른 것으로 대체

참여한 모두에게 감사 표현하기

모듈8 : 학부모와 지역사회 참여시키기

회복적 학교 문화는 학교 뿐만 아니라 학부모와 학교 지역사회가 함께 참여하며 만들어 간다. 학교는 학부모와 지역사회를 연계하는 중간다리 역할을 하며 두 번째 핵심신념인 '모든 것이 연결되어 있다'를 실현한다.

학교와 학부모 간의 건강한 협력은 학생이 학교 생활을 잘 할 수 있도록 돕는데 이를 위해서는 긴 과정이 필요하다. 건강한 협력관계는 존중을 바탕으로 한 동등함에서 온다. 네 번째 핵심신념에서 언급한 바와 같이, 우리는 인간 사회에서 모든 재능들은 공동의 복지와 불가분의 관계라는 것을 믿는다. 상호의존성은 생존을 위해 필수적이다. 아이들을 잘 가르치고 돌보기 위해서 우리에게는 모든 사람의 재능이 필요하다. 어떤 개인과 조직도 이 일을 홀로 감당할 수 없다.

많은 학교에서 가정과 학교의 협력관계를 구축하는데 큰 어려움을 겪는다. 어떤 가정은 가족의 기본적인 욕구를 충족하기 위하여 분투하고 있어 학교와 협력관계를 유지하는데 사용할 시간이 없다. 어떤 가정은 과거에 받은 학교의 부정적인 경험의 영향으로 학교와 관계를 맺는데 소극적인 태도를 취하며 이는 학교에 대한 불만족의 원인이 된다. 많은 학부모가 아이에 대한 본인이 가진 지혜의 중요함과 그 영향을 과소평가한다.

학교의 많은 노력에도 불구하고 학부모와 학교의 의사소통에서 학부모의 목소리는 자주 간과되어왔다. 서클은 학부모의 목소리를 들을 수 있는 공간을 제공한다. 서클에서 힘을 실어주고 목소리를 수용할 수 있는 능력은 매우 크다. 서클은 학부모와 학교가 건강한 관계를 맺어 갈 수 있는 공간을 창조한다. 그 결과 부모가 자녀를 교육하는 과정에서 필요한 선물과 지식을 활용할 수 있도록 힘을 불어넣어 준다. 또한, 서클은 학부모 간의 관계를 만들어갈 수 있는 공간을 창조해 자녀를 양육할 때 맞는 어려움을 서로 지원할 수 있도록 돕는다.

학교와 지역사회는 서로에게 선물이 될 수 있다. 학교는 직접적으로 공동체의 역량과 공동체 구성원의 삶의 질에 영향을 미친다. 지역사회 역시 학교에 직접적인 영향을 미친다. 서클은 학교와 지역사회가 상호 긍정적으로 영향을 미칠 수 있도록 지원한다.

가정과 지역사회가 서클을 하면, 학교에서 하는 서클 활동에 긍정적인 효과를 가져온다. 학생들이 학교 밖에서 어른들이 서클을 하는 것을 볼 때, 학생들은 서클이 학교에서만 하는 활동이 아니라 삶에서 중요한 과정임을 느낄 수 있다. 서클을 경험한 학부모와 지역사회 구성원들은 서클에서 배운 기술을 삶의 다른 영역에서 활용할 수 있다. 이러한 파급효과는 공동체를 강화시키며, 지속적인 배움과 성장을 불러와, 학교공동체를 더욱 건강하게 할 수 있다 결국에는 학교를 건강하게 만든다.

이 장의 서클은 학부모와 지역사회 구성원이 서클을 처음 시작할 때 필요한 모형들을 소개한다. 후에 서클을 통해 학부모와 지역사회 자체의 욕구와 관심분야를 알아가면서, 더욱 발전된 서클을 경험할 수 있을 것이다.

목적 학부모가 서클을 직적접으로 경험하며 서클의 기본 요소 알아가기, 학부모들의 관계 만들기

준비물 토킹스틱, 종 또는 벨소리, 서클 상징물, 종이, 마커

준비 의자를 둥그렇게 배치하고 앉는다.

서클 참여자 환영하기

침묵으로 초대하기 잠시 멈추고 호흡을 하고 소리를 듣기

설명하기 *서클은 늘 의식적으로 공간을 엽니다. 이어서 할 공간열기는 우리가 이 시간, 이 공간에서 온전히 현존함을 경험할 수 있기 위함입니다. 이 곳에 온 목적과 관계없는 방해물을 내려놓고 빠르게 돌아가는 일상의 속도를 늦춰 봅니다.*

공간열기 숨을 크게 들이마시고 내뱉으며 침묵한다.

지금, 여러분의 자녀가 태어난 날을 머릿속에 그려보세요. 처음 아이를 가졌을 때 느꼈던 기분을 떠올려 보세요. 숨을 천천히 들이 마시며 그 날을 떠올려 봅니다. 이제 이 시간, 이 장소로 생각을 집중하지만 침묵할 때 경험한 따뜻한 느낌을 계속 붙잡아 보세요.

토킹스틱 소개하기 토킹스틱이 서클 안에서 어떻게 사용되는지와 토킹스틱에 담긴 이야기나 의미 설명하기

서클의 진행과정 소개하기

나눔 *자기 소개와 함께 우리 학교나 살고 있는 동네에 오게 된 과정을 말해주세요.*

참여자들에게 자녀에게 물려주고 싶은 삶에서 중요하다고 생각하는 가치를 떠올려 보게 한다. 자리에 놓인 종이에 생각한 가치를 크게 적도록 한다.

나눔 *본인이 적은 가치와 그 가치가 자신에게 어떤 의미인지, 자녀에게 물려주고 싶은 이유를 나눠주세요. 이야기가 끝나면 모두가 볼 수 있도록 종이를 서클의 중앙에 놓습니다.*

설명하기 *서클의 중심에 놓은 가치들은 서클을 진행하는 과정에서 주춧돌로 쓰이게 됩니다. 이 주춧돌이 아이들의 행복을 위해 우리가 선한 방식으로 협력하는데 도움을 줄 것입니다.*

설명하기 *여러분들이 서클에 가져오신 주춧돌에 더해, 서클의 일반적인 약속을 놓고 싶습니다.*

1. 토킹스틱을 존중하기   2. 존중하며 말하고 듣기
3. 마음으로 말하고 듣기   4. 현존하기
5. 사생활 존중하기

서클의 약속을 칠판이나 전지에 적는다.

나눔 이 약속이 마음에 드세요? 좋은 대화를 나누기 위해 제안하고 싶은 약속이 있나요?

제안한 약속을 적는다. 모든 참여자들이 제안한 약속에 동의하는지 확인한다.

설명하기 앞으로 우리가 서클로 모일 때마다, 협력하여 아이들을 더 잘 돕기 위해 이 약속을 적은 종이를 갖고 오겠습니다.

중심활동 부모의 자녀에 대한 생각을 통해 자녀 알아가기

설명하기 오늘 우리가 이 자리에 모인 이유는 우리 아이들 때문입니다. 여기 모인 분들의 자녀를 소개하는 시간을 갖겠습니다.

나눔 가족에 대해 말해주세요. 자녀가 몇 명인지, 아이들의 이름과 나이, 누가 학교에 다니고 있는지 말해주세요.

나눔 자녀마다 갖고 있는 특징과 각 자녀마다 본인이 좋아하는 특징을 말해주세요.

나눔 아이들이 성장하며 겪고 있는 어려움에 대해 말해주세요.

나눔 아이들이 자신에게 스승이 되었던 경험을 나눠 주세요.

나눔 아이들에 관한 재미있는 이야기를 나눠주세요.

모두에게 감사하기 자녀를 소개해 주셔서 감사합니다. 서클은 '우리에게 중요한 것'에 관해 이야기하는 특별한 공간입니다. 우리 아이들은 우리에게 매우 중요한 존재입니다. 부모님들의 눈을 통해 아이를 바라볼 수 있었던 아름다운 시간이었습니다. 서클은 깊은 성찰을 나누고, 삶의 가치에 집중하고, 유머를 경험하는 공간입니다. 우리는 오늘 서클에서 이 모든 것을 경험했습니다.

배움나눔 서클을 마치며 어떤 생각이 드나요?

공간닫기 부록 2를 참고하거나 다른 것으로 대체

참여한 모두에게 감사 표현하기

목적 서클 안 밖에서 지속적으로 서로를 지원할 수 있는 학부모 소모임 만들기, 학교에 효과적으로 참여할 수 있는 학부모 능력 강화하기

서클 시작 전 준비 다른 학부모들과 소모임 활동을 하고 싶은 학부모를 모집한다. 8명에서 10명의 구성원으로 모임을 구성한다. 가족을 나타내는 상징물을 서클에 올 때 가져오도록 하고, 서클 중앙에 놓도록 한다.

준비물 토킹스틱, 종 또는 벨소리, 서클 상징물, 종이, 마커

준비 의자를 둥그렇게 배치하고 앉는다.

서클 참여자 환영하기

침묵으로 초대하기 잠시 멈추고 호흡을 하고 소리를 듣기

공간열기 부록 2를 참조하거나 다른 것으로 대체

토킹스틱 소개하기 토킹스틱이 서클 안에서 어떻게 사용되는지와 토킹스틱에 담긴 이야기나 의미 설명하기

서클의 진행과정 소개하기 '나눔' 이란 질문에 토킹스틱을 건네며 이야기하는 것을 의미한다. 진행자는 참여자로서 질문을 하고, 첫 번째로 대답한다. 그리고 토킹스틱을 옆 사람에게 건넨다. 진행자가 서클을 돌리는 방향으로 토킹스틱을 차례차례 건넨다. 첫 번째 나눔에서 이름을 말하고 질문에 답한다. 패스통과라고 하고 그냥 토킹스틱을 건네도 괜찮다

나눔 *자신이 누구이고, 자녀가 이 학교에 다닌지 몇 년이 됐는지, 자녀의 이름과 학년을 말해주세요.*

참여자들에게 이 모임에 모인 참여자들과 나누고 싶은 가치를 떠올려 보게 한다. 자리에 놓인 종이에 생각한 가치를 크게 적도록 한다.

나눔 *본인이 적은 가치와 그 가치가 자신에게 어떤 의미인지, 왜 이 가치가 이 모임에서 중요하다고 생각하는지 나눠주세요. 이야기가 끝나면 모두가 볼 수 있도록 종이를 서클의 중앙에 놓습니다.*

설명하기 *여러분들이 서클에 가져오신 가치에 더해, 서클의 일반적인 약속을 놓고 싶습니다.*

1. 토킹스틱을 존중하기   2. 존중하며 말하고 듣기
3. 마음으로 말하고 듣기   4. 현존하기
5. 사생활 존중하기

서클의 약속을 칠판이나 전지에 적는다.

나눔 이 약속이 마음에 드세요? 좋은 대화를 나누기 위해 제안하고 싶은 약속이 있나요?
제안한 약속을 적는다. 모든 참여자들이 제안한 약속에 동의하는지 확인한다.

설명하기 앞으로 우리가 서클로 모일 때마나, 협력하여 아이들을 더 잘 돕기 위해 이 약속을 적은 종이를 갖고 오겠습니다.

> **중심활동** 부모됨을 성찰하고 부모에게 필요한 것 지원하기

나눔 우리 가족을 상징하는 물건을 갖고 오셨다면 그 물건에 대해 말해주세요. 가지고 오지 않았더라면 생각나는 물건에 대해 말해 주시겠어요?

나눔 부모가 된다는 것이 자신에게 무엇을 의미하는지 말해주세요.

나눔 부모로서 어려움을 겪고 있을 때 여러분을 지원해주었던 사람이 있었던 때에 대해 말해주세요.

나눔 내가 좋은 부모가 될 수 있도록 지원해 줄 사람이 필요했던 때에 대해 말해주세요.

나눔 이 학부모 모임이 여러분이 부모로서의 역할을 하는데 어떤 도움을 줄거라 생각하세요?

나눔 이 학부모 모임이 이 시간 후에 다음 단계로 무엇을 했으면 좋겠어요?
계획과 건의사항을 요약하고, 다음 시간에 대한 기대를 명료화한다.

체크아웃 서클을 마치며 어떤 생각이 드나요?

공간닫기 부록 2를 참고하거나 다른 것으로 대체

참여한 모두에게 감사 표현하기

목적 학부모와 학교의 소통 강화하기, 부모들이 자녀들의 학교생활에 대한 피드백을 학교에 전할 수 있는 기회 제공하기, 학부모간의 관계 형성하기

준비물 토킹스틱, 종 또는 벨소리, 서클 상징물, 공간열기활동을 위한 리본, 참여인원 수에 맞춘 종이 접시와 마커

준비 의자를 둥그렇게 배치하고 앉는다. 의자 1개 당 약 1㎝ 넓이, 90㎝ 길이의 리본과 종이, 마커가 놓여 있다.

서클 참여자 환영하기

침묵으로 초대하기 잠시 멈추고 호흡을 하고 소리를 듣기

공간열기 "내 인생의 역할모델" 380쪽 참고

토킹스틱 소개하기 토킹스틱이 서클 안에서 어떻게 사용되는지와 토킹스틱에 담긴 이야기나 의미 설명하기

서클의 진행과정 소개하기

나눔 *자신소개와 함께, 이 동네에 몇 년간 거주했는지, 자녀의 이름과 학년을 말해주세요.* 행동modeling을 통해 자녀에게 가르치고 싶은 가치를 떠올려 보게 한다. 자리에 놓인 종이에 생각한 가치를 크게 적도록 한다.

나눔 *본인이 적은 가치와 그 가치가 자신에게 어떤 의미인지, 가치가 중요하다고 생각하는 이유에 관해 나눠주세요. 이야기가 끝나면 모두가 볼 수 있도록 종이를 서클의 중앙에 놓습니다.*

설명하기 *여러분들이 서클에 가져오신 가치에 더해, 서클의 일반적인 약속을 놓고 싶습니다.*

1. *토킹스틱을 존중하기* 2. *존중하며 말하고 듣기*
3. *마음으로 말하고 듣기* 4. *현존하기*
5. *사생활 존중하기*

서클의 약속을 칠판이나 전지에 적는다.

나눔 *이 약속이 마음에 드세요? 좋은 대화를 나누기 위해 제안하고 싶은 다른 약속이 있*

나요?

제안한 약속을 적는다. 모든 참여자들이 제안한 약속에 동의하는지 확인한다.

설명하기 우리는 아이들을 위해 지금 이 자리에 모였습니다. 공간열기 시간에 우리가 이야기를 나눈 멘토들은 아이들을 어떻게 섬겨야 하는 지 길을 보여줍니다. 우리의 가치 또한 우리가 아이들을 섬기며 길을 걸을 때 길을 밝혀 주는 빛입니다. 이제 자녀에 관한 이야기를 나눠 보겠습니다.

중심활동 아이의 학교생활 중 잘되는 것과 잘되지 않는 것 이야기하기

나눔 자녀가 학교에서 잘하고 있는 것은 무엇인가요?

나눔 자녀가 학교에서 잘하고 있는 것에 대해 추가적으로 할 이야기가 있나요?

나눔 자녀가 학교에서 어려움을 겪고 있거나 잘되고 있지 않은 것은 무엇인가요?

나눔 여러분이 아이의 학교생활을 도울 수 있는 방법 한 가지는 무엇인가요?

나눔 학교가 아이의 학교생활을 도울 수 있는 방법 한 가지는 무엇인가요?

체크아웃 오늘 서클을 마치기 전에 하고 싶은 이야기가 있나요?

공간닫기 부록 2를 참고하거나 다른 것으로 대체

참여한 모두에게 감사 표현하기

목적 아이가 학교생활을 최대한 잘 할 수 있도록 학교와 가정의 관계가 강화될 수 있도록 지원하기, 학교와 가정의 역할 명료화하기

준비물 토킹스틱, 종 또는 벨소리, 서클 상징물, 종이, 마커

준비 의자를 둥그렇게 배치하고 앉는다.

서클 참여자 환영하기

침묵으로 초대하기 잠시 멈추고 호흡을 하고 소리를 듣기

공간열기 "공동의 약속에 기반한" 388쪽 참고

서클의 진행과정 소개하기

중심활동　부모와 교직원의 욕구 공유하기

나눔 *자기소개와 함께, 이 학교와 관련된 지는 얼마나 됐는지, 오늘 서클에서 기대하는 것이 무엇인지 이야기 해주세요.*

참여자들에게 학교와 가정의 관계에서 가장 중요한 가치가 무엇인지 떠올려 보게 한다. 자리에 놓인 종이에 생각한 가치를 크게 적도록 한다.

나눔 *본인이 적은 가치와 그 가치가 자신에게 어떤 의미인지, 가치가 중요하다고 생각하는 이유에 대해 나눠주세요. 이야기가 끝나면 모두가 볼 수 있도록 종이를 서클의 중앙에 놓습니다.*

설명하기 *여러분들이 서클에 가져오신 가치에 더해, 서클의 일반적인 약속을 놓고 싶습니다.*

1. 토킹스틱을 존중하기
2. 존중하며 말하고 듣기
3. 마음으로 말하고 듣기
4. 현존하기
5. 사생활 존중하기

서클의 약속을 칠판이나 전지에 적는다.

나눔 *이 약속이 마음에 드세요? 좋은 대화를 나누기 위해 제안하고 싶은 약속이 있나요?*

제안한 약속을 적는다. 모든 참여자들이 제안한 약속에 동의하는지 확인한다.

설명하기 이 가치와 약속은 학교의 모든 아이들을 위하여 학교와 가정이 협력할 때 매우 중요한 주춧돌이 될 겁니다. 서로의 의견이 다를 때, 우리가 가치와 약속을 바탕으로 서로의 이야기를 잘 듣고 차이를 넘어 방법을 찾을 수 있기를 바랍니다.

나눔 학교 일에 가정이 참여하는 것이 왜 중요한가요?

나눔 이번 순서에는 학부모님들만 말하겠습니다. 자녀 교육을 지원하는데 온전히 참여하기 위하여 학교로부터 필요한 것은 무엇인가요?

대답한 것을 칠판이나 공책에 적는다.

나눔 모든 사람이 말할 수 있는 시간입니다. 부모님들은 학교가 지원해 주었으면 하는 점에 대해 좀 더 말해도 되고, 교직원들은 학부모가 말한 내용에 관해 이야기하면 됩니다.

중요한 의견을 계속 적어 놓는다.

나눔 이번 순서에는 교직원분들만 말하겠습니다. 아이들의 교육활동을 지원하는데 가정으로부터 필요한 것은 무엇인가요?

나온 의견을 계속해서 적는다.

나눔 모든 사람이 말할 수 있는 시간입니다. 교직원들은 가정이 지원해 주었으면 하는 것에 대해, 학부모님들은 제안한 지원에 대해 말해주세요.

나눔 가정이 학교에 참여할 때 겪었던 어려움과 저항을 경험했던 지점은 어떤 것이었나요? 가정이 학교에 참여하려고 할 때 부딪히는 장벽은 무엇인가요?

이 질문에 답하는데 열기가 많고 할 말이 많다고 여겨지면 토킹스틱을 두 번 돌린다.

나눔 가정의 학교 참여를 가로막는 장벽을 해소할 수 있는 한 가지 방법이 있다면 무엇일까요?

계속해서 의견을 적는다.

핵심 의견과 제안한 행동을 정리하여 말한다.

나눔 오늘 이후에 나누고 싶은 대화의 내용이나 주제는 무엇인가요?

제안을 정리하고, 다음 시간에 대화할 주제를 명료화한다.

체크아웃 서클을 마치며 어떤 생각이 드나요?

공간닫기 부록 2를 참고하거나 다른 것으로 대체

참여한 모두에게 감사 표현하기

목적 학교에 대한 학부모의 경험이 미치는 영향 인식하기, 학교와 학부모의 관계 향상시키기, 학부모 간의 관계 형성하기

준비물 토킹스틱, 종 또는 벨소리, 서클 상징물

준비 의자를 둥그렇게 배치하고 앉는다.

서클 참여자 환영하기

침묵으로 초대하기 잠시 멈추고 호흡을 하고 소리를 듣기

공간열기 부록 2를 참조하거나 다른 것으로 대체

서클의 진행과정 소개하기

나눔 *자기 소개와 함께 학교와 어떤 연관이 있는지 말해주세요.*

나눔 *자녀에 관한 이야기를 나눌 때 내게 중요한 가치를 말해주세요.*

참여자들이 말한 가치를 목록화하여 적어 서클의 중심에 놓는다.

서클의 기본 약속 확인하기

중심활동 학교에 관한 나의 경험 나누기

설명하기 *오늘 서클의 목적은 우리가 쌓아온 지혜에 다가갈 수 있도록 돕는데 있습니다. 우리가 살아가며 겪은 일은 지혜의 원천이며 오늘날 어려움을 만났을 때 통찰을 줄 수 있습니다. 서클을 통해 우리의 학창시절을 탐험하며 우리 아이들을 더 잘 도울 수 있게 되기를 기대합니다.*

나눔 *어른이 된 후 학교 건물에 들어갔을 때 내 몸은 신체적으로 어떻게 반응했나요? 학교에 들어설 때 몸의 느낌은 어땠나요?*

나눔 *어렸을 적 학교에 다녔을 때 가장 좋았던 경험은 무엇이었나요?*

나눔 *학교가 내게 주었던 좋은 것에 관해 더 이야기를 나누고 싶은 것이 있나요?*

나눔 *어렸을 적 학교에 다녔을 때, 잘 맞지 않았던 것과 힘들었던 것은 무엇인가요?*

나눔 *자녀의 학교생활 모습이 본인의 학교생활 모습과 비슷한 것 같나요? 다른 것 같나요?*

나눔 *자녀의 학교생활을 지원하기 위해 이 서클에서 참여자들이 나눈 경험의 지혜를 사용하고 싶다면 무엇인가요?*

체크아웃 *오늘 서클에서 경험한 것에 관하여 하고 싶은 말이 있나요?*

공간닫기 부록 2를 참고하거나 다른 것으로 대체

참여한 모두에게 감사 표현하기

목적 아이들의 성공적인 학교생활을 위해 지역사회와 학교의 협력관계를 강화하도록 지원하기, 학교와 지역사회의 연계를 통해 지역사회 공동체 강화하기

준비물 토킹스틱, 종 또는 벨소리, 아이용 퍼즐조각 서클 참여자 수만큼 준비, 전지, 마커, 필기구

준비 의자를 둥그렇게 배치하고 앉는다.

서클 참여자 환영하기

침묵으로 초대하기 잠시 멈추고 호흡을 하고 소리를 듣기

서클의 진행과정 소개하기

중심활동 퍼즐 비유를 통하여 학교와 지역사회 협력 관계 강화하기

공간열기 *바구니 안에 퍼즐 조각이 담겨 있습니다. 바구니를 넘기면 퍼즐 한 조각을 챙겨주세요. 바구니 안에 조각이 없어질 때까지 바구니를 돌리겠습니다.*

토킹스틱 소개하기 *서클에서 토킹스틱을 사용하는 방법과 토킹스틱에 담긴 이야기나 의미 설명하기*

나눔 *갖고 있는 퍼즐 조각을 보고, 무엇이 보이는지 말해주세요.*

참여자들이 모두 중앙에 모여 함께 퍼즐조각을 완성하도록 한다.

나눔 *자기를 소개해주세요. 이 지역사회의 일원이 된지 얼마나 됐고, 퍼즐을 함께 완성하며 어떤 기분을 느꼈는지 나눠주세요.*

모두를 초대하기 *지역사회와 학교가 협력할 때 본인이 생각하는 가장 중요한 가치가 무엇인지 생각해보세요. 의자 밑에 놓인 종이에 그 가치를 적어주세요.*

나눔 *본인이 적은 가치와 그 가치가 자신에게 어떤 의미인지, 왜 이 가치가 지역사회와 학교가 협력하는 데 중요한지 나눠주세요. 이야기가 끝나면 모두가 볼 수 있도록 종이를 서클의 중앙에 놓습니다.*

돌아가며 말하기가 끝나면 모든 가치를 읽는다. 협력하는데 필요한 가치를 선물한 모두에게 감사의 마음을 전한다.

나눔 *이 지역사회에서 내가 발견한 나의 역할은 무엇인가요? 학교에서 내가 발견한 나의 역할은 무엇인가요?*

모두를 초대하기 *내가 바라는 지역사회와 학교가 협력하는 모습을 5가지 단어로 적어주세요.*

나눔 *적은 5개의 단어를 말해주세요.*

칠판이나 전지에 단어를 적는다.

알리기 *이 단어들은 지역사회와 학교의 협력을 위한 우리의 비전입니다.*

나눔 *우리가 속한 지역사회나 다른 지역사회에서 경험한 것 중, 학교와 지역사회의 협력으로 학생들이 혜택을 받은 경험을 나눠주세요.*

나눔 *방금 이야기한 경험을 통해 배운 점은 무엇인가요? 학교와 지역사회의 협력관계를 효과적으로 지원하는 조건은 무엇인가요?*

나눔 *학생들에게 혜택을 줄 수 있는 우리 지역사회의 강점은 무엇인가요?*

나눔 *지역사회에 혜택을 줄 수 있는 우리 학교의 강점은 무엇인가요?*

나눔 *학교와 지역사회의 협력관계를 강화하는데 기여할 수 있는 나의 퍼즐 조각은 무엇인가요?*

나눔 *우리의 가치와, 지역사회와 학교의 협력관계를 위한 비전과, 우리 모두의 행복을 위해 쓰일 수 있는 강점을 통합할 수 방법은 무엇인가요?*

제안을 정리하고, 다음 시간에 다룰 이야기를 상정한다.

체크아웃 *서클을 마치며 드는 생각을 나눠주세요.*

공간닫기 "공동의 약속에 기반한 연결망" 378쪽 참고

참여한 모두에게 감사 표현하기

새로 온 이민자를 공동체와 연결하는 서클

목적 지역사회에 처음 이민 온 성인과 관계를 형성해 학교와 지역사회의 협력관계 강화하기, 이민사회의 문화와 환경을 배워 학교에서 이민자 자녀를 효과적으로 지원하기

서클 전 준비 이민사회 서클 구성에 도움을 줄 사람 몇 명을 모집할 수 있도록 요청한다. 공간열기와 서클상징물, 토킹스틱에 대한 제안을 구한다. 학교에 대한 대화를 나눌 이민자를 어떻게 초대해야 하는지 자문을 구한다. 서클의 공간열기와 환영에 반영할 수 있는 문화적 의전이 있는지 자문을 구한다. 필요하다면 통역이 가능하도록 준비한다.

준비물 토킹스틱, 서클 상징물, 종 또는 벨소리

준비 의자를 둥그렇게 배치하고 앉는다.

서클 참여자 환영하기

침묵으로 초대하기 잠시 멈추고 호흡을 하고 소리를 듣기

공간열기 이민사회의 구성원과 나눈 서클 전 대화를 바탕으로 공간열기를 준비한다.

서클의 진행과정 소개하기 '나눔' 이란 질문에 토킹스틱을 건네며 이야기하는 것을 의미한다. 진행자는 참여자로서 질문을 하고, 첫 번째로 대답한다. 그리고 토킹스틱을 옆사람에게 건넨다. 진행자가 서클을 돌리는 방향으로 토킹스틱을 차례차례 건넨다. 첫번째 나눔에서 이름을 말하고 질문에 답 한다. 패스통과라고 하고 그냥 토킹스틱을 건네도 괜찮다

중심활동 이민사회 구성원으로부터 배운 것을 바탕으로 존중하는 관계 형성하기

나눔 *자기 소개와 함께 자녀, 함께 살고 있는 가족을 소개해주세요.*
나눔 *자녀에 대한 대화를 나눌 때 본인이 생각하는 중요한 가치가 무엇인지 말해주세요.*
참여자들이 말한 가치를 목록화하여 적어 서클의 중앙에 놓는다.

서클의 기본 약속 확인하기

나눔 *고향이 어디인가요? 고국에 살 때 좋았던 것은 무엇이었나요?*
나눔 *고국을 떠날 수밖에 없었던 상황은 무엇이었나요?*
나눔 *이 나라에서 이해하기 어려운 점은 무엇인가요?*

나눔 고국에 있는 학교에서 경험한 것은 무엇이었나요?

나눔 이 지역의 학교에서 자녀를 이해하기 위해 알아야 하는 중요한 사항은 무엇인가요?

나눔 학교가 여러분의 문화를 존중하기 위해 알아주었으면 하는 것은 무엇인가요?

나눔 앞으로도 학교에서 서클을 하는 데 관심이 있나요? 관심이 있다면, 지속적으로 서클 모임에 참여할 수 있는 가장 좋은 방법은 무엇인가요?

다음 모임에 관한 제안을 정리한다.

체크아웃 오늘 서클을 하며 어땠나요?

공간닫기 부록 2를 참고하거나 다른 것으로 대체

참여한 모두에게 감사 표현하기

개별화 교육 프로그램을 위한 서클 | 8.8

통합Inclusion은 학생과 프로그램 개발자가 개별화 교육 프로그램을 세울 때 고려해야 할 핵심사항이다. 부모와 교사는 아이를 일상에서 가장 많이 보고 있음에도 불구하고 종종 특수교육 전문가로 인정받지 못한다. 서클에서 통합의 전제는 '아무도 소외받는다는 느낌을 받지 않는 것' 이다.

– 존 헹크(John Henke), 서클 프로세스를 사용한 개별화 교육 계획

목적 개별화 교육 프로그램을 개발할 때 모든 참여자가 동등하게 의견을 제안할 수 있도록 장려하기, 개별화 교육 프로그램의 핵심관련자 모두가 개별화 교육 프로그램 수립에 참여하기
서클 전 준비 학부모가 자녀에 관한 것을 나타낼 수 있는 토킹스틱 준비하도록 요청하기
준비물 아이가 만든 작품을 포함한 서클 상징물, 종 또는 벨소리, 전지와 마커, 학부모가 준비하지 못했을 경우를 대비한 토킹스틱
준비 의자를 둥그렇게 배치하고 앉는다.

서클 참여자 환영하기

침묵으로 초대하기 잠시 멈추고 호흡을 하고 소리를 듣기
공간열기 부록 2를 참조하거나 다른 것으로 대체
서클의 진행과정 소개하기

> **중심활동** 아이의 배움에 도움이 되는 개별화 교육 프로그램 계획 성찰 및 수립하기

토킹스틱의 역할 설명하기
부모에게 가져온 토킹스틱에 대해 설명하도록 요청한다.
나눔 *자기 자신과 자녀, 함께 살고 있는 가족을 소개해주세요.*
나눔 *이름과 ○○○과의 관계와 ○○○에 대해 가장 좋아하는 것을 말해주세요.*
나눔 *아이와의 관계에서 본인이 생각하는 가장 중요한 가치가 무엇인지 생각하고, 종이에 그 가치를 적어주세요.*
나눔 *본인이 적은 가치와 그 가치가 자신에게 어떤 의미인지, 왜 이 가치가 아이와의 관계에서 중요한지 나눠주세요. 이야기가 끝나면 모두가 볼 수 있도록 종이를 서클의 중앙에 놓습니다.*

서클의 기본 약속을 소개하고, 참여자에게 추가 하고 싶은 약속이 있는지 묻는다.

나눔 ○○○의 강점은 무엇인가요?

나눔 지난 번 개별화 교육 프로그램 모임 이후 성장한 아이의 모습은 무엇인가요?

나눔 개별화 교육 프로그램 중 구체적으로 성취된 목표는 무엇인가요?

나눔 적절한 향후 목표는 무엇이라고 생각하나요? 그 목표는 개별화 교육 프로그램 중 어디에 추가하면 좋겠어요?

다양한 관점을 고려하고, 문제를 이해하며, 향후 개별화 교육 프로그램 목표에 전원이 합의를 이룰 때까지 돌아가며 말한다.

개별화 교육 프로그램을 완성한다.

체크아웃 오늘 서클을 하며 어땠나요?

공간닫기 부록 2를 참고하거나 다른 것으로 대체

참여한 모두에게 감사 표현하기

모듈9: 청소년이 이끄는 또래 서클

서클의 진행자로 청소년 세우기

서클은 리더십 능력을 개발할 수 있는 장을 마련해준다. 서클에서 공유된 가치와 약속을 만들며, 리더의 중요한 덕목 중 하나인 책임감을 경험하기 때문이다. 서클의 모든 구성원은 서클의 공간을 안전하고 존중하는 분위기로 만드는데 책임이 있다. 토킹스틱을 건네 받은 참여자는 리더가 된다.

청소년은 서클을 경험하며 리더십을 자연스럽게 개발할 수 있다. 모든 사람은 삶에서 리더로서의 역할을 감당한다. 청소년은 자라가며 리더십 능력을 개발해 리더십을 가족과 공동체에 기여하고 싶어 한다. 서클을 통해 리더십의 두 가지 핵심 축인 책임감과 모두에게 선한 것을 찾는 능력이 유기적으로 개발된다. 또한, 서클을 진행하며 공동의 리더십을 경험한다. 그 결과 서클의 "리더"는 서클을 지배하거나 다른 사람에게 지시하는 존재가 아니게 된다. "힘을 지배"하는 리더십이 아닌 "힘을 공유"하는 리더십이 서클을 통해 길러진다. 청소년은 서클을 통해 다른 사람의 힘을 빼앗지 않아도 힘을 가질 수 있는 경험을 한다.

학생들과 서클을 통해 공유하는 리더십을 시작하고자 할 때, 학생들에게 서클의 진행 과정에서 중요한 결정을 할 수 있는 기회를 준다. 아이들이 토킹스틱을 고르거나 가져오게 하거나, 서클의 중심, 공간 열기와 공간닫기를 어떻게 할지 결정하게 한다. 서클에서 나눌 질문을 고를 수도 있다. 이 모든 과정을 모든 연령의 청소년들이 할 수 있다.

학생들과 리더십을 공유하고자 할 때, 품행이 바른 학생이나 과제를 잘 해내는 학생뿐 아니라 다양한 학생들과 리더십을 공유하는 것이 중요하다. 서클을 통해 잠재적으로 부정적인 영향을 끼칠 수 있는 리더십을 바람직한 리더십의 경험으로 전환시킬 수 있다. 학교에 서클을 통해 리더십을 개발할 수 있는 기회가 많고, 이 활동이 처벌과 보상 시스템으로 연결되지 않는다면, 이 기회는 학교 문화에 강력한 영향을 미칠 것이다.

서클에서 학생들이 진행자로 세워지면, 서클을 진행하는 과정 중에 소속감과 참여도가 높아진다. 학생들이 서클의 방법을 숙지하게 되면 많은 학생에게 서클을 진행하는 기회를 주는 것이 좋다. 학생의 서클 진행은 서클의 힘의 방향을 바꿔 놓는 계기가 된다. 학생 리더쉽이 없으면 의도치 않게 어른들이 힘을 갖거나 통제하게 되는 위험 부담을 안을 수 있기 때문이다.

또한, 학생들은 서클을 계획하고 활성화시킬 수 있다. 서클을 경험하고, 서클 진행자로 훈련받은 학생들은 이 책에서 소개하는 대부분의 서클을 진행할 수 있다. 교직원과 학생이 함께 서클 진행자로 훈련받는 활동의 결과는 매우 성공적이다. 어떤 학교는 또래 진행자 서클을 활용해 학생 갈등이나 문제 행동을 다룬다. 이 단계에서 어른들이 학생들에게 힘을 공유하며 주는 신뢰를 통해 학교 문화는 크게 달라진다. 서클 진행을 하는 청소년은 회복적 학교 문화를 만들어 가는 공동변혁자co-creator가 된다.

추가로, 서클 진행을 경험한 청소년은 서클에서 배운 기술을 삶의 다른 영역에서 활용한다. 서클을 진행한 청소년은 가족, 교회, 이웃 공동체에서 쉽게 서클을 활용할 수 있으며, 속한 공동체에 학교에 대한 긍정적인 인상을 더하게 해 준다.

아이들은 학교에서 학교의 전반적인 문화에 영향을 미칠 수 있는 주체이다. 아이들이 진행하는 서클은 학생 사이의 문화를 변혁transform 할 효과적인 방법이다. 학교에서 어른들이 학생들에게 서클을 진행하도록 동기를 부여해 준다면, 학생들은 어른 없이 친구들과 함께 서클을 시작하며 자신감을 가질 것이다. 서클을 통해 익힌 새로운 리더쉽 역량은 비공식적으로 또래간의 갈등을 예방하는데 빈번히 사용된다. 학생들은 친구가 진행자의 역할을 하는 것을 보면 자신감이 더 커지고, 스스로 문제와 어려움을 해결할 방법을 찾을 수 있는 능력을 신뢰하는 법을 배우게 된다.

아이들은 서클에서 자신의 목소리를 내는 것을 배워가며, 서클 밖에서도 자신의 목소리를 내는 법을 배운다. 비폭력의 힘과 대화를 통한 갈등 해결을 배우며 아이들은 서클 밖에서 이를 활용하는 것을 배운다. 서클을 통해 자기성찰을 배우며, 서클 밖에서도 자기 감정을 더 잘 관리하게 된다. 모든 학교와 공동체는 아이들의 지혜와 창조성이 필요하다. 아이들은 서클 진행을 통해 지혜와 창조성을 발현하고 본인의 삶과 연관된 모든 사람의 삶의 질을 높일 수 있다.

이 책의 대부분의 서클 모형이 아이들이 진행할 수 있는 서클이지만 특별히 이번 장에서는 아이들이 진행하는 서클 모형을 실었다.

청소년에 대해 어른들이 알아야 할 내용 탐구 서클 **9.1**

목적 중요한 주제에 관하여 어른들과 청소년들이 소통할 수 있는 공간 창조하기, 청소년이 경험하는 것에 관한 어른들의 의식 역량 키우기, 관계 만들기

준비물 토킹스틱, 종 또는 벨소리, 서클 상징물, 지난 서클에서 만든 공유된 약속

준비 의자를 둥그렇게 배치하고 앉는다.

참여자 어른, 청소년, 청소년진행자

이 서클의 질문은 청소년들을 위해 만들어졌다. 어른 참여자는 토킹스틱 차례가 오면 통과를 하고 듣기만 한다. 청소년들이 말한 것을 듣고 반영해 주는 것을 할 수 있다.

서클 참여자 환영하기

침묵으로 초대하기 잠시 멈추고 호흡을 하고 소리를 듣기

공간열기 숨을 크게 들이마시고 내뱉으며 침묵한다.

지난 서클에서 만든 공유된 약속 확인하기

서클의 진행과정 소개하기

나눔 자기소개와 함께 인생에서 감사한 것에 관해 나눠주세요.

중심활동 청소년이 말하는 어른들이 청소년에 관해 이해하거나 이해하지 못하는 것

나눔 어른들이 알고 이해해주었으면 하는 내 인생의 좋은 것들이 무엇인가요?

나눔 어른들이 이해해주었으면 하는 내 인생의 힘든 점들이 무엇인가요?

나눔 어른들이 이해해야 하는 나와 내 친구들의 일반적인 문화는 무엇인가요?

나눔 내가 생각했을 때 어른들이 이해하기 힘들어 하는 나의 모습은 무엇인가요?

나눔 나로 하여금 어른들에 관하여 희망을 품게 하는 것은 무엇인가요?

이 질문에 답하는데 열기가 많고 할 말이 많다고 여겨지면 토킹스틱을 두 번 돌린다.

배움나눔 오늘 경험한 서클에서 내게 도움이 되는, 갖고 가고 싶은 것은 무엇인가요?

공간닫기 부록 2를 참고하거나 다른 것으로 대체

참여한 모두에게 감사 표현하기

9.2 멋진 인생을 그려보는 서클

목적 원하는 미래를 표현하도록 돕고 원하는 미래로 가기 위한 길을 알 수 있도록 돕기

준비물 토킹스틱, 종 또는 벨소리, 서클 상징물, 전지, 잡지, 가위, 풀, 마커, 반짝이 풀, 다양한 미술 자료

준비 의자를 둥그렇게 배치하고 앉는다.

서클 참여자 환영하기

침묵으로 초대하기 잠시 멈추고 호흡을 하고 소리를 듣기

공간열기 천천히 다음 글을 읽는다.

숨을 크게 들이 마십니다. 깊고 천천히 편하게 숨을 쉬세요. 눈을 감거나 바닥이나 벽을 편안하게 응시해도 좋습니다. 숨이 들어가고 나가는 것을 알아채보세요. 숨을 내쉴 때 몸을 천천히 이완합니다. 어깨에 힘을 뺍니다. 목을 편안하게 하세요. 팔과 손에 힘을 뺍니다. 다리를 편안하게 하시고, 얼굴에도 힘을 빼세요. 깊고 천천히 편하게 숨을 쉬세요. 숨이 들어가고 나가는 것을 의식해봅니다. 이제 10년 후 내 모습을 그려봅니다. 나는 인생에서 좋은 결정을 했고, 내 삶에 만족하고 있습니다. 나는 내 핵심자아와 연결된 삶을 살고 있고, 다른 사람의 핵심자아를 볼 수 있어요. 이런 삶이 어떤 삶인지 그려봅니다. (멈춤) 이런 삶을 떠올릴 때 그려지는 내 머릿속의 그림을 알아채보세요. 세세한 것까지 알아챕니다. (멈춤) 자, 이제 숨을 쉬며 현재로 돌아옵니다. 숨을 들이 마시고 내뱉습니다. 내 의자와 이 방에 있는 사람들을 알아챕니다. 천천히 의식이 이 순간, 이 시간, 이 공간으로 돌아오게 합니다. 돌아왔으면 눈을 떠도 좋습니다.

서클의 진행과정 소개하기

나눔 자기소개와 함께 각자의 긍정적인 특성에 대해 말해주세요.

나눔 미래에 내 삶을 인도해 줄 한 가지 가치에 대해 나눠주세요.

중심활동 내 미래의 인생을 그림으로 그리고 성찰하기

큰 종이 한 장을 편다. 사람이 많으면 두 장을 사용한다. 참여자들이 다른 사람과 겹치지 않고 충분한 공간에서 종이에 작업할 수 있도록 한다. 미술 재료를 사용해 공간 열기 시간에 상상한 10년 후 내 모습을 그리도록 한다. 10년 후 내 인생의 가장 중요한 순간들을 뽑아 그릴 수 있도록 한다.

참여자들에게 그림을 그릴 충분한 시간을 준다. 그리는 작업이 끝나면 걸어 다니며 다른 사람의 그림을 볼 수 있도록 한다. 서클로 다시 돌아간다.

나눔 *이 활동을 끝낸 후의 소감을 나눠주세요. 여러분의 미래를 떠올려 보니 어땠나요?*

나눔 *상상 속 내 모습과 지금 내 모습의 공통점과 차이점은 무엇인가요?*

나눔 *내가 그려본 인생의 좋은 점이나 유익은 무엇이었나요?*

나눔 *내가 그려본 대로 살기 위해 내가 변화를 시도할 수 있는 한 가지는 무엇인가요?*

배움나눔 *오늘 서클이 어땠나요?*

공간닫기 자신만의 자료를 만들어 활용하거나 기닐라 노리스Gunilla Norris의 말을 인용한다.

" 나는 내일 나를 이미 사랑하는 나로 태어나고 싶어요."

－기닐라 노리스(유럽계 미국인, 심리치료사, 아동도서 및 영성도서 작가, 시인

참여한 모두에게 감사 표현하기

학교의 이슈나 정책에 관련된 학생 집중 그룹을 위한 서클

목적 학교 논쟁점에 관하여 학생들의 의미있는 참여 독려하기, 학교의 중요한 논쟁점이나 정책에 관하여 학생들의 토의 이끌어내기, 학생들의 리더쉽 능력 키우기

준비물 토킹스틱, 종 또는 벨소리, 서클 상징물

준비 의자를 둥그렇게 배치하고 앉는다.

서클 참여자 환영하기

침묵으로 초대하기 잠시 멈추고 호흡을 하고 소리를 듣기

공간열기 부록 2를 참조하거나 다른 것으로 대체

서클의 진행과정 소개하기 '나눔' 이란 질문에 토킹스틱을 건네며 이야기하는 것을 의미한다. 진행자는 참여자로서 질문을 하고, 첫 번째로 대답한다. 그리고 토킹스틱을 옆 사람에게 건넨다. 진행자가 서클을 돌리는 방향으로 토킹스틱을 차례차례 건넨다. 첫 번째 나눔에서 이름을 말하고 질문에 답 한다. 패스통과라고 하고 그냥 토킹스틱을 건네도 괜찮다

나눔 *자기소개와 함께 학교가 결정을 내릴 때 학생들의 의견을 반영하는 것에 관하여 본인이 생각하는 중요한 가치가 무엇인지 나눠주세요.*

지난 서클에서 만든 공유된 약속 확인하기

중심활동 학교의 논쟁점과 정책에 관한 학생들의 의견 수합하기

우려하는 학교의 문제나 정책이 무엇인지 명확히 한다.

서클 참여자의 동의가 있다면, 서클에서 다뤄진 정보와 우려가 누가 무엇을 말했는지 비밀이 유지된 상태로 학교의 의사결정 과정에 학생들의 의견이 반영될 수 있도록 학교 관계자와 공유될 수 있음을 알린다. 서클을 마칠 때 다시 한번 위 내용을 알린다.

나눔 *이 논쟁점이나 정책에 대해 알고 있는 것이 무엇인가요?*

나눔 *이 논쟁점이나 정책에 대해 걱정되는 것이 있나요? 있다면 무엇이 걱정되는지 말해주세요.*

나눔 *이 논쟁점이나 정책에 대해 가장 두려운 것은 무엇인가요?*

나눔 *이 논쟁점이나 정책에 관하여 교직원이 알아야 한다고 생각하는 것은 무엇인가요?*

나눔 학교의 논쟁점이나 정책에 관한 본인의 우려와 교직원들의 욕구를 모두 존중하는 창조적인 방법은 무엇이 있을까요?

나눔 이 논쟁점이나 정책에 관한 좋은 의견을 갖고 있는 사람은 누구인가요?

나눔 오늘 주제에 관해 마지막으로 하고 싶은 말이 있나요?

서클에서 나눈 핵심 제안과 걱정되는 점에 관해 교직원들과 공유하는 것이 좋은지 다시 한번 확인한다.

배움나눔 *오늘 서클이 어땠나요?*

공간닫기 부록 2를 참고하거나 다른 것으로 대체

참여한 모두에게 감사 표현하기

9.4 학교에서 경험하는 문화적 민감성을 알아보는 서클

목적 문화적 민감성에 관한 학생들의 경험을 교직원에게 피드백 제공하기, 문화 수용에 관한 학생들의 걱정을 나눌 수 있는 안전한 공간 창조하기, 서클을 통해 청소년리더쉽 개발하기

준비물 토킹스틱, 종 또는 벨소리, 서클 상징물, 종이와 마커

준비 의자를 둥그렇게 배치하고 앉는다.

서클 참여자 환영하기

침묵으로 초대하기 잠시 멈추고 호흡을 하고 소리를 듣기

공간열기 부록 2를 참조하거나 다른 것으로 대체

서클의 진행과정 소개하기 '나눔'이란 질문에 토킹스틱을 건네며 이야기하는 것을 의미한다. 진행자는 참여자로서 질문을 하고, 첫 번째로 대답한다. 그리고 토킹스틱을 옆 사람에게 건넨다. 진행자가 서클을 돌리는 방향으로 토킹스틱을 차례차례 건넨다. 첫 번째 나눔에서 이름을 말하고 질문에 답 한다. 패스통과라고 하고 그냥 토킹스틱을 건네도 괜찮다

마음연결하기 오늘 아침에 나를 일어나게 한 것은 무엇인가요?

참여자들에게 묻기 *한 사람이 다른 사람의 문화를 배울 때 중요한 두 가지 가치에 대해 생각해보세요. 종이에 두 가지 가치를 적습니다.*

나눔 *종이에 적은 가치와 그 가치가 중요한 이유를 나눠주세요. 후에 종이에 적은 가치를 서클의 중심에 놓아주세요.*

지난 서클에서 만든 공유된 약속 확인하기

중심활동 다른 문화와 다른 문화 속에서 자란 아이들과 문화방식 존중하는 것에 대하여 성찰하기

나눔 *나의 정체성 중 문화적 정체성이 중요한가요?*

나눔 *다른 친구들이 본인의 문화를 일반적으로 존중한다고 느끼나요?*

나눔 *교직원들이 본인의 문화를 일반적으로 존중한다고 느끼나요?*

나눔 *학교에서 본인의 문화를 존중한다고 느꼈던 경험을 예로 들어줄 수 있나요?*

나눔 *본인의 문화를 존중하고 수용한다고 느끼기 위해 교직원들에게 바라는 점은 무엇인*

가요?

나눔 본인의 문화를 존중하고 수용한다고 느끼기 위해 학생들에게 바라는 점은 무엇인가요?

나눔 이 밖에 본인의 문화에 대해 다른 사람이 반응할 때, 다른 사람이 알아주었으면 하는 본인에게 중요한 것은 무엇인가요?

배움나눔 오늘 서클을 통해 배운 것은 무엇인가요?

공간닫기 부록 2를 참고하거나 다른 것으로 대체

참여한 모두에게 감사 표현하기

모듈10 : 집중지원 서클

사람들은 학교가 모든 아이들을 지원하기를 기대한다. 하지만 가정과 지역사회에서 발생하는 다면적이고 다양한 어려움 때문에 일부 청소년들에게는 학교 생활이 힘들 수 있다. 일부 청소년들은 학교에 출석하고, 성공적인 학교생활을 위해 집중적인 지원을 받아야 한다. 서클 프로세스는 집중지원을 할 수 있도록 구조화하는데 효과적인 방법이다. 집중 지원이 필요한 청소년들을 공동체로 모아 서클로 지원하면, 공동체가 책임을 지기 때문에 한 사람이 책임에 대한 부담을 갖지 않게 된다. 서클은 공동의 지혜와 공동체 안의 다양한 자원을 활용할 수 있다는 장점이 있다. 그러므로 서클을 통해 교직원, 학부모, 학생, 지역사회 구성원 모두로부터 자원을 제공받을 수 있다.

집중 지원에 서클을 활용하게 되면 특정 기간 동안 정기적인 서클을 열게 된다. 집중지원서클은 만성적으로 무단결석을 하거나, 임신을 했거나, 정신 건강의 문제로 고통 받고 있거나, 노숙을 하고 있거나, 최근에 감옥혹은 소년원에 가 있어 평범하지 않은 어려움을 겪고 있지만 지원을 충분히 받지 못하는 학생을 지원한다. 집중지원 서클 역시 모든 서클과 마찬가지로 촘촘하게 짜여진 지원망을 기획하고 실행하지만 서서클의 모든 참여자들이 지원에 대한 책임을 갖고 모임에 임하는 것이 가장 중요하다.

돌봄의 공동체 만들기

집중지원 서클은 학생과 학생을 둘러싼 중요한 인물을 면담하며 학생이 겪고 있는 어려움을 이해하는 데에서부터 시작한다. 면담 과정에서 알게 된 정보를 토대로 서클 진행자는 집중지원 서클의 참여자를 초대한다. 참여자는 가족이나 학교를 비롯한 학생이 속한 공동체 사람들이다. 부모, 형제자매, 친척, 목사, 코치, 학교동기, 좋아하는 교사, 상담가, 친구, 보모, 청소년 지도사가 집중지원서클에 올 수 있다. 집중 지원이 필요한 청소년을 돌보는 사람이거나, 지속적인 관계를 맺기를 헌신하는 누구나 서클의 잠재적인 참여자가 된다.

지원서클의 참여자가 모범적인 시민일 필요는 없다. 학생을 돌보고자 하고 학생의 긍정적인 성장을 위하여 헌신하는 마음이 중요하다. 첫번째 집중지원서클에서는 관계를 형성하고 성공을 위한 비전을 발견하도록 돕는다. 서클 초반부에는 학생과 참여자들의 강점을 알아가고 사회적 지원을 어떻게 할지 그린다.

다음 과정으로는, 서클에서 성공을 가로막는 장벽과 장벽의 근본 원인을 이해하기 위하여 현재 문제점 이면에 숨겨진 것들을 살핀다. 그 후, 장벽을 극복하기 위한 첫 번째 행동 계획을 수립한다. 서클에서 정기적으로 만나며 계획을 점검

집중지원서클의 참여자를 선별하는 질문

- 공동체나 학교에서 함께 있으면 안전하다고 느끼는 사람은 누구인가요?
- 지금보다 어렸을 때 도움을 요청했던 사람은 누구인가요?
- 초등학교 때 가장 좋아했던 선생님은 누구인가요?
- 역할모델은 누구인가요?
- 나를 도와주거나, 지지해주거나, 내게 충고해주는 사람은 누구인가요?
- 내 말을 잘 들어주는 사람은 누구인가요?
- 내가 처한 상황에 대해서 다 알고 있는 사람은 누구인가요?
- 내가 겪고 있는 어려움을 이해해 주는 사람은 누구인가요?
- 새로운 상황에 처할 때 내 옆에 있어 주었으면 하는 사람은 누구인가요?

하고, 계획이 잘 실행되지 않을 때에는 문제를 해결하고, 학생이 성공 목표를 향하여 한 단계씩 실행할 수 있도록 계획을 수립한다. 이 시간을 통하여, 서클에서 참여자들의 관계는 더욱 깊어진다.

이 장에서 제시하는 서클의 모형은 학생의 가족과 공동체의 강점 탐구하기, 학생을 위한 사회 지원망을 도식화하기, 계획 세우기, 진행과정 확인하기, 축하하기 모형이다. 이 서클은 학생에 대한 긍정적인 헌신을 기반으로 하며 학생이 가진 독특한 능력과 재능을 발견하는 것을 돕기 위함이다. 서클 진행자는 참여자들이 지원하는 청소년을 향한 긍정적인 시선을 바탕으로 균형있는 지원과 책임을 감당할 수 있도록 돕는다. 서클 안에서 이루어지는 공동체가 함께 하는 돌봄은 청소년으로 하여금 공동체의 소중하고, 기여할 수 있는 구성원으로 자신을 인식할 수 있게 도와준다. 이는 미래의 꿈으로 시작하지만 한 단

계씩 실행되어 진다. 각 단계마다 청소년은 공동체의 돌봄에 대한 자신의 책임을 느끼며, 공동체 구성원들 역시 지원하기로 결심한 청소년에 대한 약속을 실행할 책임을 느낀다. 각 단계 수행은 인정과 축하를 할 수 있는 기회이므로, 서클 안에서 학생의 성장과 발전을 감사하고 기념하는 시간을 갖는 것은 매우 중요하다.

10.1부터 10.5까지의 집중지원서클은 학생 개인의 삶의 변화를 위한 장기지원을 목적으로 하는 서클을 차례대로 소개한다. 10.4 집중지원서클은 확인서클로 변화를 위한 서클을 실행할 때 지속적으로 반복해 사용할 수 있다. 지원서클은 축하할 수 있을 때 비로소 마무리된다.

10.6과 10.7의 서클은 학생참여자들이 모여 자신들의 지원 시스템을 확인하고 확장하는 것을 목적으로 한다. 두 서클은 개인에 초점을 맞추지 않았으며, 각각의 개별적인 서클이다.

목적 학생을 지원하는 사람 간 깊은 관계를 만들고 학생의 긍정적인 미래를 위한 공유된 약속 만들기

준비물 토킹스틱, 종 또는 벨소리, 서클 상징물, 종이, 마커, 공유된 약속을 적기 위한 전지

서클 전 준비 참여자들에게 지원하는 학생에 대한 꿈과 희망을 표현할 수 있는 물건을 갖고 오도록 요청하고, 물건을 서클의 중심에 놓는다.

준비 의자를 둥그렇게 배치하고 앉는다.

진행자 *환영합니다! 오늘 이곳에 와주셔서 매우 고맙습니다. ○○○가(이) 당면한 어려움을 극복하고, 성공적인 학교 생활을 돕기 위한 지원 구축을 시작하겠습니다. 오늘 이곳에 오셨다는 것이 ○○○을 돕겠다는 헌신의 마음을 보여주는 것 같습니다. 우리가 하려는 과정은 빠른 시간 내에 문제를 고치는 것이 아니기 때문에 첫 번째 서클에서는 서로를 알아가고 긍정적인 미래를 위한 약속을 만들어 지금 우리 앞에 있는 어려움을 대면할 수 있는 단단한 주춧돌을 세울 것입니다. 다음 서클에서는 어려움을 해결할 구체적인 계획을 수립하겠습니다. 먼저, 협력을 위해 안전한 공간을 만드는 작업부터 시작하고 싶습니다.*

침묵으로 초대하기 잠시 멈추고 호흡을 하고 소리를 듣기

공간열기 부록 2를 참조하거나 다른 것으로 대체

서클의 진행과정 소개하기

중심활동 좋은 관계로 발전하기 위한 초석 세우기

나눔 *자기 소개와 함께 ○○○을 안지 얼마나 됐고 어떤 관계인지 말해주세요.*

참여자들에게 묻기 *우리가 팀으로서 ○○○을 위해 일 할 때 각자가 생각하는 중요한 가치는 무엇인가요? 종이에 그 가치를 적어 주세요.*

나눔 *토킹스틱을 받으면 가치와 함께 가치가 중요한 이유를 말해주세요. 나눔이 끝나면 가치를 적은 종이를 서클의 중심에 놓아주세요.*

설명하기 *나눠주신 가치에 더해, ○○○을 지원하기 위해 우리가 서로 어떻게 협력하면 좋을 지, 서로가 공유하는 약속을 만들고 싶습니다. 이 약속들은 우리가 만날 때마다 사용하는 지침들이 될 것입니다.*

나눔 *서로를 대하거나 서로에게 말할 때 우리를 안내해 줄 중요한 약속이 더 없나요?*

전지에 제안한 약속들을 적는다.

제안한 약속들을 읽는다.

나눔 이 약속에 만족하시나요? 서클에 있는 동안 제안한 약속을 실행하는데 동의하시나요? 제안에 반대가 있을 경우, 토킹스틱을 돌려, 제안을 반대하는 이유가 어떤 욕구를 충족하기 위한 것인지, 어떤 욕구가 이를 반대하게 하는지 묻는다. 약속을 만드는데 사용한 언어에 숨겨진 욕구를 찾고 공통분모를 탐색해 모두가 수용할 수 있는 약속을 만든다. 합의가 이루어지지 않는 약속은 다음 모임 때 다루도록 하고 다른 약속을 채택하는 과정으로 넘어간다.

나눔 ○○○에 대한 꿈과 희망을 표현할 수 있는 물건을 소개하고, 그 물건이 자신에게 주는 의미를 나눠주세요. 이야기가 끝나면 서클의 중심에 물건을 놓아주세요.

설명하기 인생에서의 경험은 서클에서 주요한 지혜의 원천입니다. 오늘 우리는 우리 자신의 이야기를 탐험하는 시간을 갖겠습니다. 이야기가 우리가 서로를 더 잘 알아갈 수 있도록 해주고, 해결책을 찾아가는 여정을 시작할 때 생각이 떠오르도록 해 줄 것입니다.

나눔 이야기하기: 다음 질문 중 서클 참여자에게 적합한 중심활동 하나를 고른다.

1. 청소년 시절에 적응하기 위해 애를 썼던 시간에 대해 나눠주세요.

2. 청소년 시절에 스스로 자랑스럽게 여긴 일을 했던 시간에 대해 나눠주세요.

3. 내가 발견한 ○○○의 강점은 무엇인가요? 강점을 발견했던 때와 강점이라고 생각하는 이유를 말해주세요.

4. 오늘 서클의 목적에 부합하는 나의 강점은 무엇인가요? 그 강점이 내 인생에 어떤 도움을 주었나요?

5. 5년 후 ○○○가 어디에 있을 거라고 생각하세요?

나눔 어려움에 처했을 때 어디에서 어려움을 헤쳐 나갈 동기부여를 얻나요?

설명하기 다음 시간에 동기부여에 대해 이야기를 더 나눠보겠습니다. 동기부여에 대해 계속 생각해보고, 인생의 경험을 통해 알게 된 것을 찾아보기 바랍니다.

배움나눔 오늘 서클에서 내게 도움이 되었던 것은 무엇인가요?

공간닫기 부록 2를 참고하거나 다른 것으로 대체

참여한 모두에게 감사 표현하기

목적 힘을 실어주는 더 깊은 관계를 만들고 지지하는 학생을 위한 가능성이 있는 지원 망 찾기

준비물 토킹스틱, 종 또는 벨소리, 서클 상징물, 종이, 마커, 지난 서클에서 만든 공유된 약속, 리본

준비 의자를 둥그렇게 배치하고 앉는다.

서클 참여자 환영하기

침묵으로 초대하기 잠시 멈추고 호흡을 하고 소리를 듣기

공간열기 "내 인생의 역할모델"380쪽 참고

서클의 진행과정 소개하기

마음연결하기 *오늘 기분이 어떤가요? 마음연결하기 시간에 함께 나누고 싶은 이야기가 있나요?*

서클에 처음 온 사람이 있다면 마음연결하기 시간에 간단히 자기소개를 하도록 요청한다.

서클에 처음 온 사람이 있다면 공유된 가치와 약속에 추가하고 싶은 것이 있다면 추가하도록 요청한다.

첫 번째 서클에서 만든 공유된 약속 확인하기

중심활동 학생에게 동기부여를 주는 것을 찾는 지원망 알아보기

나눔 *지난 서클 이후 내가 동기부여를 어디에서 받는지 생각해 보셨나요?*

인생을 살면서 동기에 대해 배운 것은 무엇인가요?

나눔 *할 수 없을 거라 생각했는데 해냈던 일에 대해 나눠주세요.*

전지 중앙에 학생의 이름을 적는다.

나눔 *○○○을 위한 지원이나 자원을 찾아주세요.*

학생 이름 주변에 제안하는 지원과 자원을 연결해 지도를 완성해 간다.

나눔 *중요한 자원 중에 빠진 것은 없나요? 자원 지도(resource map)에 추가할 것이 있나요?*

토킹스틱을 돌리는 것을 멈추고 자원 지도에 더 연결할 부분은 없는지 확인하고, 연결할 부분에 선을 그어 지원망을 완성한다.

지원 받을 학생에게 묻는다.

• 차편이 없어 집에 갈 수 없을 때 누구에게 전화를 걸겠어요?

• 집에 음식이 없을 때 누구에게 전화를 걸겠어요?

• 집이나 직장이 필요할 때 누구에게 전화를 걸겠어요?

• 어린 동생에게 도움이 필요할 때 누구에게 전화를 걸겠어요?

• 문제가 생겨 조언이 필요할 때 누구에게 전화를 걸겠어요?

이 자원들을 아직 식별되지 않은 지도에 추가한다.

나눔 지원망에 대한 본인의 생각은 무엇인가요? 지원망으로 인해 기분이 어떤가요?

진행자 오늘 서클에서 주춧돌이 되는 강점과 자원을 찾아 연결하는 시간을 가졌습니다. 다음 시간 만날 때에는 단계별 계획을 세우겠습니다. ○○○의 성공을 방해하는 장벽과 장벽을 극복하기 위해 필요한 것을 찾아보도록 하겠습니다.

배움나눔 서클을 마치는 지금 나의 기분을 세 가지 단어로 표현한다면 무엇인가요?

공간닫기 부록 2를 참고하거나 다른 것으로 대체

참여한 모두에게 감사 표현하기

집중지원: 계획 세우기 서클

목적 학생의 욕구와 책임을 반영한 계획 수립하기, 다른 서클 구성원이 제공하는 지원 확인하기, 관계 만들기

준비물 토킹스틱, 종 또는 벨소리, 서클 상징물, 가치와 공유된 약속, 지난 서클에서 만든 지원지도map of support

준비 의자를 둥그렇게 배치하고 앉는다.

서클 참여자 환영하기

침묵으로 초대하기 잠시 멈추고 호흡을 하고 소리를 듣기

공간열기 부록 2를 참조하거나 다른 것으로 대체

서클의 진행과정 소개하기

첫 번째 지원 서클에서 만든 공유된 가치와 약속 확인하기

중심활동 학생의 욕구를 충족하고 학생의 책임을 질 수 있는 계획 수립하기

나눔 *내가 지금 어떤지 살펴보고 함께 나누는 시간을 갖겠습니다.*

나눔 *지난 서클 이후의 시간동안 ○○○이 잘 한 것이나 성공한 것에 관관해 이야기를 해 주세요.*

나눔 *지난 서클 이후의 시간동안 ○○○에게 한 행동이나 활동에 대해 간단하게 나눠주세요.*

나눔 *○○○이 학교생활을 성공적으로 하는데 가장 크게 염려되는 점은 무엇인가요?*
의견을 전지에 적는다.

나눔 *염려 목록에 대한 전반적인 본인의 생각과 목록 가운데 특별히 이야기를 나누고 싶은 부분에 대해 나눠주세요.*

나눔 *염려 목록 가운데 가장 중요하다고 여겨지는 부분과 내가 도움을 줄 수 있는 부분은 무엇인가요?*
지원 지도를 펼쳐 참여자들에게 활용할 수 있는 자원을 상기시킨다.

나눔 *여기 모인 사람 외에 도움을 줄 수 있는 사람은 누구인가요?*

나눔 *염려와 가능한 자원에 관해 이야기를 나눴습니다. 앞으로 2주 동안 실행 가능한 지원*

교육공동체를 회복하는 서클 레시피 112 ● 275

은 무엇인가요? 1달 동안 실행 가능한 지원은 무엇인가요?

제안의 내용과 제안을 담당 할 사람의 이름을 기록한다.

계획 수립을 위한 제안을 정리한다.

나눔 *토킹스틱을 돌려 제안을 계획으로 수립하는데 동의하는지 확인을 하겠습니다.*

학생에게도 동의를 구한다. 이 돌려 말하기 횟수를 몇 번을 돌릴 수 있다.

계획을 수립: 모든 사람이 동의한 제안만 계획에 반영한다.

나눔 *이 계획을 실행하기 위한 여러분의 책임은 무엇인가요? 책임을 다하기 위해 다른 사람의 도움이 필요한 부분은 무엇인가요?*

계획에 대한 학생과 구성원의 책임을 적는다. 계획을 적은 것을 서클에 돌려 모두의 사인을 받는다.

다음 단계를 명료화하기: 계획이 잘 실행되는 지의 여부를 누가 점검하고, 진행과정을 확인하기 위한 서클을 언제 열지 정한다.

배움나눔 *오늘 서클에서 한 작업에 대한 나의 느낌은 어떤가요?*

공간닫기 부록 2를 참고하거나 다른 것으로 대체

참여한 모두에게 감사 표현하기

지원서클에서 계획을 수립한 후, 정기적으로 서클에서 만나만남의 횟수는 서클 참여자들이 정한다. 계획이 실행되는 진행 과정을 확인한다. 확인서클에서 변화된 환경이나 새로운 정보를 수용하기 위하여 계획을 수정할 수 있다. 확인서클에서 지난 서클 이후 학생이 이룬 성장과 강점, 지원을 지속적으로 확인하며 계획 수정 필요 여부를 결정한다. 확인서클에서 지속적으로 서클 참여자간의 관계를 다지고 삶의 이야기를 나누며 상황에 대한 통찰력을 얻게 된다.

목적 ○○○을 위한 계획 진행과정 확인하기, 서클참여자의 책임 확인하기, 필요시 계획 수정하기, 관계 만들기

준비물 토킹스틱, 종 또는 벨소리, 서클 상징물, 공유된 가치와 약속, 지원 지도, 계획

준비 의자를 둥그렇게 배치하고 앉는다.

서클 참여자 환영하기

침묵으로 초대하기 잠시 멈추고 호흡을 하고 소리를 듣기

공간열기 부록 2를 참조하거나 다른 것으로 대체

지난 서클에서 만든 공유된 약속 확인하기

서클의 진행과정 소개하기 '나눔' 이란 질문에 토킹스틱을 건네며 이야기하는 것을 의미한다. 진행자는 참여자로서 질문을 하고, 첫 번째로 대답한다. 그리고 토킹스틱을 옆사람에게 건넨다. 진행자가 서클을 돌리는 방향으로 토킹스틱을 차례차례 건넨다. 첫 번째 나눔에서 이름을 말하고 질문에 답 한다. 패스통과라고 하고 그냥 토킹스틱을 건네도 괜찮다

공유된 가치와 약속 확인하기

중심활동 계획의 진행 과정과 수정여부 피드백하기

나눔 *요즘 어떤지 나눠주세요.*

나눔 *지난 서클 이후 ○○○이 잘한 것이나 성공한 것에 관한 이야기를 해주세요.*

나눔 *지난 서클 이후 계획 실행과 관련되어 한 일을 간단하게 나눠 주세요.*

나눔 방금 전 나눔에서 참여자들의 말을 들으며 떠오른 생각이나 느낀 점을 나눠주세요.

나눔 우리의 계획 중 정말 잘되고 있는 부분은 무엇인 것 같나요?

나눔 살면서 습관을 크게 바꾼 경험에 대해 이야기해 주세요.

혹은 부록 314~315쪽의 다른 질문을 활용한다.

나눔 계획 가운데 수정할 게 있는지 함께 이야기 나눠보겠습니다. 계획 중에 계획대로 되지 않아 수정할 것이 있나요? 아니면 새롭게 제안하고 싶은 것은 무엇인가요?

나눔 방금 전 돌아가며 말하기 때 제안한 의견에 대한 여러분의 생각은 무엇인가요?

수정 제안에 대하여 합의를 하고 계획 수정을 결정한다.

나눔 다음 2주 동안 내가 실천할 구체적인 지원은 무엇인가요?

나눔 오늘 한 서클을 끝내기 전에 ○○○에게 하고 싶은 말은 무엇인가요?

다음 집중지원서클 시간에 확인할 지원 및 계획을 명료화한다.

배움나눔 오늘 서클이 어땠나요?

공간닫기 부록 2를 참고하거나 다른 것으로 대체

참여한 모두에게 감사 표현하기

집중 지원: 축하 서클　10.5

목적 중요한 성취나 계획 완수 축하하기, 성공을 공식화하기, 성공을 지속시키기 위하여 관계 강화하기

서클 전 준비 학생에게 토킹스틱을 가져올 것과 공간열기와 공간닫기를 진행해 줄 것을 요청한다.

준비물 학생이 가져온 토킹스틱, 종 또는 벨소리, 서클 상징물, 공유된 가치와 약속

준비 의자를 둥그렇게 배치하고 앉는다.

서클 참여자 환영하기

침묵으로 초대하기 잠시 멈추고 호흡을 하고 소리를 듣기

공간열기 부록 2를 참조하거나 다른 것으로 대체

지난 서클에서 만든 공유된 약속 확인하기

서클의 진행과정 소개하기

공유된 가치와 약속 확인하기

중심활동　서클을 통해 이루어진 일 축하하기

나눔 공유된 가치 중 한 가지를 선택해 전체서클에서 혹은 누군가가 그 가치를 보여주었던 시간을 나눠주세요.

나눔 ○○○이 했던 일 중 감사한 것을 표현해주세요.

나눔 학생을 제외한 서클참여자들이 오늘 이 시간까지 했던 일 가운데 감사한 것을 표현해주세요.

나눔 서클에 참여하며 본인이 기여한 것 중 기분 좋게 느낀 것에 대해 나눠주세요.

나눔 ○○○에게 갖는 여러분의 희망은 무엇인가요?

나눔 서클에서 공동체를 이루며 삶의 다른 부분에도 영향을 준 유익은 무엇인가요?

배움나눔 오늘 서클이 어땠나요?

공간닫기 부록 2를 참고하거나 다른 것으로 대체

참여한 모두에게 감사 표현하기

10.6 어린 시절 가족과의 좋은 추억 나누기 서클

목적 삶의 만족을 느낄 수 있는 힘과 지혜의 원천인 어린 시절의 긍정적 모습에 집중하기

준비물 토킹스틱, 종 또는 벨소리, 서클 상징물, 공유된 가치와 약속

준비 의자를 둥그렇게 배치하고 앉는다.

서클 참여자 환영하기

침묵으로 초대하기 잠시 멈추고 호흡을 하고 소리를 듣기

공간열기 부록 2를 참조하거나 다른 것으로 대체

지난 서클에서 만든 공유된 약속 확인하기

서클의 진행과정 소개하기

마음연결하기

가치 공유

공유된 가치와 약속 확인하기

중심활동 어린 시절 좋았던 것 회상하며 그로부터 선물 받기

설명하기 저자 조지 배일런트(George Vaillant)는 그의 책에서 다음과 같이 썼습니다. "어린 시절의 좋은 추억은 미래에 대하여 비관적인 기대가 아닌 긍정적인 기대를 하게 한다." 여러분의 어린 시절의 좋은 추억은 무엇인가요? 미술 재료를 활용해 어린 시절의 좋은 추억을 이미지나 그림으로 표현해주세요.

나눔 어린 시절 좋은 추억에 관한 여러분의 작품과 그림의 의미를 이야기해 주세요.

나눔 어린 시절의 좋은 추억이 내게 준 선물과 강점은 무엇인가요?

나눔 내가 받은 선물을 세상에 어떻게 나누고 싶나요?

배움나눔 오늘 경험한 서클에서 내게 도움이 되는, 갖고 가고 싶은 것은 무엇인가요?

공간닫기 부록 2를 참고하거나 다른 것으로 대체

참여한 모두에게 감사 표현하기

목적 참여자들이 자신의 삶에서 받는 다양한 사회적 지원을 알 수 있도록 돕기
준비물 토킹스틱, 종 또는 벨소리, 서클 상징물, 종이와 연필, 색마커빨강, 초록, 노랑
준비 의자를 둥그렇게 배치하고 앉는다.

서클 참여자 환영하기

침묵으로 초대하기 잠시 멈추고 호흡을 하고 소리를 듣기
공간열기 부록 2를 참조하거나 다른 것으로 대체
서클의 진행과정 소개하기
마음연결하기 *지금 여러분의 인생에서 좋은 것을 간단하게 이야기해 주세요.*
가치 공유 *여러분을 지원해 주는 사람과의 관계에서 여러분에게 중요한 가치는 무엇인가요?*
참여자들이 가치를 이야기할 때 말한 가치를 종이에 적어 서클의 중심에 놓는다.

중심활동 지원망(support networks) 평가하기

참여자들에게 세 개의 상황에 해당하는 사람들의 목록을 적도록 한다. 한 번에 한 명씩, 종이 한 장을 사용한다.

1. 의사와의 중요한 약속이 있다. 약속 날 차가 고장이 나 약속 시간을 지킬 수 없게 되었다. 차를 태워 데려다 줄 수 있는 모든 사람을 적는다.
2. 남자친구와 방금 전에 싸웠다거나 학교나 일터에서 끔찍한 하루를 보냈다. 나의 좌절이나 염려를 모두 다 말할 수 있는 사람이 옆에 있기를 원한다. 울며 감정을 해소하거나 문제에 대해 이야기할 수 있는 사람을 모두 적는다.
3. 다음 주에 시작할 수 있을 거라 기대했던 일을 더 이상 할 수 없다는 것을 알았다. 전화를 걸어 내가 일 할 곳을 알아봐 줄 수 있는 사람을 모두 적는다.

참여자에게 다른 종이를 주어 종이의 중앙에 큰 글자로 본인의 이름을 적게 한다. 이전 활동에 적은 사람의 이름이 있는 지도를 그리게 한다. 1번과 연관된 사람 사이에는 노란색 화살표를 그려 넣고, 2번과 관련된 사람 사이에는 빨간색 화살표를 그려 넣고, 3번과 관련된 사람 사이에는 초록색 화살표를 그려 넣게 한다.
가족일 경우에는 세모를, 친구일 경우엔 네모를, 이웃이나 직장동료일 경우에는 동그라미를 그려 넣는다. 마지막으로 지도에 있는 사람들이 서로 아는 사람일 경우에는 선

을 연결한다.

설명하기 이제 사회 지원망 지도를 완성했습니다. 우리 모두에게는 다양한 지원이 필요합니다. 정서적인 지원은 빨간색으로, 정보를 받는 지원은 초록색으로, 실제적인 지원은 노란색으로 표시해 봤습니다. 지도를 한번 살펴보세요. 대조되는 부분은 어느 지점인가요? 정서적인 지원은 많이 받지만 정보를 받는 지원은 적지 않나요? 친구와 가족 이웃 중 좀 더 많은 지원을 주는 사람들은 누구인가요? 여러분의 삶에서 더 많은 지원을 받을 수 있는 방법이 있나요?

나눔 나의 지원망을 보며 알게 된 것은 무엇인가요? 어디에서 가장 많은 지원을 받고 있나요?

나눔 방금 전 이야기를 나눈 것 외에 지원망(support network)을 통해 알게 된 것에 대해 나눠주세요.

나눔 내 삶에 다양한 지원을 더 많이 받기 위한 방법이 있나요?

배움나눔 서클을 마치는 지금 떠오르는 생각은 무엇인가요?

공간닫기 부록 2를 참고하거나 다른 것으로 대체

참여한 모두에게 감사 표현하기

회복적 훈육(Restorative Discipline)

회복적 훈육 이해하기

이번 장은 건강한 학교의 필수 요소인 돌봄 공동체를 견고하게 세우기 위한 신념에 기초한다. 지금까지 제안한 모든 서클은 긍정적인 학교 문화를 창조해 모든 구성원이 소속감과 존중을 경험할 수 있는데 도움이 되는 모델이다. 학교 구성원들이 많은 시간과 힘을 건강한 관계를 만드는데 투자한다면, 좋지 않은 일이 생겼을 때 관계를 회복하는데 상대적으로 시간과 노력이 덜 든다.

회복적 훈육의 핵심신념은 모든 사람이 다른 사람과 자기 자신과 좋은 관계 맺기를 원한다는 것이다. 우리 모두는 존중을 받고, 존엄성을 느끼며, 다른 사람들로부터 중요하고 가치 있게 여겨지기를 바란다. 학교 공동체에서 견고하고 긍정적인 관계를 만드는데 핵심은 학생과 어른이 실수를 저질렀을 때 회복적 훈육을 사용하는 것이다. 이를 위해서는 공동체 구성원 모두가 돌봄과 존중을 경험하는 학교 문화를 세우는 것이 중요하다. 회복적 훈육은 학교 구성원이 돌봄 공동체를 세우겠다는 가치를 공유하며 학교 전체에 이를 반영할 때 효과적이다.

학교 현장에서 잘못된 일이 발생했을 때, 다음과 같은 질문이 생긴다. 이 일에 어떻게 반응해야 하는가? 회복적 훈육은 이 질문에 관련된 사람들이 모여, 피해를 파악하고, 해결 방법을 함께 찾는다. 회복적 체계restorative framework는 잘못된 행동을 특정한 사건의 결과로 본다. 이 행동으로 인해 어떤 피해가 발생했는지, 피해를 보상하기 위하여 무엇이 필요한지에 대한 관점으로 발생한 일을 바라보는 것에서부터 출발한다.

규칙을 어기거나, 다른 사람에게 상처를 주었거나, 수업을 방해하는 등의 피해가 발생했을 때 다른 행동이 아닌 일어난 행동에 초점을 맞춘다. 구체적인 피해를 알기 위해서는, 피해를 받은 당사자와 협력하는 것이 매우 중요하다. 피해를 받은 당사자 가 가장 잘 피해를 규명할 수 있기 때문이다. 교사나 교장과 같은 제3자나 조직은 피해를 규정할 수 없다. 회복적인 반응은 구체적인 사건 때문에 피해를 받은 당사자를 참여시켜 그 일로 인해 어떤 영향을 받았는지 안 후 회복에 초점을 맞춘다. 피해를 회복하기 위해 책임져야 하는 것은 무엇인지, 잘못을 한 사람이 피해를 준 개인과 교실공동체 혹은 학교 공동체 의 회복을 위해 할 수 있는 일은 무엇인지, 공동체는 친구, 학급, 피해를 입은 사람의 회복을 위해 무엇을 할 수 있는 지, 피해를 입은 학생과 어른이 학교에서 다시 안전함을 느끼기 위하여 필요한 것은 무엇인지 살핀다. 그러므로 회복적 훈육은 피해를 입은 사람과 피해를 가한 사람과의 협력 작업이 꼭 필요하다. 이는 전통적인 훈육과 큰 차이가 있다. 전통적인 접근에서는 피해를 입은 사람보다는 잘못한 사람에게 초점을 맞추는 경향이 있다. 반면, 회복적 접근에서는 피해를 입은 사람과의 작업 없이는 잘못한 사람이 자신의 행동이 다른 사람에게 얼마나 큰 피해를 주었는지 진정으로 이해할 수 없다고 주장한다. 피해를 입은 사람들의 목소리를 듣지 않고서는 피해를 입은 사람의 상황을 해결하는데 무엇을 해야 하는지 이해할 기초지식을 얻을 수 없다. 더 나아가, 상처 입은 사람의 욕구를 무시할 때, 상처 받은 자가 자신이나 다른 사람을 상처 주는 것과 같은 부정적인 역동이 발생할 수 있다.

피해를 회복하기 위해 필요한 것을 확인한 후, 또한, 회복적으로 반응한다는것은 피해를 회복하기 위해 필요한 것과, 피해 행동이 재발하지 않기 위해 필요한 것을 탐구하는 것이다. 이 일을 위해 행동의 숨은 원인을 찾고 인정하는 과정이 필요한데, 원인 기저에는 말하지 않았던 이전의 상처가 있는 경우가 대부분이다. 회복을 위해 현재 사건으로 피해를 입은 상처와 현재 사건으로 드러난 상처 모두를 치유하는데 노력한다. 다시는 이와 같은 일이 반복되지 않기 위해서 잘못을 한 사람과, 공동체, 교실, 학교가 변해야 할 것은 무엇인지, 앞으로 성장하기 위해 치유되어야 할 이전의 상처는 무엇인지 살핀다.

가족, 친구, 같은 반 학생과 같이 현재의 사건과 연관된 공동체는 이 과정의 주요 참여자이다. 상처를 입은 사람은 피해의 행위와는 별개로 존재로서 자신을 바라봐 줄 공동체의 도움이 필요하며 상처를 준 사람 역시 가해의 행위와는 별개로 존재로서 자신을 바라봐 줄 공동체의 도움이 필요하다.

회복적으로 반응한다는 것은 탐구하는 과정 그 자체이다. 서클을 할 때, 회복을 위해 무엇이 필요한지에 대한 질문에 미리 답을 정해 놓고 시작하지 않는다. 이 질문에 대한 답은 피해 상황에 가장 많이 영향을 받은 사람과 연관된 사람이 한다. 진행자는 주요 당사자들이 상황을 탐구할 수 있도록 돕는다. 진행자는 질문을 하며 참여자들이 일어났던 일에 대해 자신의 이야기를 할 수 있도록 돕고, 어떻게 영향을 받았는지, 상황이 회복되기 위하여 무엇이 필요한지 이야기를 할 수 있도록 돕는다. '회복적으로 사고하는 것'이란 교육자는 사건과 관련된 사람들의 주요 질문에 대답할 수 없는 존재임을 인정하는 것이다. 오직 사건과 관련된 당사자들만이 질문에 답을 할 수 있으며, 그 결과 회복적 훈육을 위한 계획을 세울 수 있게 된다.

다양한 공식적 · 비공식적 상황에서 사용할 수 있는 회복적 질문들

· 무슨 일이 발생했나요?

· 사건이 발생할 당시 무슨 생각을 했나요? 어떻게 느꼈나요? 그 후로 무슨 생각을 하고 있나요?

· 일어난 일로 인해 영향을 받은 사람은 누구인가요?

· 나의 강점은 무엇인가요?

· 피해를 회복하기 위해 무엇을 해야 하나요?

· 앞으로 이와 같은 일을 예방하기 위해 무엇을 해야 하나요?

회복적 체계(restorative framework)에서 책임지기(accountability)

회복적 체계에서 책임이란 행동에 대해 책임을 지는 것과 함께 행동의 결과로 인한 피해를 회복하는 단계를 밟는 것을 의미한다. 책임을 지는 것은 외부의 강압으로부터 오지 않는다. 책임을 지고자 하는 동기는 내부로부터 오며 다른 사람을 상처 입힌 자신의 행동을 인정했을 때 가능하다. 책임을 인정하면 그 결과 피해를 보상하고 피해를 바로 잡을 의무를 갖게 된다. 자신의 행동이 미치는 영향을 아는 가장 효과적인 방법은 자신의 행동으로 인해 피해를 입은 사람의 말을 직접 듣는 것이다. 상황에 적합하다면, 면대면으로 만나는 과정이 책임을 지는 방법 중 가장 유의미하다.

면대면 회복적 훈육 과정a face-to-face restorative process에서는 책임지기의 첫 번째, 두 번째 요소가 대화

> **회복적 체계에서 책임지기는 다섯 가지 영역이 있다.**
> *1. 자신의 행동으로 인해 피해가 유발되었음을 인정하기*
> *2. 자신의 행동으로 인하여 다른 사람이 어떻게 영향을 받았는지 이해하기*
> *3. 상처 받은 사람의 피해를 보상하는 과정 밟기*
> *4. 공동체로 돌아오기*
> *5. 재발 방지를 위한 계획 수립하기*

를 통해 이뤄진다. 나머지 세개의 요소는 대화를 통한 훈육 계획을 세울 때 이루어진다.

직접 만나는 과정 전에, 진행자는 참여자들을 준비시켜야 한다. 사전 모임에는 모든 참여자들을 만나 피해를 회복하기 위한 과정에 대한 의지가 있는지 간단하게 확인한다. 좀 더 심각한 상황에서는, 사건에 영향을 받은 사람들을 일대일로 만나 사건과 연관된 일에 대해 깊이 있는 대화를 나눈다. 밀도 높은 사전 만남을 통하여 진행자는 피해의 정도와 잠재된 관련 문제와 지난 트라우마의 역사와, 욕구와 감정을 표현할 수 있는 능력과 각 참여자가 서클의 안전함에 대해 갖고 있는 염려를 파악할 수 있다.

사전 모임은 진행자가 참여자들에게 힘을 실어주고 참여자들을 성찰하게 하는 첫 번째 단계이다. 사전모임에서 진행자는 참여자들의 문제를 해결해주거나, 그들의 기대를 무시하거나 참여자들에게 과도하게 영향을 받지 말아야 한다. 사전 모임의 목적은 진행자가 면대면 과정을 진행해야 할지 결정하는데 도움을 주는데 있고, 누가 서클에 와야 하는지, 상황에 맞는 구체적인 과정을 기획하는데 있다.

면대면 회복적 과정에는 피해를 준 사람과 피해를 입은 사람, 각각의 지지자, 초대받은 학교 교직원과 진행자가 참여하며 때때로 같은 반 학생과 같은 공동체의 구성원이 온다. 모든 참여자들이 각자의 관점에서 회복적 질문에 답하는 과정을 통해 서클 참여자들은 피해와 회복가능성에 대한 이해를 높인다. 회복적 질문에 대한 답은 서클에서 회복을 위한 행동을 결정하고 이는 회복을 위한 훈육 계획에 반영된

다. 권위를 가진 인물이 아닌 참여자들의 공동의 지혜로 회복을 위한 책임을 지는 기한까지 결정한다. 책임을 지는 기한은 글로 명시하며 모든 참여자들이 이에 서명을 한다.

합의를 이행한 후의 시간도 회복적 훈육 과정에서 매우 중요한 단계이다. 반드시 합의한 모든 약속이 성취되었는지 확인해야 한다. 합의한 약속에 문제가 있을 경우 참여자들이 다시 모인다든지, 실현 가능하지 않은 약속을 수정하는 것과 같은 문제해결 전략을 사용한다. 마지막으로 합의한 모든 약속이 지켜지면, 축하하는 시간을 통해 과정의 성공을 기념한다. 낸시 리스턴버그Nancy Riestenberg는 다음과 같이 말했다. "축하를 해야 모든 것이 끝난 겁니다!"

회복적 훈육 과정

면대면 만남 준비

면대면 만남 및 약속 정하기

약속이 이행될 수 있도록 지원하기

축하하기

회복적 훈육은

말하기에서 ⟶	듣기로
답을 아는 것에서 ⟶	호기심을 갖는 상태로
조직이나 제 3자가 상태를 회복하는 것에서 ⟶	영향을 받은 사람들이 상태를 회복하는 것으로
잘못한 사람에 집중하던 것에서 ⟶	피해를 입은 사람과 피해를 유발한 사람에게 집중하는 것으로
외부적인 강압에서 ⟶	내부적인 동기로의

전환이다.

모듈11 : 회복적 훈육 배우기

　많은 사람들이 회복적 접근에서 정의에 대한 개인의 관점을 확립해 학교와 가정에서 실천하고 있다고 한다. 하지만 잘못된 일에 대하여 과도하게 벌을 주고 피해행동을 예방하기 위한 전략으로 위협을 사용하는 문화 가운데 회복적 정의는 지배적인 패러다임이 아니다. 훈육을 위해 벌을 사용하는 것 문화는 우리 사회를 반영하는 것이므로 회복적으로 사고하고 접근하기까지는 시간과 경험을 요한다. 그래서 회복적으로 사고하고 접근하기까지는 시간과 연습이 필요하다.

　이번 장의 모듈은 학교 공동체 구성원 모두에게 회복적 훈육에 대한 이해를 높이는 세 가지의 배움 서클을 제시한다. 회복적 생활교육 실천 학교restorative school로 전환하기 위해서는, 공동체에서 피해가 발생했을 때 공동체의 모든 구성원들의 욕구를 반영해야 하며, 피해를 바로 잡기 위해서 무엇이 필요한지 생각해야 한다. 또한, 피해를 주었을 때 이를 바로 잡기 위해서 무엇을 해야 하는지 생각해야 한다. 우리는 학교가 이 모델에서 제시하는 세 개의 배움 서클을 진행하는데 시간을 투자하여 교사와 학생, 행정직원, 버스 운전기사, 급식 직원, 건물 수리공, 학부모, 자원봉사자, 지역사회 관계자와 같은 모두가 회복적 훈육을 배울 수 있기를 진정으로 바란다. 이와 더불어, 학교 구성원 모두가 공동체 안에 잘못된 행동이 생겼을 때 이에 대하여 어떻게 반응할 것인지에 대한 깊은 대화를 학교 구성원 모두가 함께 나누기를 고대한다.

11.1 회복적 정의 교육: 피해 다루기 서클 1

목적 학교 공동체에서 회복적 정의 원리를 이해하는 기초 만들기
준비물 토킹스틱, 종 또는 벨소리, 서클 상징물, 글을 쓰기 위한 재료
준비 의자를 둥그렇게 배치하고 앉는다.

서클 참여자 환영하기

침묵으로 초대하기 잠시 멈추고 호흡을 하고 소리를 듣기
공간열기 부록 2를 참조하거나 다른 것으로 대체
서클의 진행과정 소개하기 '
마음연결하기 *이름과 함께 친구들이 말하는 나의 좋은 점에 대해 말해주세요.*
가치 공유 *어려운 상황에 처했을 때 내게 중요한 가치가 무엇인지 말해주세요.*
참여자들이 가치를 이야기 할 때 말한 가치를 종이에 적어 서클의 중심에 놓는다.

서클의 기본 약속 확인하기

중심활동 과거에 피해가 발생했을 때 느낌과 욕구 표현하기

설명하기 오늘 서클에서는 우리 자신의 경험에 비추어 회복적 정의의 원리를 탐구해보도록 하겠습니다. 회복적 정의의 아버지인 하워드 제어(Howard Zehr)는 회복적 정의의 첫 번째 원리는 피해에 초점을 맞추는 것이라고 말했습니다. 법이나 규칙이 아닌 피해를 주는 행동으로 인해 사람이 겪는 실제적 피해에 초점이 있다는 것입니다.

다른 사람에 의해 피해를 받았거나 상처를 받았다고 느꼈던 경험을 떠올려 봅시다. 피해나 상처 중에 지금 생각했을 때 화가 나지 않는 것으로 생각해 주었으면 좋겠습니다. 경험을 기억하고, 그 경험이 내게 주는 느낌을 느껴 보세요.

참여자들이 기억에 집중할 수 있도록 시간을 준다.
상처 받은 경험이 주는 감정을 글로 적거나 그림으로 그려보게 한다.
표현할 시간을 충분히 준다.

나눔 *글로 적었거나 그림으로 표현한 감정에 대해 나눠주세요. 어쩌면 우리 모두 비슷한 단어를 썼을지도 모르겠어요. 다른 사람이 앞에서 말했을지라도, 적은 단어를 모두 말해주세요.*

토킹스틱을 돌릴 때 단어가 반복되는 것은 바람직한 현상이다. 이를 통해 학생들은 감

정의 공유를 경험한다.

단어를 칠판에 적는다. 모든 사람의 감정을 존중하기 위해 이야기 한 모든 단어를 칠판에 적는다.

이제 상처를 받았던 시간으로 다시 돌아가겠습니다. 상처를 받은 후에 기분이 더 나아지기 위하여 내게 필요했던 것은 무엇이었는지 생각해 보겠습니다. 생각한 것을 적거나 그림으로 그려주세요. 시간을 충분히 준다.

나눔 *그 때 내게 필요했던 것을 말해주세요.*

이야기한 욕구를 칠판에 적는다.

나눔 *다른 사람이 말하는 것을 들으며 생각난, 사람들이 피해를 입었을 때 드는 감정과 필요한 욕구는 무엇인가요?*

나눔 *회복적 정의는 '피해에 초점을 맞춘다' 라고 이야기합니다. 이 말이 내게 어떤 의미로 다가오나요?*

설명하기 *회복적 정의는 피해가 발생했을 때 이를 바로 잡는 것에 관한 것입니다. 피해를 바로 잡기 위해서는 어떤 피해가 발생했는지 알아야 합니다. 피해가 준 상처가 바로 정의가 훼손된 것입니다. 그러므로 어떤 상처가 있는지 아는 것이 피해를 바로 잡기 위한 첫 번째 탐구 과제입니다.*

배움나눔 *서클을 마치기 전에 오늘 이야기 나눈 것에 대해 하고 싶은 말이 있나요?*

공간닫기 부록 2를 참고하거나 다른 것으로 대체

참여한 모두에게 감사 표현하기

회복적 정의 교육: 피해 다루기 서클 2

목적 학교 공동체에서 회복적 정의 원리를 이해하는 기초 지속해서 다지기

준비물 토킹스틱, 종 또는 벨소리, 서클 상징물

서클 전 준비 칠판에 "피해에 대한 책임지기accountability:행동으로 인한 피해를 회복하기 위해 행동하는 것' 이라고 크게 적는다.

준비 의자를 둥그렇게 배치하고 앉는다.

서클 참여자 환영하기

침묵으로 초대하기 잠시 멈추고 호흡을 하고 소리를 듣기

공간열기 부록 2를 참조하거나 다른 것으로 대체

서클의 진행과정 소개하기 '나눔' 이란 질문에 토킹스틱을 건네며 이야기하는 것을 의미한다. 진행자는 참여자로서 질문을 하고, 첫 번째로 대답한다. 그리고 토킹스틱을 옆사람에게 건넨다. 진행자가 서클을 돌리는 방향으로 토킹스틱을 차례차례 건넨다. 첫번째 나눔에서 이름을 말하고 질문에 답 한다. 패스통과라고 하고 그냥 토킹스틱을 건네도 괜찮다.

마음연결하기 *이름과 함께 오늘 하루 어떤지 말해주세요.*

가치 공유 *실수를 하고 이를 바로잡고자 할 때 내게 중요한 가치가 무엇인지 말해주세요.* 참여자들이 가치를 이야기 할 때 말한 가치를 종이에 적어 서클의 중심에 놓는다.

서클의 기본 약속 확인하기

중심활동 "책임을 지는 것"의 의미 탐구하기

설명하기 오늘 서클에서는 우리 자신의 경험에 비추어 회복적 정의의 원리를 탐구해 보도록 하겠습니다. 하워드 제어(Howard Zehr)는 회복적 정의의 두번째 원리를 다음과 같이 말했습니다. "우리로 인해 피해가 발생했을 때, 우리의 행동이 다른 사람에게 준 영향에 대하여 책임을 질 의무가 있다." 제어는 피해를 책임진다는 것은 우리의 행동으로 인해 발생한 피해를 회복하기 위하여 행동하는 것이라고 정의하였습니다.

나눔 본인에게 "내 행동에 책임을 진다는 것"은 어떤 의미인가요?

나눔 *"내 행동으로 인한 피해에 책임 지기"와 "내 행동으로 인한 피해를 회복하기 위해 행동하기"의 차이점은 무엇일까요?*

나눔 책임을 지거나 피해를 회복하거나 보상해 주려는 사람의 욕구는 무엇일까요?

참여자들에게 묻기 내가 만들었던 피해에 대하여 책임을 지거나 바로 잡으려 했을 때를 떠올려 봅니다. 그 시간을 기억하며 그 때의 감정을 떠올려 보세요. 감정에 대해 적거나 그림으로 표현해 보세요.

시간을 충분히 준다.

나눔 나로 인한 피해에 대하여 책임을 지거나 바로 잡으려 했을 때 떠올랐던 감정에 대해 나눠주세요.

이야기하는 감정을 칠판에 적는다.

설명하기 회복적 정의에서 말하는 '책임(accountability)지기'는 쉽지 않은 과정입니다. 다른 사람에게 피해를 주었음을 인정하는 것은 상당히 어려운 일입니다. 용기가 필요합니다. 하지만 책임을 지는 과정에서 우리는 더 나은 사람으로 성장할 수 있고, 최고의 내 모습을 만날 수 있습니다. 우리가 책임을 질 때 우리 어깨의 무거운 짐을 내려놓을 수 있습니다.

배움나눔 서클을 마치기 전에 오늘 이야기 나눈 것에 대하여 하고 싶은 말이 있나요?

공간닫기 부록 2를 참고하거나 다른 것으로 대체

참여한 모두에게 감사 표현하기

회복적 정의 교육: 회복을 위한 행동 탐색하기 서클

목적 피해를 입은 사람의 필요와 피해 후 일들을 바로 잡기 위해서 할 수 있는 행동을 탐색함으로써 회복적 정의의 틀에서 말하는 행동실천에 대한 이해 높이기

준비물 토킹스틱, 종 또는 벨소리, 서클 상징물, 시나리오 활동지

준비 의자를 둥그렇게 배치하고 앉는다.

서클 참여자 환영하기

침묵으로 초대하기 잠시 멈추고 호흡을 하고 소리를 듣기

공간열기 부록 2를 참조하거나 다른 것으로 대체

서클의 진행과정 소개하기 '나눔'이란 질문에 토킹스틱을 건네며 이야기하는 것을 의미한다. 진행자는 참여자로서 질문을 하고, 첫 번째로 대답한다. 그리고 토킹스틱을 옆 사람에게 건넨다. 진행자가 서클을 돌리는 방향으로 토킹스틱을 차례차례 건넨다. 첫 번째 나눔에서 이름을 말하고 질문에 답 한다. 패스통과라고 하고 그냥 토킹스틱을 건네도 괜찮다

마음연결하기 이름과 함께 요즘 나에게 벌어진 예상치 못한 일에 대해 말해주세요.

가치 공유 누군가와 좋은 관계를 맺고 싶을 때 내게 중요한 가치가 무엇인지 말해주세요. 참여자들이 가치를 이야기 할 때 말한 가치를 종이에 적어 서클의 중심에 놓는다.

서클의 기본 약속 확인하기

중심활동 피해와 "피해를 바로잡기" 위해 필요한 것 성찰하기

참여자들에게 설명하기 오늘 서클에서는 우리 공동체에서 피해가 발생했을 때 회복적 정의의 원리를 어떻게 적용할 수 있을지 탐구해보도록 하겠습니다.

나눔 여러분이 누군가에게 상처를 주는 행동을 한 후에 이를 바로 잡기 위해 했던 행동을 간단한 예를 들어 이야기해 주세요. 자세한 상황 설명은 필요하지 않습니다. 바로 잡기 위해 했던 행동에 대해 이야기해 주세요.

읽기 연령대에 적합한 시나리오를 선택해 읽는다.

나눔 이 상황에서 상처 받은 사람은 누구인가요? 어떤 상처를 입었나요?

답변을 칠판에 적는다.

나눔 상처를 받은 사람 중 우리가 놓친 사람은 없나요? 누구에게 책임이 있나요? 다른 사

람 중에 이 상황에 영향을 받은 사람은 없을까요?

추가 답변을 칠판에 적는다.

나눔 상황을 바로 잡기 위해 할 수 있는 행동은 무엇인가요?

답변을 칠판에 적는다.

설명하기 사람 사이에서 무언가 잘못되었을 때 회복적 정의는 상처를 이해하는 것과 상처를 회복하고 치유할 수 있는 최선의 방법에 집중합니다. 우리 모두는 우리의 행동으로 인한 피해를 어떻게 알 수 있는지 우리가 피해를 주었을 때 어떻게 최선을 다해 이를 회복시킬 수 있는지 배워가고 있습니다. 오늘 이에 관한 생각을 함께 탐구해 준 여러분께 감사를 드립니다.

배움나눔 오늘 한 서클에 대하여 하고 싶은 말이 있나요?

공간닫기 부록 2를 참고하거나 다른 것으로 대체

참여한 모두에게 감사 표현하기

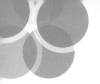

모듈 11.3 Worksheet
회복을 위한 행동 탐색하기 서클

시나리오 1

미희가 탁자에 앉아 색연필로 그림을 그리고 있다. 미희가 선생님에게 질문을 하러 일어나자 준서가 탁자에 있는 빨간색 펜을 쥐어 미희의 그림에 크게 낙서를 한다.

시나리오 2

은경이가 복도를 걸어가고 있는데 봉주가 은경이의 손에 들고 있던 책을 빼앗아 바닥에 던졌다. 모여 있던 아이들이 이 일을 보며 웃었다. 은경이가 책을 집어 들려 하자 봉주가 책을 복도 끝으로 찼다. 은경이가 허둥지둥 책을 주우려 하자 아이들의 웃음소리는 더욱 커진다.

시나리오 3

교사가 학생들에게 오늘의 과제를 설명하고 있을 때 수업에 늦은 현진이가 교실에 들어와 책상 위에 책을 꽝하고 내어 던지듯 내려놓으며 앉는다. 교사가 현진이에게 조용히 앉으라고 말하자, 현진이는 일어서서 큰 소리로 욕을 하고 교실을 뛰쳐나간다.

시나리오 4

뒷자리에 앉은 봉주와 현진은 교사가 수학 문제를 칠판에 쓰기 위해 뒤를 돌자 야구공을 주고받는다. 수업 대부분의 시간 동안 게임을 하고 있다. 다른 학생들의 신경은 봉주와 현진이가 교사에게 걸릴 것인지 말 것인지에 가 있다. 교사는 교실이 점점 소란스러워지는 것을 알지만 이유를 모른다. 수업이 끝나갈 때 즈음 봉주가 야구공을 던지는 것을 교사가 보게 된다.

시나리오 5

학교 식당에서 2학년 학생들 몇몇이 샐러드 소스를 숟가락에 담아 서로에게 튀기며 장난을 치고 있다. 샐러드 조각 한 개가 근접한 탁자에 튀자 양쪽 탁자에 앉은 학생들이 샐러드 소스를 서로에게 거칠게 집어 던진다. 곧 식당에 모인 전체가 이와 같은 행동을 한다. 지도 교사가 바로 멈추라 말하지만 이 말을 무시한다. 교장이 식당에 들어와서 보자 바닥과 벽이 온통 음식 투성이고, 교직원 모두 화가 머리 끝까지 나있다. 어린 학생들 몇 명은 구석에 모여 울고 있다.

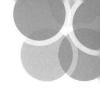

서클에서 회복적 훈육 실천하기

학교는 회복적 훈육을 다양한 방법으로 적용할 수 있다. 회복적 대화모임, 회복적 중재, 비공식적 회복적 대화모임 모두가 잘못된 행동을 다루는 매우 효과적인 방법이다. 위의 활동 모두 6가지 회복적 질문의 기본 원리를 기반으로 한다. 이 책에서 이 과정의 세세한 부분은 다루지 않으나 부록 4 자료에 더 많은 내용을 담고 있다. 우리는 학교가 다양한 형태의 회복적 훈육을 사용해 보는 교육적 실험을 권하지만, 건강한 관계를 만들기 위한 서클 활동에 초점을 맞춰 이를 지속해 가는 것을 더욱 권장한다. 이번 장에서는 서클 프로세스를 활용한 회복적 훈육에 대해 자세히 다루겠다.

지난 장에서 다룬 6가지 질문이 회복적 질문의 핵심이다. 서클에서 회복적 질문은 세번째와 네번째 과정에서 다뤄진다.66쪽 표 참조 회복적 질문을 묻기 전에 서클에서 서로를 알아 가는 시간과 가치와 약속을 만드는 시간, 모든 참여자들의 이야기와 관심을 나누는 시간을 가져야 한다. 이 시간을 통해 참여자들은 서로 공감대가 형성되고 연결됨을 경험한다. 이와 같은 방식으로 관계가 만들어지면, 참여자들이 서로의 관점을 이해하거나 상대의 이야기를 듣기 어렵게 만드는 소외감이나 외로움을 느끼는 경험을 줄일 수 있다.약속을 만들고 참여자 간의 연결을 경험한 후에는 회복적 서클에 초점을 맞춰 피해와 관련된 사건을 다룬다.

회복적 질문은 참여자들이 피해로 인하여 영향을 받은 사람이 누구인지를 탐색하고, 피해를 회복하기 위해 무엇이 필요한지를 이해하는 것을 돕기 위해 만들어졌다. 각 단계의 질문들을 묻는 순서는 매우 중요하다. 피해에 대하여 이야기하기 전에 공감대 형성과 연결됨을 경험하는 것이 필수적이기 때문이다. 그 후 중요한 단계는 동의된 약속 단계로 넘어가기 전에 피해에 대하여 충분히 탐색하는 일이다. 서클에서 토킹스틱을 받는 기회는 언제나 모두에게 동등하게 돌아가지만, 피해에 초점을 맞추는 서클에서는 특정한 참여자에게 토킹스틱을 건네 돌아가며 말하기를 시작하게 할 수도 있다. 그 참여자가 질문에 답하면 토킹스틱을 다음 사람에게 돌려 모두가 돌아가며 이야기를 한다.

이번 장은 특정한 사건과 특정한 참여자를 위한 피해를 다루는 서클의 구체적인 진행안을 담았다. 이 장에서 제공하는 피해를 다루는 서클의 예시가 모든 사건과 모든 참여자들에게 다 맞는 것은 아니다. 예시 질문들을 많이 실어, 다양한 상황에서 활용할 수 있는 회복적 훈육 질문에 사용할 수 있도록 하였다. 상황에 의미가 있고, 연관이 있는 질문을 선택하거나 자신만의 방법으로 수정해도 좋다. 왜냐하면 서클에서 토킹스틱을 건네는 방식은 각각의 질문에 대해 모두가 말할 기회를 주기에 통과를 선택하지 않는 한 모든 질문은 서클 참여자 모두가 답하도록 의도하기 때문이다

단계 1
만나서 서로 알아가기
참여자들이 서로 소개하는 시간을 위한 질문들

- 자기소개를 하고 오늘 서클에서 이루어지길 기대하는 것이 무엇인지 이야기해주겠어요?
- 자기소개를 하고 오늘 서클에 본인이 가져온 가치 한 가지를 이야기해주겠어요?
- 자기소개를 하고 이 학교 공동체에 얼마나 있었는지, 학교 공동체에 감사한 것 한 가지를 이야기해주겠어요?
- 자기소개를 하고 친구들이 나에 대하여 어떻게 설명하는지 이야기해주겠어요?
- 자기소개를 하고 지난 주 내게 일어났던 긍정적인 일에 대해 이야기해주겠어요?
- 오늘 여기에서 중요한 가치는 무엇인가요?
- 오늘 우리가 서로 존중하는 대화를 하기 위하여 필요한 약속은 무엇인가요?

단계2
관계 만들어가기
신뢰를 쌓고 공감대를 형성하기 위한 질문들
우리 모두는 강점과 약점을 갖고 있다. 나쁘게 행동할 때도 긍정적으로 행동할 때도 있다.

- 가장 많은 피해를 입은 ○○○와 함께 한 긍정적인 경험에 대해 이야기해 주겠어요? 내가 아는 ○○○의 강점은 무엇인가요?
- 여러분이 청소년기에 어려움을 겪었던 경험을 이야기해 주겠어요? 그 때 내게 도움이 됐던 것은 무엇이었나요?
- 실수를 하고 이를 만회했던 경험에 대해 이야기해주겠어요?

- 오늘 서클에서 우리 모두에게 도움을 줄 나의 강점은 무엇인가요?
- 내가 이 곳에 맞지 않는 사람이라는 것을 느꼈던 경험에 대해 이야기해주겠어요?
- 내 인생에서 내가 자랑스러웠던 순간에 대해 이야기해주겠어요?
- 내가 해낼 수 없을 거라 생각했던 일을 해냈던 경험에 대해 이야기해주겠어요?
- 나의 강점은 무엇인가요?
- 우리 가족의 강점은 무엇인가요?

단계 3
문제 다루기/피해 탐구하기
사건에 대하여 이야기하는 질문들

- 무슨 일이 발생했나요?
- 그 일이 발생했을 때 혹은 그 일을 알게 되었을 때 나의 느낌과 생각은 무엇인가요?
- 이 사건에 어떻게 관련이 있게 됐나요?
- 이 일이 발생했을 때 혹은 이 일을 들었을 때 머릿 속에 떠오르는 생각은 무엇이었나요?
- 이 일이 발생한 후로 줄곧 어떤 생각을 했나요?
- 이 상황에서 무슨 일이 일어나고 있나요?

사건의 영향을 탐구하는 질문들

- 이 일이 여러분에게 어떤 영향을 주나요?
- 여기 모인 사람 외에 누가 이 일에 영향을 받았나요? 어떤 식으로 영향을 받았나요?
- 여러분에게 이 상황에서 최악인 부분은 무엇인가요?
- 이 사건에 대해 가족이나 친구들이 들었을 때 어떻게 반응했나요?

- 이 사건의 결과로 내게 일어난 변화는 무엇인가요?
- 이 사건이 여러분의 가정 생활과 학교 생활에 변화를 주었나요?
- 여러분이 겪는 큰 문제는 무엇인가요?
- 여러분이 가장 걱정하는 것은 무엇인가요?

이 서클의 순서가 사람들이 강도 높은 부정적인 감정을 존중하는 방식으로 표현할 수 있도록 돕는다. 1,2단계의 질문들은 존중하는 분위기를 형성하게 하고, 세 번째 단계에서는 참여자들이 정직하게 자신들의 이야기를 하고, 느낌을 표현하고, 감정을 표출할 수 있도록 돕는다. 3단계에서 사건에 대해 어떻게 느끼는 지에 대한 정서적 역동이 일어나게 된다. 서클이 진행될수록 참여자들은 다른 사람의 이야기를 듣고 반응을 보며 감정을 바꿀 수 있다. 진행자는 이 과정의 순간이 성급하게 진행되지 않도록 유의해야 하며 서클 안의 "정서적 온도"를 살피며 피해에 관하여 모든 참여자가 해야 할 말을 다 할 때까지 피해에 대하여 탐구하여야 한다.

3단계에서 참여자들은 피해로 인한 강도 높은 감정을 이야기하기 때문에 감정적 소모가 가장 많은 단계이다. 3단계에서 참여자들이 주로 표현하는 감정은 화, 비통함, 상실, 상처, 수치, 당황스러움, 저항, 슬픔, 좌절, 후회, 혼란이다. 몸짓과 얼굴 표정 역시 참여자들의 감정을 반영한다. 진행자가 감정을 정정하거나 감정에 반응해 줄 필요는 없다. 회복적 과정에서 느낌을 표현하는 것은 정서적 역동을 경험하는데 반드시 필요하다.

3단계의 질문들은 모든 참여자들의 감정의 명료화를 돕는다. 감정의 명료화는 피해에 영향을 받은 사람들 모두가 갖고 있는 감정의 찌꺼기를 끄집어내어, 부정적인 감정에 갇혀 있지 않고 앞으로 나아가게 한다. 감정의 명료화의 성공 여부는 구조적으로 안전한 공간인 서클에서 당사자들이 만나 자신의 감정을 직접적으로 표현할 수 있는 정도에 달려 있다.

모든 참여자들이 피해를 회복하기 위해 필요한 것을 다루기 전에 일어난 일로 인한 자신의 느낌을 솔직하게 표현하는 것과 일어난 일로 어떤 영향을 받았는지 말하는 것은 중요하다. 서클에서 모든 정보가 다뤄지지 않으면 기다린다. 기다리며 열을 세고 다시 토킹스틱을 돌린다. 참여자들이 말하지 않을 때 기다린다. 다시 한번 다섯을 세고 묻는다. "그 밖에 다른 것은요?" 듣기를 기대하는 말이 나올 때까지 토킹스틱을 계속 돌린다. 진행자로서 다른 사람이 해야 할 말을 대신하지 않는다. 진행자는 자신의 감정과 직접적인 경험을 이야기할 수 있지만 다른 사람의 경험을 이야기하려는 유혹을 잘 견딜 수 있어야 한다.

단계 4
합의하기/계획하기/일체감 형성하기
피해를 탐색하는 과정을 완전하게 끝내면, 진행자는 합의를 하는 마지막 과정을 진행한다. 참여자들이 앞으로 일어났으면 하는 것에 대해 말할 때 진행자가 내용을 받아 적는 것이 중요하다. 적는 방법은 다양하며 참여자들의 기대를 요약하는 것도 한 방법이다.

피해를 회복하기 위한 질문들

- 피해를 회복하고 앞으로 나아가기 위하여 여러분에게 필요한 것은 무엇인가요?
- 피해를 회복하는데 필요한 것은 무엇인가요?
- 피해를 회복하기 위해 어떤 것이 이루어지기를 바라세요?
- 이 서클을 한 결과, 자신의 안전을 위해 어떤 일이 일어나길 원하나요?
- 피해를 회복하기 위해 이 밖에 필요한 것은 무엇인가요?
- 이런 일이 반복되지 않기 위해 필요한 것은 무엇인가요?

합의를 위한 질문들

- 우리가 가진 강점을 반영해, 피해를 회복하고 우리의 욕구들을 충족할 수 있는 일은 무엇인가요?
- 여러분 각자 기꺼이 피해를 회복하고, 피해를 회복하는 다른 사람을 지원하기 위해 할 수 있는 일은 무엇인가요?
- 변화를 위해 내가 할 수 있는 일은 무엇인가요?
- 우리가 세운 계획은 어떤 모습이어야 할까요?
- 합의는 어떤 것이어야 할까요?
- 합의가 본인에게 공정하게 느껴지나요?
- 불공정하다고 느끼는 사람은 아무도 없나요?
- 이 계획에 동의하나요?
- 합의를 적은 종이에 서명해 줄래요?
- 합의한 약속을 지키는데 책임을 다해야 하는 사람은 누구인가요?
- 합의와 관련하여 문제가 생길 경우 무엇을 해야 하나요?

사과와 용서의 역할

서클에서 일어나는 정서적 역동은 자주 잘못된 행동을 한 사람이 진정한 사과를 하거나 후회를 표현하는 상황을 만든다. 때로 사과와 후회를 표현하는 방법은 눈물, 얼굴 붉힘, 말 더듬기, 고개 숙이기처럼 비언어적으로 나타나며 이이를 통해 감정의 진실함을 알 수 있다. 하지만 이러한 표현을 강요할 수 없다. 참여자들이 사과를 요구하고 사과받고 싶은 욕구를 드러낼 수 있지만 정서적으로 만족하려면 잘못된 행동을 한 사람이 반드시 자발적이고 진정성 있는 사과를 해야 한다. 감정의 명료화는 서클 안의 당사자 간의 감정적 교류를 통해 일어난다. 숙련된 진행자는 서클의 과정을 신뢰하기에 참여자들이 스스로 감정의 명료화 과정을 할 수 있게 한다.

용서와 화해 역시 같은 과정으로 일어난다. 정서적 교류가 일어날 때, 잘못을 행한 사람은 후회를 표현하고, 피해를 입은 사람에게 진정성 있는 사과를 한다. 다시 말하지만 이 감정은 강요할 수 없으며, 피해를 입은 사람에게 용서에 대한 압박감이나 기대를 주어서는 안된다. 감정의 전환은 참여하고 있는 개인에게 달려 있으며 철저히 그 자신의 몫이다. 숙련된 진행자는 필히 참여자가 이 작업을 스스로 할 수 있도록 당사자에게 이 일을 맡겨야 한다. 한 숙련된 학교 서클 진행자가 다음과 같이 말했다. "저는 사과나 수치심이나 비난을 기대하지 않았습니다. 저는 단지 피해를 회복하기 위해 어떤 행동이 필요한지 알고 싶었어요."

모듈12 : 회복적 훈육과 갈등 서클

모듈12에는 일상생활에서 잘못된 일이 발생했을 때 사용할 수 있는 서클들이 소개된다. 사람이기에, 우리 모두는 실수를 한다. 성장과 발달의 과정에서 자신의 행동이 다른 사람에게 미치는 영향을 이해하고 건강한 관계로 회복하기 위하여 실수에 책임을 지는 것을 배워야 한다. 회학교 전체적으로 회복적 훈육을 통해 잘못된 행동에 대해 긍정적인 해결책을 사용함으로써 공동체 내 관계를 강화할 수 있다. 회복적 과정은 갈등을 긍정적인 관계로 발전하기 위한 기회로 여긴다. 관계가 깨질 때 피해를 해결하며 잘못을 행한 사람 뿐만 아니라 공동체 구성원 전체가 중요한 교훈을 얻게 된다.

이번 장 역시 서클에 관한 내용이기 때문에 서클 안에서 회복적 질문을 묻는 간단한 모델을 제공한다. 공동체에서 서클이 익숙해지면, 회복적 훈육을 위한 서클에 자연스럽게 참여하여 중요한 문제에 관하여 의미 있는 대화를 나눌 수 있다. 공동체 세우기 서클에서 이미 만든 공유된 가치와 약속은 잘못된 일이 발생했을 때 피해를 보상하고 회복하는데 필수적인 자원이다. 첫 번째로 제시하는 서클은 일상생활에서 사건의 당사자가 다른 사람에게 명확하게 잘못을 행해 관계가 깨질 때 사용할 수 있는 모델이다.

모듈12에서 갈등을 해결하는 6개의 서클 모델을 소개한다. 그 중 하나는 두 당사자가 싸우거나 갈등을 일으켜 서로가 동등하게 피해에 대한 책임을 갖고 있는 상황을 다룬다. 두 번째 서클은 첫 번째 서클의 변형이다. 세 번째 서클에서는 회복적 원리를 기반으로 침묵과 일기쓰기 활동을 사용해 갈등을 해결한다. 다섯 번째는 정학 후 학교로 돌아오는 학생을 환영하는 서클이다. 네 번째, 여섯 번째 모델은 교실에서 모두가 겪는 어려움을 다루는 서클이다.

12.1 회복적 훈육 서클

목적 교실이나 학교 공동체에 피해를 준 사건에 대해 이야기하고 피해를 해결하기

준비물 토킹스틱, 종 또는 벨소리, 서클 상징물, 공유된 약속을 적은 전지, 종이, 마커

준비 의자를 둥그렇게 배치하고 앉는다.

서클 참여자 환영하기

침묵으로 초대하기 잠시 멈추고 호흡을 하고 소리를 듣기

공간열기 부록 2를 참조하거나 다른 것으로 대체

우리가 이곳에 모인 이유 설명하기 오늘 우리는 사건해결해야 할 사건에 대해 요약 이후 어떻게 이 일을 바로잡을 수 있는지 이야기하기 위해 모였습니다. 서클의 목적은 이 일로 인해 모두가 어떻게 영향을 받았는지 이해하고, 이 사건의 결과로 발생한 피해를 회복하기 위해 우리가 할 수 있는 일은 무엇인지 알게 되는 것입니다. 이와 함께, 이와 같은 일이 다시 반복되지 않기 위해 우리가 할 수 있는 일이 무엇인지 찾아 볼 겁니다. 어려운 상황에서 선한 길을 찾으러 이 자리에 참여해준 모두에게 감사의 마음을 전합니다.

서클의 진행과정 소개하기

나눔 *내가 최고의 상태일 때, 나를 말해주는 가치는 무엇인가요?*

참여자들에게 가치를 종이에 적게 하고, 이야기를 마친 후 서클의 중심에 종이를 놓도록 요청한다.

서클의 기본 약속 제공하기 참여자들에게 오늘 서클을 위해 추가하고 싶은 약속이 있는지 확인한다.

> **중심활동** 회복적 과정에 참여해 피해를 보상하기 위한 계획 수립하기

나눔 오늘 서클에서 이 약속에 따르기를 동의하나요?

나눔 자기소개와 함께 자신이 잘 하는 것 한 가지를 말해주세요.

나눔 *우리 삶의 경험은 어려운 상황을 해결하는 지혜의 원천입니다. 우리는 문제해결을 위해 우리 자신의 이야기를 나눌 겁니다. 일을 바로 잡기 위해 많은 용기를 냈던 때에 대해 나눠주세요.*

나눔 *자신이 아는 바, 이 사건에서 무슨 일이 일어났나요?*

토킹스틱을 피해를 입은 사람에게 건네 먼저 시작하게 한다. 그 후 둥그렇게 돌린다.

나눔 *이 사건이 일어났을 때 혹은 이 사건에 대해 들었을 때 들었던 생각이나 느낌은 무*

엇인가요?

나눔 *이 일로 인해 영향을 받은 사람은 누구인가요? 어떻게 영향을 받았나요?*

나눔 *본인에게 가장 어려운 점은 무엇인가요?*

나눔 *지금 이 일로 인해 드는 생각과 느낌은 무엇인가요?*

나눔 *이 일을 바로 잡고, 앞으로 나아가기 위해 내게 필요한 것은 무엇인가요?*

토킹스틱을 피해를 입은 사람에게 건네 먼저 시작하게 한다. 그 후 둥그렇게 돌린다.

나눔 *우리의 강점을 토대로 피해를 회복하기 위해 필요한 것을 위해 지금 무엇을 할 수 있을까요?*

제안과 생각을 적는다.

나눔 *이 일이 다시 발생하지 않기 위해 필요한 것은 무엇인가요?*

제안과 생각을 적는다.

나눔 *우리의 계획이 어떤가요?*

토킹스틱을 피해를 준 사람에게 건네 먼저 시작하게 한다. 그 후 둥그렇게 돌린다.

합의한 약속을 요약한다.

나눔 *이 계획에 모두 동의하나요?*

약속을 적은 종이에 모두가 서명하게 한다.

나눔 *이 약속을 지키기 위해 내가 할 수 있는 일은 무엇인가요?*

배움나눔 *더 하고 싶은 말이 있나요?*

공간닫기 부록 2의 이야기 중 하나를 참고하거나 다른 것으로 대체

참여한 모두에게 감사 표현하기

12.2 갈등에 관한 서클

목적 교실이나 학교 공동체에 피해를 준 사건에 대해 이야기하고 피해를 해결하기

준비물 토킹스틱, 종 또는 벨소리, 서클 상징물, 공유된 약속을 적은 전지, 종이, 마커

준비 의자를 둥그렇게 배치하고 앉는다.

서클 참여자 환영하기

침묵으로 초대하기 잠시 멈추고 호흡을 하고 소리를 듣기

공간열기 부록 2를 참조하거나 다른 것으로 대체

서클의 진행과정 소개하기 '나눔'이란 질문에 토킹스틱을 건네며 이야기하는 것을 의미한다. 진행자는 참여자로서 질문을 하고, 첫 번째로 대답한다. 그리고 토킹스틱을 옆사람에게 건넨다. 진행자가 서클을 돌리는 방향으로 토킹스틱을 차례차례 건넨다. 첫번째 나눔에서 이름을 말하고 질문에 답 한다. 패스통과라고 하고 그냥 토킹스틱을 건네도 괜찮다

> **중심활동** 회복적 과정에 참여하여 갈등 극복하기

우리가 이곳에 모인 이유 설명하기 오늘 우리는 사건(해결해야 할 사건에 대해 요약) 이후 어떻게 이 일을 바로잡을 수 있는지 이야기하기 위해 모였습니다. 서클의 목적은 이 일로 인해 모두가 어떻게 영향을 받았는지 이해하고, 이 사건의 결과로 발생한 피해를 회복하기 위해 우리가 할 수 있는 일은 무엇인지 알게 되는 것입니다. 이와 함께, 이와 같은 일이 다시 반복되지 않기 위해 우리가 할 수 있는 일이 무엇인지 찾아 볼 겁니다. 어려운 상황에서 선한 길을 찾으러 이 자리에 참여해 준 모두에게 감사의 마음을 전합니다.

나눔 자기소개를 하고 학교나 이 공동체에 얼마나 오래 있었는지 나눠주세요.

나눔 내가 소중하게 여기는 가치 중 지금의 갈등을 성공적으로 해결하는 데 도움을 줄 수 있는 것은 무엇인가요?

참여자들에게 가치를 종이에 적게 하고, 이야기를 마친 후 서클의 중심에 종이를 놓도록 요청한다.

서클의 기본 약속 제공하기 참여자들에게 오늘 서클을 위해 추가하고 싶은 약속이 있는지 확인한다.

나눔 오늘 서클에서 이 약속에 따르기를 동의하나요?

나눔 알고 있는 사람 중에 갈등을 잘 다루는 사람에 대해 나눠주세요.

나눔 본인이 이 상황에 대해 알고 있는 바에 의하면, 무슨 일이 일어났나요?

나눔 내게 가장 힘든 점은 무엇인가요?

나눔 내가 상황을 더 나빠지게 한 게 있다면 무엇인가요?

나눔 상황을 더 좋게 하기 위해서 내가 할 수 있는 일은 무엇인가요?

나눔 갈등으로 인한 피해를 회복하고, 갈등을 극복하기 위해 필요한 것은 무엇인가요?

나눔 갈등을 극복하기 위해 내가 다른 사람에게 원하는 것은 무엇인가요?

갈등을 해결하기 위한 제안 중 대부분 지지하는 것들을 요약한다.

나눔 갈등을 해결하기 위한 제안에 동의하나요?

나눔 갈등이 해결되고 있다는 걸 어떻게 알 수 있을까요?

적절한 상황에 동의된 약속을 적고 참여자들의 서명을 받는다.

배움나눔 오늘 서클에서 배운 지혜와 배움에 대해 나눠주세요.

공간닫기 부록 2를 참고하거나 다른 것으로 대체

참여한 모두에게 감사 표현하기

12.3 갈등에 즉각적으로 반응하는 침묵 서클

이 서클은 복도나 교실에서 싸우거나 다투는 중고등학교 학생들에게 적절한 모형이다.

목적 갈등에 처한 학생들이 안전하게 자신의 행동을 성찰하도록 즉각적으로 돕고 관계를 회복하기 위한 선택을 할 수 있도록 돕기

준비 모든 학생을 빈 공간이나 교실로 초대한다. 학생들에게 책상을 옮겨 서클로 만들고 앉도록 요청한다. 학생들에게 종이와 펜이나 연필을 준다.

침묵으로 초대하기 잠시 멈추고 호흡을 하고 소리를 듣기

중심활동 일지를 작성하며 갈등을 중지하고 해결하기

학생들을 침묵서클로 초대한다. 학생들에게 질문을 종이에 적고 질문에 대한 답을 적도록 한다. 단어, 구, 어떤 것이든 적을 수 있다. 질문을 칠판에 적는다.

질문 1 *지난 몇 주 동안 나를 화나게 하거나 분하게 했던 것은 무엇인가요?*

적을 수 있는 시간을 충분히 준다. 다 적으면, 다음 질문을 한다.

질문 2 *갈등 상황에 내가 기여한 부분은 무엇인가요?*

적을 수 있는 시간을 충분히 준다. 다음 질문을 적을 준비가 되면, 질문을 한다.

질문 3 *다음 2주 동안 상황을 좋게 하기 위해 내가 할 수 있는 일은 무엇인가요?*

적을 수 있는 시간을 충분히 준다.

모든 학생이 적는 것을 마치면 종이를 걷는다. 질문 순서에 따라 누가 적었는지 이야기하지 않고 질문의 답을 읽어준다.

나눔 모든 답을 읽어준 후에, 토킹스틱을 돌려 다음과 같이 묻는다.

여러분 자신의 지혜와 성찰을 바탕으로 나눠주세요. 서로 어떤 다짐을 할 수 있어요?

다짐을 적는다. 학생들에게 다짐한 내용을 복사한 것을 받기를 원하는지 묻는다. 학생들에게 다시 한 번 서클로 만나는 것이 필요한지 묻는다.

갈등 상황 가운데 사려 깊게 참여해 준 학생들에게 감사하기

공간닫기 학생들과 함께 짧게 숨쉬기 운동 하기

참여한 모두에게 감사 표현하기

이 서클은 피해를 일으킨 학생에게 집중하지 않고 피해에 대해 이야기하는 모형이다. 이 서클은 피해가 일어났지만 피해를 준 사람이 밝혀지지 않았을 때에도 활용할 수 있다.

목적 교실 전체가 피해에 대해 말하여 피해행동이 다른 사람에게 어떤 영향을 끼쳤는지 인식하도록 하기, 어려움을 함께 해결하며 공동체 안의 관계 강화하기

준비물 토킹스틱, 종 또는 벨소리, 서클 상징물

준비 의자를 둥그렇게 배치하고 앉는다.

서클 참여자 환영하기

침묵으로 초대하기 잠시 멈추고 호흡을 하고 소리를 듣기

공간열기 부록 2를 참조하거나 다른 것으로 대체

서클의 진행과정 소개하기

교실의 공유된 가치와 약속 읽기

중심활동 긍정적인 틀에서 피해 다루기

설명하기 운동장, 복도, 교실에서.. 안타까운 일이 벌어졌습니다. 우리 모두가 함께 이 일을 바로잡았으면 좋겠습니다. 우리의 목적은 어떤 사람을 비난하거나, 기분을 상하게 만드는 것이 아닙니다. 우리가 모인 목적은 이 일로 인해 모두가 어떻게 영향을 받았는지 이해하고, 모두에게 좋은 교실 환경을 만드는데 필요한 것이 무엇인지 알기 위함입니다.

나눔 오늘 내게 다가오는 가치 중 한 가지를 선택하고, 교실에서 누군가가 이 가치를 실천하거나 표현했던 시간에 대해 나눠주세요.

나눔 오늘 우리 모두가 잘했다고 생각하는 일은 무엇인가요?

나눔 오늘 하루 중 잘못된 것은 무엇인가요? 혹은 오늘 친구에게 상처를 준 일은 무엇인가요?

나눔 일어났던 일에 대해 어떻게 느끼나요?

나눔 상처를 받은 친구를 위해 우리가 어떻게 지원할 수 있나요?

나눔 우리 각자가 교실을 안전하고 행복하게 만들고, 서로를 돌보기 위해 무엇을 할 수 있나요?

배움나눔 다음 서클에서 이야기해 봐야 할 내용이 있나요?

공간닫기 부록 2를 참고하거나 다른 것으로 대체

참여한 모두에게 감사 표현하기

12.5 정학 후에 친구를 환영하는 서클

학생이 훈육을 통해서 정학을 받았다면, 그 학생에게는 긍정적인 방법으로 학교공동체에 재통합되는 과정이 필요하다. 이 과정에서는 학생이 정학을 받아서 생긴 어려움도 다룬다. 정학을 받은 학생, 상황에 영향을 받았던 다른 학생들, 부모, 교직원, 지역사회 봉사자, 정학을 받은 학생의 지지자를 서클에 초대한다.

목적 걱정과 생각을 나눔으로써 정학을 받은 학생이 학교로 돌아오는 일에 대한 불안 낮추기, 정학 이후 학교에 돌아온 학생이 학교 공동체의 다양한 구성원과 연결감 경험하기, 모두의 성공을 위한 공동체성 키우기

준비물 토킹스틱, 종 또는 벨소리, 서클 상징물, 종이, 마커

준비 의자를 둥그렇게 배치하고 앉는다.

서클 참여자 환영하기

침묵으로 초대하기 잠시 멈추고 호흡을 하고 소리를 듣기

공간열기 부록 2를 참조하거나 다른 것으로 대체

서클의 진행과정 소개하기 '나눔' 이란 질문에 토킹스틱을 건네며 이야기하는 것을 의미한다. 진행자는 참여자로서 질문을 하고, 첫 번째로 대답한다. 그리고 토킹스틱을 옆 사람에게 건넨다. 진행자가 서클을 돌리는 방향으로 토킹스틱을 차례차례 건넨다. 첫 번째 나눔에서 이름을 말하고 질문에 답 한다. 패스통과라고 하고 그냥 토킹스틱을 건네도 괜찮다.

> **중심활동** 긍정적인 방법으로 일어났던 일을 다루며 학생 재통합하기

나눔 자기 소개와 함께 ○○○를 어떻게 알고 있는지 나눠주세요.

나눔 ○○○와 학교 공동체의 행복을 위해 중요한 가치 한 가지를 생각해주세요. 종이에 마커로 생각한 가치를 적어주세요. 토킹스틱을 받으면 내가 적은 가치와 가치가 중요한 이유를 말해주세요. 이야기를 마친 후 서클의 중심에 종이를 놓아주세요.

서클의 기본 약속을 제시하고 모든 사람이 약속을 수용하는지 확인한다.

나눔 ○○○이 학교에 유익을 주는 강점이나 능력은 무엇인가요?

나눔 ○○○의 학교생활의 성공을 지원하기 위해 본인이 가진 강점이나 선물은 무엇인가요?

나눔 ○○○이 정학을 받기 전에 일어난 일에 관하여 우리가 꼭 이야기를 나누어야 할 해결되지 않은 걱정거리가 있나요?

참여자들이 걱정을 말하면, 같은 질문으로 돌아가며 말하기를 한번 더 한다.

나눔 이 상황과 관련하여 회복이 필요한 피해가 있나요?

나눔 ○○○와 학교 공동체가 우리가 말한 가치대로 협력하며 지내는데 필요한 행동은 무엇인가요?

나눔 ○○○에게 갖는 기대와 바람은 무엇인가요? 앞으로 2주 동안 기대를 현실로 만들기 위해 여러분이 할 수 있는 일은 무엇인가요?

배움나눔 서클을 마치며 드는 마지막 생각은 무엇인가요?

공간닫기 부록 2를 참고하거나 다른 것으로 대체

참여한 모두에게 감사 표현하기

12.6 보강교사와의 수업에서 문제가 있었던 학급 서클

목적 보강교사가 수업을 할 때 학생의 행동 문화 바꾸기, 자신의 행동이 보강교사에게 미치는 영향에 관한 학생들의 인식능력 키워주기, 미래에 보다 나은 행동으로 선택하고 행동에 책임지는 것에 관해 성찰하기

서클 전 준비 보강교사를 학생들과 서클을 하는 공간으로 초대하고 보강교사에게 서클의 과정과 목적을 설명한다.

준비물 토킹스틱, 종 또는 벨소리, 서클 상징물

준비 의자를 둥그렇게 배치하고 앉는다.

서클 참여자 환영하기

침묵으로 초대하기 잠시 멈추고 호흡을 하고 소리를 듣기

공간열기 부록 2를 참조하거나 다른 것으로 대체

교실의 공유된 가치와 약속 확인하기

서클의 진행과정 소개하기 '나눔'이란 질문에 토킹스틱을 건네며 이야기하는 것을 의미한다. 진행자는 참여자로서 질문을 하고, 첫 번째로 대답한다. 그리고 토킹스틱을 옆사람에게 건넨다. 진행자가 서클을 돌리는 방향으로 토킹스틱을 차례차례 건넨다. 첫 번째 나눔에서 이름을 말하고 질문에 답 한다. 패스통과라고 하고 그냥 토킹스틱을 건네도 괜찮다

> **중심활동** 학급이 보강교사를 대하는 태도에 대해 이야기하기

나눔 자기소개와 함께 자신의 장점에 대해 나눠주세요.

나눔 □□□교사에게 오늘 서클에서 보여주고 싶은 가치를 선택하고 왜 그 가치를 선택했는지 말해주세요.

보강교사에게 어제 수업에서 있었던 일에 대해 이야기해 주기를 요청한다.

선생님에게 학생들과 어제 함께 했던 시간은 어땠나요?

수업이 끝난 후 감정은 어땠나요?

기분이 좋지 않은 날 다른 사람과 어떻게 상호작용 했나요?

어제 수업의 경험 중 가장 힘들었던 점은 무엇인가요? …

나눔 어제 무슨 일이 있었나요?

나눔 상황을 악화시키거나 개선시키기 위해 내가 했던 일은 무엇인가요?

나눔 본인의 행동에 대해 어떤 생각이 들었나요? 왜 그런 행동을 했나요?

나눔 다음에 보강선생님과 수업을 할 때 다르게 행동하고 싶은 것은 무엇인가요?

나눔 더 하고 싶은 말이 있나요?

배움나눔 서클을 마치며 어떤 느낌이 드나요?

공간닫기 부록 2를 참고하거나 다른 것으로 대체

참여한 모두에게 감사 표현하기

모듈13 : 심각한 피해 사건을 위한 복잡하고 다양한 과정의 서클

서클 프로세스로 심각한 문제를 다룰 때 각 단계마다 더 많은 시간을 사용한다. 서클 전에 계획과 준비에 시간을 많이 투자하고, 특별히 더 많은 사람들을 서클로 초대하고 이를 준비한다. 서클 진행 단계에서 이해관계가 다른 모든 참여자들이 공감과 연결됨을 경험할 수 있도록 노력한다. 혹은 연속된 서클-서클의 목적에 따라 다른 참여자들이 서클로 모임-을 계획할 수 있는데, 이 경우 시간이 많이 걸린다. 이와 같이 하는 이유는 모든 참여자들의 욕구를 충족하기 위함이다.

모듈13은 심각한 피해와 잘못된 행동과 갈등이 이전에 제시한 모형보다 복잡할 때 사용할 수 있는 서클을 소개한다. 예를 들어, 피해 행동으로 인해 상당한 치료과정이 필요하거나 지속적인 피해와 괴롭힘을 당한 경우이다. 집단따돌림, 만성적인 무단결석, 무기를 사용한 공격, 폭력, 지속적인 무례함과 버릇없음도 이에 해당한다. 이 장에서는 보다 많은 참여자들이 서클에 참여한다. 학생과 교사는 물론 부모와 상담교사, 사회 운동가, 교직원이 참여하게 된다.

심각한 사건들은 더 깊은 문제deeper problems와 연관되어 있기 때문에 관련사건과 함께 겉으로 드러나지 않는 근본문제를 다룰 수 있도록 서클 과정을 계획하는 것이 필요하다. 우리는 서클이 특별히 중재에 적합하다 믿으며, 가능한 중재방법을 제안한다. 또한 집단따돌림 문제를 서클을 이용해 다루는 틀을 제공한다.

사전작업과 준비의 중요성

준비와 이해관계가 다른 모든 참여자들과 사전만남을 진행하는 일은 심각한 피해를 다루는 서클에서 매우 중요하다. 사건마다 이에 해당하는 회복적 반응으로 세밀하게 작업해야 하기 때문이다. 진행자는 피해자와 피해자 가족, 가해자wrongdoers와 가해자 가족, 교직원과 다른 학생들, 목격자와 만나며 일어난 일의 과정full scope과 역사, 문제 행동으로 인한 영향을 알아야 한다. 사전만

남은 직접적으로 관련이 있는 사람들과 면대면으로 만나 이루어 져야 하며, 안전함과 편안함을 느낄 수 있는 시간과 장소에서 진행되어야 한다.

사전 만남에서 다루는 질문들은 회복적 질문과 동일하다.

1. 무슨 일이 일어났나요?
2. 일이 발생한 당시 당신의 생각과 느낌은 무엇이었나요?
3. 사람들은 어떤 영향을 받았나요?
4. 당신의 강점은 무엇인가요?
5. 피해가 회복되기 위해 무엇이 필요한가요?
6. 앞으로 이와 같은 일이 일어나지 않기 위해서 무엇을 해야 하나요?

사전모임에서 모든 참여자들에게 회복적 질문을 물으며 진행자는 사건을 이해하고, 영향을 받은 사람이 누구인지와 그들에게 무엇이 필요한지 파악할 수 있으며 드러나지 않았으나 다뤄야 할 근본문제를 알 수 있다.

사전모임을 통해 참여자들은 자신의 필요와 걱정을 직접 이야기할 수 있는 기회를 얻는다. 피해자는 사전모임부터 사건을 바로 잡기 위해 자신에게 필요한 것이 무엇인지 이야기하고 이를 다른 사람이 듣는 경험을 한다. 이 모임으로 피해자는 회복적 서클의 가치를 경험한다. 사전모임은 가해자와 가해자의 가족에게 누가 이 일로 인해 영향을 받았는지, 피해를 회복할 방법을 생각할 수 있는 기회를 주며, 수치심, 낙인에 대한 두려움, 방어적인 성향을 낮추게 해 준다. 회복적 접근은 가해자를 악마화 하는 것을 지양한다. 회복적 접근은 가해자에게 자신의 행동으로 인해 다른 사람이 어떤 영향을 받았는지 이해하고 행동을 보상할 수 있는 기회를 제공함으로써 진정한 책임이행을 증진하는 것을 목적으로 한다.

사전모임을 바탕으로 진행자가 사건이 원만하게 해결되고 행동이 재발될 가능성이 없다고 판단 될 경우 회복적 서클을 한 번만 진행하기로 결정한다. 이와 달리, 사건이 복잡하고, 행동이 만성적으로 반복되었거나, 아이가 집단괴롭힘을 당한 경우, 서클을 여러 번 진행하는 것을 고려할 수 있다. 혹은 진행자가 피해자를 위한 추가상담이나 다른 종류의 지원을 제안할 수 있다. 추가상담은 근본적인 문제를 다뤄야 하고, 다른 사람과 긍정적으로 관계 맺는 것을 배우는데 지속적인 지원이 필요한 가해자에게도 지혜로운 제안이 될 수 있다.

세심하고 건설적인 회복적 과정을 고안하는데 일률적인 방식은 있을 수 없기에 회복적 정의의 가치인 존엄, 존중, 돌봄의 서클을 기획하는 것을 원칙으로 삼는다.

후속서클/사후서클

심각한 사건과 만성적인 문제와 관련된 서클을 진행할 때 동의된 약속이 만들어지면, 후속서클을 지원하는 것이 바람직하다. 후속서클에서는 지속적인 행동변화를 지원하고, 주기적으로 약속의 이행 여부를 확인한다. 후속서클은 서클의 일부분으로서 서클 참여자들이 함께 모여 피해를 입은 사람이나 피해를 준 사람 중 어느 쪽이든 지원할 수 있다. 혹은 서클 참여자 전체가 함께 모여 지난 서클에서 만든 동의된 약속의 이행여부를 확인할 수 있다. 후속모임을 중요시 여기는 것이 매우 중요하다. 책임이행의 중요한 요소인 약속을 이행하고, 시간을 지나 진정한 변화가 일어나는 것을 볼 수 있기 때문에 후속서클은 피해를 입은 사람에게도 매우 중요한 과정이다. 행동변화는 지속적인 지원이 필요하다. 2부 10장의 집중지원서클 모델을 참고하면 좋다.

축하서클

2부, 모듈10에서 성공을 축하하는 서클모델을 제시하였다. 축하서클은 가장 마지막에 연다. 모든 사람에게 과정을 마쳤음을 알리는 시간이다. 서클에서 참여자들은 성취를 인정하고, 공동체 구성원 간 성취의 다양한 의미를 공유한다. 축하서클은 지속적인 지원서클 안에서 이뤄지기도 한다. 한 단계 진보했을 때 이를 긍정하고 인정하는 시간일 뿐만 아니라 동시에 힘든 점과 어려움을 알아주고 다루는 시간이다. 모든 참여자들에게 피해사건 후 긍정적인 일을 간과하지 않고 소중하게 다룬다는 인식을 주는 것이 매우 중요하다. 긍정적인 변화는 참여자들이 피해사건이 발생한 후에 매우 기대하는 일이기에 기쁨과 감사로 이를 성찰하는 시간을 가져야 한다.

심각한 피해를 다루는 복합 서클

모든 회복적 과정에서 주요한 과제는 피해자의 욕구를 다루는 작업이다. 이를 위해 피해자와 피해자의 가족을 위한 지원서클과 피해자와 피해자의 친구들을 위한 별개의 지원서클을 진행한다. 가해자의 욕구를 다루는 일 역시-특별히 그들이 유발한 피해를 이해하고, 회복할 수 있는 기회를 얻는 일- 다른 무엇보다 중요하다. 그러므로 가해자가 책임을 질 수 있도록 지원하는 가해자와 가해자의 가족, 교직원을 위한 서클과 드러나지 않지만 근본적인 문제를 다루는데 집중적으로 지원과 도움을 주는 서클을 개별적으로 진행한다. 심각한 피해를 다루는 복합 서클 과정은 다음과 같이 진행될 수 있다.

1. 피해를 입은 사람과 가족이 모인 지원서클: 피해의 영향을 충분히 이해하고, 이야기를 듣고, 피해자가 비난받지 않음을 확신시키고, 사회적인 지원 계획을 세운다.

2. 피해를 입은 사람과 학교 공동체 구성원, 학생, 교직원이 모인 지원서클: 자신들의 이야기들을 할 수 있는 기회를 주고, 피해자가 된 수치스러움을 경감시켜 준다. 행동에 대한 자신의 느낌을 표현하고, 책임을 지며, 피해를 입은 사람을 지지하는 표현을 할 수 있는 기회를 준다.

3. 가해자와 가해자가족, 학교구성원, 교직원, 학생이 모인 책임서클: 행동과 관련한 생각과 느낌을 보다 더 이해할 수 있는 시간을 갖는다. 다른 사람에게 미친 영향과 피해를 보상할 수 있는 방법을 탐구하고 이에 대한 계획을 세운다. 이 서클의 목적은 가해자가 보다 의식 있는 책임을 질 수 있도록 돕고, 드러나지 않지만 다뤄야 할 근본적인 문제를 모두가 이해하는데 있다.

4. 두 이해당사자−피해를 입은 사람과 피해를 준 사람−와 학교공동체 구성원, 학생, 교직원이 모인 책임이행서클: 피해를 보상하고 합의된 약속을 만드는데 집중한다.

5. 장기적인 행동변화를 위한 지속적인 집중지원서클: 의미 있는 행동 변화에 헌신한 개인의 돌봄을 위한 공동체를 구성한다.

6. 책임진 일에 대해 인정하고, 목표를 달성하고, 중요한 성장과 발전을 성취한 것에 대한 축하서클

집단 따돌림 사건에 서클 활용하기

학교가 집단따돌림을 예방할 수 있는 가장 효과적인 방법은 많은 시간과 에너지를 안전하고 존중하는 학교 문화를 만드는데 사용하기 위해 노력하는 것이며 이는 널리 알려져 있다. 대부분의 아이들이 따돌리는 행동에 참여하거나, 직접적인 따돌림 대상이 되지 않아 다행이다. 약자에게 강자가 잔인한 행동을 지속적으로 하는 일은 어른들이나 아이들에게 상식적인 일이 아니기 때문에 학교 공동체 집단 따돌림에 대해 더 많은 지식을 공유할수록, 공동체 구성원들이 따돌림에 대해 저항할 가능성이 높아진다.

따돌리는 행동은 동료친구로부터 따돌리는 행동에 대한 사회적 보상이 있는 맥락과 어른과 친구로부터 행동이 쉽게 용인될 때 빈도가 높아진다. 정기적인 서클 활동을 통

해 공감과 존중의 문화를 만드는 일은 따돌림이 보상을 받지도, 용인되지도 않는다는 분위기를 조성하는 길이다. 정기적인 서클을 통해 공동체에 따돌림이 발생했을 때 돌봄과 관심으로 이에 반응할 수 있는 건강한 능력을 계발할 수 있다.

이 책에 소개된 대부분의 서클 활동은 예방과 관련한 문화를 만드는 지원 활동으로 이루어져 있다. 따돌림을 예방하는 최고의 방법은 모든 아이들과 어른들이 존중을 받는 환경에서 정서지능을 계발하는 일이다. 모든 학교 구성원이 목적의식을 가지고 서로를 알고 존중과 배려의 가치를 경험하면, 따돌림을 목격한 제 3자가 불만을 표현할 가능성이 높아지며, 이에 따라 따돌림의 사회적 힘이 약화된다. 서클에서 우리가 이야기하는 다양함–특히 성적 지향, 민족, 인종, 국적, 가족구조, 종교, 성규범과 정체성의 다양한 측면–은 관용을 넘어선 수용의 문화를 조성한다. 이 책에서 다룬 모든 서클이 명시적인 목표와는 다르게 조용하지만 힘있게 이와 같은 문화를 만드는데 기여한다.

2부에서 제시한 회복적 질문과 접근은 따돌림이 발생했을 때 활용할 수 있다. 다른 모든 심각한 피해사건과 마찬가지로 서클 프로세스의 네 단계–만나서 서로 알아가기, 이야기하기, 문제 다루기, 합의하기–를 충분한 시간을 들여 다루는 것이 중요하다. 다시 한번 강조하지만, 피해가 심각할수록, 과정을 더욱 천천히 다뤄야 한다. 서클을 통해 심각한 피해를 다루는 일은 경험 있는 진행자, 가치를 기반으로 하는 공동체, 안정감 있는 서클 진행이 필요하다. 건강한 학교문화는 공동체의 초석이 된다. 서클을 활용해 따돌리는 행동을 다룰 때 문제해결이 재빠르게 이뤄지지 않는다. 서클 참여자 모두가 통합과 힘의 균형, 진정한 존중에 대한 장기적인 헌신이 있을 때 따돌림의 문제를 다루는 것이 좋다.

따돌림이 반복되어 나타날 때 회복적 중재 서클을 진행하는데 이는 매우 심각한 문제를 다루는 일이다. 심사숙고와 계획, 준비와 진행과정에서 고도의 기술과 경험이 필요하다. 이와 같은 경우 학교에서 경험이 많은 외부진행자에게 서클을 의뢰하거나, 학교 관계자가 따돌림 사건을 다루는 회복적 중재 서클 집중훈련에 참여하기를 권한다.

집단 따돌림과 집단 따돌림이 아닌 것

첫 번째 질문은 다른 갈등과 비행, 공격, 놀리는 행동과는 다른 집단따돌림의 정의이다. 이를 위해 댄 올베우스Dan Olweus의 전통적인 정의가 유용하다. 집단따돌림으로 분류되는 행동은 다음과 같은 3가지 기준을 갖는다.

1. 피해를 주려는 의도가 있다.
2. 행동이 반복된다.
3. 이해당사자 간에 힘의 불균형이 있다.

못된 행동은 학교 공동체에서 간과되어서는 안된다. 집단괴롭힘으로 발전할 수 있으며, 반드시 지속적으로 반복되어 나타나기 때문이다. 언어적, 신체적 행동이 포함된다. 학교에서 만났을 때 발생하거나, 전화통화, 문자메시지. 소셜미디어를 통해 간접적으로도 발생하며 이 중 소셜미디어를 통한 행동이 가장 빈번하다.

집단 따돌림을 다룰 경우 제안하는 서클

1. 피해를 입은 사람과 가족이 피해를 온전히 이해하고 피해를 입은 사람을 지원하는 계획을 세우는 지원서클
2. 피해를 입은 사람과 친구들이 공동체의 지원을 받고 책임을 지고 피해를 입은 사람을 돕는 안전한 공간을 위한 계획을 세우는 지원서클
3. 집단따돌림에 대해 이야기하는 학급서클 6.3 서클 참고
4. 피해를 준 사람과 가족이 문제행동과 근본문제에 대해 심도 있게 이해하고 공유하기 위한 책임서클
5. 상황 상 적절할 경우 피해 관계자가 함께 만나 피해를 보상하고 동의된 약속을 이행하는 책임이행서클
6. 피해를 입은 학생을 위한 집중지원서클
7. 피해를 준 학생이 행동을 변화할 수 있도록 돕는 지속적인 집중지원서클
8. 집단괴롭힘이 보상이 되거나 어른들에게 수용되지 않는 문화를 만들어야 하는 공동체의 책임을 이야기하는 공동체 서클

따돌리는 행동은 힘이 과도하게 표현되는 것처럼 보이나 실상은 무력감을 나타내는 증상이다. 이 책 서두에 이야기한 바와 같이, 모든 사람에게는 건강한 힘을 갖고 싶어 하는 근원적인 욕구가 있다. 특별히 서클은 개인이 다른 사람의 힘을 빼앗지 않고 내면의 힘personal power을 경험할 수 있는데 효과적이다. 결과적으로 다른 사람과 경쟁하여 힘을 얻고자 하는 욕구가 감소된다. 더 나아가 서클에 참여하는 모든 사람에 대한 깊이 있는

존중은 힘을 통해 존중을 강요하는 따돌림의 욕구를 감소시킨다.

만성적으로 반복되는 행동은 쉽게 바뀌지 않는다. 지속하고자 하는 욕망이 있을 때 더욱 그렇다. 따돌림의 정의에 따르면 따돌림은 만성적인 행동이다. 그러므로 따돌리는 행동을 다룰 때 다양한 서클을 적용하는 것이 필요하다. 따돌림은 침묵과 은밀함 가운데 진행되기 때문에 서클에 많은 사람이 참여하는 일도 중요하다.

서클은 따돌림의 문제를 따돌림과 관련된 사람들의 근본적인 스트레스와 트라우마를 이해하는 기회로 전환시킬 수 있는 무한한 가능성을 갖고 있다. 한편, 책 서두에 제시한 핵심신념과 가치를 기반으로 하지 않은 서클이 오히려 피해를 유발할 가능성도 갖고 있다. 그러므로 서클 진행자의 태도가 기술만큼 중요하다. 서클을 진행하는 어른이 따돌림에 대해 다룰 때 "알아차리기self-awareness:자신의 가치, 의사소통 방식, 따돌림으로 받은 영향, 몸짓, 편견 및 자극받는 부분"가 필요하다. 진행자의 용기가 필요하고 마음을 써야 하는 긴 여정이다. 따돌림을 다루는 모든 서클을 시작할 때 핵심신념을 읽으며 모든 사람의 내면에는 선한 자아가 있다는 믿음을 상기하기를 바란다.

부록

부록1. 서클진행을 위한 질문과 주제들

가치탐색하기

- 가장 인간적인 모습일 때의 당신을 잘 말해주는 특징은? 단어 혹은 짧은 문장으로
- 당신에게 매우 소중한 사람과 갈등이 있다고 가정해보자. 그 갈등을 해소하고 자 노력할 때 당신에게 이정표 역할을 해줄 수 있는 가치는?
- 이 곳에 함께 모인 이들에게 제안하고 싶은 가치는?
- 당신이 하는 일 그리고 그 일에서 겪는 도전과제는?
- 당신의 열정은?
- 당신의 삶에서 제자리 걸음 하는 것이 있다면?
- 당신의 마음을 움직이는 것은?
- 당신에게 희망을 주는 것이 있다면?
- 당신의 가족에 대해 가장 소중하게 여기는 것은? 그 이유는?
- 당신 자신에 대해 가장 소중하게 여기는 것은? 그 이유는?
- 당신이 고마워 하는 것은? 그 이유는?
- 당신이 원하는 것과 당신에게 필요한 것은 무엇인가? 그 차이는 무엇인가?
- 힘에 대해 알게 된 것은? 당신에게 있어 그것의 의미는?
- 일에 대해 알게 된 것은? 당신에게 있어 그것의 의미는?
- 돈에 대해 알게 된 것은? 당신에게 있어 그것의 의미는?
- 경험에 비추어보았을 때 치유에 도움이 되었던 것은?
- 힘든 시간을 지날 때 당신을 지탱해주는 것은?

미셸 브렌맨Michelle Brenneman은 5학년 학생들에게 "훌륭한 토론이 되려면 사람들은 어떤 모습으로 토론에 참여해야 할까" 라는 질문을 했다. 아이들은 색도화지에 답을 써서 서클 중앙에 놓았다. 그리고 그녀는 학생들에게 그들이 스스로 제안한 가치에 따라 토론에 임해줄 것을 요청한 후에 서클을 진행했다.

교육공동체를 회복하는 서클 레시피 112 ● 323

서로 알아가기

- 행복한 유년시절의 기억 나누기
- 일터나 삶에서 경험한 우스운 이야기 나누기
- 초능력자가 될 수 있다면 갖고 싶은 초능력은? 그 이유는?
- 당신의 직업이나 주된활동에 있어서 감사할만한 것이 있다면?
- 당신의 가장 가까운 친구가 당신을 묘사해describe 본다면?
- 이미 세상을 떠난 가족 중 누군가와 대화할 수 있다면, 그 사람은 누구인가? 그 이유는?
- 뜻밖의 하루의 휴가가 주어진다면 무엇을 하고 싶은가?
- 만일 당신이 동물이라면 어떤 동물이겠는가? 그 이유는?
- 당신을 웃게 하는 두가지 것 혹은 두 사람을 꼽아본다면?
- 내가 수집하고 싶은 것은?
- 청소년들의 역할모델이라고 생각하는 한 명의 남성과 여성을 선정한다면?
- "예"라고 해버렸지만 사실 "아니오"라고 말하고 싶었던 가장 최근의 경험은? 그런데도 "예"라고 대답했던 이유는?
- 일대일로 만나서 대화하고 싶은 생존인물 혹은 고인이 있다면 누구인가? 그 이유는?
- 이상적으로 여기는 직업은?
- 내가 선호하는 휴가는?
- 나에 대해 바꾸고 싶은 것 한 가지가 있다면?
- 내가 가진 한가지 기술이나 재능이 있다면?
- 서클에 기여할 수 있는 세 가지 재능은 무엇인가?
- 만일 기자라면 내가 쓰고 싶은 기사는?
- 당신의 영웅은 누구? 그들이 당신의 영웅인 이유는?
- 타인들이 생각하는 나의 장점은 무엇일까? 그 이유는?
- 내가 경험한 가장 우스꽝스러웠던 일은?
- 지난 주 나에게 일어났던 가장 좋은 일은? 지난 주간 나에게 가장 힘들고도 도전이 되었던 과제는?

공유된 정체성을 확인하기 위해 각자 생의 경험을 말하기

다음의 질문들은 함께 공동체를 세우고, 관계를 심화시켜 공감으로 나가기 위한 질문들이다. 서클의 참여자들이 다음과 같은 질문에 응답하도록 초대해보자.

- 주도권을 내려놓아야 했던 상황이 있었는가?
- 안전한 공간으로부터 밀려났었던 경험이 있었는가?
- 힘든 상황을 만났지만 그 상황을 오히려 기회로 바꾸어낸 경험이 있는가?
- 위기와 고난 속에 숨어있는 인생의 선물을 발견함으로써 그 상황을 반전시켰던 경험은?
- 누군가에게 피해를 끼쳤지만 만족스럽게 그것을 해결했던 경험은?
- 분노나 화를 잘 극복했던 경험은?
- 다른 사람들은 그렇지 않았지만 당신이 믿는 핵심가치에 따라 행동했던 경험은?
- 청소년 시절 부모님이나 보호자와 충돌이 있었던 때는?
- 내가 누군가에게 가졌던 부정적인 첫인상과는 매우 다른 사람이라는 것을 알게되었던 경험은?
- 어떤 역할이 왠지 당신과 잘 어울리지 않는 것처럼 느꼈던 경험은?
- 정의가 실현되는 것을 경험했던 순간은?
- 정말 부당하다고 느꼈던 생의 순간은?
- 지금은 웃을 수 있는 과거의 당혹스러웠던 경험은?
- 당신이 두려워했거나 여전히 두려워하는 것은? 그것을 극복했거나 극복하는 방법은?
- 살아오면서 마주친 가장 어려웠던 도전은 무엇이고 어떻게 극복했나?

책임지기

- 각자의 어떠한 행동들로 인해 지금의 상황을 초래하게 되었는가? 그리고 지금부터는 어떻게 책임지는 방식으로 다르게 행동할 수 있을까?
- 명료하게 확인해두고 싶은 것은 무엇인가?
- 좋은 관계를 가로막고 있는 것들 중 아직 언급되지 않은 것은 무엇인가?
- 당신 스스로가 좀 더 성숙해졌으면 하고 바라는 한 가지가 있다면?
- 다른 사람들이 보기에 당신이 좀 더 노력하고 개선해야 할 점이 무엇이라고 생각하는가?
- 지금까지 살아오면서 배운 가장 중요한 인생의 교훈은 무엇인가? 그 교훈이 그렇게 중요하게 새겨진 사연은?

공동체

- 당신의 공동체 내에서 보고싶은 변화는 무엇인가? 그 변화를 가져오기 위해 할 수 있는 일이 있다면?
- 당신이 함께 하고 있는 공동체(또래그룹이나 학교 등등)에 대해 매우 가치있게 여기는 것은? 그 이유는?
- 공동체 안에서 당신이 가장 선호하는 장소와 그 이유는?
- 당신이 성장했던 마을의 이웃들 중에서 기억나는 최초의 사람들은 누구인가? 최근의 이웃들은 누구인가?
- 이웃들이나 마을에 대해 마음에 드는 것과 마음에 들지 않는 것은? 그 이유는?
- 당신의 가족(학교, 팀, 공동체 등등)에 대해 바꾸고 싶은 한 가지는 무엇인가?
- 이 시대의 문화나 사회에 대해 바꾸거나 고치고 싶은 것 두가지는 무엇인가?

관계심화시키기

- 누군가와 관계를 맺을 때 당신에게 가장 중요한 덕목은? 그것이 중요해진 사연과 이유는?
- 당신이 존경하는 관계성을 맺고 있는 사람들에 대해 말하기. 당신이 그들의 관계를 존경하는 이유는?
- 당신의 삶 속에서 만난 사람들 중에 존경하는 사람은 누구인가?
- 당신이 실제로 만난 사람들 중에 배움을 얻을 수 있었던 사람은 누구인가? 그들로부터 무엇을 배웠나?
- 당신이 성장할 수 있도록 도움을 주었던 분들은? 당신은 어떻게 성장할 수 있었고 그분들은 어떻게 도움을 주었는가?
- 당신에게 긍정적인 영향을 주었던 교사는 누구인가? 어떤 방식으로 그들이 당신에게 영향을 주었는가?
- 남자인 경우 당신과 아버지는 어떻게 다른가? 여자인 경우 당신은 어머니와 어떻게 다른가?
- 깊은 소속감을 느낄 수 있었던 순간에 대해 말하기
- 당신이 가장 무기력 하게 느꼈던 상황은? 무엇이 그렇게 느끼게 했다고 생각하는가?
- 현재 당신이 상대하기에 가장 버거운 사람은 누구인가?

- 당신이 기억하기에 부모님으로부터 가장 자주 들었던 말은?
- 성, 관계, 책임에 대해 배우고 알게 된 것은 무엇인가?
- 문장완성하기: 저의 아버지를 소개해드리겠습니다.

  저의 아버지께서는_____ 분입니다. 어머니도
- 당신을 가장 잘 알고 있는 사람은 누구인가? 그들이 당신을 얼마나 잘 알고 있다고 느끼는가?
- 타인들이 당신에게 기대하는 바는 무엇인가?
- 당신이 다른 이들에게 기대하는 것은 무엇인가?
- 당신이 이성에게서 발견하는 덕목 중 갖고 싶은 것은 무엇인가? 혹은 당신이 더 많이 가지고 있는 덕목은 무엇인가?
- 당신의 삶에서 가장 소중한 사람에게 고마워하는 것은 무엇인가?

꿈과 희망들

- 세상 어디라도 갈 수 있다면 가보고 싶은 곳은? 이유는?
- 눈을 감고 10년 후 상상하기. 그 때 당신은 어디에서 무엇을 하고 있을까? 그 순간에 당신 곁에 있는 중요한 한 사람은 누구인가? 가족, 학교, 마을, 공동체에서 함께 해보기
- 당신이 하는 일들 중에 가장 큰 즐거움을 주는 것은?
- 당신이 하는 일들 중에 가장 큰 만족을 주는 것은?
- 가지고 싶은 한 가지 재능이나 기술은 무엇인가?
- 이 세상에서 바라던 한 가지 소원을 행할 수 있다면 그것은 무엇인가?
- 어린 시절에 당신이 꿈꿨던 것은?
- 지금 꿈꾸고 있는 것은?
- 세상을 바꿀 수 있다면 당신이 하고 싶은 세 가지는?
- 당신이 직접 이루고 싶은 목표는 무엇인가? 그 목표가 이루어졌을 때 어떻게 기념하고 싶은가?
- 목표를 실현하는데 걸림돌이 되고 있는 장애물 한 가지는 무엇인가? 그 장애물을 극복할 계획은?
- 당신이 완전히 자유로운 사람이라고 가정할 때 그것이 어떤 의미로 다가오는가? 그 모습은 어떠할 것이라고 생각하는가?
- 당신에게 가장 큰 기쁨을 주는 것은?

- 지금 이 순간 당신이 진심으로 추구하는 것은 무엇인가?
- 생의 현시점에서 배우려고 노력하고 있는 것은 무엇인가?

서클마무리

- 서클에 오면서 이곳에 꼭 남기고 싶었던 것은 무엇인가?
- 당신의 회복을 도와줄 수 있는 것으로서 이 서클에서 얻어가는 것은 무엇인가?
- 당신은 어디로 향하고 있다고 생각되는가?
- 서클에서 당신이 배운 것이 있다면?
- 이 서클에서 얻어가는 유익은 무엇인가?
- 이곳에서 얻은 통찰이 앞으로 2주동안 당신을 어떻게 도울 수 있을까?
- 오늘 이 서클에 이름을 붙여본다면 어떤 이름을 지어주고 싶은가?

부록2. 공간 열기와 닫기

이번 장에 실린 글들은 서클의 시작과 마무리 단계에서 활용할 수 있는 도움자료들을 엄선하여 정리한 것이다. 시작과 마무리는 서클의 주제와 목표의식을 의미있게 드러내 준다. 여기에 제시한 자료들이 좋은 참고가 되어서 결국 독자들 스스로 서클의 시작과 마무리를 어떻게 할 것인가하는 탐색으로 확장 되기를 바란다. 가령 이 책에 유머와 관련된 내용도 수록 되었다면 더 좋았을 것이다. 학교에서 유익하게 활용할 수 있는 읽기자료의 주제는 감사, 우정, 관계, 신뢰, 협력과 같은 것들이다. 이외에도 책이나 인터넷을 통해 서클의 시작과 마무리를 위한 다양한 아이디어, 인용구절 및 짧은 글들을 활용할 수 있다.

서클의 시작과 마무리를 위한 도움자료는 다음 다섯 개의 항목으로 분류하였다.

Ⅰ. 주제별로 읽기자료
Ⅱ. 침묵과 이미지 트레이닝
Ⅲ. 수용적 분위기 만들기와 모둠세우기
Ⅳ. 몸으로 움직이기
Ⅴ. 음악 그리고 노래들

I. 주제별 읽기자료

"서클이란…"

서클은 아마도 모든 춤의 가장 원시적이고 신비로운 상징인 동시에 춤의 가장 보편적인 형태일 것이다. 그것은 영원한 움직임 속에 있는 지구와 태양이며, 지속성과 영원성을 상징하는 단절되지 않은 선이다. 서클은 결속과 연대를 만들어낸다. 서클을 위해서는 최소한 세 명 이상의 사람이 있어야 하므로 서클은 공동체를 만들어낸다. 서클은 온전한 민주주의로서 모두가 평등하다. 서클이 매력적인 이유는 그것이 비어있는 것을 둘러싸고 있기 때문이다. 그 비어있음은 살아 움직이면서 모두를 하나로 연결시켜주는 에너지로 다시 충만하게 채워진다. 서클을 만드는 것은 힘을 주는 것과 받는 것을 하나로 통합하는 것이다. 이 과정에서 집단의 지혜라는 더 높은 차원의 존재를 만나게 된다.

Iris J. Stewart, *Sacred Women, Sacred Dance*, 미국에서 춤과 여성학 강사

의식으로서의 서클

여는 의식, 닫는 의식 뿐만 아니라 서클 그 자체가 의미를 소통하는 하나의 온전한 의식이다. 둥글게 모여 앉는 것은 서열, 지위, 또는 위계질서와 아무런 상관없이 모두가 동등하다는 것을 말한다. 지위를 버린다는 것은 모두가 평등하다는 것, 그리고 역할 너머에 있는 참된 자아의 모습을 바라본다는 것이다. 함께 맞잡은 손은 공동체를 표현한다. 여는 의식은 성찰, 그리고 서로 연결되어 있다는 영적 자각을 불러 낸다. 토킹스틱은 존중으로 듣고 말할 수 있는 능력을 키운다. 공유된 규칙은 대화의 과정과 그 결과에 대해 공동의 책임을 지게 한다. 그리고 닫는 의식은 모두가 함께 이루어 낸 선the good에 대한 감사의 마음을 고취시킨다. 이런 의식들이 모두 모여서 우리가 개인적인 이야기를 나누고, 감정을 표현하고, 진술하며, 모험을 감행하고 마침내 힘겨운 사안에 대해서도 해결책을 찾아낼 수 있는 안전한 공간을 창조해 낸다.

Kay Pranis, Barry Stuart, & Mark Wedge, *Peacemaking Circles*

"…서클이 눈에 보이지 않을 때까지 – 제 2의 천성처럼"

모든 서클은 다르다, 그 누구도 서클에서 무슨 일이 벌어질지 예측할 수 없다. 어떻게 보면 서클에는 고정된 공식이 없지만, 또 달리 보면 고정된 요소들 – 서클 내부적인 것과 외부적인 것, 가시적인

것과 비가식적인 것들 −이 서클의 독특한 역동을 만들어낸다. 서클을 더 알아가고 활용하면 할수록 이러한 고정된 요소들은 더욱 희미해진다. 서클의 고정된 요소들이 서로 씨줄과 날줄로 엮여서 그저 공동체가 함께 존재하는 하나의 자연스러운 방식이 되다. 서클은 점점 희미해지고 결국은 눈에 보이지 않게 된다. 마치 제 2의 천성과도 같아진다.

– Kay Pranis, Barry Stuart, & Mark Wedge, *Peacemaking Circles*

"세상의 모든 힘들은 서클 안에서 일어난다"

세상의 모든 강력한 것들은 서클 안에서 일어난다. 하늘은 둥글고, 내가 듣기론 이 지구와 모든 별들 또한 둥그랗다. 바람이 가장 힘이 셀때는 소용돌이 칠 때다. 새들은 둥지를 둥글게 만든다. 새들도 인간들과 같은 믿음religion을 갖고 있기 때문이다. 태양은 둥글게 뜨고 진다. 달도 그렇거니와 둘의 생김새 또한 둥글다. 계절의 변화 또한 커다란 원을 만들어내며, 언제나 처음 출발했던 곳으로 되돌아간다. 한 사람의 일생도 어린 시절에서 출발해서 다시 어린시절로 되돌아간다. 모든 힘의 근원 속에 서클이 있다.

Black Elk, from Neihardt, *Black Elk Speaks*, 194–5. Black Elk, 라코다(Lakota) 인디언 부족의 성자

"치유의 노래"

나, 당신의 노래를 듣고
당신이 환하게 피워 올린 불빛을 보고
더럽고 지친 내 모습 그대로
당신의 서클을 향해 기어서 갔어요.
당신은 나를 먹이고 나를 씻기고
그 품에 안고서 나를 환대해 주었지요
타다가 남은 내 마음 속 찌꺼기들이
어두운 공허감과 함께 활활 타올라 완전히 사라질 때까지
당신은 내게 치유의 노래를 불러 주었습니다.
당신은 내가 다시 언덕을 오르고
치유의 노래를 부르며
어둠 속의 빛이 될 수 있도록
내게 용기를 주셨습니다.

Mary Skillings, *The Healing Song*. 서클 진행자이자 회복적 정의 실천가

"이 세상의 거대한 연결고리"

그 때 나는 가장 높은 산꼭대기에 서 있었고, 내 발 아래 펼쳐진 이 세상의 거대한 연결고리hoop를 보았다. 그곳에 서서 나는 말로는 다 표현할 수 없는 것을 보았고, 눈으로는 다 이해할 수 없는 그 이상의 것을 알게 되었다. 세상만물들의 형상을 신성하게 보았고, 나의 부족이라는 하나의 테두리가 거대한 원을 이루는 다른 많은 테두리들 중의 하나임을 알 수 있었다. 그 거대한 원은 햇빛 그리고 달빛과 같이.

Black Elk, *Black Elk Speaks*

"서클 시"

서클에 함께한 사람들은
그들의 이야기, 가치, 꿈을 함께 나누고
뭇 생명들의 일치를 만들어내며
한 사람도 버려지지 않는 새로운 세상에 대한 소망과
마침내 하나로 결합된 우주적 지혜를 만들어간다

William Tweed Kennedy, 서클 진행자

공동체적 돌봄의 힘

신념과 전통은 다를 수 있고, 분명히 다르다. 그러나 그것들 속에도 한 가지 공통점이 있다면 그것은 공동체적인 돌봄의 힘이다. 그 힘은 단절이라는 벽을 부수고 관통한다. 그 힘은 사람을 고치고 확신과 평화를 가져다주며, 그 힘은 우리 각자의 분리된 삶을 하나로 묶어서 깊고 영원한 일치의 공동체를 이루게 한다.

Holly Bridges, 유럽과 캐나다에서 활동하는 언론인, 작가, 기자, 토크 쇼 진행자

신뢰의 서클

우리의 영혼은 마치 야생동물과 같이 거칠고, 끈질기고, 재치있고, 영리하며, 독립적이다. 그것은 험난한 곳에서도 살아남는 법을 알고 있다. 나는 나의 우울증과의 오랜 싸움을 거쳐 이것을 알게 되었다. 그 깊은 어둠 속에서 내가 기존에 의존했던 능력들은 모두 무용지물이었다. 나의 지성은 아무런 도움이 되지 못했고, 감정은 바닥까지 말라버렸으며, 의욕조차 완전히 식어버렸다. 나의 자아는 철저히 파괴되었다. 그러나 간간이 나의 내면의 깊은 황량함 속에서 죽고만 싶었던 그 엄청난 충동들 속에서도 살아남는 법을 알고 있는 그 '무엇'의 존재를 나는 감지할 수 있었다. 그것은 바로 나 자신의 강력하면서도 끈질긴 영혼이었다.

그러나 영혼은 그 거친 야성에도 불구하고 수줍음이 많다. 한 마리의 야생 동물처럼, 그것은 깊은 덤불 속에서 안전하게 머물고 싶어한다. 특히 주위에 사람들이 많을 때는 더욱 그렇다. 야생동물을 만나고 싶다면 나오라고 소리를 지르며 온통 숲을 헤집고 다녀서는 절대 안 된다는 것을 우리는 익히 알고 있다. 그 대신 조용히 숲으로 걸어 들어가 나무 아래서 참을성 있게 기다리며 대지와 함께 호흡하며 그 주변 환경 속으로 존재가 사라져버릴 때 우리가 그토록 만나고 싶어 하던 그 놈은 마침내 자신의 존재를 드러낸다. 우리는 그것을 아주 잠깐, 그것도 곁눈질로만 볼수 있을 뿐이다. 그러나 이것을 본다는 것은 그 자체만으로도 목적인 동시에 우리가 보물처럼 간직할 수 있는 선물이다.

불행히도 우리 문화 속에서의 공동체란 숲을 마구 헤집고 다닌 나머지 영혼이 겁에 질려 달아나게 만들어버리는 한 무리의 집단에 불과할 때가 많다. 교실에서든 어떤 모임에서든 교사들은 가르치거나 설교하려들고, 우기거나 자신의 주장을 굽히지 않으면서 충고 또는 훈계하려고 든다. 그래서 대개의 경우 개성있고 야성이 살아있는 것들은 그것이 무엇이든 다 몰아내버린다. 그리고 그 결과 영혼은 꼭꼭 숨어버린다. 이런 상황에서라면 지성, 감정, 의지 혹은 자아가 그 모습을 드러낼 수는 있어도, 영혼은 그렇지 않다. 서로 존중하는 관계, 선한 의지, 그리고 희망과 같은 영적인 것들이 지레 겁을 먹고 달아나게 만든다.

신뢰의 서클이란 "숲 속에" 서로 조용히 앉아서 그 수줍은 영혼이 나타날 때까지 기다릴 줄 아는 사람들의 모임이다. 그곳에서는 모두가 자유롭게 내면의 진리에 귀를 기울이고, 자신에게 기쁨을 가져다주는 것과 접촉하게 된다. 또 자신의 과오를 비판적으로 수용하게 되면서 마침내 변화를 위한 모험적인 과정을 시작하게 된다. 이것은 결과에 상관없이 서로가 받아들여질 것임을 분명히 알고 있기에 가능한 것이다.

팔머 파커, A Hidden Wholeness: The Journey toward an Undivided Life,
작가, 교육자, 교육, 공동체, 지도력, 영성, 그리고 사회변화에 초점을 두고 있는 사회운동가

일치와 상호 연결

"우리가 생명의 거미줄에 하는 것은 곧 우리 자신에게 하는 것이다"

당신은 자녀들에게 그들이 우리 조상들이 남긴 재 위에 서 있다는 것을 가르쳐야한다. 자녀들이 그 땅을 소중히 여기도록, 그 땅엔 우리 일가친족들의 삶이 풍부하게 스며들어 있다는 것을 말해야 한다. 당신은 우리가 자녀들에게 대를 이어 가르친 것, 곧 땅은 우리의 어머니라는 것을 당신의 자녀들에게도 가르쳐야한다. 땅에 벌어지는 일들은 곧 그 땅의 자식들에게도 일어난다. 땅에 침을 뱉으면, 땅도 사람에게 침을 뱉는다.

땅이 사람들의 소유가 아니라 사람들이 땅의 소유라는 것을 우리는 안다. 모든 것들은 마치 가족

을 하나로 묶어주는 핏줄과 같이 모두 연결되어 있다. 모든 것들은 연결되어 있다.

지금껏 생명의 거미줄을 만들어 온 것은 인간들이 아니다. 인간들은 다만 그 거미줄의 한 가닥 실에 지나지 않는다. 그 거미줄에 하는 것은 무엇이든 우리 자신에게 하는 것이다. 모든 것들은 함께 묶여 있으며 하나로 연결되어 있다.

Chief Si'ahl

"연민의 범위를 넓히기"

인류는 우리가 '우주'라고 부르는 것의 한 부분에 불과하며, 시공간의 한계 속에 있다. 인류는 그 생각과 감정 속에서 자신을 분리된 어떤 존재로 경험한다. 이것은 자의식이 만들어낸 착시효과다. 그리고 이러한 착시효과는 우리 인류를 자신의 욕구와 소수의 가까운 주위 사람들에 대한 애착이라는 감옥에 가둬 버린다. 우리가 해야할 일이란 우리들 연민의 범위를 넓힘으로써 이 감옥을 벗어나 모든 살아있는 생명체와 그 차체로 충분히 아름다운 자연을 끌어안는 것이다.

알버트 아인슈타인, 물리학자

"지혜로운 여인의 보석"

산 속을 여행하던 한 지혜로운 여인이 냇가에서 보석을 발견했다. 다음 날 그녀가 무척 굶주린 또 다른 나그네를 만났을 때 그녀는 자신의 음식을 나누어주려고 가방을 열었다. 그 배고픈 나그네는 그 보석을 보고 자신에게 달라고 요구했다. 그녀는 조금도 망설이지 않고 그것을 주었다. 그 나그네는 자신이 얻게 된 행운을 무척 기뻐하며 다시 길을 떠났다. 그는 그 보석이 자신의 여생을 보장해 줄 수 있을만큼 값진 것임을 알았다. 그러나 몇 일이 지났을 때 나그네는 그 보석을 지혜로운 여인에게 돌려주려고 왔다. 그는 말했다. "저는 이 보석이 얼마나 값진 것인지 잘 알고 있습니다. 그러나 나는 당신이 이것 보다 더 값진 것을 줄 수 있을 것이라고 기대하기에 이것을 다시 되돌려줍니다. 이 보석을 나에게 줄 수 있게 해 준 당신의 마음속에 들어있는 바로 그 것을 제게 주세요."

"타인을 돌보는 것이 최고의 자기돌봄"

우리 시대의 도전에 맞서기 위해 인간은 보다 큰 우주적 책임감을 개발해야 한다고 나는 확신한다. 우리 모두는 자신과 가족, 국가를 위해서가 아니라 전인류를 위해 일하는 것을 배워야 한다. 우주적 책임감은 인류의 생존을 위해 반드시 필요하다.

좋든 싫든간에 우리는 단 하나의 거대한 가족의 일원으로 이 땅에 태어났다. 부자와 가난한 자, 교육받은 자와 그렇지 못한 자, 특정 국가 혹은 이데올로기에 소속된 사람이나 그렇지 않은 사람 이 모두가 결국엔 남들과 다를 바 없는 한 명의 인간이다. 모든 인간에게는 행복을 추구하고 고통을 피할 동등한 권리가 있다. 모두가 이 점에서 동등하다는 것을 깨닫게 되면 저절로 타인을 향한 공감과 친밀함을 느끼게 된다. 이 공감과 친밀감으로부터 타인들의 문제해결을 적극적으로 돕고자 하는 바람인 우주적 책임감이 나온다.

　이러한 우주적 책임감의 결핍은 현대사회의 모든 분야에 영향을 끼친다. 지금은 한 지역에서 발생한 중대한 사안이 행성 전체에 영향을 준다. 따라서 우리는 각 지역에서 발생하는 중요한 문제들을 전 지구적 차원에서 다뤄야 한다. 이제는 더 이상 인류를 갈라놓는 국가적, 인종적 또는 이념적 장벽들에 호소해선 안된다. 상호의존성이라는 맥락에서 보면 타인들을 돌보는 것이 결국은 최고 형태의 자기돌봄이다.

14대 달라이 라마. 티벳의 고승으로 티벳 불교와 티벳 국민들의 지도자

"온전성 – 모두가 서로 연결되어 있다"

　온전성. 모든 것들은 상호 연결되어 있다. 우주의 모든 것들은 하나 밖에 없는 전체의 일부이다. 어떤 식으로든 모든 것은 다른 것과 연결된다. 따라서 우리는 어떤 하나가 어떻게 나머지 다른 것들과 연결되어 있는지 이해할 때 비로서 그것의 의미를 알 수 있다.

Bopp, Bopp, Brown, and Lane, Jr., 원주민 단체인 Four Worlds International Institute의 공동창시자

한 개인의 존엄성과 안전이 공격받을 때, 집단 전체의 존엄성과 견고성도 감소한다.

William M. Bukowski and Lorrie K. Sippola

"하나의 행동에 영향을 준 모든 요인들을 탐색하기"

　전통적 가르침에 의하면 온전성의 법칙은 자연의 영역뿐만 아니라 인간 세계에도 그대로 적용된다. 가령 누군가 문제를 일으키면, 이 상호연결성의 법칙은 [우리]가 그 비행에 영향을 주었을지도 모르는 모든 요소들에 대해 면밀하게 조사할 것을 요구한다. 이때의 조사는 시간적으로는 서구의 법정에서 통상적으로 하는 것보다 훨씬 한 사람의 성장과정에서의 초기 단계로 거슬러 올라간다. 그리고 그 범위는 친구, 가족, 동료 그리고 기타의 요인들까지 광범위하게 확장된다. 더 나아가 문제해결 방법을 설계할 때는 그 개인이 자신의 문제를 고치기 위해 할 수 있는 일뿐만 아니라 공동체 전체가 그 사람이 일으킨 문제를 풀기 위해서 할 수 있는 일을 반드시 포함해야 한다. 한 개인의 부적응은 모두의 부적응으로 간주된다. 그것은 그 사람을 포함한 모든 관계성을 "감염"시키기 때문이다. 따라서 이 원칙은 한 개인의 별도의 행위뿐만 아니라 모든 복잡한 상호연결성을 탐색하고, 또 거기에 대처할 것을 요구한다. 여기에 미치지 못하는 처방이란 결국은 실패로 귀결될 수밖에 없는 미숙한 대책으로 간주된다.

Rupert Ross, *Returning to the Teachings: Exploring Aboriginal Justice*, 캐나다 연방정부의 검사

모든 사람 모든 것들과 연결되어 있다

우리 모두는 대체 불가한, 의존적 자유인으로 태어났다. 그러나 이러한 자아개념을 실현하는 것이 쉽지는 않다. 근본적인 전환이 필요하다. 의존성이라는 원리는 건강하지 못한 것이라고 우리는 배워왔다. 우리는 자립해야 한다고 너무 오래 동안 훈계를 들어왔지만, 그것은 궁극적으로 또한 비극적으로 우리에게는 불가능한 삶의 태도다. 우리에게 깊게 자리 잡고 있는 이 분리의 개념은 우리를 기만하는 하나의 환상이다. 우리 자신을 모든 사람 모든 사물과 연결된 존재로 보는 정도에 비례해서, 우리는 항상 옳아야 한다는 부담으로부터 자유로워질 수 있다. 우리는 실패할 수 있다. 아니 실패를 인정할 수 있다, 왜냐면 우리는 실패할 것이기 때문이다. 우리의 질문은 다음과 같아질 것이다 : 당신이 나와 다르게 생각하는 것은 무엇인가요? 내가 당신과 다르게 생각하는 것을 말해볼까요? 내가 이해한 것이 어떻게 치우쳤으며 어떤 오류가 있나요? 내가 알지 못한 것 중에서 당신이 알고 있는 것은 무엇인가요? 이렇게 우리는 함께 할 때만 진실을 알 수 있다.

Caroline A. Westerhoff, *Conflict Management in Congregations*

경 청

"듣기란 자석과 같이 참 요상한 것"

듣기는 자석과 같이 참 요상하게도 창조적 힘이 있다. 우리의 말을 잘 들어주는 친구들에게 우리가 어떻게 끌려 들어가는지 한번 생각해보라. 그들이 어떤 치료의 광선을 내뿜는 듯 우리가 그들의 반경을 벗어나지 않으려 하는지를.

여기에 그 이유가 있다. 누군가 우리에게 귀 기울일 때, 그것은 우리를 창조하고, 우리를 열어서 확장시킨다. 생각들이 우리 안에서 자라기 시작하고 마침내 생명을 얻게 된다.

Brenda Ueland, feminist, journalist, and writer

듣기는 쉬워 보이지만, 그렇게 단순하지 않다. 모두 제각각 다르게 듣기 때문이다.

쿠바 속담

우리 자신에게 일어나는 모든 것들을 우리는 듣게Hearing 된다. 그러나 진정한 듣기Listening란 자신이 듣고 있는 것에 스스로 참여하기로 선택한다는 것이다.

James E. Miller, *The Art of Listening in a Healing Way*

듣기에 가치를 부여하기

치유의 듣기란 세심하게carefully 듣는 것, 말해지는 것뿐만 아니라 말해지지 않는 것에까지 주의를 기울이는 것이다. 상대방의 존재와 그 사람이 분명히 말하고자 하는 바를 모두 수용하면서 존중으로 듣는 것이다. 자신의 내면의 온기가 피어나도록 허용하며 상대방에게는 가장 좋은 결과가 있기를 기대하는 돌봄의 마음으로caringly 듣는 것이다. 상대방을 타인 혹은 자신과 비교하지 않고 그 사람의 있는 모습 그대로를 수용하는 공감의 마음으로 듣는 것이다. 그리고 언어적 혹은 비언어적인 방식으로 자신들의 삶의 이야기를 나누는 사람들이 가진 치유의 힘을 신뢰하며 '믿음'으로 듣는 것이다.

James E. Miller, The Art of Listening in a Healing Way

"잘 듣는 사람은 희망의 불꽃이 된다"

구전의 전통이 강했던 나의 유년시절에 내 주위의 어른들과 친지들은 사람을 존중하며 상대방에게 귀 기울일 때 올바른 관계를 맺게 되는 지혜를 소중하게 여기도록 나를 가르치고 그 방법도 알려주었다. 나는 사람들이 듣는 법도 배울 수 있다고 확신한다.

노래, 이야기, 그리고 그 이야기를 들려주는 사람은 변해도 이야기들은 우리가 기쁘게 기억할 수 있게 해준다. 모든 사람의 가슴 속에는 여전히 배고프고, 목마르고, 그리고 어쩌면 장애를 가진 "듣는 자아listener"가 존재한다. 모든 듣는 자아가 원하는 것은 딱 하나, 뭔가 기대할만한 대상이다. 지독한 허기를 달래주고, 갈증을 해소하며, 삶을 다시 치유하고 회복시켜줄 그 무엇인가를 기대하는 것이다. 어두운 시간 속에서, 가능성이 거의 없어 보일 때조차 희망은 깜빡거린다. 그 희망은 극히 작은 불씨에 불과하다. 그러나 그 불씨는 결국 불을 만들어내고 작은 모닥불이 되어 사람들은 그 모닥불 주위에 모여들며 기뻐한다.

구전의 전통은 들어주는 사람들이 있어야 풍부해진다. 사람들의 마음속에 담긴 노래와 이야기는 잠들어 있는 씨앗과도 같다. 그들의 이야기를 들어주는 사람들이 있어야한다. 들어주는 사람이야말로 다시 불을 피워올리고 식어버린 재와 같은 삶을 다시 새롭게 하는 희망의 불꽃이 된다.

Larry Littlebird, From Hunting Sacred, Everything Listens

"나는 듣기와 현존하기를 시작했다"

나는 증오하는 것을 멈추고, 현존하기를 시작했다. 나는 평생 나에 대한 작은 비난조차 견디지 못하는 가장 방어적인 사람이었다. 그러나 지금은 듣기와 현존하기를 시작했다.

Anthony Kiedis, musician

누군가 내 말을 깊게 들어주는 것과 누군가 나를 사랑하는 것은 너무 비슷해서 대부분의 사람들은 그 둘의 차이를 분간하기 어렵다.

David Augsburger, 메노나이트 목사

한 친구가 물었다, "관계를 맺을 때 가장 중요한 단어 하나만 말해보게" 다른 친구가 말했다, "듣기!"

Santosh Kalwar, Adventus

말하는 사람을 통제하려고 하지마라

'들어주는 치유자'의 한 가지 특징, 즉 자신의 의지를 내려놓고 당신에게 전달하고 싶어하는 상대방의 의지가 인도하는 대로 따라가는 것의 중요성은 아무리 강조해도 지나치지 않다. 당신은 말하는 사람을 통제하려하거나 또는 상대방이 무엇을 말하든 그것을 하나의 틀로 규정하려는 모든 시도를 내려놓아야 한다.

당신의 현안이 아닌 그들의 현안이 중심이 되어야 한다. 그들의 안내를 따라야 하며, 그들의 지혜를 존중해야 하며, 그들의 삶이 고백되어야 하며, 그들의 생각과 방향성이 드러나야한다. 들어주는 치유자가 되기 위해서는 길을 가로막지 말고 비켜서서 그들을 고쳐줄 수 있는 최상의 것들이 그 모습을 드러내고 더 자랄 수 있도록 최대한의 기회를 주어야한다.

James E. Miller, The Art of Listening in a Healing Way

마음으로 듣기

마음으로 들을 때, 당신은 자신의 마음이 가장 잘 알고 있는 것에 집중하며 가장 자연스럽게 그것에 반응한다. 느낌에 초점을 맞추게 된다. 상대방의 깊은 속마음이 당신의 깊은 속마음을 향해 손을 내민다. 당신이 잘 들을수 있을 때, 상대방의 마음이 소리치는 것을 듣고 "나 여기 있노라"고 마음으로 화답하게 된다.

마음으로 들으면 비록 서로 느끼는 감정이 다르고, 때론 상대방의 감정표현이 당신이 예상했던 것보다 훨씬 강렬할지라도 상대방에 대해 열린 마음을 유지할 수 있도록 당신을 초대한다. 그럴 때 마음은 당신의 온전함과도 대면할 수 있도록 당신을 인도한다.

James E. Miller, The Art of Listening in a Healing Way

다르게 듣기

가령, 뿔도마뱀을 예로 들어보자. 만일 당신이 이 도마뱀보다 더 우월하다고 생각한다면, 사막의 뜨거운 태양아래 아무리 오래 앉아있는다해도 당신은 결코 그것의 목소리를 들을 수 없을 것이다.

Byrd Baylor, The Other Way to Listen

침묵하고 들어라

당신이 찾는 그 영감은
이미 당신 안에 있다.
침묵하고 들어라.

alāl al-Dīn Rumi, 시인

더 고요해 질수록, 당신은 더 많은 것을 들을 수 있다.

Ram Dass, 영성 교사, 저술가

치유의 듣기는 결코 서둘러서는 안 된다

치유의 듣기를 목표로 서둘러서는 안된다. 만일 그렇게 한다면 치유의 힘은 도리어 약화된다. 왜냐하면 말하는 사람이 자연스럽게 그리고 편안하게 마음을 열수 없기 때문이다. 그 말들이 중요한 것을 건드리지 못하고, 핵심적인 내용은 사라져버린다. 인간의 성장에는 변화가 저절로 드러날 시간이 필요하다. 그 변화는 단기간에 드러나지 않는다. 시간을 필요로 하기에, 그것은 또한 인내를 필요로 한다.

James E. Miller, *The Art of Listening in a Healing Way*

마음으로부터 말하기

마음으로부터 말하기

어느 해 크리스마스에 나는 그랜드 캐년까지 자전거를 타고 갔다. 까마득한 수직 절벽아래 계곡의 밑바닥이 보였다. 절벽들은 마치 케익처럼 층을 이루고 있었고 약 일 피트 정도 높이의 줄무늬로 된 붉은 색 또는 회색의 바위들이 백만년 이상 콜로라도 강에 의해 침식되어 왔음을 말해주고 있었다. 그토록 부드럽고 연약한 물이 가장 단단한 바위를 서서히 조각하듯 깎아서 그 장엄한 아름다움을 드러내는 것을 생각해보라. 때로는 가장 약해보이는 것이 사실은 가장 강하다.

이와 비슷하게, 마음을 열고 말하는 것은 매우 취약해 보이지만 사실은 가장 강한 행동이다. 특히 그 누구도 부정할 수 없는 한 사람이 직접 경험한 진실을 단순하고도 진정성있게, 그러면서도 잘난 척하거나 남을 비난하지 않고 말할 때는 매우 큰 도덕적 힘을 갖게 된다. 가령 "엄마, 아빠가 싸울 때 너무 괴롭다"고 삐뚤빼뚤하게 쓰여진 아이의 글은 코소보나 르완다의 주민들이 겪는 그 고통의 무게를 전하는만큼의 힘이 있다.

최근에 나는 불편한 것을 아내에게 말하지 않기로 함으로써 결혼생활이 훨씬 더 부드러워졌다고 말하는 한 남편을 만난 적이 있다. 그가 말하지 않기로 한 것은 예를 들면, 아이들에게 짜증을 덜 내고 좀 더 부드럽게 대했으면 좋겠다는 것과 같은 일상적인 것들이다. 그러나 그 남편에게는 마치 그

교육공동체를 회복하는 서클 레시피 112 ● **339**

것이 두 사람의 관계를 끝장내버릴 것 같은 직면에 대한 두려움이 있었다. 그러나 사실은 말하지 않는 것이 오히려 관계를 파국으로 만드는 것이다. 진심을 담아 이야기할 때, 거기에는 어떤 위엄dignity과 호소력이 깃들고 대개는 상대방으로부터도 열린 마음과 도움을 이끌어 낼 수 있다.

Rick Hanson, 신경정신과의사, 저술가

가슴으로 말한다는 것은 무엇인가?

가슴으로 이야기한다는 것의 의미는 무엇일까? 그것은 진실한 감정을 담아 말하는 것에 대한 은유다. 듣는 사람들로부터 감정적인 반응을 이끌어내기 위해 일부러 감정적인 요소를 집어넣는 것이 아니다. 슬픈 이야기를 들려 주라는 것도 아니다. 가슴으로부터 나오는 감정에 슬픔만 있는 것은 아니다. 기쁠땐 기뻐하라! 가슴으로부터 말한다는 것은 온전히 현존하며 매 순간 집중하는 것이다. 마음의 중심에 담긴 것을 꾸밈없이 진실하게 말하는 것이다. 그것은 당신의 감정을 듣는 사람들과 공유하고나서 그들도 자신들의 감정과 느낌을 나누도록 초대하는 것이다.

Craig Senior, 스피치 교사

감정을 드러낸 것에 대해 결코 사과하지 마라. 그것은 진실에 대해 사과하는 것이다.

Benjamin Disraeli, 영국의 보수 정치인, 목사

잘한 일과 잘못한 일, 그런 생각 너머에 존재하는 어느 들판에서 나는 당신을 만날 것이다.

Rumi, Barks with Moyne, *The Essential Rumi*

이야기

"이야기란, 사람들이 간절히 찾는 것이다"

이야기는 우리 인류가 걸어온 길을 기억하게 하는 것 그 이상이다. 그것은 사람들이 간절히 찾는 것이며 살아 있어야 한다. 맑은 물, 깨끗한 공기, 건강한 음식이 그러하듯. 만일 아메리카 대륙의 공기가 나빠지고 물이 오염되고 음식이 온갖 인공첨가물로 가득했더라면, 우리가 들었던 이야기들 또한 얼마나 병들게 되었을지 당신은 짐작이나 할 수 있겠는가?

Larry Littlebird

"이야기가 당신을 만든다"

모든 사람마다 그들의 생각 속에서 자신에 대한 이야기를 들려주고 있다. 언제나 끊임없이 그 이야기가 지금의 당신이 되게 한 것이다. 사람들은 그 이야기로부터 자기 스스로를 지어간다.

Patrick Rothfuss, *The name of the Wind*

이야기는 원으로 전해진다.

"들어보라, 이야기는 원으로 전해진다. 이야기는 직선으로 달려가지 않는다. 그래서 서클로 이야기를 듣는 것이 좋다. 왜냐면 그 안에는 이야기가 있고, 또 이야기들 사이사이에도 이야기가 들어있기 때문이다. 그 이야기들 속에서 길을 찾는 것은 자신의 집을 찾는 것만큼이나 쉬우면서도 어렵다. 도중에 길을 잃는 것 또한 길 찾는 과정의 일부다. 길을 잃었을 때, 당신은 비로서 마음을 열고 듣기 시작한다.

Corey Fischer et al. *Coming from a Great Distance*

누구라도 이해심과 공감의 마음으로 들어주는 사람과 함께 자신의 이야기를 나눌 수 있다면, 수치심이 들어설 자리는 없다.

Brene Brown, 학자, 작가, 강연자

만일 당신이 어떤 슬픔을 이야기로 만들어서 들려줄 수 있다면 어떤 슬픔이라도 견딜 수 있다.

Karen Blixen, 덴마크의 작가

"때로 사람은 밥보다 이야기를 더 필요로 한다"

사람들이 나누는 이야기 속에는 스스로를 돌보는 기능이 있다. 당신에게 이야기가 전해지거든 그것을 반겨 맞으라. 그리고 그 이야기들이 필요한 곳에 다시 나누어주라. 사람들이 살아남기 위해선 때로 음식보다 이야기를 더 필요로 한다. 우리가 사람들의 기억 속에 이런 이야기들을 새겨두려는 이유가 바로 여기에 있다. 이야기는 사람들이 스스로를 돌보는 하나의 방법이다.

Barry Lopez, *Crow and Weasel*.

소속감

"우리는 사랑하고, 사랑받고, 또 서로에게 소속되도록 연결되어 있다"

깊은 애착과 소속감은 다른 무엇으로 바꿀 수 없는 모든 사람들의 필요이다. 우리 모두는 생물학적으로, 인지적으로, 육체적으로, 그리고 영적으로 서로 사랑하고 사랑받고, 서로에게 소속되도록 연결되어 있다. 그러한 욕구가 충족되지 않을 때, 우리는 자신의 기능을 제대로 발휘할 수 없다. 우리는 부서져 산산이 조각난다. 마비되고 고통스러워한다. 결국 타인을 해치고 병들어간다.

Brene Brown

"소속감은 자기를 받아들이는 것에서부터 시작된다"

소속감에 대한 진실 하나를 말하자면 그것은 자기를 수용하는것에서부터 시작된다는 것이다. 사실 소속감의 깊이는 자기수용의 깊이를 넘을 수 없다. 왜냐하면 자신만으로 충분하다고 믿을 때, 자신의 내면을 노출하고, 진실하며, 불완전해질 수 있는 용기를 낼 수 있기 때문이다.

Brene Brown

"당신이 다르다는 문제를 잘 풀어가기"

지금은 교회에 나가거나 교회활동을 하고 있지는 않지만 내가 교회에서 배웠던 것은 나보다 더 큰 어떤 존재에 대한 소속감이었다. 내가 지금도 그리워하는 것은 나와 매우 다른 사람들과의 공동체속에 있어야한다는 어떤 무언의 압력같은 것이었다. 그때 나는 사람들마다 다르다는 문제를 잘 풀어나가야만 했다.

Edwin Farnham, 인디 락밴드 Arcade Fire의 리드보컬, 작곡가

"다르다는 것과 소속된다는 것"

내가 4살때 IQ 테스트를 위해 사람들은 나에게 오렌지 세 개와 배 한 개가 함께 있는 그림을 보여주면서 어떤 것이 다른지 그리고 같은 그룹에 소속되어 있지 않은지 물었다. 즉 다른 것은 틀린 것이라고 내게 가르친 것이다.

Ani DiFranco, 가수, 시인

존중

"존중이 핵심이다"

카크로스/타기쉬 원주민의 리더인 조니 존스Johny Johns는 "존중이 핵심이다. 그것이 없다면 아무것도 갖지 못한 것이다"라는 말을 했다. 미네소타의 한 공익변호사 또한 같은 말을 했다. "서클에선 존중이 가장 최우선이다. 항상 같은 생각을 가질수는 없지만, 언제라도 존중은 있어야한다" 존중의 의미는 첫째 자신이 중요하게 생각하는 가치에 부합하게 행동함으로써 자신에게 경의를 표하는 것이고, 둘째 상대방이 나와는 다를 수 있다는 것을 인정하고 예의로써 대함으로써 상대방에게 경의를 표하는 것이다. 말하기뿐만아니라 감정표현과 몸짓언어를 통해서도 존중을 표현할 수 있다. 존중은 모든 피조물들 안에 담긴 그 고유의 신성을 자각하는 마음 깊은 지점으로부터 나오는 것이다.

Kay Pranis, Barry Stuart & Mark Wedge, *Peacemaking Circles*

당신의 사랑과 애정을 받을 사람은 바로 당신 자신입니다

당신이 이 우주를 아무리 뒤져도 당신 자신보다 더 당신 스스로의 사랑과 애정을 받기에 합당한 사람은 찾을 수 없을 것이다. 바로 당신 스스로가 이 우주의 그 누구보다 더욱 당신 자신의 사랑과 애정을 받을 자격이 있다.

Siddhartha Buddha

자기자신 좋아하기

당신이 좋아하는 사람을 발견하는 것은 뿌듯한 일이다. 그러나 더 중요한 것은 당신 스스로를 좋아하는 것이다. 훌륭하고 품위를 가진 누군가를 알아보는 것은 기운을 돋게 한다. 그러나 자기 스스로를 마음에 들어하는 것에는 비할 바 못된다. 당신의 존중과 경외와 사랑을 받을 자격을 가진 사람을 발견하는 것은 큰 기쁨이다. 그러나 당신 스스로가 이러한 것을 받을 자격이 있는 사람이라고 믿는 것이 더 중요하다.

당신은 결코 다른 사람으로 살 수 없으며, 다른 누구에게서도 당신 자신을 발견할 수 없다. 그 누구도 당신에게 생명을 줄 수는 없다. 당신이 평생 만나게 될 모든 사람들 중에서 바로 당신이야말로 당신이 결코 잃어버리거나 떠날 수 없는 유일한 사람이다.

당신의 삶에서 만나게 되는 질문들에 대해 바로 당신이 정답이다. 당신 삶의 문제들에 대해 당신이야말로 유일한 해결책이다.

Jo Court, Advice from a Failure

"스스로를 사랑할 수 없으면 누구도 사랑할 수 없다"

자기자신을 사랑하는 사람이 되기 위한 한 가지 조언을 하자면 그것은 우리가 흔히 누군가로부터 한번 받아봤으면 하고 꿈꿨던 그 사랑을 바로 자신에게 마음껏 주라는 것이다. 한 때 나는 마흔을 넘긴 내 육체에 대해 비참함을 느끼고, 내 자신이 지나치게 비만이거나 혹은 지나치게 이러하거나 저러하다고 느꼈던 때가 있었다. 그러면서도 나의 그 모습 그대로를 사랑해줄 사람을 만났으면 하는 환상을 품곤했다. 나 스스로가 보류해 버린 인정과 애정을 내게 제공해줄 누군가를 꿈꾸다니 참으로 어리석지 않은가! "만일 당신 스스로를 사랑할 수 없으면 누구도 사랑할 수 없다"는 속담은 정말 맞는 말이다. 나는 여기에 이렇게 덧붙이고 싶다 "당신이 스스로에게 베풀지 않는 사랑을 다른 누군가로부터 받기를 기대하지 말라!"

bell hooks

"내가 쓰는 가면"은 사실 "제발 내가 말하지 않는것까지 들어달라"는 것이다

유럽계 미국인인 찰스 핀Charles C. Finn이 1966년에 쓴 이 시는 하나의 고전이 되었다. 이 시의 다양한 버전이 전 세계적으로 전해지고 있다. 이 시에 얽힌 독특한 이야기와 최초의 텍스트는 찰스 핀의 웹사이트에서 확인할 수 있다.

http://www.poetrybycharlescfinn.com/

초대

나는 관심없어요.
그대가 무슨 일을 하는지
그대가 무엇때문에 아파하는지
그대가 마음 속으로 갈망해온 그것을
진정 마주할 용기가 있는지
나는 그것이 알고 싶어요.

나는 그대의 나이에 관심없어요.
내가 알고 싶은 것은
바보처럼 여겨지는 것을 감수하면서도
사랑을 위해, 그대의 꿈을 위해
그리고 살아 있음을 확인시켜 주는 도전을 위해
그대가 모험을 감행할 수 있는지 그것이 알고 싶어요.

나는 그대의 별점이나 운세에 관심없어요
나는 그대가 그대의 슬픔 그 한가운데 있는 것에 도달해 본 적이 있는지
그대를 배반한 삶의 경험으로 인해 그대가 오히려 더 열린 사람이 되었는지
아니면 다시 또 그런 고통을 경험하게 될까 두려워한 나머지 움츠러들고 닫혀 버린 사람이 되었는지
나는 그것이 알고 싶어요.

그 고통이 내것이든, 혹은 그대의 것이든
그 고통을 숨기거나, 피하거나, 혹은 고치기 위해 움직이지 않고
그 고통과 온전히 마주할 수 있는지 나는 그것이 알고 싶어요.

나는 알고 싶어요
그대가 기쁨과도 온전히 함께 할 수 있는지
나의 기쁨으로 인한 것이든, 혹은 그대의 기쁨으로 인한 것이든

그대가 열광적으로 춤출 수 있는지
우리들에게 조심하라거나, 현실적이 되어야 한다거나
인간의 한계를 기억해야 한다거나 하는 등의 잔소리를 늘어놓지 않으면서
그대의 손끝, 발끝 마디 마디까지 환희로 가득 채울 수 있는지

나는 그대가 내게 들려주는
이야기의 사실 여부에는 관심없어요.

내가 알고 싶은 것은
그대가 스스로에게 진실할 수 있기 위해서
다른 사람들을 실망시킬 용기가 있는지
배신자라는 사람들의 비난을 들으면서도
스스로의 영혼을 배신하지 않을 수 있는지
믿을 수 없는 사람이라는 비난을 기꺼이 감수할 수 있기에
진정 우리가 신뢰할 수 있는 사람인지
나는 그것이 알고 싶어요.

나는 알고 싶어요
그대가 매일 당신의 일상에서 아름다움을 볼 수 있는지
비록 그 아름다움이 예쁜 모습으로 드러나지 않는다해도
그 아름다움으로 부터 당신 삶의 힘을 공급받을 수 있는지

그리고 나는 알고 싶어요
그대가 실패를 끌어안고 살아갈 수 있는지
나의 실패, 그리고 당신의 실패를 안고
여전히 호수 가장자리에 서서 달에게 소리칠 수 있는지
"예"라고

그대가 어디에 사는지
얼마나 많은 돈을 갖고 있는지
나는 관심없어요

나는 그대가 깊은 뼛속까지 사무치는
슬픔과 피로, 절망의 밤을 지새우고서도
아침에 일어나 아이들을 먹이기 위해서
필요한 일을 할 수 있는지 그것이 알고 싶어요.

그대가 누구인지
어떻게 이곳에 오게 되었는지
나는 관심 없어요

나는 그대가 험한 불 속에서도
꽁무니를 빼지 않고
나와 함께 서 있을 수 있는지
그것이 알고 싶어요.

그대가 어디서 무슨 공부를
누구와 함께 했는지 나는 관심 없어요.
다른 모든 것이 무너져갈때
그대의 내면에서 그댈 지켜주는 것이 무엇인지
나는 그것이 알고 싶어요.

그대가 오직 그대와 함께 홀로 있을 수 있는지
그 텅빈 순간에 그대와 함께 하고 있는 그를
진정으로 사랑할 수 있는지
나는 그것이 알고 싶습니다.

오리어 마운틴 드리머, 시인

"우리의 가장 깊은 두려움은 우리가 상상 이상으로 강력한 존재라는 것이다"

Marianne Williamson, A Return to Love, 영성 교사, 저술가

"우리가 그토록 기다려온 것은 바로 우리들 자신이다"

당신을 안내해 줄 누군가를 더 이상 기다리지 말라. 우리가 기다려온 것은 바로 우리들 자신이다. 우리 마음 깊은 곳에선 우리를 인도할 사람이 바로 우리 자신이라는 것을 알고 있다. 우리가 해야할 일이란 우리들 내면의 앎을 신뢰하는 방법을 배우는 것이다.

Sonia Johnson, Going Out of Our Minds: The Metaphysics of Liberation, 페미니스트, 사회운동가, 저술가

" 우린 그것 이상입니다…"

로즈버드 원주민 보호구역의 Sicangu Lakota homeland에 있는 토드 카운티 고등학교 소속 학생들은 미국의 ABC 방송사에서 제작한 다큐멘터리 "평원의 아이들Children of the Plains"이 방영된 후에 다음의 동영상을 만들어 유튜브에 올렸다.

http://www.youtube.com/watch?v=FhribaNXr7A

"계속 두드리세요"

계속 두드리세요,
그러면 당신 마음 속 기쁨이 마침내 문을 열고
누가 찾아 왔는지 내다볼 것입니다.

Rumi, Barks with Moyne, The Essential Rumi

그대가 누구인지 아는가?

그대는 신께서 손으로 쓴 편지
거룩한 얼굴을 반사하는 거울
우주는 외부에 있지 않나니
그대의 안을 들여다보라
그대가 원하는 모든 것
그대 자신이 이미 그것이라네

Rumi, Shahram Shiva, Hush, Don't Say Anything to God

물 한 방울 속의 거대한 바다

그대는 거대한 바다의 한 개 물방울이 아니다

그대는 한 방울의 물 속에 담긴 거대한 바다 그 자체다.

Rumi

배움

"배움이 아니면, 이 세상에서 어떤 것도 이루지 못한다"

나의 모교는 책이었으며, 좋은 도서관이었다.… 나는 여생을 독서를 통해 나의 호기심을 충족시킬 수 있었다. 배움이 아니면, 이 세상에서 어떤 것도 이루지 못한다.

말콤 엑스, 무슬림 지도자

신경가소성 : 평생 우리의 두뇌를 자라게 하는것

- 신경가소성Neuroplasticity이란 우리의 뇌가 평생동안 학습과 경험에 반응하면서 자기 스스로를 변화시키고 재생할 수 있는 능력을 말한다. 신경발생Neurogenesis이란 신경조직이 일생동안 새로운 신경세포와 연결망을 만들어낼 수 있는 능력이다.

- 배움에는 신경세포를 보호하는 기능이 있다고 여겨진다. 신경가소성에 의해, 배움은 신경세포 사이의 연결망을 확장하고, 세포의 신진대사작용을 촉진시키며, 신경세포를 유지, 보수하기위해 체내에서 생산하는 물질인 세포 성장 유전자의 생성을 증가시킨다.

- "집중력attention"은 단 한가지가 아닌 별개인 3가지의 능력이다. 전환적altering 집중력, 파고드는orienting 집중력, 그리고 실행하는executive 집중력이 그것이다.

- 실패의 두려움, 똑똑해 보이지 않을 것이라는 두려움이 내가 매우 자주 목격하는 배움의 장애물이다. 특히 이미 얻은 평판을 보호하려는 욕구가 너무 강해 새로운 것을 시도조차 하려고 하지 않는 사람들에게 더욱 커다란 장애물이 된다.

- 감정이란 특정한 것이 자신에게 얼마나 중요한지를 말해주는 시스템이다. 집중력은 중요하지 않은 것들을 멀리하고 중요한 것에 초점을 맞추게 한다. 인지력은 중요한 것을 위해 무엇을 해야하는지 알게 하는 것이다. 인지적 기술은 그 중요한 것들을 실제로 실행하기 위해 요구되는 모든 것을 의미한다.

- 운동은 두뇌의 회색영역실제 신경세포과 하얀 영역신경세포의 연결망의 크기를 확장시켜 준다.

- 최근의 연구결과들을 보면 건강한 두뇌를 유지하기 위해서 가장 중요한 삶의 습관은 균형잡힌 영양섭취, 스트레스 관리, 운동 그리고 두뇌운동 등이다. 수면과 몸의 전체적인 건강상태 역시 중요한 요인들이다.

Avaro Fernandez, The SharpBrain Guide to Brain Fitness

신경가소성: 긍정적인 감정들은 계발될 수 있다

신경가소성의 개념이 가진 가장 중요한 의미는 사람들이 반복을 통해 골프나 농구를 배우고, 악기를 능숙하게 연주할 수 있듯 행복이나 공감과 같은 감정들 또한 연습을 통해 배울 수 있다는 것이다. 그러한 연습은 특정한 두뇌 부위의 활동과 물리적 속성을 변화시킨다.

Andrew Weil, 전인적(holistic) 건강법에 대해 강연과 저술활동을 하는 자연요법의사

사람은 개에게서 많은 것을 배울 수 있다

사람은 개로부터, 심지어 우리집 개처럼 매우 정신 사나운 놈으로부터도 많은 것을 배울 수 있다. 우리집 개 말리는 나에게 하루하루를 구속되지 않은 충만함과 기쁨으로 사는 법, 매 순간을 놓치지 않고 자신의 마음을 충실히 따르는 법을 가르쳐주었다. 나는 또 숲 속의 산책, 내리는 눈, 한 줄기 겨울 햇살 속 낮잠과 같은 단순한 것들을 그가 얼마나 사랑하는지 보고 배웠다. 또한 늙고 병들어갈 때조차 역경에 굴하지 않는 낙천성을 배웠다. 다른 무엇보다, 그는 내게 우정, 이타심, 그리고 결코 흔들리지 않는 충성심을 가르쳐주었다.

John Grogan, *Marley and me*

흥미가 두려움보다 훨씬 더 큰 배움을 생산한다.

학교가 저지르는 가장 큰 실수는 아이들에게 어떤 것이든 닥치는대로 가르치는 것과 성적부진, 학교생활 부적응 등과 같은 두려움을 흔한 동기부여의 방법으로 활용하는 것이다. 흥미를 두려움과 비교하자면 마치 핵폭발과 폭죽 정도의 차이로 흥미가 훨씬 더 큰 배움을 생산한다.

Stanley Kubrick, 영화감독

당신의 마음 속에서 풀리지 모든 것들에 대해 인내하라"

나는 그대에게 그대의 마음 속에서 해결되지 않는 모든 것들에 대해 인내하기를 그리고 그 질문들 자체를 마치 그것들이 열 수 없는 방 혹은 매우 낯선 외국어로 쓰여진 책들이기나 한 것처럼 사랑할 것을 간청한다. 지금 그대에게 줄 수 없는 답을 찾으려고 애쓰지 마라. 왜냐하면 그대는 그 답을 살아낼 수 없기 때문이다. 내 말은 주어진 모든 삶을 살아가라는 것이다. 지금은 풀리지 않는 질문 그 자체로 살아가라. 그러다보면 먼 훗날 아마도 그대는 자신도 모르는 사이 점점 그 정답을 살아가고 있을 것이다.

Rainer Maria Rilke, 시인이지 소설가.

오늘 조금 더 배우고 타인들의 고통을 덜어주기

나는 두 개의 중요한 생각에 끌린다: 첫째 오늘 이 세상에 대해 어제보다 조금 더 배우라는 것, 그리고 둘째는 타인들의 고통을 조금이라도 덜어주라는 것이다. 이 두 가지 생각이 얼마나 당신에게 많은 것들을 가져다주는지 알게 되면 당신도 무척 놀라게 될 것이다.

Neil deGrasse Tyson, 천체물리학자, 작가

"그 모든 것들이 그대 안에서 서서히 익어가게 하라"

서서히 그러나 확실히 지난 몇 달 동안 나는 릴케Rainer Maria Rilke의 작품과 그의 인생까지 모두를 내 안으로 빨아들이고 있다. 이렇게 하는 것이 문학이건, 공부건 사람이건 그 무엇이건 간에 제대로 알아가는 유일한 방법일 것이다. 어떤 것을 온전히 흡수한 다음 그것이 당신 안에서 천천히 성숙해지다가 마침내 당신의 일부가 되게하는 것 말이다. 그것은 또한 성장의 과정이기도 하다.

"누구나 자신이 아는대로 행한다"

나는 사람들마다 최선을 다한다고 믿는다. 누구나 자신이 아는 대로 행하는 것이다. 사람들이 부적절한 행동을 한다면 그것은 그들의 영혼에 결함이 있어서가 아니라 정보가 부족하거나 혹은 유인책이 명료하지 않기 때문이다. 그래서 나는 다른 사람들을 판단하거나 그들에게 이래라 저래라 하지 않으려고 노력한다. 사람들마다 퍼즐의 다른 조각을 보고 있다는 것을 이해하기 때문이다.

Carlos Miceli, 강한 기업가적 영혼을 소유한 평생학습자

제임스 볼드윈의 인생과 배움에 대하여

사람들은 자신의 고통과 슬픔이 세계 역사상 그 유례를 찾아볼 수 없을 만큼 큰 것이라고 생각한다. 그리고 책을 읽는다. 나를 고통스럽게 한 그것들이 살아있는, 그리고 한 때 살아있었던 모든 사람들과 나를 연결시켜 주는 것임을 가르쳐준 것은 바로 책이었다.

James Baldwin, *The Price of the Ticket*

자기결정 & 권한부여

사람들은 변화에 저항하지 않는다. 누군가가 자신들을 억지로 바꾸려고 하는 것에 대해 저항한다.

Peter Senge, 과학자

"자신의 태도를⋯ 자기 스스로 선택할 수 있는 자유"

수용소에 갇혔던 우리는 다른 사람들을 위로하고, 자신들의 빵을 나눠주면서 막사로 걸어 들어오

던 사람들을 기억해 낼 수 있다. 숫자상으로 많지는 않지만 그들의 존재는 사람에게서 모든 것을 빼앗아간다 해도 오직 한 가지 – 즉 어떤 상황에서도 자신의 태도를 스스로 선택할 수 있는 인간의 자유–는 빼앗을 수 없다는 것을 보여주는 충분한 증거가 된다.

빅터 프랭클, 정신과 의사, 홀로코스트 생존자

만일 당신의 내면에서 "너는 그림을 그릴 수 없다"는 목소리를 듣거든, 모든 수단을 동원해서라도 더 열심히 그려라. 그러면 그 목소리는 침묵할 것이다.

빈센트 반 고흐, 네덜란드 출신의 후기인상파 화가

배움을 선택하기, 그리고 공감, 친절, 행복을 연습하기로 선택하기

이 시대의 위험한 신념가운데 하나가 우리는 변할 수 없다는 것이다. 우리 모두는 "그 사람의 나쁜 성격은 절대 바뀌지 않을것이다"거나 혹은 "나는 그렇게 태어났기 때문에 앞으로도 계속 초조해 할 것이다."과 같은 말들을 흔하게 들어왔다. 사람들마다 분명한 유전인자를 지닌 것은 사실이지만, 그럼에도 불구하고 각 개인들의 뇌는 놀랄만큼 변화가 가능하다.

신경가소성은 우리의 뇌가 얼마든지 변할 수 있다고 말하는 것이다. 우리는 우리 자신의 정신적 창조자들이다. 마치 돌판에 새겨진 것처럼 우리의 성격이 고정되어 있다는 잘못된 신념은 변화하려는 사람들의 노력을 멎게하고 스스로에 대한 책임감을 앗아간다. 세균에 대한 지식이 건강과 위생을 바라보는 사람들의 시각을 바꾸었듯 우리 두뇌의 변화가능성에 대한 앎의 확장이 오늘날 우리가 감정, 태도, 가치를 바라보는 방식을 바꾸게 될 것이다.

두뇌가 바뀔 수 있다는 것을 알게되면, 그 때 사람들은 "우리의 두뇌에 대해 원하는게 무엇인지, 그리고 결과적으로 이 세상에 대해 원하는 것이 무엇인지" 질문을 시작한다. 선한 뜻을 가진 대부분의 평범한 사람들이라면 행복, 공감, 그리고 사랑을 원할 것이다. 자, 이제 연습을 시작해보자.

감사 묵상gratitude reflection, 최대치의 공감부여하기compassion priming, 침묵 개입과 같은 방법들이 개인의 행복을 증진시키고 친사회적 행동을 강화시켜주는 것으로 확인되었다. 몇몇 연구결과들은 자신이 감사하는 것들의 리스트를 직접 기록해보는 감사일기 쓰기의 긍정적 효과를 보여준다. 매일 감사일기를 작성한 사람들이 그저 일상적인 어려움들에 대해 매일 일기를 써내려간 사람들보다 훨씬 긍정적인 감정들–친절한, 결연한, 활기찬, 열중하는, 기대하는, 관심을 가진, 기뻐하는, 자신있어 하는–을 느끼는 것으로 보고되었다. 또한 매일 감사일기를 작성한 사람들이 타인들에게 정서적 지지를 제공하고 문제를 가진 사람들을 도울 가능성이 더 높게 나타났다.

신경가소성의 개념을 알게 된 것과 또 나의 감정적인 반응 방식을 바꿀 수 있는 기술들을 찾아낸 것이 내 인생을 완전히 달라지게 해주었음을 개인적으로 경험하였다. 이것을 이해하기 전까지는 나의 지성은 그저 하나의 블랙 박스와 같았다. 내가 왜 어떤 하나의 현상을 단지 그 외적인 조건 그 이상의 것으로 느끼게 되는 것인지 전혀 이해할 수 없었다. 그리고 어떻게 그것들을 변화시킬 수 있는지도 몰랐다.

침묵의 실천은 내 자신의 변신transformation을 나 스스로 안내할 수 있는 기술들을 내게 제공해주었다. 그것은 여태 내가 익힌 것들 중에서 가장 내 삶을 크게 바꾸어놓은 기술이었다. 예전에는 나의 감정과 생각들이 나를 완전히 소유해버린다고 믿었지만 지금은 내가 나의 상황을 바꾸어 나가는 역할을 수행하고 있다고 느낀다.

이것은 쉽지 않은 작업이며 끈기있는 훈련을 요구한다. 그러나 이 기술이 주는 결실들인 평화로운 관계, 삶에 대한 기쁨에 찬 전망, 그리고 역경 속에서도 변함없는 내 안의 안전한 항구 등을 경험하게 되면 나는 오히려 이전보다 더 열심히 노력할 것이라고 굳게 다짐하게 된다.

Joanna Holsten

이 세상을 변화시키기 … 자기자신부터 시작하기

개인들의 내면을 변화시킴으로써 세계평화 실현하기

개인들의 내면을 변화시키는 방법을 통해 세계 평화를 실현하려는 노력은 매우 어렵지만 그것만이 유일한 길이다. 나는 어디를 가든 이 말을 하는데 다양한 분야에 속하는 많은 분들이 내 말을 잘 받아들이는 것을 볼 때마다 나는 큰 용기를 얻는다. 평화란 먼저 한 개인의 마음 속에서 시작되어야 한다. 나는 사랑, 공감, 그리고 이타주의altruism가 평화의 근본적인 기초라고 믿는다. 한 개인의 내면에서 이러한 자질들이 계발되고 나서야 그 사람은 평화롭고 조화로운 분위기를 창조해낼 수 있다. 이러한 분위기는 개인으로부터 가정으로, 가정으로부터 다시 공동체로, 그리고 마침내는 전 세계로 확장되고 퍼져나간다.

달라이 라마, 틱낫한(Thick Nhat Hanh)의 책 *Peace Is Every Step*

"평화의 기술은 당신으로부터 시작됩니다"

평화의 기술은 그대 자신으로부터 시작된다. 자신을 알아가고 평화의 기술을 계속 배워가라. 모든 사람은 정화될 수 있는 영혼과 단련될 수 있는 몸과 저마다 따라야 할 길이 있다. 그대가 이 세상에 존재하는 이유는 그대 내면의 신성을 깨닫고, 그 깨달음을 그대의 삶으로 드러내기 위한 것이다. 먼저 그대의 삶에서 평화를 키우라. 그 후에 그 평화의 기술을 그대가 만나는 모든 사람에게 베풀라.

Morihei Ueshiba, 합기도 창시자

"내 안의 거대한 작업장"

때로는 마치 내 안에 엄청난 망치질을 비롯한 고된 노동이 매일 벌어지는 거대한 작업장이 있는 것만 같다. 또 가끔은 내 자신이 끊임없이 강한 파도를 맞고 조금씩 침식되는 화강암 덩어리로 만들어진 것 같다. 그 화강암 덩어리는 조금씩 깎여서 마침내 동굴이 되고, 동굴 내부에는 파도가 조각한 여러 문양과 윤곽들이 새겨져 있다.

한 가지 도덕적 의무 : 우리 내면에 거대한 평화의 영역 확보하기

우리에게는 한 가지 도덕적 의무만이 있을 뿐이다. 그것은 우리 내면에 점점 더 많은 평화의 영역들을 확보하는 것, 그리고 타인에게 그 평화를 비춰주는 것이다. 우리 내면에 더 많은 평화가 넘칠수록, 이 문제 많은 세상에도 더 많은 평화가 있게 될 것이다.

Etty Hillesum, *An Interrupted Life : The Diaries*

우리의 싸움

우리 모두는 사랑하는 자들인 동시에 파괴자들이다. 우리는 두려워하는 동시에 신뢰를 갈구한다. 이것이 우리의 싸움이다. 우리는 내면의 가장 아름다운 것들이 드러나도록 돕는 한편 폭력과 어둠의 힘을 전환시켜야 한다. 나는 내가 배운 것을 다음과 같이 말한다. "이것이 나의 연약함fragility이다. 나는 그것에 대해 알아야 하고 그것을 건설적으로 활용해야 한다."

Jean Vanier, 가톨릭 신학자, 인권운동가

우리는 결국 각자가 자신의 진정한 인간성에 도달할 수 있도록 노력해야 한다. 그리고 타인들이 그들의 진정한 인간성에 도달할 수 있도록 도와야 한다.

작자미상

남을 위해 선행을 베풀라는 것이 아니다. 남에게 선한 존재가 되도록 배우라는 것이다.

Rhidian Brook, *More Than Eyes Can See*

메리 올리버(Mary Oliver)의 시

메리 올리버는 주로 자연으로부터 받은 시적 이미지를 다루는 미국의 시인이다. 그녀의 시는 책과 온라인에서 읽을 수 있다. 아래의 사이트를 방문하여 다음의 시들을 살펴보라.

여 행 _류시화 옮김

어느 날 당신은 마침내
자신이 무엇을 해야 할지 깨달았고
그것을 시작했다

당신을 둘러싼 목소리들이
계속 불길한 충고를 하고
온 집안이 동요하고
오래된 것들이 발목을 잡았지만
저마다 자신의 인생을 책임지라고 소리쳤지만
당신은 멈추지 않았다

바람이 억센 손가락으로
주춧돌을 들어올리고
주변의 슬픔이 한없이 컸지만
당신은 무엇을 해야 할지 알았다

이미 충분히 늦은 황량한 밤 길에는
부러진 가지와 돌들이 가득했다

그러나 그들의 목소리를 뒤로 하고 떠날 때
구름들 사이로 조금씩 별들이 빛나기 시작했다

그리고 새로운 목소리가 들려왔다
당신은 서서히 그것이 자신의 목소리임을 깨달았다

자신이 할 수 있는 유일한 것을 하기로 결심하고
자신이 구원할 수 있는 단 하나의 삶을 구원하기로 결심하고
세상 속으로 점점 깊이 걸어갈 때
언제나 당신 곁에 있어 온 그 목소리를

기러기들
착한 사람이 될 필요 없어요.
사막을 가로지르는 백 마일의 길을
무릎으로 기어가며 참회할 필요도 없어요.

그저 당신 몸의 부드러운 동물이 사랑하는 것을 계속 사랑하도록 내버려 두어요.

당신이 무엇에 대해 절망하는지 말해 주세요
그러면 나의 절망을 말해줄게요.

그러는 동안에도 세상은 돌아가죠.
그러는 동안에도 태양과 맑은 빗방울들은
풍경을 가로질러 나아가고 있어요.

넓은 초원, 깊은 숲건축가의
산과 강을 넘어서.

그러는 동안에도 맑고 푸른 하늘 높은 곳에서
기러기들은 다시 집을 향해 날아갑니다.

당신이 누구든, 얼마나 외롭든
세상은 그 스스로를 당신의 상상에 맡기고
세상 만물이 이루는 가족 속에서
당신이 있어야 할 자리를 되풀이해서 알려주며.
기러기처럼 그대에게 소리쳐요
가혹하고 신명나게

건축가의 노래
어느 여름날 아침
나는 언덕에 앉아 있었다
하느님을 생각하며 –
고상한 취미를 즐기듯

그 때 내 곁에서
한 마리의 귀뚜라미를 보았다.
언덕의 낟알 한 톨을 이리 저리 굴리느라 정신이 없었다.

그 열심이 참으로 대단했다

그러나 그 수고란 얼마나 보잘것 없는가

우리 또한 이와 같기를 바랄 뿐이니
우리가 설명할 수 없는 방식으로
온 우주를 건설해 나가기를

시집 *Why I Wake Early*에 실린 시

스탄 수녀의 시

"스탄 수녀Sister Stan"로 불리는 Stanislaus Kennedy는 애덕 수녀회Sisters of Charity의 아일랜드 소속 수녀이다. 많은 책의 저자이기도 한 그녀는 자신을 신비주의자이자 사회 개혁가로 소개한다.

http://www.facebook.com/danceofenergyconscioushealing/405636492870174.

나는 세상에서 단 하나 밖에 없는 존재이지만, 겨우 한 사람에 불과하다.

나는 모든 것을 할 수 없지만, 어떤 것을 할 수 있다.

내가 모든 것을 할 수 없기 때문에, 내가 할 수 있는 것은 거절하지 않을 것이다.

Edward Everett Hale, 유니테리언파 성직자

포용과 배제

포용(inclusion)이란 무엇인가?

이 나라에서 포용의 의미는 대체적으로 "역사적으로 추방 되었던 이들을 초대하는 것"으로 정의된다. 좋은 의도기 담겨있긴 히지만 보완이 필요하다. 포용에 대한 이런 정의가 가진 한계가 너무 뚜렷하다. 누가 타인들을 "초대할" 권위를 가졌단 말인가? 그리고 그 "초청자" 자신들은 어떻게 들어갈 수 있었나? 그리고 끝으로 배제하는 사람들은 누구인가?

이제 우리는 모든 사람들이 태어날 때부터 초대받았다는 것을 깨닫고 받아들여야 한다. 누가 누구를 초대할 권위를 가진 것이 아니다. 누군가를 배제하는 모든 사회적 장벽들을 제거하는 것이 우리 사회에 주어진 책임이다. 왜냐하면 우리 중 그 누구도 타인에게 들어와도 좋다고 허용할 권리가 주어지지 않았기 때문이다.

그러면 포용이란 무엇인가? 그것은 우리가 우주적으로 "한 몸"이라는 것과 상호의존적 존재임을 인식하는 것이다. 포용이란 우리가 비록 "같지는" 않지만 그럼에도 "한 몸"이라는 것을 깨닫는 것이다. 포용의 실천이란 배타성 그리고 그 배타성이 야기하는 모든 사회적 질병들, 가령 인종주의, 성차별, 장애자 차별 등에 맞서서 싸우는 것이다. 그리고 포용을 위한 싸움에는 도움이 필요한 사람들이

도움을 얻을 수 있는 사회적 시스템을 만들어가는 것도 포함된다. 그러한 지원 시스템을 제공하고 지키는 것은 어떤 호의가 아닌 공적인 책무이다. 모든 사람은 태어날 때부터 이미 받아들여진 존재들이다.

Shafik Asante, 지역사회 운동가

"더 뛰어난 지혜"

그는 원을 그리고 그 밖으로 나를 밀어냈지
그것은 불경스럽고 멸시할만한 짓이었어
그러나 나는 사랑과 손잡고
그보다 더 뛰어난 지혜를 얻었지
우리는 그 사람을 포함한 더 큰 원을 그렸다네

Edwin Markham,시인

권력

우리 자신의 권력의지에 대해 깨어있기

인종차별은 결국 힘의 문제이기 때문에 차별을 당하는 사람들일수록 언제나 자신들의 힘에 대한 의지를 잘 살펴볼 필요가 있다. 그렇지 않으면 힘의 우위에 서게될 때 매우 파괴적인 방식으로 힘을 사용할 우려가 있다. 마틴 루터 킹은 이것을 잘 이해했기에 "원수를 사랑하라"는 연설에서 다음과 같이 주장했다.

"만일 억눌린 자들이 자신들의 원수까지 사랑할 수 있는 능력을 갖지 못하면 인종문제에 대한 영구적인 해결책이란 있을 수 없습니다. 지난 3세기 이상 미국의 흑인들은 압제의 쇠몽둥이에 두드려 맞았으며, 견딜 수 없는 불의 앞에서 좌절해야했고, 차별이라는 흉측한 짐을 지고 살아왔습니다. 이런 수치스러운 상황 속에서 살아가도록 강요되어왔기에 우리들 역시 그동안 당해온 증오심으로 더 냉혹하게 되갚아주고 싶은 유혹에 빠지기 쉽습니다. 그러나 이렇게 되면 우리가 그토록 추구해온 새로운 질서 역시 낡은 질서의 복제판 그 이상도 이하도 아닐 것입니다."

인간들의 지배하고 싶어하는 의지는 흑백을 가리지 않는다. 지배자 중심의 문화 속에서 살아가는 모든 시민들은 지배하는 것이 모든 인간관계의 토대라고 믿도록 사회화 되어왔다.

bell hooks, Teaching Community

권력 중심의 문화에 이름표 달아주기

백인들은 왜 자신들이 누리는 혜택을 깨닫지 못할까? 한 특정 그룹이 다른 그룹의 희생에 기반한 혜택을 누리게 될 때, 그 특권을 누리게 된 그룹의 사람들은 자신들을 중심에 두고 다른 사람들을 주변으로 밀어내는 문화를 만들어낸다. 그리고 내부에 있는 사람이 표준으로 받아들여지기 때문에, 그 안에 자리 잡고 있으면서도 자신들이 누리는 사회적 혜택을 깨닫기가 매우 어렵다.

나는 남성이지만 남성이 여성보다 더 큰 사회적, 정치적, 경제적 힘을 가진 문화 속에서 살고 있기 때문에 종종 여성들이 나와는 다른 대접을 받고 있다는 것을 알아차리지 못한다. 나는 남성이 힘을 가진 사회의 내부자인 것이다. 나는 존중받는 것과 사람들이 내말에 귀기울이는 것, 그리고 나의 견해가 비중있게 받아들여지는 것을 당연하게 생각한다. 나는 환대받을 것을 기대한다. 또 나는 나와 비슷한 지위에 있는 사람들과의 만남을 기대한다. 나는 나와 비슷한 부류의 사람들이 나의 관점을 대변해 주고, 내가 중요한 역할을 수행하고 있다고 확인시켜 주는 책이나 신문을 쉽게 접할 수 있다.

내가 내 주위의 여성들이 나만큼 존중받지 못하고, 무시당하고, 때로는 침묵을 강요당하는 것을 꼭 알아야 할 필요는 없다. 힘이 있는 자리에 여성들이 보이지 않는 것, 특정한 공간에서 그들이 전혀 환영받지 못하는 것, 내가 전적으로 편안함을 느끼는 상황에서 여성들은 안전하지 않다는 것을 내가 반드시 신경쓸 필요는 없는 것이다.

Paul Kivel, *Uprooting Racism*, 38. Paul Kivel, 교육자,폭력예방 운동의 지도자

학교 내 폭력 문제는 우리 사회의 가장 기본적인 가치와 원칙의 문제와 관련된 것이다

학교 내 폭력의 가/피해자 문제는 우리 사회의 가장 기본적인 가치와 원칙의 문제와 관련된 것이다. 오랜 시간에 걸쳐 나는 아동들이 학교에서 안전함을 느낄 것, 그리고 억압, 또는 폭력 속에 내재된 반복적이고 고의적인 굴욕감으로부터 자유로울 수 있을 것, 이 두가지가 민주주의에서 누려야 할 당연한 권리라고 주장해왔다. 단 한명의 아이도 괴롭힘 또는 모욕당할 것이 두려워 학교에 가기를 무서워 해서는 안된다. 또한 어떤 부모도 그런 일이 자신의 자녀에게 일어날까봐 두려워하는 일이 있어서는 안 된다.

Dr. Dan Olweus, *The Nature of School Bullying: A Cross-National Perspective*. 심리학 교수

나는 괴롭힘이 결코 당신피해자의 문제가 아니라는 것을 알게 되었다. 진정으로 불안정한 존재는 가해자다.

Shay Mitchell, 배우이자 모델

"그들 모두 고통 받고 있다"

괴롭힘이 우리의 자녀들을 죽음으로 내몰고 있다. 남들과 다르다는 이유로 우리의 자녀들이 죽어

가고 있다. 누군가를 괴롭히는 가해자는 속으로 죽어가고 있는 것이다. 우리는 우리의 자녀들이 가해자이건 피해자이건 그들에게 구원의 손길을 내밀어야 한다. 그들 모두 고통 받고 있다.

Catherine Ann, 요리사

"그를 지키려고 나섰을 때, 내가 나를 지키는 법을 알게 되었다"

나는 북경 오페라 학교를 다닐 때 엄청난 괴롭힘을 당했다. 너무 두려웠고 어떻게 내 자신을 방어할 수 있는지 몰랐기 때문에 나는 내 자신이 괴롭힘을 당하도록 스스로 용인해 버린 것이었다. 내가 더 이상 괴롭힘을 당하지 않게 된 것은 새로 전학 온 학생이 괴롭힘을 당하지 않도록 막아 주면서부터였다. 그를 지키려고 나섰을 때, 내가 나를 지키는 법을 알게 되었다.

성룡, 홍콩 배우, 코메디언, 영화감독

갈등, 상처 그리고 피해 다루기

직면한다고 해서 모든 것을 바꿀 수 있는 것은 아니다. 하지만 직면하지 않는다면 그 어떤 것도 바꿀 수 없다.

James Baldwin, New York Times Book Review

나는 사람들이 증오에 매달리는 이유가 그 증오가 사라지고 나면, 결국 자신들이 고통의 문제를 다뤄야한다는 것을 감지했기 때문일 거라고 짐작해보곤 한다.

James Baldwin, The Fire Next Time

"끝까지 의논하기" 원칙

나바호 아메리카 인디언부족들의 전통적 사법은 "끝까지 의논하기" 원칙을 따른다. 그래서 어떤 문제가 생기면 부족 대화모임에서 그 문제가 해결될 때까지 철저하게 의논한다. 먼저 발생한 문제의 성격을 이해하고, 그로 인해 누가 피해를 입었는지, 그리고 그 피해가 사람들에게 어떻게 영향을 미치는지 대화를 통해 밝혀낸다. 어떤 사람이 입은 피해의 본질이 대화를 통해 드러나게되면, 그 문제의 해법 또한 틀림없이 그 모습을 드러내게 되어있다.

Hon. Robert Yazzie, Dine, 나바호 아메리카 부족 전직 대법원장.

모든 이들이 그들 본연의 존재가 되도록 자유롭게 해주어야 한다

우리가 진정한 자기 자신이 되기 위해서는 모든 이들이 그들 본연의 모습이 될 수 있도록 자유롭게 해주어야 한다. 그들은 나와 다르고, 나와 다른 시각으로 세상을 보고, 나의 생각에 동의하지 않는 사람들이다. 이런 온전한 자유에 조금이라도 미치지 못한다면 그것은 억압과 파괴 그리고 죽음을 낮게 된다.

갈등이란 단순히 불가피한 것이 아니라… 그것은 하나의 선물이다. 때로 갈등은 우리가 내켜하지 않는 부산물에 불과할 뿐 그 어떤 에너지나 통찰, 그리고 새로운 가능성도 제시해주지 않는다. 그러나 갈등은 어쩔수 없이 대가를 치루고 견뎌내야 하는 것이 아니다. 그것은 우리가 추구하고 환영하고 잘 보살펴야 하는 것이다.

이런 관점에서 보면 갈등을 관리한다는 것은 그것을 억누르지 않고 허용하며 문을 열어 신선한 바람을 맞아들이듯 그것을 환영하는 것이다.

"우리는 어떻게 이 세상과의 올바른 관계성을 되찾을 수 있을까?"

어디서부터 시작해야할까? 어떻게 우리는 이 세상과의 올바른 관계성을 되찾을 수 있을까? 남아프리카의 바뱀바Babemba 부족에서는 만일 한 사람이 무책임하거나 불의한 행동을 하면 그 사람을 구속하거나 하지 않고 마을 한 가운데 홀로 세워둔다고 전해진다. 그리고 모두 일을 멈추고, 어린 아이들을 포함한 모든 마을 사람들이 그를 원으로 둘러싸고 모인다. 그리고 나면 그 자리에 모인 부족사람들 모두가 한 사람씩 돌아가면서 원 안에 소환당한 그 사람에게, 그가 지금껏 살아오면서 실천했던 모든 선한 행동들을 들려준다. 그와 관련해서 기억할 수 있는 모든 사건과 경험들을 매우 자세하면서도 정확하게 하나씩 묘사한다. 그 사람의 긍정적 특성들, 선한 행실들, 강점들, 그리고 친절한 행위들을 세심하면서도 자세하게 언급해 준다. 부족의 이런 의식은 심지어 며칠씩 지속되기도 한다. 그리고 마침내 이 서클은 해체되고 축하의 의식이 행해지면서 그 사람은 다시 부족의 일원으로 받아들여지게 된다.

Alice Walker, 퓰리처 상을 수상한 소설가, 시인, 운동가.

인종

"인종차별은 거짓말로부터 나온 것이다"

인종차별은 어떤 특정한 인류는 온전한 인간이 아니라는 거짓말로부터 나온 것이다. 그것은 우리의 지성을 타락시켜서 우리가 대접받고 싶지 않은 방식으로 다른 사람을 대해도 아무 문제없다고 믿게 만들어버리는 엄청난 거짓말이다.

Alveda King, 인권 운동가, 목회자, 작가

유전적 우월의 차이는 인종 간(between)이 아닌 인종 내(within)에 존재한다

유전적 우월성의 변인은 흑백 인종 사이에 존재하는 것이 아니라 각각의 인종 내에 존재하는 것이다. 이러한 연구결과는 인종적 차이가 근본적인 유전적 차이를 반영하는 것이라는 주장을 철저하게 반박하고 있다. 인류가 백인, 흑인, 황인의 계열로 나눠진다는 관념은 인류의 기원에 대한 과학적 관점이 아닌 사회적 관점을 드러내는 것이다.

Ian F. Haney Lopez, The Social Construction of Race, 법학 교수

인종, 인종의 진보, 그리고 빈곤에 대한 제임스 볼드윈의 글

이 미국이라는 나라에서 의식을 가진 흑인으로 산다는 것은 늘 끊임없는 분노 속에서 살아야 한다는 것이다.

The New Negro

인종의 진보에 대한 미국인들의 기준은 "내가 얼마나 빨리 백인이 되는가"에 의해 결정된다.

The Cross of Redemption

빈곤 문제로 씨름해본 사람은 가난하다는 것이 얼마나 큰 대가를 치뤄야 하는 것인지 잘 알고 있다.

Nobody Knows My Name

그 단어의 기원은 아메리카 원주민들이 멸종되던 때로 거슬러 올라간다.

그 이름은 교과서에 정의되어 있다. 그리고 그 단어에 대한 교과서적 정의는 인종비방이자 아메리카 원주민들에게는 대단히 모욕적이다. 누구나 알다시피 우리 공동체에서는 서로를 "R"로 시작하는 단어로는 절대로 부르지 않는다. 우리는 아메리카 원주민, 아메리카 인디언, 또는 심지어 인디언이라는 다른 이름을 갖고 있지만 결코 서로를 그 단어로는 부르지 않는다.

사실 그 단어의 기원은 아메리카 원주민들이 멸종되던 시기, 그리고 원주민들을 죽이기 위해서 현상금 사냥꾼bounty hunters들이 고용되던 때로 거슬러 올라간다. 당시는 원주민들을 죽이는 것만으로도 큰 돈을 벌 수 있었다. 현상금이 차등으로 지급되었는데 남자 성인 원주민, 여자 성인 원주민, 그리고 아이의 순서로 많은 돈을 받았다. 그리고 아메리카 원주민들을 사냥하고 그들의 붉은 가죽을 가져올 것을 독려하는 전단지와 홍보 기사 등이 넘쳐났다. 원주민들을 죽였다는 증거로는 두피나 가죽을 벗겨서 와야만 했다. 그때부터 "붉은피부"라는 단어가 전해져 내려오게 된 것이다. 바로 이것이 우리가 우리 공동체 내에서 그 단어를 사용하지 않는 이유다.

Amanda Blackhorse, Dine, 사회운동가, 나바호 인디언 국가 회원,

흑인으로 살아간다는 것에 대한 제임스 볼드윈의 글

당신은 오직 흑인이라는 단 한가지 이유만으로 당신이 태어난 그 곳에 태어나게 되었으며, 당신 앞에 놓인 미래를 직면하게 되었다. 따라서 당신이 가질 수 있는 꿈의 한계는 이미 영구적으로 정해

져 있다. 아주 잔인하면서도 명료하게 당신이 무가치한 인간이라고 대놓고 말하는 세상에 당신은 태어난 것이다. 사회는 당신에게 탁월함 따위를 기대하지 않는다. 그저 평범하게 살아가는 삶으로 만족하라고 말한다.

"제임스! 당신이 어디를 향하든 당신이 갈 수 있는 곳, 할 수 있는 일과 그 방법, 거주할 수 있는 곳, 그리고 당신이 결혼할 수 있는 사람에 대해 우리는 당신에게 분명히 말해왔소" 이런 식이다. 당신 나라의 사람들이 이 문제에 대한 나의 생각에 동의하지 않는다는 것을 나는 잘 알고 있다. 그들은 나에게 "과장이 심하다"고 한다. 하지만 그 사람들은 할렘이라는 곳이 어떤 곳인지 모른다. 나는 잘 안다. 당신도 알고 있다. 나를 비롯한 사람들의 말을 받아들이기보다는 당신의 경험을 신뢰하라. 당신이 어디 출신인지를 알라.

The Fire Next Time

겁에 질린 애벌레에서 용감한 나비로 우리를 변모시키기

인종의 문제는 우리 사회에서 커다란 금기사항이다. 사람들은 그것에 대해 말하기를 두려워한다. 백인들은 자신들의 견해를 밝히지 않으면 인종주의자로 여겨 질까봐 두렵다. 유색인들은 부당한 것들이 시정되지 않는 것에 대한 분노와 슬픔으로 가득하다. 우리는 침묵 속에서 익사해가는 동시에 서로를 익사시키고 있다. 이제 우리가 스스로를 겁에 질린 애벌레 상태에서 용기있는 나비로 바꾸어나가기로 결심할 때, 인종 사이의 거대한 간극을 메우고 밝은 미래를 향해 전진할 수 있을 것이다.

Eva Paterson, 인권운동가, 공평한 정의를 위한 사회(Equal Justice Society) 공동설립자이자 CEO

사랑

증오를 배울 수 있다면, 사랑도 배울 수 있다

태어나면서부터 피부색깔, 출신, 그리고 종교적 이유로 다른 사람을 증오하며 태어나는 사람은 없다. 증오는 배움의 결과임이 틀림없으며, 만일 증오를 배울 수 있다면 사랑하는 것 또한 배울 수 있다. 사랑이 증오보다는 사람들의 마음에 더 자연스럽게 다가오기 때문이다.

넬슨 만델라, 남아프리카의 전직 대통령, 반 아파르트헤이트(인종차별) 혁명가

"사랑은 가면을 벗긴다"

사랑은 우리가 그것이 없으면 살 수 없을 것처럼 두려워하면서 동시에 그것을 쓴 상태로도 도저히 살아갈 수 없는 가면을 벗겨준다. 나는 여기서 "사랑"이라는 단어를 개인적 감각이 아닌 존재의 상태, 혹은 은혜로운 모습이라는 의미로 사용한 것이다. 사랑하면 행복해진다는 유치한 미국적 개념이

아닌 모험과 감내와 성장이라는 거칠고도 우주적인 차원의 사랑을 의미하는 것이다.

James Baldwin, *The Fire Next Time*

증오는 삶을 마비시킨다. 그러나 사랑은 그 마비를 풀어준다. 증오는 삶을 혼란스럽게 하지만, 사랑은 삶을 조화롭게 한다. 증오는 삶을 어둡게 하지만, 사랑은 삶을 빛나게 한다.

마틴 루터 킹, Jr, 목사, 인권운동가, 노벨평화상 수상자

사랑에 대하여

성인 남성의 내면에 자리잡은 상처받은 아이는 그가 처음으로 자신의 진실을 말했을 때 가학적인 보호자에 의해 침묵을 강요받았거나, 혹은 자신의 진심을 드러내는 것이 허용되지 않는 가부장적 세계속에서 자란 소년이다. 성인 여성의 내면에 자리잡은 상처받은 아이는 매우 어린시절부터 다른 사람에게 잘 보이기 위해 자신의 진실한 감정을 숨기고 진정한 자기 자신이 아닌 다른 누군가가 되어야 했던 소녀이다. 남성과 여성이 진실을 말했다는 이유로 서로를 처벌할 때 우리는 차라리 거짓말이 더 낫다는 고정관념을 더 강화하게 된다.

사랑하기 위해서 우리는 기꺼이 다른 사람의 진실을 들어야한다. 그리고 더 중요한 것은 진실을 말하는 것의 가치를 높이 사야한다. 거짓말이 사람들을 기분좋게 만들 수는 있어도, 결코 사랑을 알아가는데 도움을 주지는 못한다. 흔히 여성들은 너무나 자주 불손하고 비열한 행동들을 견디고 용서하고 잊어주는 것이 헌신의 징표이자 사랑의 표현이라고 믿는다. 그러나 우리가 제대로 사랑을 알게 될 때 잔혹함이나 학대와 같은 행위에 대해 건강하면서도 사랑이 담긴 반응으로 대처하는 것이 스스로를 피해로부터 지키는 것임을 알게 된다.

bell hooks, *All About Love:New Visions*, 작가, 페미니스트, 사회 운동가

사랑을 제외한 모든 것은 변한다. 사랑을 지켜라. 사랑이 요구하는 것들을 실행하라.

Helen Prejean, *Dead Man Walking*, 수녀, 사형제 폐지 주창자

모든 생명은 영혼의 현현顯現이자, 사랑의 발현이다. 평화의 기예art라는 것은 이 원리가 가장 순수하게 드러난 형태이다. 우주적 사랑은 여러가지 형태로 작동한다. 이 사랑이 드러나는 각각의 형태에 대해 자유로운 표현이 허용되어야 한다. 평화의 예술이야말로 진정한 민주주의다.

Morihei Ueshiba, 합기도 창시자

용서

용서할 수 있는 힘이 곧 사랑할 수 있는 힘이다

우리는 용서할 수 있는 능력을 개발하고 그것을 유지해야 한다. 용서할 수 있는 힘이 없는 사람은

사랑할 수 있는 힘도 없다. 우리 자신의 최악의 모습 속에도 선은 존재하며, 우리 자신의 최상의 모습 속에도 악은 존재한다. 이것을 깨달을 때, 우리가 우리의 적을 증오할 가능성이 더 낮아진다.

마틴 루터 킹, Jr, 목사, 인권운동가, 노벨평화상 수상자

용서란 우발적인 행위가 아니다. 그것은 하나의 태도다.

마틴 루터 킹, Jr, 목사

용서가 우리에게 베푸는 것들

저마다 가진 독특한 이야기들과는 별도로 용서는 우리 모두가 원하는 평화를 결국 찾아낼 것이라는 약속을 유지시켜 준다. 용서는 타인들의 행위와 태도가 우리를 장악하는 힘으로부터 우리를 자유롭게 해주리라는 것을 약속해 준다. 용서는 우리 자신들이 가진 선함과 사랑스러움의 진실을 다시 일깨운다. 용서는 우리가 갈수록 자신의 감정적 동요라는 짐을 내려놓고 우리 자신과 인생에 대해 더 낫게 느낄 수 있게 되리라는 틀림없는 약속을 붙들어 준다.

Robin Casarjian, *Forgiveness: A Bold Choice for a Peaceful Heart*

용서가 아닌 것들

용서는 당신 자신의 혹은 타인의 부정적이고 부적절한 행위를 눈감아주는 것은 아니다. . . 용서는 당신이 그렇지 않다고 느낌에도 불구하고 모든 것이 괜찮은 듯 가장하는 것이 아니다. 용서는 당신 자신의 의로움이나 우월성을 과시하는 태도가 아니다. 용서한다는 것이 당신의 태도나 처신을 바꿔야 한다는 것을 의미하지는 않는다. 용서한다는 것이 당신이 용서하기로 결심한 그 사람과 반드시 직접적인 언어적 소통을 해야한다고 강요하는 것은 아니다….

Robin Casarjian, *Forgiveness*

우리는 영원히 상실할 수도 있었던 관계를 회복한다

용서란 사랑의 불공평함에 대해 맞서는 사랑의 결심이다. 용서할 때 우리는 되갚아 주려는 자연의 법칙에 우리를 묶게 되는 그 흔한 법률을 무시할 수 있으며 사랑이라는 연금술에 의해 우리 자신을 고통스러운 과거로부터 해방시킨다.

Lewis B. Smedes, 작가, 신학자

용서는 결심이다

용서란 타인의 성품의 한계 그 너머를 바라보겠다는 하나의 결심이다. 그것은 두려움, 특이함, 정신 신경증, 실수 그 너머에 있는 한 사람의 정수精髓를 그의 개인적 역사라는 조건에 얽매이지 않고

바라보겠다는 결심이다. 또 용서란 한 사람을 끝없는 잠재력을 갖고 있으며 늘 사랑과 존경을 받을 만한 가치가 있는 존재로 바라보겠다는 결심인 것이다.

Robin Casarjian, *Forgiveness*

서로 격려하고 지지하기

나는 언제나 모든 사람의 최상의 모습을 믿기위해 노력한다. 그것이 참으로 많은 곤경으로부터 나를 구해준다 .

Rudyard Kipling, 시인, 소설가

약자들을 돕는 것은 공적인 의무

약자들이 배제되지 않기 위한 투쟁은 도움이 필요한 사람들이 실제로 도움을 받을 수 있는 구조를 만드는 것을 포함한다. 그러한 지원시스템을 제공하고 유지하는 것은 마땅한 공적의무이지 시혜가 아니다.

Shafik Asante, "What Is Inclusion?"

사람들은 당신이 무슨 행동을 했는지, 무슨 말을 했는지 기억하지 못할 것이다. 그러나 당신이 그들로 하여금 어떤 느낌을 갖도록 그들을 대했는지 이것만은 늘 기억할 것이다.

Maya Angelou, 작가, 시인

어떤 사람에게 일을 맡기고 당신이 그를 신뢰하고 있다는 것을 알 수 있도록 해주는 것이야말로 그 사람을 가장 잘 돕는 방법이다.

Booker T. Washington, 저술가, 미 대통령 자문관

우리는 모두 서로 다른 생의 길을 간다, 그러나 우리가 어디를 가든 서로의 생의 일부를 안고 간다.

Tim McGraw, 가수, 배우

우리가 바쳐야할 예물은… 그저 고요한 우리의 존재

우리가 바쳐야 할 예물이 꼭 좋은 선물이나 혹은 바람직한 행위보다는 그저 고요하고 평화로운 우리의 존재방식일 때가 있다. 우리가 순간 순간 깨어 있고 명료하다면, 또 우리가 고요하고 중심잡혀 있다면, 타인들 또한 우리의 그러한 모습만으로도 혜택을 누리게 된다. 이 세상은 너무 번잡스러워서 단지 마음이 고요한 한 사람과 함께 하는 것만으로도 치유와 은총이 되는 것이다. 사람들은 자신이 누구인지 기억해야할 필요가 있을 때, 마음이 고요한 사람을 찾아가게 된다.

Wayne Muller, *How, Then, Shall We Live?*

곁에서 걸어 주세요

나보다 앞서서 걷지 말아주세요. 제가 따라가지 못할 수도 있으니까요.

저보다 뒤에서 걷지 말아 주세요. 제가 제대로 안내하지 못할 수도 있으니까요.

그냥 곁에서 걸으며 저의 친구가 되어 주세요.

유대인 동요

모두에게 친절하라, 당신이 만나는 사람들은 모두 저마다의 힘겨운 싸움을 싸우고 있는 중이니….

Philo of Alexandria, 철학자

고통은 그들이 날아 오를 수 있도록 강한 날개를 만들어 준다

나는 다른 사람들의 고통을 보는 것을 끔찍이 싫어한다. 그것은 아마도 그들의 고통이 여전히 해결되지 않은 채 내 안에 살아있는 나의 고통을 떠올리기 때문일 것이다. 그래서 나는 다른 사람들의 눈물을 닦아 주려는 나의 노력, 즉 그들의 울음을 멈추고 어설프게 상처를 치료해주려는 나의 시도에 대해 죄책감을 느낀다. 내가 성급하게 고치를 찢어줌으로써 애벌레들이 날 수 있도록 그들의 날개를 강하게 만들어 주는 그 고통의 과정을 면제시켜 주었다. 그로 인해 나는 결국 얼마나 많은 나비들을 죽여왔던가!

Margaret Wold, The Critical Moment: How Personal Crisis Can Enrich a Woman's Life

현존: 연결이라는 선물

현존이란 한 독특한 개인이 지닌 온전함으로 그 상황에 대응하는 방식이다. 그것은 우리 안에 살아있는 신성한 자질이 다른 이들의 내면에도 존재하는 신성한 것들과 연결될 수 있음을 인정하고 받아들이는 것이다. 이 현존의 과정으로 인해 진정성있고 유의미한 자각과 더불어 깊은 연결의 상호교류가 일어나게 된다. 그리고 이 깊은 연결은 치유적 관계에서 발생하는 균형과 통합을 선물해 준다.

영적인 차원에서 다른 사람과 온전히 현존한다는 것은 무조건적인 사랑내지는 상대방에 대한 조건없는 긍정적 이해의 에너지를 서로 주고 받는 것이다. 그것은 외적인 판단을 버리고 상대방을 지금 이 순간 있는 모습 그대로 받아들이는 것, 그 상황에서 상대방이 할 수 있는 최선의 것을 하고 있다고 믿어주는 것, 그리고 상대방의 고유한 개인적 특성과 신념을 현존 속으로 온전히 가지고 들어가는 것이다.

사람은 조건없는 사랑에 의해 에워싸일 때, 그들의 내면에 있는 치유의 능력에 접근할 수 있는 힘을 얻게 된다. 다만 그 조건없는 사랑은 다른 누군가의 깊은 의도를 가진 현존을 요구하는 것이다.

Saint Paul

당신이 외롭거나 어둠 속에 있을 때, 당신의 존재라는 스스로의 빛이 얼마나 놀랍고 위대한 것인지 보여줄 수만 있다면….

Hafez, 시인

아이들과 조상

당신의 자녀가 당신만의 자녀는 아닙니다

당신의 자녀가 당신만의 자녀는 아닙니다.

그들은 생명이 생명을 향한 갈망이 낳은 아들 딸입니다.

그들이 당신의 몸을 통해 왔지만 당신으로부터 온 것은 아닙니다.

그들이 당신과 함께 있지만 당신의 소유물은 아닙니다.

그들에게 사랑을 줄 수 있지만 당신의 생각까지 주입할 수는 없습니다.

그들은 그들만의 생각을 가지고 있습니다.

그들의 몸이 거주할 곳을 제공할 수 있지만 영혼은 그럴 수 없습니다.

그들의 영혼은 내일의 집에 거주하고 있습니다

그 집은 당신이 꿈에서조차 찾아가 볼 수 없습니다.

당신이 아이들처럼 되기 위해 노력할지언정, 그들을 당신처럼 만들려고 애쓰지 마세요.

인생은 거꾸로 흐르지도, 어제에 머물러 있지도 않습니다.

당신은 생명의 화살을 쏘아올린 활과 같습니다.

궁수이신 하느님은 영원 속 어느 한 과녁을 보시고, 그 화살이 빠르고 멀리 날아갈 수 있도록

그의 놀라운 힘으로 활인 당신을 구부려 뜨리셨습니다.

그 분의 손에 구부려짐을 기뻐하십시오

궁수이신 하느님께서는 날아가는 화살을 사랑하시는 만큼 견실한 활인 당신 또한 무척 사랑하시기 때문입니다. .

Kahlil Gibran,예술가, 시인

당신의 아이들은 잘 있나요?

아프리카의 많은 부족들 중에 위대한 마사이Mighty Masai 부족보다 더 두렵고 지혜로운 전사들은 없을 것이다. 그런데 마사이 전사들 끼리 주고받는 전통적인 인사말을 알고나면 조금 놀랄지도 모른다. 그들은 서로 "카세리안 잉게라Kasserian ingera" 라고 인사하는데 이 말의 의미는 '당신의 아이들은

잘 있나요?"라는 뜻이다.

마사이 부족 사람들이 자녀들의 복지라는 가치를 얼마나 중요하게 생각하는지 잘 보여주는 이 인사방식은 지금도 여전히 그들의 전통으로 남아있다. 심지어 자신의 자녀가 없는 전사들도 "아이들은 모두 잘 있습니다,"라는 말로 대답한다. 이 말의 의미는 그 사회가 평화롭고 안전하다는 것뿐만 아니라 전사인 그들이 약자보호라는 우선순위와 더불어 자신들의 존재이유, 자신들의 역할과 책임을 잊지 않고 있음을 의미한다. 모든 아이들이 평안하다는 것은 삶이 건강하다는 것이다. 그것은 또한 하루 하루 살아가기 위해 애쓰는 과정에서도 반드시 어린 자녀들을 적절하게 잘 보살펴야 한다는 뜻이다.

만일 우리가 "당신의 아이들은 잘 있나요?"라는 이 똑같은 질문으로 매일 서로에게 인사를 주고받기 시작한다면, 자녀들의 행복에 대한 우리의 인식에 어떤 변화가 찾아오게 될까? 우리가 하루에도 수차례 이 질문을 서로 주고 받는다면, 정말 실제로 이 나라에서도 아이들에 대한 생각과 돌봄의 방식이 어떻게 달라질지 나는 정말 궁금하다. 부모든 부모가 아니든 상관없이 우리 모든 어른들이 우리 마을, 우리 지역, 그리고 우리나라의 모든 아이들의 안전과 돌봄에 대해 동일한 책임의 무게를 느끼고 있는지 나는 궁금하다. 이 질문에 대해 우리가 주저함 없이 "네, 아이들은 잘 있습니다. 모든 아이들이 평안합니다"라고 대답할 수 있을까?

만일 대통령이 기자회견이나 공적인 자리에 등장할 때마다, "그런데 대통령 각하, 아이들은 잘 있나요?" 라는 질문에 대해 먼저 대답하고 시작하게 된다면 과연 어떤 일이 일어나게 될까? 모든 지자체 수장들이 기자회견을 할 때마다 "그런데 아이들은 잘 있나요?"라는 질문에 대해 대답해야 한다면 그들의 대답을 듣는 것이 정말 정말 흥미롭지 않겠는가?

Rev. Dr. Patrick T. O'Neill, 유니테리언파 성직자

"엄마가 아들에게"

내 아들아, 들어보렴:
인생은 내게 결코 수정水晶으로 된 계단이 아니었다.

그 계단에는
압정과 깨진 유리 조각들이 떨어져있고
발을 내딛는 층계들은 갈라져 있었으며
카펫따위는 깔려 있지도 않은 맨바닥이었다.

그러나 난 지금껏 멈추지 않고

그 계단을 걸어올라왔다
한발 한발 내딛으며 모퉁이를 돌고
때론 빛이라고는 찾아볼 수도 없는
어두운 곳을 지나왔다

그러니 아들아 너도
계단을 오르기 힘들다고
뒤돌아 서지도 계단 위에
주저 앉지도 말아라.

지금 무너져서는 안된다
왜냐하면, 아들아, 나는 아직도 그 계단을 오르고 있다
나는 지금도 올라가고 있다
그리고 인생은 내게 수정으로 된 계단이 아니었다.

Hughes, The Collected poems of Langston Hughes, 시인, 사회 운동가,

모든 아이들은 온전하게 창조되었다

모든 아이들이 온전한 존재로서, 내적 지혜와 위엄과 경이로움을 갖고 태어난다는 것은 참으로 자명하다. 우리는 오직 평화로운 방법으로 가장 연약한 우리의 시민들이 해를 입거나 무시당하지 않도록 보호하는데 헌신할 것을 다짐한다.

Raffi Cavoukian, 싱어송 라이터, 작가

"우리의 뿌리는 신에게까지 거슬러 올라간다"

우리가 조상들을 존중한다는 것은 우리 자신이 스스로 태어나지 않았다는 것과 그 뿌리가 신 또는 신들에게까지 거슬러 올라간다는 사실을 우리가 늘 인식하고 있음을 뜻하는 것이다. 우리가 고통을 겪고, 저항하고, 싸우고 사랑하고 마침내 죽게 되는 최초의 인간이 아니라는 사실을 망각하기가 매우 쉽기 때문에 우리는 우리의 조상들을 의도적으로 기억한다. 우리들 이전에 이미 거쳐갔던 일들을 헤아려보면, 그것이 숱한 생의 고통과 슬픔에도 불구하고 우리가 다시 우리네 삶을 보듬어 안게 하는 은총이 된다.

Alice Walker

우리는 모든 조상들과 후손들이 우리들 내면에 살아서 존재함을 알고 있다.

우리는 모든 조상들과 후손들이 우리들 내면에 살아서 존재함을 알고있다.

우리는 조상들, 우리의 자녀들, 또 그들의 자녀들이 우리에게 거는 기대가 무엇인지 알고 있다.

우리가 누리는 기쁨, 평화, 자유, 조화로움이 우리의 조상들, 우리의 자녀들, 그리고 그들의 자녀들의 것이기도 함을 알고 있다.

우리는 이해하는 것이 사랑의 기초라는 것을 알고 있다.

우리는 비난과 자기주장이 결코 도움이 안되며 오히려 우리들 사이에 더 큰 간극을 만들어낸다는 것을, 오직 이해와 신뢰 그리고 사랑만이 우리가 변화되고 성장하는데 도움이 된다는 것을 알고 있다.

틱낫한, 승려, 평화운동가

더 나은 세상을 위해 협력하기

"만일 당신이 나를 돕기 위해 왔다면…"

만일 당신이 나를 돕기 위해 이곳에 왔다면, 당신은 우리의 시간을 빼앗고 있습니다. 그러나 당신의 자유가 나의 자유와 하나로 묶여있기 때문에 왔다면, 같이 일해 봅시다

Lilla Watson, 호주원주민 예술가, 학자

"나의 진짜 이름을 불러주세요"

틱낫한 스님의 이 유명한 시는 모든 만물의 내적 연결성인 "인연interbeing"의 핵심의미, 그리고 우리가 더 나은 세상을 만들기 위해서 어떤 방식으로 일해야 하는지를 잘 전해준다.

틱낫한, *Peace Is Every Step: The Path of Mindfulness in Everyday Life*

호피 인디언 추장의 연설

지금이 좋은 기회인지도 모릅니다! 우리 앞에는 매우 빠른 속도로 흐르는 강이 있습니다. 그런데 그 물살이 너무 빠르고 대단해서 두려워하는 사람들도 있습니다. 그 사람들은 강가를 떠나려하지 않습니다. 마치 자신들의 몸이 그 물살에 의해 산산히 부서지고 큰 고통을 겪을 것이라고 느낍니다.

그러나 강물은 그 목적지가 있다는 것을 알아야 합니다. 옛어른들은 우리가 강기슭을 벗어나서 물 밖으로 고개를 내밀고 눈을 크게 떠서 강의 중심으로 나가라고 말씀하셨습니다.

그리고 나는 지금 누가 당신과 함께 하고 있는지 살펴보고 기뻐하라고 말합니다. 지금 역사적인 이 순간 우리는 아주 작은 것들조차도 개인주의적 관점을 가져서는 안 됩니다. 그렇게 하는 순간, 우리의 영적인 성장과 여행은 중단되어버립니다.

한 마리의 외로운 늑대처럼 움직이던 시간은 이제 끝났습니다. 여러분들을 모아야 합니다. '투쟁한다'는 말은 당신의 사전과 당신의 태도에서 이제 지워버리세요. 이제 모든 일들은 신성함과 축제의 정신으로 해야 합니다.

우리 자신들이야말로 우리가 그토록 기다려온 바로 그 사람들입니다.

무명의 호피인디언

내가 꿈꾸는 세상

내가 꿈꾸는 세상은
사람이 다른 사람을 멸시하지 않는 곳
사랑으로 대지大地에 입 맞추며
평화가 그 길을 수놓은 곳

내가 꿈꾸는 세상은
모든 사람이 달콤한 자유의 길을 알게 되는 곳
그러나 탐욕이 그 영혼을 무너뜨리지 않고
욕망으로 우리의 하루가 시들어버리지 않는 곳

내가 꿈꾸는 세상은
흑백에 관계없이 어느 인종이든 모두
자연의 풍성한 혜택을 누리며 모든 사람이 자유로운 곳

내가 꿈꾸는 세상은
모든 비참한 것들이 끝장나고
진주와도 같은 기쁨이 모든 인류의 필요를 받드는 곳

그것이 바로 내가 꿈꾸는 세상이다!

Collected Poems of Langston Hughes

"우리는 실제로 세상을 변화시킬 수 있다"

우리는 모든 다양한 방법들로 이 세상을 변화시킬 수 있다. 새로운 운동이 마치 한 그루의 나무처럼 땅에서 솟아나와서 점점 더 튼튼하게 자랄 수 있다

Peter Gabriel, 싱어송 라이터, 인권운동가

"작은 행동들이 조용히 모여 거대한 힘이 된다"

우리가 이 사회를 변화시키기 위해서 크고 영웅적인 일들에 참여할 필요는 없다. 작은 행동일지라도 수많은 사람들이 참여한다면 그 힘은 어떤 정부도 억압할 수 없을만큼 강력해지고, 마침내 세상을 바꾸는 힘이 된다.

그리고 우리는 작은 행동을 실천하면서 유토피아적인 웅장한 미래를 기다릴 필요는 없다. 미래는 끊임없는 현재의 연장선이기에 오늘 하루를 우리 주변의 악한 것들에 대해 저항하면서 우리 인간이 살아가야한다고 믿는 대로 살 수 있다면 그것 자체가 이미 놀라운 승리인 것이다.

하워드 진, A Power Governments Cannot Suppress, 역사가, 작가, 사회운동가

세상에 맞서 싸워서는 세상을 바꿀 수 없다. 새로운 세상을 만들어서 이전의 세상을 낡고 진부한 것으로 만들어야한다.

R. Buckminster Fuller, 유건축가, 시스템 이론가, 발명가

"당신의 낙하산을 준비해준 사람은 누구인가?"

찰리 플럼Charlie Plumb은 베트남 전쟁에 참가한 미 해군 전투기 조종사였다. 일흔 다섯 번째 전투 임무 중에 그의 전투기는 지대공 미사일에 의해 격추되었다. 플럼 대령은 낙하산 탈출에 성공했으나 적진에서 생포되었고 베트남 공산주의 치하에서 6년의 수감생활 및 고문을 당했다. 수십년 후에 플럼 대령은 자신의 낙하산을 접었던 사람과의 극적인 만남을 이렇게 소개하고 있다.

얼마 전에 나는 캔자스 시티의 한 식당에 앉아있었다. 두 테이블정도 건너편에서 한 남자가 계속 나를 쳐다보았다. 나는 그 사람을 알아보지 못했다. 내가 식사를 시작하고 얼마 지나 그가 자리에서 일어서더니 내 테이블로 와서 나를 내려다보며 그의 손가락으로 내 얼굴을 가리키며 말했다, "혹시 플럼 대령 아니세요?"

나는 그를 올려다보며 대답했다, "예, 제가 플럼 대령입니다"

그러자 그가 말했다, "당신은 베트남 전쟁 당시 전투기 조종사였어요. 나는 당신을 키티 호크 항공모함에서 봤죠. 당신은 격추되었고 낙하산으로 탈출했지만 적의 수중에서 6년을 전쟁포로로 살았죠."

"도대체 그 모든 사실을 어떻게 안거죠?" 내가 말했다.

"제가 당신의 낙하산을 준비했거든요" 그가 대답했다.

나는 할 말을 잃고 말았다. 나는 비틀거리듯 감사의 표시로 악수를 하려고 손을 내밀었다. 그 때 그가 내 손을 잡고 두 팔을 움켜잡더니 내가 하려고 했던 말을 내뱉었다. "낙하산이 제대로 작동했군요!"

"그렇습니다", 내가 말했다, "그리고 그 낙하산을 준비해 주었던 누군가의 노련한 손놀림에 대해 제가 얼마나 많은 감사의 기도를 드렸는지 꼭 말씀드리고 싶었는데 이렇게 직접 만나서 말씀드릴 수 있는 기회가 찾아오리라고는 생각지도 못했습니다."

"낙하산의 천panels들은 모두 괜찮았나요?"

"그럼요, 당신과 사진을 찍고 싶어요" 내가 말했다, "열 여덟개의 천들 중 열 다섯개가 아주 양호했어요. 세 개가 찢어 졌는데 그건 당신의 실수가 아닌 제 실수였어요. 빠른 속도로 추락하다가 거의 지면에 충돌하기 직전에 뛰어 내리느라 그렇게 된 것이었어요. 당신이 낙하산을 잘못 접어서 그런 것은 아닙니다""한 가지 물어보고 싶은데요," 내가 계속 말했다, "당신이 접은 모든 낙하산들에 대해서 그 결과를 추적해 보셨나요?"

"그렇진 않습니다" 그가 대답했다, "그렇지만 오늘 제가 누군가의 생명을 살리는 일에 도움이 되었다는 사실을 아는 것만으로도 저에게는 커다란 기쁨이 되었습니다"

그날 저녁 나는 쉽게 잠을 이루지 못했다. 계속 그 사람 생각이 났다. 그 특유의 작업복을 입고 있을 때 그는 어떤 모습이었을까? 항공모함에서 몇 번이나 그와 마주쳤을까? 나는 전투기 조종사였고 그는 단지 선원이었기에 얼마나 자주 그를 보고서도 짧은 인사말조차 건네지 않았을까? 얼마나 오랜 시간을 그는 그 항공모함의 깊숙한 선실 나무 탁자에 앉아서 낙하산의 천들을 수선하고 그것을 접었을까? 그러다가 어느날 내 낙하산이 그의 손에 가게 되었고 그 사람이 그것을 준비했을 것이다. 물론 당시 나는 나의 낙하산에 대해 별다른 신경도 쓰지 않았었다.

그래서 이 이야기가 나에게 던져준 질문은 이것이다. 당신의 낙하산은 누가 어떻게 준비하고 있는가? 당신이 어려울 때 힘을 낼 수 있도록 누가 당신을 지켜봐주는가? 그리고 당신에게는 생명과도 같은 것이 추락할 때 당신이 용기를 낼 수 있도록 지원해주었던 특별한 사람은 누구인가?

당신의 낙하산을 준비해 주었던 사람들에게 전화를 걸어 감사의 말을 전해야 할 순간은 바로 지금이다.

찰리 플럼행함

우리가 손을 맞잡으면 반드시 목적지에 이를 것이다.

아웅산 수지, 버마의 지도자, 노벨평화상 수상자

"우리에게 필요한 것은 유머 감각입니다"

"우리에게 필요한 것은 유머감각입니다. 그렇지 않으면 슬픔으로 죽거나 울면서 무덤 속으로 들어가게 될거에요." 데스몬드 투투 대주교는 이렇게 말하고는 했다. 그는 자주 어떤 이야기를 한 후에 혼자 낄낄거리곤 했다. "이젠 나도 나이가 들어서 한번 했던 이야기를 자꾸 반복할 때가 있어요" 하고 웃으면서 그는 자신이 만델라와 함께 했던 멋진 이야기들을 시작했다. "알고보면 당신이나 나나 모두 다 아프리카 사람들입니다" 그는 인류의 기원을 언급하며 이런 말을 하고는 더 크게 낄낄거리곤 했다.…

"기후 변화는 우리 시대의 인간성을 규정하게 될 윤리적 싸움입니다. 나는 여러분이 이 싸움에서 올바른 쪽에 서 있기를 기대합니다. 송유관이며 탄소에너지를 거부하는 쪽 말입니다. . ."

"보다 넓은 철학적 세계관으로 봤을 때," 그는 또한 말했다, "… 포용할 수 있는 능력이 가장 중요합니다" 그리고 그는 모든 사람들의 책임을 강조하는 다음과 같은 질문을 던졌다. "누가 이것을 막을 수 있을까요? 우리가 할 수 있습니다. 바로 당신과 내가 말이에요."… "우리가 막을 수 있을뿐만 아니라 반드시 그렇게 해야 할 책임이 우리에게 있어요" 그는 말했다.…

그리고 언제나 그는 그의 마지막 말을 마틴 루터 킹 목사를 인용하면서 마무리했다. "… 만일 우리가 형제로 함께 살아가는 법을 배우지 못한다면, 우리는 어리석은 바보들로 함께 멸망할 것입니다."

Winona LaDuke, 〈Honor the Earth〉의 사무총장

희망은 마음의 상태

희망은 마음의 상태이며, 이 세상이나 어떤 상황의 모습은 아니다

희망이란 우리가 선택하는 것

우리 안에 희망이 살아있게 할 수도

그것이 죽게 내버려둘 수도 있다

그것은 영혼의 영역

그것은 마음의 근원

그것은 정신의 자극

희망은 우리가 직접 경험하는 이 세상과 상황을 초월한다

희망은 수평선 너머 어딘가에 있으며 가장 깊고 강력한 것

그것은 일이 순조롭고 성공적으로 흘러갈 때의 기쁨과는 달리

그저 그 자체로 선하고 가치로운 어떤 것을 위해서 일할 수 있는 능력이다

희망은 삶을 움직이게 하는 활력이며

그저 존재로서 존재할 수 있는 용기

희망은 우리가 직면하는 문제들보다 더 크게 우리를 자라게하며

모든 어려움들에도 불구하고 우리가 앞으로 나갈 수 있게하는 하나의 자질이다

기쁨과 고난 그리고 슬픔의 모든 순간들마다 나는 희망으로 나의 길을 비출 수 있다

기쁨과 슬픔을 모두 끌어안을 때 인생과 평화로운 관계를 맺으며 삶을 충만하게 경험할 수 있다.

Carlos De Pina, 13세. 하벨 전 체코 대통령과 마틴 루터 킹 주니어 목사의 글을 인용하여 이 시를 씀

"희망은 폭력에 대한 가장 좋은 해독제 가운데 하나"

나는 희망이 십대임신을 막는 가장 좋은 방법인 동시에 폭력에 대한 가장 탁월한 해독제 가운데 하나라고 믿는다. 청소년들이 좋은 선택을 하려면 성취가능한 미래에 대한 감각이 있어야 한다. 그들에게는 좋은 선택이 필요하다. 또한 그들이 성공하기 위해 필요한 시간, 관심, 필수품들을 제공할 만큼 넉넉하게 그들을 보호하고 존중해 줄 가족과 지역사회 그리고 국가를 필요료 한다.

부모들은 아이들의 삶에서 가장 중요한 사람들이지만 부모들도 가정에 대한 책임을 온전히 수행하려면 직업과 지역사회의 지원이 있어야 한다.

Marian Wright Edelman, Guide My Feet, 아동인권 보호 활동가, 아동보호기금의 설립자

"희망은 생명을 움직이게 한다"

희망을 잃으면 생명을 움직이게 하는 활력을 잃은 것이며, 용기를 잃은 것이요, 역경에도 불구하고 앞으로 나갈 수 있는 자질 그 자체를 잃어버린 것이다.

마틴 루터 킹 Jr.

건강한 성

섹스가 하나의 게임이 아니듯
나 또한 장난감이 아니다
섹스는 함께 돌보고 나누는 것이다
우리의 몸과
우리의 마음과
우리의 즐거움을!

Migdalia, 17세 소녀의 시

행복

가만히 앉아서 호흡을 하는 것만으로도 우리는 지극한 행복을 경험할 수 있다.
무엇을 하거나 성취하지 않아도 된다.

단순히 이곳에 존재하고 있는 기적을 누리기만 하면 된다.

틱낫한

행복의 이유

유럽인들의 눈에는 사람들에게 끝없이 "행복해야" 한다고 강요하는 것이 미국인들의 문화적 특징 가운데 하나로 보인다. 그러나 행복은 좇아가는 것이 아니라 따라오는 것이다. 행복의 이유가 있어야 한다. 그 이유를 발견하면 누구나 행복해진다. 사람은 행복 그 자체를 추구한다기보다는, 행복의 이유를 찾고 있는 것이다. 마지막으로 말하지만 결코 무시할 수 없는 사실은 사람은 어떤 상황 속에 분명히 존재하지만 숨어 있는 의미를 깨닫게 될 때 행복해진다는 것이다.

힘과 회복탄력성

우리의 인생이 우리에게 기대하는 것은?

우리가 인생에 대해 무엇을 기대하느냐가 아니라 우리의 인생이 우리에게 무엇을 기대하느냐가 더 중요하다. 우리는 인생의 의미에 대해 묻는 것을 멈추고 대신 날마다 매 순간마다 인생으로 질문을 받고 있다고 생각해야 한다. 그 대답에는 일관성이 있어야 한다. 말과 생각이 아니라 적절한 실천과 행동으로 대답해야 한다. 인생이란 결국 생의 문제들에 대해 올바른 대답을 찾고 삶이 개인에게 끊임없이 부여하는 과업들을 완수할 책임을 온전히 지는 것이다.

Victor Frankle, Man's Search for Meaning

인생에서 가장 큰 상실은 죽음이 아니다. 가장 큰 상실은 여전히 살아 있으나 속으로 죽은 것이다. 결코 굴복해선 안된다.

Tupac Shakur, 래퍼이자 배우

투팍(Tupac Shakur)의 시
콘크리트에서 자란 장미

그대 들었는가
콘크리트 틈새를 비집고 피어난 장미에 대해서
두 발 없이도 걷는 법을 스스로 깨달아
자연의 법칙 따위는 엉터리라는 것을 증명하였고

누구도 믿으려 들지 않겠지만
장미는 꿈을 포기하지 않기에
신선한 공기를 호흡할 수 있다네
시선 주는 사람 아무도 없어도
콘크리트를 뚫고 자란 장비는
오래오래 피어있으리!.

Tupac Shakur

태양 아래 선다는 것의 의미를 진정으로 알 수 있으려면 혼자서 그늘진 곳을 기어서 지나가야 한다.

Shaun Hick, 작가

불가능하다는 것은 그저 과장된 말에 지나지 않는다

불가능이란 세상을 바꾸기 위해 자신들이 가진 힘을 탐색하기 보다는 그저 주어진 세상 속에서 살아가는 것이 더 편하다는 것을 알게 된 소인배들이 하는 매우 과장된 말이다. 불가능하다는 것은 사실이 아니다. 그것은 하나의 견해일 뿐이다. 불가능하다는 것은 선언이 아니다. 그것은 감히 그렇게 말하는것에 지나지 않는다. 불가능하다는 것은 잠재적이며, 일시적이다. 그 어느 것도 불가능하지 않다.

무하마드 알리, 권투선수

나는 알게 되었다

나는 알게 되었다: 숱한 패배로부터 이기는 법을 알게 되었다.
나의 미소는 나의 눈물들이 그려낸 것이다.
현실을 너무 잘 알기에, 오직 하늘을 본다.
너무 자주 바닥까지 내려가보았기에 매번 그럴 때마다
나는 이미 알고 있다. 내일이면 다시 올라가리라는 것을.
내가 인간의 본성에 대해 경외심을 갖게 되었을 때
진정한 나 자신이 될 수 있었다.
깊은 외로움을 느끼고 나서야 내 자신과 친해지는 법을 알게 되었다.

나는 알게 되었다: 우리가 만나는 사람들은 결코 우연이 아니라
이유가 있다는 것을…

그들이 당신과 함께 하게 된 이유를 분별하게되면
그들과 어떻게 관계를 맺어야 할지 알게 된다.
누군가 당신의 삶에 함께 하게 된 이유는 대개
당신도 모르게 드러난 당신의 필요를 그가 채워주기 위함이다.
그들이 당신 앞에 나타난 이유는
당신이 어려움을 이겨내도록 돕기 위함이며
육체적, 정서적, 혹은 영적인 도움과 안내를 제공하기 위한 것이다.
그들은 하느님이 보낸 선물일 수도 … 아니 사실은 하느님이 보낸 선물이 틀림없다!!
사람들과 헤어질때 우리가 반드시 알아야 할 것은
우리에게 필요한 욕구가 충족되었으며 그들은 그들의 역할을 훌륭하게 해냈다는 것이다.
모든 사람들은 저마다의 독특한 인생경험으로
당신이 결코 해 본 적이 없는 것들을 보여준다,

Jennifer Lopez Olivero

여인숙

인간은 저마다 여인숙이다.
매일 아침 새로운 손님이 찾아온다.
기쁨, 우울, 초라함
그리고 어떤 순간적인 깨달음 등이
예기치 않은 방문객처럼 찾아온다.

그 모두를 뜻밖의 손님으로.
환영하고 환대하라!
슬픔이 떼로 몰려와
그대의 집을 거칠게 휘젓고 다니며
가구를 몽땅 쓸어가더라도,
그럴지라도, 손님마다 극진히 대접하라.

그들은 그대가 새로운 기쁨을 맞아들이도록
그대의 집을 깨끗이 비우고 있을지도 모르는 일이니.
어두운 생각, 수치심, 악의,

문가에서 활짝 웃으며 그들을 반기고
집안으로 모셔라.

누가 오든 감사히 여기라.
모든 손님은 저 먼 곳에서
길잡이로 보내졌으니

Rumi, The Essential Rumi

인내

일곱 번 넘어져도 여덟 번 일어나라.

동아시아 속담

한 번도 실수하지 않은 사람은 한번도 새로운 것을 시도해보지 않은 사람이다.

알버트 아인슈타인

끝없이 실수를 반복했다

나는 농구선수로서 9천번 이상의 슛을 놓쳤다. 300번의 시합에서 패배했으며 26번 씩이나 승패를 가르는 결정적인 슛을 놓쳤다. 나는 반복해서 끝없이 실패했다. 그것이 내가 성공한 이유다.

마이클 조던, 농구 선수

삶의 시련

삶의 교환
티파니의 팔찌를
이 금속 수갑과 바꿀거니?
너의 퓨전 앤드 조던을
9 사이즈의 보보와 바꿀거니?
이 오렌지색 점퍼를 입으려고
홀리스터 스웨트 조끼를 버리겠니?
정부가 주는 "할머니 팬티" 대신
빅토리야 시크릿 팬티를 버릴거야?
침실 4개 딸린 4인용 아파트를 포기할 수 있어?

수감자 # 1005420로 이름을 바꾸는 건 어때?
왜 너는 나처럼 되려고 너의 인생을 포기하니?

영원

항상 그것을 타고 맹세한 친구는
마지막 정거장에서 내리며 너에 대한 것을 잊어 버렸지.
집에 전화 할 때 누이의 목소리 대신
"그 전화 번호가 차단되었습니다"라는
메시지가 들리고.
너는 샤워하고 옷을 입고…
머리를 다 말리고
시계를 지켜 보면서 전화를 기다린다.
그러나 슬프게도 6시 30 분은 지나가다.
그런 당신의 실망에 대해서
엄마는 모르는 척.
너는 격주로 스튜디오의 문을 두드리곤 했지
이제 당신은 당신의 셸리가 잘 수 있도록 그쳐야 해.
그 뒤로 니샤와 함께 술을 마시고 춤을 춘 것을 기억하니?
어쩌면 새벽 2 시까지 집에 들어가지 않았을거야.
우리의 파티는 영원할거야! 네가 그 여자 한테 말한 게 아닌가요?
9시 30 분 자물쇠가 잠기면 영원히 끝난 것 같아요.

Yamiley Mathurin, *Not Beyond Hope*, 복역 중인 재소자, 시인

Ⅱ. 침묵과 그려보기(VISUALIZATION)

편안하고 느긋한 속도로 이 침묵의 기초 자료를 읽는다.

편안하게 앉아 있을 수 있는 곳을 찾는다. 눈을 감아도 좋다면 눈을 감는다. 눈을 감고 싶지 않으면 부드럽게 집중할 수 있는 곳, 예를 들자면 책상 위, 마루 바닥, 건너편의 벽과 같은 곳을 찾는다.

네 번 깊은 호흡을 한다. 숨을 들이 마실 때 가슴이 차올랐다가 숨을 내쉴 때 다시 가슴이 내려가는 것을 느껴 본다. 숨을 들이 마실 때 고요하고 평화로운 느낌을 빨아들인다고 상상한다. 숨을 내뱉을 때는 모든 스트레스를 내 보낸다. 어깨를 편안하게 이완시켜 준다. 눈도 부드럽게 이완시킨다.

침묵이란 단순히 호흡에만 집중하는 것이다. 공기의 흐름을 따라서 첫 번째로 집중해야 할 곳은 코다. 콧구멍을 통해서 어떻게 공기가 들어오는지 느낀다. 아마 숨을 들이 마실 때 차가웠던 공기가 다시 숨을 내뱉을 때는 약간 더 따뜻해져 있을 것이다. 숨을 내뱉을 때도 끝까지 공기의 흐름을 따라가 본다.

호흡하며 집중해야 할 두 번째 신체기관은 복부belly다. 농구공을 들고 있는 것처럼 부드럽게 양 손을 배 위에 올리는 것이 도움이 되기도 한다. 숨을 들이 마실 때 어떻게 복부가 팽창하고 허파가 공기로 채워지는지 집중해 본다. 숨을 내뱉을 때는 마치 농구공에서 바람을 빼듯 배와 가슴이 가라앉는 것을 느끼게 될 것이다. 호흡은 자연스럽게 들이 마시고 내뱉는다. 깊고 규칙적인 호흡을 하기 위해 노력할 필요는 없다. 몸이 자연스러운 호흡의 리듬을 따라가도록 내버려둔다. 당신이 해야할 것은 호흡을 변화시키기 위한 노력이 아니라 호흡을 할 때 몸에서 어떠한 일들이 일어나는지에 대해서만 집중하는 것이다.

침묵을 할 때 생각이 이리 저리 산만하게 떠돌아 다니기도 한다. 그것은 뇌의 자연스러운 반응이다. 그럴 때마다 다시 호흡으로 부드럽게 당신의 관심을 옮겨 가져가기만 하면 된다. 혹시 어떤 소리를 듣게 되면, 그냥 '소리'라고 자신에게 말한 다음 다시 호흡으로 되돌아간다. 침묵 중에 여러번 이런 저런 생각이 산만하게 떠오를 수 도 있지만 그래도 괜찮다. 그럴 때마다 다시 당신의 관심을 호흡으로 옮겨 가기만 하면 된다.

마무리 할 때가 되면, 천천히 눈을 뜨고 다시 당신이 있는 방 그리고 거기에 함께 하고 있는 사람들에게로 의식을 옮겨간다.

편안하게 앉아 있을 수 있는 곳을 찾는다. 눈을 감아도 좋다면 눈을 감는다. 눈을 감고 싶지 않으면 부드럽게 집중할 수 있는 곳, 예를 들자면 책상 위, 마루 바닥, 건너편의 벽과 같은 곳을 찾는다.

네 번 깊은 호흡을 한다. 숨을 들이 마실때 가슴이 차올랐다가 숨을 내쉴 때 다시 가슴이 내려가는 것을 느껴 본다. 숨을 들이 마실 때 고요하고 평화로운 느낌을 빨아들인다고 상상한다. 숨을 내뱉을 때는 모든 스트레스를 내보낸다. 어깨를 편안하게 이완시켜 준다. 눈도 부드럽게 이완시킨다.

얼마간 호흡에만 집중한 후에 크고 파아란 하늘을 떠올린다. 어떤 장애물도 없이 마치 영원처럼 넓게 펼쳐진 공간을 머리 속에 그려 본다. 그 빈 공간은 고요하고 평화롭기만 하다. 나무도, 집들도, 사람도 없다. 그 하늘의 고요를 방해하는 어떤 소리도 없다. 드넓은 공간에 오직 텅빈 파란 하늘만 존재한다. 이제 당신의 마음이 그 하늘처럼 크고, 평화롭고, 고요하다고 상상해본다.

가끔 작은 구름이 머리 위에 나타나 커다란 하늘 사이를 흘러간다. 그러나 그 큰 하늘의 광대함에 비하자면 그 구름은 한낱 작은 물체에 불과할 따름이다. 구름은 하늘을 가로질러 흘러가면서 점점 작아지고 희미해지다가 마침내 사라져 버린다. 침묵을 하면서 자신을 그 커다란 하늘이라고 간주한다. 아주 작은 구름처럼 어떤 생각들이 머리 속에 떠오를 수도 있지만 그것들은 영원히 머무르지는 않는다. 구름은 나타난지 얼마 되지 않아 곧 사라진다.

그러나 어떤 일이 생기든, 그 끝없이 고요한 하늘은 언제나 그 자리에 있다. 침묵 중에 어떤 소리가 들릴지도 모른다. 그러나 그것도 곧 지나갈 작은 구름에 불과하다. 생각들과 기억들, 그리고 어쩌면 좋은 아이디어들이 생겨날 수도 있지만 그것들은 중요하지 않다. 그저 자신에게 "커다란 하늘에 또 작은 구름이 하나 생겼을 뿐"이라고 말한 후에 다시 호흡으로 그리고 그 커다란 하늘의 평화와 고요함으로 집중력을 옮겨간다.

종종 우리는 이 커다란 하늘에 대한 전망을 잃을 때도 있다. 고요하고 드넓은 공간을 바라보기 위해 고개를 들어보지만 보이는 것이라곤 온통 짙은 구름과 어둠 뿐이다. 그러나 이것은 착시 현상에 지나지 않는다. 그 구름들 위로 여전히 거대한 하늘이 푸르고, 끝없이, 환하게 펼쳐져 있다. 구름들이 일시적으로 하늘을 덮을 수도 있지만 그 구름들 위로는 여전히 거대한 하늘의 완벽한 고요가 있다. 하루 하루 살아갈 때 가끔씩 당신을 둘러싸고 있는 그 거대한 하늘을 기억해 낼 시간을 가질 필요가 있다. 혹시 언짢거나 속상한 일이 당신에게 일어날 때면, 그 깨끗한, 고요한, 거대한 하늘을 머리 속에 떠올리고 마침내 당신 앞에 놓인 그 상황을 해결할 수 있는 준비가 되었다고 느낄 때까지 그 하늘의 이미지에 머물러 본다.

이제 다시 천천히 방 안의 현실로 되돌아 온다. 눈을 감고 있었다면, 원하는 순간에 다시 눈을 뜬다. 주위를 둘러보고 방 안으로 그리고 함께 하고 있는 사람들에게로 의식을 되가져 온다. 다시, 모든 분들을 환영합니다.

Casarjian and Casarjian, *Power Source Facilitator's Manual*

편안하게 앉아 있을 수 있는 곳을 찾는다. 눈을 감아도 좋다면 눈을 감는다. 눈을 감고 싶지 않으면 부드럽게 집중할 수 있는 곳, 예를 들자면 책상 위, 마루 바닥, 건너편의 벽과 같은 곳을 찾는다.

네 번 깊은 호흡을 한다. 숨을 들이마실 때 가슴이 차올랐다가 숨을 내쉴 때 다시 가슴이 내려가는 것을 느껴 본다. 숨을 들이 마실 때 고요하고 평화로운 느낌을 빨아들인다고 상상한다. 숨을 내뱉을 때는 모든 스트레스를 내 보낸다. 어깨를 편안하게 이완시켜 준다. 눈도 부드럽게 이완시킨다.

침묵이란 단순히 호흡에만 집중하는 것이다. 공기의 흐름을 따라서 첫 번째로 집중해야 할 곳은 코다. 콧구멍을 통해서 어떻게 공기가 들어오는지 느낀다. 아마 숨을 들이 마실때 차가웠던 공기가 다시 숨을 내뱉을 때는 약간 더 따뜻해져 있을 것이다. 숨을 내뱉을 때도 끝까지 공기의 흐름을 따라가 본다.

침묵할 준비가 되었을 때, 당신이 문명으로부터 멀리 떨어진 곳에 존재하는 거대한 산이 되었다고 상상한다. 멀리서 보면 당신은 마치 하늘에 닿을 것처럼 거대하게 솟아 있다. 당신은 어쩌면 봉우리가 깊은 층의 얼음과 눈으로 뒤덮여있는 산일 수도 있다. 혹은 깊은 열대우림 지역에 있는 산으로서 온갖 울창한 나무들과 덤불, 그리고 식물들이 자라고 있는 산일 수도 있다. 혹은 모래와 바위로 만들어진 사막에 높이 솟은 산일 수도 있다. 어떤 산이든, 당신은 태고적부터 존재해온 웅장한 산이라는 사실을 알아야한다. 땅 속 깊이 뿌리 내리고 있어서 그 무엇도 지금 당신이 서있는 곳으로부터 옮길 수 없다. 수천 년 동안 당신은 마치 하늘의 별처럼 그 자리에 고요하게 평화롭게 서 있었다. 친구도 이웃도 없지만, 결코 외롭지 않다.

세월이 흐르면서 산 주변에 많은 변화들이 생겨났다. 낮과 밤이 수시로 변하지만 당신은 여전히 그 자리에 서 있다. 여름에서 겨울로 계절이 변함에 따라 온도가 변하지만, 이 어떤 것도 당신에게 영향을 미치진 못한다. 숱한 태풍들이 왔다가 사라졌다. 동물들이 보금자리를 만들고 먹이와 새로운 피난처를 찾아 끊임없이 이동하지만 당신은 산이 창조되던 첫 날처럼 여전히 그 자리에 굳건하고 강력하게 서 있다. 산에 보금자리를 만들고 사는 존재들은 자신들의 눈 앞에 있는 땅 밖에는 볼 수 없지만 당신은 높이 솟아서 수천리를 내다본다.

당신의 주위에서 어떤 일이 생겨나도, 늘 있어왔던 그대로 당신은 존재한다. 당신의 힘은 당신의 존재 자체로부터 나온다. 그것은 날이가고 해가 변해도 영구적으로 남아 있는 것이다.

살아가면서 당신이 이렇게 엄청난 산이라고 상상한다. 사소한 일들과 작은 문제들이 발생할 수 있지만 그것이 산을 뒤흔들만한 힘은 없다. 어떤 일이 일어나더라도 이런 관점을 유지한다. 산의 관점으로 보는 것이다.

Jon Kabat-Zinn, *Mountains Meditation*

이 바쁜 사회 속에서 때때로 앉은 채로 호흡에 몰입할 수 있다는 것은 커다란 행운이다.

의식하며 호흡하기를 돕는 많은 훈련들이 있다. 짧게 숨을 들이 마시고 내쉬기 방법 외에도 4줄로 된 호흡을 연습할 수 있는 시가 있다. 호흡을 하면서 조용히 이 시를 읊조린다.

숨을 들이 마시며, 내 몸을 고요하게 한다
숨을 내뱉으며, 나는 미소 짓는다
지금 이 순간에 머물며
나는 바로 지금이 가장 멋진 순간이라는 것을 안다!
"숨을 들이 마시며, 나는 내 몸을 고요하게 한다."

이 구절을 암송하는 것은 더운 날 시원한 한 잔의 물을 마시는 것과 같다. 냉기가 당신의 몸에 스미는 것을 느낄 수 있다. 나는 들숨을 쉬며 이 구절을 암송할 때, 실제로 그 호흡이 내 몸과 마음을 고요하게 해 주는 것을 느낀다.
"숨을 내쉬며, 나는 미소 짓는다."
미소는 당신 얼굴에 있는 수천 개의 근육을 풀어준다. 미소는 당신이 스스로를 책임지고 있다는 증거다.
"지금 이 순간에 머물며."
나는 이곳에 앉아 있는 동안, 다른 어떤 것도 생각하지 않는다. 나는 여기에 앉아서, 지금 내가 어디에 있는지를 정확하게 알고 있다.
"나는 바로 지금이 가장 멋진 순간이라는 것을 안다."
편하게 앉아서, 순간순간의 호흡에 집중하며 편안한 미소와 우리의 진정한 본성으로 되돌아가는 것은 기쁨이다. 삶에 대한 우리의 약속은 현재에 있다. 지금 이 순간 평화와 기쁨을 갖지 못한다면, 어떻게 내일 그리고 그 후일에 평화와 기쁨을 가질 수 있을까? 지금 이 순간의 행복을 가로막는 것은 무엇인가? 호흡을 따라가면서 단순하게 이렇게 말해보자

"고요하게 Calming
미소짓는 Smiling
바로 지금이 Present moment

멋진 순간." Wonderful moment

호흡을 의식할 때 생각이 느긋해지면서 우리의 몸과 마음은 진정한 휴식을 얻게 된다. 몇 분 동안만 이라도 이렇게 호흡을 지속하게 되면 우리의 몸은 새로운 생기를 얻게 된다.

틱낫한, *Making Space*

피난처 : 자신의 모습 그대로 수용되는 공간

편안하게 앉아 있을 수 있는 곳을 찾는다. 눈을 감아도 좋다면 눈을 감는다. 눈을 감고 싶지 않으면 부드럽게 집중할 수 있는 곳, 예를 들자면 책상 위, 마루 바닥, 건너편의 벽과 같은 곳을 찾는다.

네 번 깊은 호흡을 한다. 숨을 들이 마실 때 가슴이 차올랐다가 숨을 내쉴 때 다시 가슴이 내려가는 것을 느껴 본다. 숨을 들이 마실 때 고요하고 평화로운 느낌을 빨아들인다고 상상한다. 숨을 내뱉을 때는 모든 스트레스를 내 보낸다. 어깨를 편안하게 이완시켜 준다. 눈도 부드럽게 이완시킨다. 침묵을 할 때 생각이 이리 저리 산만하게 떠돌아다니기도 한다. 그것을 알아차렸을 때 다시 호흡으로 천천히 관심을 옮겨 간다.

편하게 쉬면서 당신만의 특별한 공간에 있다고 상상한다. 실내든, 실외든 그 공간에 당신이 원하는 것을 추가로 배치한다. 안락의자, 푹신한 침대, 은은한 조명, 호수, 해변, 강, 초원, 나무들, 꽃들, 새들 … 무엇이라도 좋다.

이제 이 공간을 온전히 안전하게 지켜줄 벽이 있다고 상상한다. 그 벽은 당신이 온전히 자유롭게 존재할 수 있도록 안락함과 안전함을 제공해준다. 벽의 높이는 원하는 만큼이다. 문은 잠겨 있고 당신이 그 키를 쥐고 있다. 당신은 어디라도 자유롭게 다닐 수 있으며 손님을 초대할 수도 혼자 있을 수도 있다. 모든 것은 당신에게 달려 있다.

이 공간의 편안함과 안전한 느낌을 마음껏 즐긴다. 그 공간에 있는 고요하고 부드러운 소리나 빛을 느껴보고 향유한다. 새로운 것을 추가하거나 바꿔도 좋다. 이곳에서 모든 두려움, 걱정과 근심을 멀리할 수 있다. 이 공간에서 좋은 것들에만 집중한다. 이 곳은 당신의 피난처.

주위를 둘러보며 이 피난처가 가진 모든 아름다운 것들에 주목해보라. 당신이 원할 때면 언제라도 이 공간으로 돌아올 수 있다. 이 곳은 아름다움과 안락함의 공간이며 또한 당신의 가장 좋은 모습으로 존재할 수 있는 공간이다.

이제는 열쇠를 챙기고 문을 향해 걸어가야 할 시간이다. 그 공간에서 나와 문을 잠근다. 이 피난처는 당신이 다시 돌아올 때까지 그 모습 그대로 있을 것이다.

이제는 몸을 조금씩 움직이면서 눈을 뜬다. 서서히 기지개를 켜며 다시 서클로 돌아온다.

침묵 속에 앉아있기

참여자들에게 침묵 속에 앉아있도록 초대한다. 말하지 않고서 어떤 소리들이 외부에서 들리는지 느껴보도록 요청하라. 잠시 멈춤. 이번에는 침묵하며 앉아 있는 동안 몸 안에서 어떤 느낌이 일어나는지 알아차리도록 요청한다. 다시 멈춤. 침묵하며 앉아 있는 느낌을 설명해 줄 수 있는 어떤 단어가 떠오르는지 요청해 본다. 토킹스틱을 돌리며 침묵을 설명할 수 있는 각자의 단어들을 나누어본다.

내면의 힘 그려보기

서너 번의 깊고 편안한 호흡을 한다. 숨을 내쉴 때마다 삶의 모든 소음과 문제들이 몸 밖으로 빠져나가는 것을 그려 본다. 이제 남은 것은 당신의 진정한 자아로부터 나온 고요함과 평화로움 뿐이다.

이 고요한 에너지가 심장 근처에 있는 몸의 중심에 있다고 상상한다. 그것은 내면 깊은 곳에서 타오르는 밝은 빛과 같다. 숨을 내쉴 때마다 그 빛이 더 밝아지는 것을 느낀다. 숨을 들이 마시고 내뱉을 때마다 그 빛은 태양처럼 점점 더 강해진다. 우리가 직면해야 하는 어떤 어려움도 그 빛을 끌 수는 없다. 사실 그 어려움을 극복하기 위한 분투struggle는 우리를 더 지혜롭고 강하게 해주었으며 그 어려움들은 이 빛을 더 찬란하고 강하게 만들었다.

다시 힘든 상황이나 고통스러운 문제를 만나게 될 때면, 항상 당신 안에 존재하는 이 빛을 기억하라. 이 평화의 에너지가 당신을 고요하게 하며 긍정적인 결정을 내릴 수 있게 당신을 이끌도록 하라. 지금까지 걸어온 당신의 삶이 당신 안에 있는 이 강력한 내적 자질을 어떻게 더욱 강력하게 해주었는지 떠올려 보라. 이 내적인 힘을 당신이 가진 지혜와 능력으로 바라보아야 한다. 당신이 이미 소유한 이 힘으로 삶의 여러 도전들을 헤쳐 나가는 당신 자신의 모습을 내다보라.

Casarjian, *Power Source Facilitatior's Manual*

좋은 미래의 삶 그려보기

깊게 호흡한다. 편안한 방법으로 계속 숨을 깊게, 천천히 호흡한다. 눈을 감거나 혹은 바닥이나 벽을 부드럽게 응시한다. 호흡이 드나드는 것을 알아차린다. 숨을 내쉴 때 몸을 더 이완시켜 준다. 어깨의 힘을 풀고, 계속해서 목과 팔, 손 그리고 얼굴도 풀어준다. 호흡은 계속 깊고 느리게 유지하면서 호흡이 들고 나는 느낌을 자각한다.

이제 당신의 10년 후를 상상해 본다. 인생의 좋은 선택들을 한 당신은 만족스럽게 살고 있다. 자신의 진정한 자아와 잘 연결되어 있고 타인들의 내면에 존재하는 참자아 또한 바라볼 수 있게 되었다. 이런 삶을 살고 있는 자신의 모습을 그려 본다. [침묵] 이런 삶이 어떤 모습으로 다가오는지 생각해 본다. 삶의 세세한 모습들까지 떠올린다. 미래에 당신의 내면의 일부로 확고하게 자리잡게 될 그 평화를 느낀다. 삶의 특별한 부분까지도 생각해 본다. [침묵] 다시 호흡으로 돌아간다. 들숨과 날숨을 느낀다. 자신이 앉아 있는 의자, 그리고 그 공간에 함께 한 사람들을 살펴보면서 천천히 지금 이 공간으로 자신의 감각을 되가져온다.

가족과의 연결 그려보기

깊은 숨을 들이마신 후에 천천히 내뱉는다. 진행자가 말할 때에도 깊고 느린 호흡을 계속한다. 눈을 감는 것이 편하다면 눈을 감는다. 조부모님들로부터 증조, 고조 부모님에 이르기까지 우리를 깊이 돌봐주시는 조상님들이 우리를 둘러싸고 있는 모습을 상상한다. 그분들께서 사랑스럽고, 자부심 가득한 눈빛으로 우리를 바라보는 모습을 떠올려 본다. 그분들께서 우리를 에워싸고 있으며 돌봄과 사랑의 공동체가 되도록 이 서클을 지켜주신다. 그분들의 지지와 당신에 대한 그분들의 전적인 수용을 느껴보라. 무조건적인 사랑으로 응시하는 그분들의 눈 속에 담긴 빛을 보라. . . . 다시 호흡으로 돌아가서 세 번 이상 깊고 천천히 호흡한다. 지금 이 공간으로 다시 의식을 되돌리면서 조상들에게 받았던 사랑도 같이 가져온다. 조상들이 당신의 내면에 존재하는 그 선함을 볼 수 있다는 것을 기억하면서 깊게 호흡한다.

잠시 침묵을 유지하라.

이완 연습하기

깊게 숨을 들이마시고, 원한다면 눈을 감는다. 또는 당신 앞에 있는 바닥이나 벽을 부드럽게 응시하라. 초점을 눈에서 귀로 옮겨간다. 깊게 들이마시고, 천천히 내뱉기를 계속한다. 숨이 들고 날 때마다 소리에 귀를 기울인다. 깊게 들이마시고 천천히 내뱉을 때마다 소리에 귀를 기울이며 [멈추기]를 3번 정도 반복한다. 귀를 제외한 나머지 몸은 움직이지 않고 긴장을 푼 상태를 유지한다. 숨을 내쉴 때 다리와 발을 편하게 해준다. 이제는 심장의 박동소리에 귀를 기울이고 그 리듬을 느낀다. 긴장을 풀 때 심장박동이 천천히 느려지는 것을 느낀다. 심장소리를 듣고 멈춤, 듣고 멈춤, 다시 듣고 멈춘다. 깊게 호흡하면서 어깨와 팔 그리고 등의 긴장을 풀어준다. [멈춤] 이제 당신의 머리에 귀를 기울인다. 머리 속에서 무슨 일이 일어나고 있는가? 듣고 멈춤, 듣고 멈춤, 다시 듣고 멈춘다. 그리고 당신의 관심을 다시 호흡으로 옮겨가서 숨소리를 경청하라. 이제 다시 당신의 의식을 청각으로부터 현실 공간으로 되가져온다. 왼편, 오른편에 앉은 사람이 각각 누구인지 살펴보라. 그리고 마지막으로 당신의 내면과 외면을 살펴보라.

Ⅲ. 공동체성 강화와 모둠 세우기를 위한 활동

서클로 서서 참여자 중 한 사람이 뜨개실 뭉치를 들고 있다. 뜨개실 뭉치를 들고 있는 사람은 실이 시작되는 부분을 붙잡고 함께 만든 공동의 약속 중에서 하나를 골라 그것을 잘 지키며 살겠다는 다짐을 한다. 그리고 그 털실을 서클의 다른 사람이 받을 수 있도록 던진다. 실뭉치를 받은 사람 역시 자신의 다짐을 한 후에 아직 순서가 돌아오지 않은 사람에게 그것을 전달한다. 모든 서클의 구성원들이 다짐에 참여할 때까지 진행한다.

이 활동은 공동의 약속에 기반한 상호 연결망을 만들어낸다.

누군가를 위해 이 세상을 더 나은 곳으로 만들기

구성원들에게 한 사람을 위해 이 세상을 더 나은 곳으로 만들 수 있다면 그 사람이 누구인지 생각하도록 초대한다. 그 사람의 이름을 적어서 서클의 중앙에 둔다. 눈을 감거나 혹은 부드럽게 바닥에 시선을 고정하도록 안내한다. "숨을 깊게 들이마시고, 천천히 내뱉으세요" 라는 말을 네번 반복하면서 침묵 속에서 호흡을 한다. 이름을 적은 사람을 머리 속에서 그려 본다. [침묵] 그 사람의 미소짓는 행복한 모습을 상상한다. [침묵] 각자가 자기 자신을 그 사람에게 든든한 지원과 힘이 되는 존재라고 느껴 본다. 그 사람을 위해 세상을 좀 더 나은 곳으로 만들어갈 수 있는 자기 내부의 강력한 에너지를 느껴보도록 안내한다. 깊게 숨을 들이마시고, 천천히 내뱉는다. [매우 천천히 2번을 반복한다] 눈을 뜨고 다시 서클로 돌아온다.

이름을 떠올리고 활동에 참여한 구성원들에게 감사를 표현한다. 서클의 이 좋은 에너지가 모든 구성원들과 함께 지속되기를 그리고 힘을 모아 세상을 더 나은 곳으로 만들어 가기를 요청한다.

상황이 어려울 때, 우리는 항상 우리가 좀 더 나은 곳으로 만든 세상에서 살아갈 그 누군가를 기억해야 한다. 그러면 그것이 우리가 포기하지 않고 전진할 수 있게 도와준다.

자기긍정 활동

두루마리 화장지를 돌려서 참여자들이 원하는 만큼 떼어서 갖게 한다. 두루마리 화장지에서 떼어낸

화장지를 한 장씩 분리해서 앞에 놓아 둔다. 토킹스틱을 돌리면서 각자가 가진 화장지의 장수만큼 자기 자신에 대해 긍정적인 언급을 한다. 육체적, 정신적, 정서적, 그리고 영적인 면에서 자신이 가진 긍정적인 것들에 대해 말할 수 있도록 격려한다. 진행자가 먼저 시작함으로써 이 활동의 모델이 되어주는 것이 바람직하다.

강점 전해주기

종이카드를 한 장씩 전달한다. 그 카드 위에 자신들이 가졌거나 갖고 싶은 장점, 또는 타인이 가진 강점 중에 자신이 높게 평가하는 것을 하나씩 적게 한다.

예시: /용기 있는/, /강한/, /동정심이 있는/, /끈기있는/, /나는 결심이 확고한 편이다/, /나는 무엇인가에 마음을 두면 끝까지 해낸다/, /나는 적응력이 강하다/, /감정을 잘 분별한다/, /타인에 대해 공감을 잘하는 편이다/, /난 어려움을 겪는 사람들의 마음을 잘 이해한다/

먼저 한 사람이 자신의 카드를 큰 소리로 읽고 난 후에 옆 사람에게 그 카드를 전달한다. 옆 사람이 그 카드를 가진다. 다음 사람 역시 자신이 쓴 카드를 큰 소리로 읽고 그 다음 사람에게 전달한다. 모든 사람이 돌아갈 때까지 진행한다. 활동이 끝나면 모든 참여자들은 각자의 마음 속에 자신의 강점 하나와 다른 사람이 공유한 장점 하나가 적힌 카드를 갖게 된다. 서클의 규모에 따라 한 번 더 반복할 수도 있다.

고마움 표현하기

토킹스틱을 돌린다. 토킹스틱을 손에 들고서 깊은 호흡을 한 후에 자신이 고마움을 느끼는 것에 대해 한 단어나 문장으로 표현한다.

치유의 수레바퀴로 자기 돌보기

모든 참여자들의 숫자만큼 색도화지로 원을 오린다. 필기도구를 가지고 원을 사분원quadrant으로 나눈다. 각각의 작은 원은 네 종류의 자아지적 자아, 육체적 자아, 정서적 자아, 영적 자아를 나타낸다. 오른쪽 상단, 지적 자아부터 각 영역에 해당하는 자아를 표시한다. 참여자들에게 1분간 눈을 감고 열 번 정도 깊고 편안한 호흡을 하도록 요청한다. 각 자아의 영역에서 자신들이 스스로를 돌볼 수 있는 방법들을 떠올려 본다. 마지막으로 각각의 작은 원 안에 자신의 영역별 정체성이 잘 표현되도록 장식한다.

리본으로 자신의 역할모델 나누기

모든 의자에 적당한 길이의 리본을 준비한다. 리본을 들고 자리에서 일어나줄 것을 요청한다. 지금까지 살면서 자신에게 큰 도움을 주었거나 자신의 역할모델이 되어준 사람을 떠올려 본다, 그 사람으로부터 받은 선물은 무엇인가? 시계방향으로 돌아가면서 그 사람과 자신이 받은 선물에 대해 이야기한 후에 자신의 리본을 왼쪽 사람의 리본에 묶는다. 서클이 끝날 때면 리본이 한 바퀴 돌아오게 된다. 자신의 삶에서 중요한 사람에 대해 말해준 모든 참여자들에게 감사를 표현하고 함께 이야기했던 그 선물들이 여전히 우리와 함께 하고 있음을 묵상하는 시간을 갖는다. 마지막으로 모든 참여자들이 앞으로 나와서 서클의 중앙에 리본을 장식한다.

몸으로 가치를 구현한 사람

참여자들에게 서클 중앙에 있는 종이카드 위에 적힌 '가치values'를 살펴보고 자신들이 아는 범위 내에서 그 가치를 가장 잘 구현해낸 사람을 생각해보도록 요청한다. 그리고 그 사람의 이름을 미리 의자 위에 놓아둔 종이 위에 쓰게 한다. 토킹스틱을 돌리며 자신이 적은 사람의 이름을 말한 후에 그 종이를 서클의 중앙에 내려놓는다. 진행자가 먼저 시작함으로써 먼저 방법을 보여준다.

몸격려의 리본

모든 사람에게 리본을 하나씩 나눠 준다. 왼편에 앉은 사람의 리본에 자신의 리본을 묶어주며 그 사람에게 격려가 되는 말을 해준다. 그 사람은 다시 자신의 왼쪽에 앉은 사람의 리본에 지신의 리본을 묶어주며 격려의 말을 전한다. 이렇게 리본이 한바퀴를 도는 동안 모든 사람은 격려의 말을 듣고 전달하는 경험을 하게 된다.

토킹스틱 : 듣기와 말하기의 중요성

서클에서 토킹스틱의 기능에 대해 설명하고 이번 서클의 여는 의식은 토킹스틱을 함께 만드는 것임을 안내한다. 약 30센치 정도의 나무막대기와 실, 가죽, 깃털, 구슬, 조가비, 버튼 등이 담긴 바구니를 돌리는 동안 각 참여자들은 자신이 원하는 물건을 바구니에서 선택해서 토킹스틱에 추가적으로 장식한다. 이와 동시에 듣기와 말하기와 관련해서 각자가 소중하게 생각하는 것을 모두에게 이야기하는 기회를 갖는다.

서클 에너지

모두 일어나서 왼손 손바닥은 위를, 오른손 손바닥을 아래를 향한 채로 양 옆사람에게 손을 내밀어 잡게 요청한다. 천천히 숨을 들이마시고 내뱉는다. 깊게 호흡을 유지하면서 왼손은 에너지를 받고 오른 손은 에너지를 주고 있다고 생각해 본다. 손에서 손으로 전해지는 서클의 에너지를 함께 느낀다. 그리고 하나의 연결된 목적이 가지는 힘을 함께 느낀다. 이 상호돌봄의 서클이 가진 힘에 의해 보호받거나 영향 을 받을 수 있는 사람을 상상하여 서클의 중심에 두고 잠시 그 이미지에 머물러 있는다. 서클에 참여한 모든 이들에게 감사한 후에 잡았던 손을 놓는다.

털실로 서로 격려하기

자리에서 일어난다. 털실 뭉치를 한 참여자에게 준다. 이 털실을 가진 사람은 서클 안의 누군가로부 터 경험했던 긍정적 경험에 대해 말하고 실의 끝부분을 잡은 상태로 털실을 그 사람에게 던진다. 다음 사람 역시 자신이 서클 안의 다른 누군가로부터 받았던 긍정적 경험에 대해 말하고 털실을 그 사람을 향 해 던진다. 털실은 아직 호명되지 않았거나 그 경험을 나누지 못한 사람에게로 던진다. 모두 돌아가며 이야기를 마치면 서클의 모든 사람이 포함된 거미줄과 같은 연결망이 생긴다. 천천히 연결망을 바닥에 내려놓고 그 연결망의 꼭지점에 서클 상징물을 놓는다.

그룹 스토리 만들기

한 사람이 "옛날 옛날에 어떤 팀이 있었습니다…" 라는 말로 문장을 시작한다. 모든 참여자들은 앞 사람의 문장에 의미있는 한 문장씩을 덧붙여 이야기를 만들어 나간다. 서클 구성원들의 숫자가 적을 땐 2번을 돌아가며 말한다. 마지막 사람이 자신의 문장을 추가한 후에 "이것으로 오늘의 이야기를 마치겠습니다"라는 말로 종료한다.

사람 원

모두 자리에서 일어나서 함께 손을 잡고 원으로 선다. 자신들이 만든 원을 주목한다. 시계방향으로 돌아가면서 "사람 원circle of people"에 대해 생각할 때 연상되는 단어나 구절을 말한다. 연상되는 이미지 를 말해준 모두에게 감사를 전한 후에 다시 자리에 앉는다.

바구니에 다양한 주방도구들을 준비한다. 바구니를 돌리며 각자 마음에 드는 주방도구 하나를 선택한다. 시계방향으로 돌아가면서 어떤 점에서 자신이 각자가 선택한 주방도구와 닮았는지 말하도록 요청한다.

나는 선택할 수 있다

하단의 내용이 들어간 종이를 나눠 준다. 참여자들은 첫번째 문장의 빈 칸에다 두려움에 기반을 둔 느낌이나 부정적인 감정을 적어 넣는다. 토킹스틱을 돌려가면서 각자가 완성한 시를 읽는다. 진행자가 먼저 시작하면서 방법을 제시한다.

나는 _____ 을 선택할 수 있다.

두려움에 기반을 둔 느낌 혹은 부정적 반응…. 예를 들면 분노, 좌절, 불안 등의 단어를 적는다.

아니면 나는 평화를 선택할 수 있다.
또는 사랑, 인내, 공감, 이해…
어떤 것을 선택하든 내게 달려있다.
오늘 나는 모든 것을 내려놓고 내 자신이 될 것이다
고요하고, 명료하고, 깨어있는 나
세상을 바라보는 다른 방법이 있다.

Ⅳ. 움직임이 있는 활동들

이름, 그리고 동작 기억하기

모두 서클 형태로 선다. 첫 번째 사람이 자신의 이름을 말하고 한가지 동작을 한다. 다음 사람은 첫 번째 사람의 이름과 동작을 따라한 후에 자신의 이름및 동작을 한다. 셋째 사람은 앞 선 두 사람 모두의 이름과 동작을 반복한 후에 자신의 이름과 동작을 소개한다. 모든 사람이 자신의 이름과 동작을 소개할 때까지 계속한다. 도움이 필요할 때면 도움을 요청하고 참여자들은 서로 도와줄 수 있도록 안내한다. 마지막엔 처음 소개를 시작했던 사람이 모든 사람의 이름과 동작을 반복해야 한다.

이름 파도타기

첫 번째 사람이 자신의 이름을 말하고 한가지 동작을 한다. 마치 파도를 타듯 한 사람씩 원을 따라 돌아가면서 그 사람의 이름을 말하고 동작을 따라한다. 파도는 처음 시작한 사람에게서 끝이 난다. 다음 사람 역시 자신의 이름을 말하고 한 가지 동작을 한다. 다시 그 이름과 동작이 파도를 타듯 원을 따라 한 바퀴 움직인다. 이와 같은 방식으로 모든 사람이 자신을 소개할 때까지 계속한다. 진행자는 먼저 시작함으로써 이 활동의 모델을 보여준다.

폭풍

진행자가 먼저 양손으로 자신의 허벅지를 교대로 두드린다. 옆 사람이 같은 동작을 한다. 원을 따라서 계속 그 옆사람도 같은 동작을 따라한다. 다시 진행자에게 순서가 돌아오면 허벅지 두드리기를 멈추고 이번에는 교대로 발을 구른다. 옆사람은 진행자의 바뀐 동작을 따라한다. 다시 한바퀴 돌아가면서 모두 앞사람의 바뀐 동작을 따라한다. 다시 진행자의 차례가 되면 발구르기를 멈추고 두 손으로 가슴을 위 아래로 문지른다. 돌아가면서 한 사람 한 사람 모두 그 동작을 반복한다. 진행자 차례가 되었을 때 다시 한번 허벅지 두드리기 동작을 반복한다. 이 동작이 다시 진행자에게 되돌아올 때 진행자는 아무런 동작을 하지 않고 고요하게 앉아 있다. 모든 사람이 동작을 멈추고 조용해질 때까지 기다린다.

적당한 텅 빈 공간에서 모든 참여자들이 원으로 둘러선다. 그런 공간이 여의치 않을 땐 의자에 앉아서 진행할 수도 있다. 모든 참여자들에게 한 손을 들고 있도록 요청한다. 진행자는 푹신한 인형을 옆사람에게 건네주면서 그 사람에게 서클에 있는 누군가의 이름을 부르며 그 인형을 그 사람에게 던질 것을 요청한다. 인형을 건네받은 사람은 다시 다른 사람의 이름을 부르며 그 사람에게 인형을 던져준다. 한번 호명된 사람은 들고 있던 손을 내려서 다른 사람들이 다시 자신에게 인형을 던지지 않도록 한다. 모든 사람들은 자신이 인형을 던져줄 사람에게 집중해야 한다. 마지막으로 인형을 받은 사람은 처음 이 활동을 시작한 사람에게 그 인형을 던져준다.

같은 패턴으로 이번에는 더 빠르게 한번 더 반복한다. 인형을 던지기 전에 먼저 이름을 불러야 한다는 것을 기억시켜 준다. 인형이 몇 사람에게 돌아갔을 때 또 하나의 인형을 첫 번째 사람에게 던져준다. 그리고 시간이 좀 지나면 또 새로운 하나의 인형을 안으로 던져 넣는다. 인형은 4개에서 7개까지 동시에 활용할 수 있다.

진행자는 적당한 시점에 멈추라고 큰 소리로 외친다. 그리고 인형을 가진 사람은 역순으로 자신에게 인형을 던졌던 사람에게 그 인형을 다시 되돌려 준다. 처음 인형던지기를 시작했던 사람에게 인형이 되돌아가면 인형들을 모두 회수하고 참여자들은 자신의 자리로 되돌아가서 앉는다.

토킹스틱을 돌려가며 이 활동을 하면서 느꼈던 점들에 대해 나눔을 하거나 또는 생략할 수도 있다. 진행자로서 우리 일상의 분주함 또는 마치 저글링을 하듯 동시에 여러 가지 일들을 처리해야하는 삶의 현실에 대해 언급해도 좋다. 이 활동은 모임에 유머를 가져오며 특히 새로운 환경에서 사람들이 느끼게 되는 경직성을 해소시켜 준다. 또한 하나의 공동체로 서로를 엮어주는 시작점이 될 수 있다.

모두 일어서서 천천히 숨을 들이마시며 팔을 높이 들어올린다. 천천히 숨을 내뱉으며 팔을 내린다. 말하지 않고 몸으로 슬픔을 표현해 보도록 초대한다. 그 상태를 잠시 유지한다. 슬픔을 보내고 몸으로 이번에는 호기심을 표현해 보도록 한다. 다시 호기심을 내보내고 몸으로 분노를 표현해 본다. 이번에는 분노를 내려놓고 몸으로 흥분상태를 표현한다. 다시 흥분상태를 내려놓고 몸으로 만족감을 표현한다. 깊고 편안한 숨을 내쉬면서 크게 몸을 흔들어 모든 부정적인 감정들을 떨쳐낸다.

인간 조각상

참여자들에게 인간 조각상을 만들 것이라고 안내하고 처음 시작할 사람을 요청한다. 그 사람을 서클의 중앙에 초대해서 하나의 동작을 취하도록 한 후에 그 동작을 유지시킨다. 처음 시작한 사람부터 시계방향으로 돌아가면서 모든 참여자들이 중앙으로 가서 자신들도 하나의 조각이 된다. 모든 사람이 참여한 조각만들기가 완성되면 참여자들에게 깊은 호흡을 한 후에 자신들이 만든 작품을 개별 조각들의 집합 그 이상의 어떤 것으로 느껴보도록 요청한다. 한번 더 심호흡을 한 후에 자신들의 자리로 돌아가도록 안내한다.

스트레칭과 몸 흔들어주기

모두 일어선다. 양 팔을 높게 뻗었다가 허리를 숙이며 두 팔을 아래로 내리면서 흔든다. 다시 조금씩 몸을 일으켜 세워서 똑바로 선다. 그런 다음 열정적으로 온몸을 흔들어준다. 에너지가 완전히 사라졌을 때 몸을 이완한 후에 깊은 숨을 들이마신다.

요가, 태극권, 또는 기공

서클 내의 누군가가 요가, 태극권, 또는 기공과 같은 것들을 수련하고 있다면 서클의 시작 또는 마무리를 그러한 신체적 활동을 통해 진행할 수 있도록 초대한다.

V. 음악 & 노래들

북 연주 서클

참여자들에게 북이나 퍼커션과 같은 악기를 준비해 오게 한다. 악기가 없으면 손뼉을 치거나 발을 구를 수 있다. 모두가 동시에 각자 자신들이 원하는대로 자유로운 박자를 만들어 악기를 연주한다. 협연 또는 각자 개별 공연을 한다. 한 동안 연주를 진행하다가 적당한 시점에 자연스럽게 연주를 끝낸다.

스마트 폰을 활용하거나 혹은 인터넷을 통해 미리 다운받은 노래에 맞춰 연주를 한다. 서클의 시작 혹은 마무리를 위해 활용할 수 있는 노래목록을 이어서 소개한다.

서로 돕기 그리고 더 나은 세상 만들기와 관련된 노래들

이매진, 존 레논
블로윙 인 더 윈드, 밥 딜런
러시안스, 스팅
저기 오는 바람 평화, 홍순관
평화는 아침에 피어나는 꽃처럼 오리니, 홍순관
쌀 한 톨의 무게, 홍순관
우분투, 홍순관
제주, 비, 이길승
지하철 에피소스, 이길승
같이 산다는 것, 솔가
함께 사는 세상, 윤도현
바위처럼, 꽃다지
작은 세상, 동요
평화의 세상, 동요

부록 3. 서클의 중요성에 대한 이론들

이번 장에서는 건강한 학교 공동체를 세워 가는데 있어 왜 서클이 중요한가에 대해 우리가 믿고 있는 이론적 기반에 대해 설명하고자 한다.

전인적 아동교육

이 책의 근본적 신념 가운데 하나는 인간이 전인적 존재라는 것이다. 우리 존재의 모든 요소들인 지성, 영혼, 감정, 그리고 육체가 배움에 관여한다. 이 모든 것들은 하나로 통합되어 있으며 우리의 모든 행위들 속에 들어있다. 몸의 상태에 따라 우리 생각과 감정이 달라지고, 반대로 우리의 생각과 감정이 몸에 영향을 주기도 한다. 인간의 영적인 측면인 목적과 의미에 대한 감각이 생각과 느낌에 영향을 준다. 그리고 타인과 자신을 어떻게 느끼는가가 우리의 기억, 인지, 그리고 관점에 영향을 준다.

현대 교육에서의 전인적–아동 운동은 19세기 존 듀이John Dewey가 신봉했던 교육철학에 그 뿌리를 두고 있다. 이 철학은 궁극적 배움과 사회적 발전이 일어나기 위해서는 학교가 인간발달의 모든 차원을 다루어야 한다는 핵심 신념을 끌어안고 있다.Dewey

제대로 된 영양공급이나 휴식을 갖지 못한 학생들이 배우기 어려운 것은 당연하다. 저소득층 아이들을 위한 조식 제공 프로그램이 학생들의 출석율과 참여도를 높여주었다.Brown et al; Murphy 신체적 활동이 정신적인, 그리고 정서적인 행복에 기여한다는 것은 이미 잘 알려진 사실이다. 아동비만의 증가와 늘어난 청소년들의 정신적 질환 발생은 학교 안팎에서 주로 앉아서 생활하는 방식이 아이들의 건강을 위협하고 있다는 일종의 경고 신호다.Ogden et al

영양 공급 계획, 쉬는 시간, 방과후 스포츠 활동, 춤, 그리고 노래와 같은 프로그램들은 가장 중요한 학문적 교육과정으로부터 벗어난 주변적인 것들이 아니라 전체적인 아동의 발달과정에서 반드시 있어야 할 요소들로서 학업적 성취를 도와준다.Basch

지능이 사회적 지능, 정서적 지능을 비롯한 다양한 영역으로 구성된 것이라는 생각 또한 전인적 아동교육관과 그 맥락을 같이 하는 것이다. 하워드 가드너Howard Gardner의 다중지능 이론 또한 지금까지 인지적 능력이라는 단일한 요소로 여겨지던 지능에 대한 이해를 거부한다. 그러면서 그는 공간 지능, 인간친화 지능, 신체운동 지능, 음악 지능과 같은 다양하면서도 서로 구분되는 지능의 영역이 있다고 주장한다. 그는 지금까지 표준화된 IQ 검사로 측정되거나 전통적인 학문중심 교육과정이 가장 중요하게 생각해오던 언어적 지능 그리고 논리적 지능외에 위에서 언급한 새로운 지능들을 추가했다.

그의 선구적 저서에서 다니엘 골만Daniel Goleman은 인지적 능력과는 다르면서 모든 종류의 성취에 반드시 요구되는 일련의 능력을 언급하기 위해 정서적 지능이라는 개념을 소개한다. 이 지능은 다음과 같은 능력들을 포함한다. 자신의 감정을 조절하고 충동을 통제하는 능력, 타인과 공감하는 능력, 스스로 동기를 부여하는 능력, 먼 미래에 받게 될 보상을 위해 열심히 노력할 수 있는 능력, 그리고 좌절이나 장애물에도 불구하고 포기하지 않는 능력이다. 골만에 의하면 이러한 능력들은 우리가 지능이라고 생각하는 것 안에 반드시 수반되어야 한다. 이 능력들은 읽기, 쓰기, 그리고 산수와 같은 기술들을 개발하듯 가르치고 학습할 수 있는 능력들이다.

"사회 정서적 학습Social Emotional Learning"의 분야에서는 성인과 아이들이 골만Goleman이 핵심적인 정서적 기술CASEL, 2008로 정의했던 것들을 익힐 수 있도록 돕는 교육적 과정을 개발하였다. 이 기술들이란 자신의 감정을 자각하고 조절하는 기술, 타인의 감정을 읽고 반응할 수 있는 기술, 타인에 대한 공감과 배려를 키울 수 있는 기술, 책임질 수 있는 선택을 하고 건강한 관계를 유지할 수 있는 기술과 같은 것들이다.

최근에는, 인성교육의 개념도 초창기의 시민교육, 도덕 교육에 대한 강조로부터 이제는 골만이 정의했던 것과 비슷한 일련의 정서적 능력으로 그 초점이 옮겨가고 있다.Tough 단순한 지능보다는 정서적 지능이 성공적인 배움 및 학업 성취에 더 큰 영향력을 발휘한다는 것은 이미 여러 연구결과가 밝혀주고 있다. 흔히 타고난 개인적 특성이라고 여겨졌던 태도들, 가령 긍정성, 열망, 호기심, 끈기, 감사, 그리고 자기 통제와 같은 것들을 일종의 정서적 지능이라고 볼 수 있다.

컵에 물이 절반 밖에 없다고 생각하는 사람보다는 아직 절반이나 물이 차 있다고 여기는 경향성을 가진 사람들이 보다 회복탄력성이 좋으며, 동기부여가 잘 되어있고, 재치가 있다. 그들은 필요할 때 도움을 요청하고 좌절이나 곤경을 건강하게 잘 다룰 수 있다. 이것은 목표를 이루기 위해 인내할 수 있도록 기여하는 중요한 자질이다. 아이큐보다는 이러한 자질들이 단지 학창시절의 학업적 성취를 넘어 인생 전반에 걸쳐 어려움을 이겨내고 성공할 수 있는가의 여부를 예측할 수 있게 해준다.

심리학 분야는 역사적으로 부정적인 감정들인 우울, 불안, 두려움, 공격성 등등에 초점을 맞춰 오다가 1990년대에 이르러 긍정심리학이 등장하게 되었다. 이 분야의 최고봉인 마틴 셀리그먼Martin Seligman은 긍정적 감정이 성공적인 삶에 기여하는 역할을 이해하기 위한 연구를 멈추지 않았다. 그의 첫 번째 책, 학습된 긍정Learned Optimism에서 그는 행복하고, 건강하고 만족스러운 삶을 살기 위해 긍정적 감정이 얼마나 중요한지 밝혀냈다. 그런데 이보다 더 의미심장한 것은 이러한 자질들이 불변의 유전적 대물림이 아니라 학습되어진 특성들로서 얼마든지 후천적으로 계발될 수 있는 생각과 행동의 습관이라는 것이다.

지금까지 교육자들과 긍정 심리학자들이 성공을 예측할 수 있는 요소로 밝혀낸 특성들은 자기통제, 열정, 사회적 지능, 감사, 긍정성, 그리고 호기심이다. 아이큐 보다는 이러한 특성들이 장기적인 성공의 여부를 예측하게 해주는 요인들임을 많은 연구결과가 증명하고 있다 Tough

전인적 아동교육이란 아이를 통합적으로 보살피는 것이다

이 책의 또 하나의 핵심적인 신념은 인간은, 그리고 모든 생명들은 서로 연결되어 있다는 것이다. 우리는 긍정성, 끈기, 그리고 집중력과 같은 성격적 특성들을 어떤 환경 안에서 타인들과의 지속적이고 역동적인 관계를 통해 만들어 간다. 우리는 이러한 특성들을 타고난 개인적 고유성으로 이해하는 경향이 있다. 그러나 이제는 그것들이 가족, 학교, 또래 집단, 공동체에 속한 타인들과의 관계에서 개발되고 양육될 수 있는 자질들이라는 것이 보다 명확하게 이해되고 있다. 우리는 이것을 무기력한 아기와 그 아기를 돌보는 양육자 사이의 유대관계 사이에서 가장 명백하게 목격할 수 있다. 아기를 돌보는 보호자의 아기에 대한 민감한 반응이 타인과 이 세상에 대한 심리적 신뢰감을 갖게 해준다. 아기가 보내는 신호나 기분에 잘 대응해주는 부모들 밑에서 자란 아이들은 자신감과 활달함을 가지고 자기 주변의 환경을 기꺼이 탐색하려고 나선다. 그들은 자신들이 사랑과 돌봄을 받고 있음을 알고 심리적인 안정감을 느낀다. 이와 반대로 무감각한 부모나 양육자에게서 자란 아이들은 유아기의 그 원초적 불안감이 초래하는 지속적인 어려움을 겪게 된다. Karen

1960년대에 나온 제임스 콜먼Jame Coleman의 연구로 인해 우리는 좋은 양육환경에서 자란 아이들이 학교에 기여하는 엄청난 장점들을 잘 이해할 수 있게 되었다.Coleman, 1966 그는 저소득층 지역에 위치한 학교들에 투자한 엄청난 양의 재정적 지원으로도 가정 안에서 만들어지는 이 인적 자본을 만들어 낼 수 없다고 주장한다. 더 최근의 연구결과들은 건강한 가정 환경으로부터 얻을 수 있는 선물이 우리가 상상하는 것보다 훨씬 크다고 주장하고 있다. 이와는 대조적으로 가정에서 건강하지 못한 관계성은 학습을 저해하는 주범이다. Cole et al

그러나 전두엽의 대뇌피질 기능에서 공감 및 자각 능력에 이르기까지의 모든 특성들인인내, 집중력, 긍정성, 끈기와 같은 습관적인 태도들 뿐 아니라 표준화된 검사로 측정가능한 인지적 능력은 언제나 적절한 환경만 제공되면 변화 가능하다는 것이야말로 가장획기적인 통찰이다. Jensen and Snider 이것이 의미하는 것은 어떤 좋은 관계라는 맥락이 있으면 모든 아이들은 좋은 정서적 능력을 개발하고 키워갈 수 있다는 것이다. "당신이 돌보려care 한다는 것을 알기 전까지는 아이들은 당신이 무엇을 알고 있건 신경쓰지 않는다"는 미간의 지혜가 한 아동의 지적, 도덕적, 그리고 사회적 발달에 있어서 관계의 중요성이라는 심오한 진리를 잘 드러내고 있다. 학교 안에서 맺는 관계성의 질적 수준이 가정 안에서 맺는 관계성만큼이나 중요하다는 것은 더 이상 놀라운 소식이 아니다. Bloom ; Glasses

넬 나딩스Nell Noddings에 따르면 돌봄의 관계성이 존재하려면 서로 통하는 관계여야 한다. 이 말의 의미는 돌봄을 받는 학생이 그것을 느끼고 그러한 교사들의 노력과 헌신에 대해 감사와 인정의 신호를 보내주어야 한다는 것이다. 그러한 반응이 없으면 돌봄의 역할을 하는 교사와 부모들은 소진된다. 돌봄을 받는 이들의 긍정적 반응이 있어야 양육자들이 그들의 복지를 위해 더 헌신하려는 마음이 커지기 때문이다. 반면에 학생의 입장에서보면 교사들이 자신들을 사랑하고 있음을 실제로 자각하는 것이 매우 중요하다. 그것을느끼지 못하면 관계가 주는 유익을 받아들이지 못한다. 소중한 관계성을 만들기 위해 쌍방이 함께 노력할 때 좋은 질적 교류가 일어난다.

윌리엄 글래서의 선택이론에 따르면 우리 모든 인간들은 선택의 주체들이다. 이것은모든 사람들이 힘을 가진 존재라는 우리의 신념과 일맥상통하는 통찰이다. 누군가에게억지로 어떤 일을 하도록 만들 수는 없다. 학생들은 교사들의 우월한 지위로부터 나오는강요나 협박을 통해 벌 받을 것이 두려워 순응할 때도 있지만, 그러한 통제에 대해 자신들이 입을 피해를 감수하면서까지 저항하기로 선택한다. 결국 우리 모두는 자신의 처신에대해 끊임없이 자신의 선택권을 행사하게 되어 있다. 학생들에게 배움을 강요하는 것이불가능하다는 이 자명한 진리를 교사들은 겪어봐서 잘 알고 있다. 궁극적으로 배움이란각각의 학생들이 그러기로 선택해야만 하는 행위이다. 아이들은 자신들이 구축한 세상의한 부분으로 검증된 교사들, 즉 자신들이 믿을 수 있는 교사, 그들이 느끼기에 자신들을알아봐주고 존중해 주는 교사들로부터만 배우려 한다고 글래서는 믿는다. 왜냐하면 아이들은 그러한 교사들이 자신들의 필요를 채워줄 것으로 간주하기 때문이다.

한편 학생들로 하여금 비록 지금 당장은 그들의 욕구를 만족시켜주지도 않고 별 내키지도 않는 힘든 노력들이 장래에는 마침내 자신들이 원하는 것을 얻게해 준다는 것을 믿게 되도록 가르치는 것이 그들이 성인으로 잘 성숙해 갈 수 있도록 돕는 한 방편이다. 이것이 앞서 언급한 좋은 성품의 핵심요소이다. 만족지연 능력, 목표를 위해 노력하면서 인내할 수 있는 능력, 도움을 요청하고 받아들이는 능력, 이러한 능력들이 좋은 관계성이라는 맥락 속에서 자라난다. 자발적인 청소년들은 어른들이 자신들과 같은 팀의 일원으로서 그들이 원하는 곳에 도달할 수 있도록 도와주려는 존재라는 것을 신뢰한다. 일련의 교육과정을 거쳐 대학을 졸업하기까지 전 과정 속에서 학업성취를 판가름하는 중요한 변수인 이 좋은 성품을 학교 환경 내에서 가르치고 훈련시킬 수 있다.

학생들이 자신들의 배움을 자각하게 될수록 그들은 보다 큰 자기 통제력, 장애물에 맞서 굴복하지 않는 끈기, 그리고 도전과제를 해결하는 전략을 발전시켜 나간다. 그 결과 더 나은 성적과 높은 점수를 받게 되는 선순환이 일어나는 것이다. 이러한 기능을 맡고 있는 뇌의 영역인 전두엽은 학생들이 어떤 일을 기획하거나 문제를 해결하는데 몰두할 때 더 강해진다. 그런 활동들은 학업 및 장기적 목표설정이 요구하는 높은 수준의 자기통제와 감정 조절 능력을 향상시킨다.Tough

사회적, 정서적 공감능력을 가르치기 위해 고안된 학교 프로그램들이 유치원에서 고등학생에 이르기까지 모든 연령의 청소년들이 자신들의 감정을 객관적으로 바라보게 하는 메타 사고 능력meta-thinking과 타인들의 감정에 대한 공감능력을 키워주었다.Zins et al

체계적인 교실 생활지도를 통해 가르친 일련의 정서 자각 능력은 학생들의 의미심장한 행동변화와도 관련되어 있다. 무엇보다 징계처분을 받을 수도 있는 문제적 행동이 감소했을 뿐만 아니라 학업성취 측면에서도 측정이 가능할 정도의 분명한 발전이 있었다. 다소 익숙한 표현을 빌자면 우리는 이것을 책임지는 법, 그리고 타인과 교감하는 법을 알게 되는 하나의 성장과정이라고, 보다 쉽게 말하자면 철이 들어간다고 언급해왔다. 여기서 중요한 점은 철이 든다는 것은 생물학적 시간표에 따라 저절로 발생하는 선천적인 생물학적 과정이 아니라는 것이다.

인간인 우리는 부모, 교사, 그리고 친구들이라는 타인들과의 관계 속에서 성장하고 철이 든다. 좋은 관계성 속에서 인간은 성장한다. 어떤 면에서 우리 인간은 주어진 환경 속에서 자신들이 맺는 관계들에 의해 끊임없이 재구성되어지는 개방적 생명체들이다. 그러나 모든 관계들이 다 건강한 성장을 돕는 것은 아니다. 건강한 성장은 오로지 서로 돌보는 관계성에 달려 있다.

전 학교적 접근: 학교풍토와 학교에 대한 유대감의 중요성

우리는 돌고 돌아서 결국 한 개인의 변화가 특별한 관계적 맥락속에서만 가능하다는 것을 다시 한번 깨닫게 된다.

교사-학생, 친구들, 그리고 더 폭넓은 지역사회와 맺는 관계성들이 이렇게 훌륭한 역할을 한다는 기쁜 소식이 교사들로 하여금 학생들에게 배움, 발달, 그리고 성공적인 삶으로 이어지는 총체적인 능력을 키워주기 위해서 개입할 수 있는 근거가 된다. 우리는 평생을 타인들과의 관계 속에서 살기 때문에 늘 건강한 관계성이 가져다주는 긍정적 영향력을 받게 된다.

학교에 대한 유대감이란 학생이 자신의 학교에 대해 갖는 애착 또는 결속력이다.Osterman 사회학자들은 교사들에 대해 긍정적 애착관계를 가졌거나, 교내에서 어떤 노력을 쏟아부었거나, 보다 많은 학교활동에 참여하면서 교칙을 신뢰하는 학생들이 일탈행동에 연루될 가능성이 훨씬 낮다는 가설을 이미 확증하였다.Hirschi; Welsh et al

사회통제이론에서는 학교공동체에 대한 애착여부가 약물, 공격성, 범죄, 무단결석과 같은 다양한 문제행동을 예방하는 효과가 있는 것으로 본다. 학생이 학교를 좋아할수록, 교사들이 자신들을 좋아하고 돌봐 준다고 믿을수록 그들은 학교에서 더 많은 시간을 보내며 학교의 규정과 가치들을 잘 내면화 시킨다.

물론 그 반대의 경우도 마찬가지다. 학교의 교직원 공동체가 자신들을 잘 보살펴 준다고 믿지 않는 학생들일수록 학교공동체와 분리되면서 여러 가지 문제행동들에 연루되고 결국 학업중단으로까지 이어질 가능성이 크다. 학업중단 학생들에게 자신들이 학교를 떠난 가장 중요한 요인을 묻는 연구 결과 "교사를 비롯한 학교의 어느 교직원도 자신에게 관심이 없다"는 느낌이 가장 보편적인 원인이었던 것으로 드러났다.Yazzie-Mintz

소속감은 모든 사람의 근원적인 욕구 중 하나로서 특히 어린 학생들에게 더욱 특별한 것이다. 학교공동체에 대한 소속감을 장려할 줄 아는 학교들은 교사와 학생 모두에게 긍정적인 결과를 도출한다. 모든 교직원들이 공유된 목적, 협력과 지지를 경험하게 하는 학교들, 그리고 직원들끼리 서로가 관심을 갖고 보살펴 준다고 믿고 있는 학교들에서 보다 높은 수준의 교사 만족도, 학부모 만족도, 긍정적인 교사-학생의 관계성, 그리고 학생들의 높은 학업성취도가 나타났다. 반면 이러한 학교들에서는 교사 결근, 직원 이직율, 학생들의 문제행동 등이 매우 낮게 나타난다.

학교풍토school climate란 흔히 학업 외적인 영역에서 드러나는 학생들이 복도에서, 통학 버스에서, 혹은 운동장에서 어떻게 서로를 대하고 있는가와 같은, 그 학교의 문화를 지칭하는 용어다. 그것은 학생들이 서로를 어떻게 대하는가 하는 또래 문화 뿐만 아니라 교사-학생 간 관계성의 질적 수준도 포함하고 있다. 강한 공동체 의식을 의도적으로 조성한 학교에서는 학생들이 학교에 대해 매우 굳건한 결속력을 갖는다. 교직원들 사이의 문화가 학생들 사이의 문화를 빚어내고 학생 개개인들과 그들의 행동에 정말 큰 영향력을 발휘한다. 긍정적인 학교풍토는 부정적인 행동을 감소시키고 친사회적이면서 학습지향적인 행위를 증가시킨다.

신체적이고 정서적인 안전은 배움을 위한 필수 조건이다. 위험이 존재할 때, 배움은 차단되고 만다. 미국 국가단위 설문조사에서 약 28%의 학생들이 지난 1년 사이에 교내에서 괴롭힘을 당한 적이 있다고 응답했다; 그리고 약 4%의 학생들은 지난 30일 이내 학교에 가는 것이 두려워서 결석을 한 적이 있다고 응답하였다. U.S. DOE

교직원들은 흔히 복도나 운동장에서 괴롭힘 또는 모욕적인 행동들이 발생한다는 것을 알고 있지만 건설적인 방법으로 자신들이 개입하기에는 너무 무력하다고 느낀다. 교실 안에서 정서적으로 안전하지 못한 환경 배움을 좌초시킨다. 친구들의 비웃음이나 냉소적인 눈빛을 두려워해서는 배움에 집중하거나 용기를 내어 수업활동에 참여할 가능성이 매우 낮아진다.

파커 팔머Parker Palmer에 의하면 개별적인 교실 내부의 문화는 교사가 의도하기 나름이다. 학생들끼리 서로 존중하는 관계성을 원한다면 그러한 유형의 관계들을 지원하고 개발하기 위한 단계적인 노력들을 실천해야 한다. 학교 전체적인 차원에서도 마찬가지다. 학교풍토의 질적수준은 모든 구성원들이 긍정적인 관계성들을 만들기 위해 노력한 의도적 실천들의 산물이다. 어떤 학교에서는 학생들을 애정으로 돌보려는 교사들과 그런 돌봄을 원하는 학생들 사이에서도 이러한 긍정적인 관계성들을 형성하고 유지하는 것이 어렵다. 그 이유는 학교의 구조 자체가 의미있는 상호작용을 어렵게 만들어버리기 때문이다. 개인적 단위에서 좋은 관계성을 만들어가려는 바램과 의도들이 있을지라도 보다 넓은 학교의 구조적 차원에서 그러한 노력들을 지원하고 격려하지 않으면 안 된다.

학생을 온전히 돌보는 것은 훈육을 포함한다.

'훈육'이라는 단어는 '가르치고 훈련시키다'라는 라틴어에서 왔다. 훈육의 과정은 배움의 과정과 동일하다. 훈육의 과정 속에는 사법시스템을 통한 규제의 부과라는 측면보다 교육의 과정과 비슷한 측면들이 더 많다. 모든 배움과 마찬가지로 한 학생을 훈육하려면 먼저 그 학생과 교사 사이에 돌봄의 관계가 있어야 한다.

글래서Glasser에 의하면 모든 인간에게 있는 가장 원초적이면서도 때로는 상호모순적인 두 가지의 욕구는 소속에 대한 욕구, 그리고 권력에 대한 욕구다. 어떤 점에서 이 두 가지 욕구는 마치 줄다리기를 하듯 서로 경쟁적이다. 자신을 주장하고 자신의 선택에 대한 통제권을 가지려하는 권력 욕구는 한 집단에 대한 소속의 욕구 및 질서에 대한 욕구와 긴장관계에 있을 수밖에 없다. 이러한 긴장을 역설paradox이라고 부르는데 이 역설이야말로 인간이 맺는 관계성을 이해하고자 할 때 반드시 염두해 두어야 할 가장 중요한 실체 중 하나다.

심리학자인 닐 보흘은 모순적인 사실들과 모순적인 진리의 차이에 대해 설명한다.Rozental 사실들의 진실성을 논할 때는 두 가지 사실이 모두 참일 수는 없다. 하나의 사실이 참이라면, 그것과 반대되는 사실은 거짓이다. 그러나 사실과 인간의 조건에 대한 심오한 진리는 서로 종류가 다르다. 진리의 영역에서는 서로 반대되는 두 가지 명제들이 모두 강력한 진실성을 내포하고 있다. 인간의 조건을 이해하고자 할 때도 우리는 동전의 양면과도 같은 상반되는 명제들을 모두 온전한 실체whole reality를 드러내는 중요한 진리로서 받아들여야 한다. "참인 명제의 반대는 거짓 명제가 된다, 그러나 하나의 심오한 진실의 반대편에 서 있는 진실은 또 하나의 심오한 진리가 된다."

인간의 본성에 있어서 이 역설은 우리들에 대한 두 개의 심오한 진실로부터 시작된다. 한 편에서 보면 우리 모두는 인간관계들 속에서 매우 강하게 밀착되고 영향을 받는 사회적인 존재들이다. 그러나 다른 측면에서 보자면 우리 모두는 우리의 기본적인 존엄성을 부정하거나 우리가 신뢰할 수 없는 타인들이 우리를 지배하는 것을 끔찍히 싫어하고 저항하는 자율적인autonomous 존재들이다. 이 두 가지 모두가 인간의 조건과 관련된 진실들이다. 모든 부모들은 그들의 자녀들이 매우 어렸을 때부터 드러내는 권력 투쟁power struggle을 경험해 봐서 이것을 잘 알고 있다. 아주 어린 아이조차도 외부의 강압에 대해 저항함으로써 이미 태어날 때부터 내재된 자율에 대한 욕구need for autonomy를 주장한다. 그리고 경험이 있는 교사들 또한 학생들의 행동을 통제하고자 하는 교사의 어떠한 강제적인 노력에도 불구하고 결국 배움을 거부하고 저항하는 학생들의 끈질긴 힘capacity에 대해 잘 알고 있다.

위계적인 사회구조 속에서 살다보면 우리는 이러한 역설적인 진실을 망각하고 타인들을 마치 우리가 쉽게 통제할 수 있는 어떤 무생물인양 다루고 싶어하는 유혹과 자주 만나게 된다. 우리가 적당한 보상과 벌의 균형을 통해 누군가를 통제하고 있다고 착각하지만 진실을 들여다보면 그들은 여전히 자신의 선택과 자율성을 가진 인간으로 존재한다. 보상과 벌을 사용하면 교사들이 종종 학생들의 복종이라는 어떤 외형적인 목표를 달성하는 것처럼 보이지만 그것은 사실 끊임없는 교사들의 단속vigilance을 통해서만 가능한 피상적인 통제에 불과할 뿐이다. 학생들은 규정을 어긴 자신들의 행위가 발각될 가능성이 있을 때만 규칙을 지킬 것이다. 통제에 기반한 관계성은 학생들이 규정의 이면에 흐르는 가치들을 내면화하는데 도움을 주지 못한다. 그러나 이런 가치들을 내면화할 수 있어야 보다 큰 배움과 장기적인 성취에 필요한 자기통제와 자기 훈육이 가능해진다. 통제를 중심으로 형성된 교사와 학생의 관계성은 결국 커다란 댓가를 치르게 되는데 그 댓가란 학생들과 맺는 관계의 질적 수준이 저하되는 것이다. 처벌은 그 벌을 주는 사람과 벌을 받는 사람 사이의 결속력에 금을 가게 만들고, 신뢰를 떨어뜨려 궁극적으로는 학생들의 배움의 능력을 감소시킨다. 또한 때때로 처벌은 분노, 상처받음, 좌절과 같은 감정들에 의해 점화된 권력행사에 지나지 않는다. 결론적으로 말하자면 강요에 의한 관계는 결코 돌봄의 관계가 될 수 없으며, 오직 돌봄의 관계만이 성장과 배움을 촉진하는 신뢰와 유대감을 가능케 하는 유일한 관계라는 것이다. 학생들의 행동변화를 위한 전략으로서 처벌이 가진 한계는 미국 내의 거의 모든 학교들에서 시행한 무관용 정책이 낳은 결과를 보면 쉽게 알 수 있다.

무관용 정책의 의도하지 않은 폐해들

무관용 정책은 1995년에 의회를 통과한 '총기없는 학교 법안Gun Free School'에 그 기원을 둔다. 이 법안은 연방정부 보조금을 지원받는 모든 학교들은 학교에서 총기를 소지한 학생들을 반드시 1년 이상 강제추방할 것을 법적으로 강제하고 있다. 그런데 얼마 지나지 않아 무관용 정책의 의미가 애초에 의도한 총기규제를 훨씬 넘어 "특정한 위반행동들에 대한 단호한 처벌"이라는 의미를 갖게 되었다. 교육청들은 일제히 음주, 약물, 흡연, 폭력을 동반한 싸움, 욕설, 성희롱 및 기타 여러 문제행동들에 대해서 무관용 정책을 거의 그대로 모방하다시피한 학생지도 정책을 도입했다. 학생들의 여러 문제행동에 대해서 등교정지 혹은 퇴학처분을 시행한 것이다.

학교들은 이제 법안이 명시한 것을 넘어 거의 모든 학생들의 문제행동에 대해서 무관용주의에 입각한 생활지도 방식을 선택했다. 일례로 미국에서 두 번째로 큰 공교육 시스템을 갖춘 텍사스 주의 학교들을 대상으로 한 연구Fabelo et al에서 연구자들이 발견한 사실은 절반이 넘는 학생들54%이 최소 한 번 이상의 교내 등교정지 처분을 받았으며, 또한 전체 학생들의 약 1/3 가량이 3일 이상의 학교 밖 등교정지 처분을 경험했다는 것이다. 그러나 이런 학교의 처분들 중에서 애초에 법안이 강제적인 제재조치를 부과하도록 규정한 것은 겨우 3%에 지나지 않았다. 거의 모든 학교들은 이런 징벌적인 퇴학 조치들 외에도 학교를 연상시키기보다는 감옥을 연상케 하는 여러 가지 정책들로 급격하게 경도되었다. 경찰들, 금속 탐지기, 잠금해제, 수색견들, 감시 카메라, 무장 경비원들, 그리고 불시 라커 점검 등은 학교에서 익숙한 것들이 되어버렸다.

그런데 이러한 일련의 정책들은 사회적 취약 계층에 속한 학생들의 높은 퇴학율이라는 의도치 않은 결과를 가져왔다. 텍사스 주의 경우 아프리카계 출신 학생들의 학업중단 비율이 월등하게 높았고, 그 다음이 라틴계열의 학생들, 그리고 백인계 학생들이 가장 낮았다. Fabelo et al 이러한 결과는 연구가 진행된 다른 주나 뉴욕, 메사스츄세스, 일리노이즈, 콜로라도, 캘리포니아, 미네소타, 플로리다 에서도 사실로 드러났다.Advancement Project; Fenning and

Rose; Skibe et al

유색인종 계열의 학생들이 백인 학생들에 비해 퇴학처분을 당하는 가능성이 월등하게 높게 나타나는 이 현실이 무관용 정책이 낳은 또 하나의 부정적인 결과와 결합하면서 상황은 더욱 꼬이게 된다. 그것은 정학이나 퇴학 처분을 받은 학생들이 형사사건에 연루될 가능성이 매우 높아지는 것을 말하는데 바로 "학교에서 감옥으로 가는 파이프 라인"이라는 표현이 그 냉혹한 현실을 잘 대변해 준다. 미국 전역에서 정학이나 퇴학을 당한 학생들이 청소년 범죄로 연루되어 재판을 받을 가능성은 그들과 성격특성이나 여러면에서 비슷하지만 정학, 퇴학 처분을 받지 않은 학생들에 비해 세 배나 높게 나타났다.Fabelo et al

마지막으로 무관용 정책이 비판받는 또 하나의 쟁점은 연구결과 이 무관용 정책을 실행한 학교들이 이로 인해 더 안전해졌다는 증거를 어디서도 찾을 수 없다는 것이다.Skiba; Skiba et al 우리의 예상과는 달리 강도 높은 차원의 교내, 교외 등교정지 처분을 내린 학교들에서 높은 비율의 약물 복용, 낮은 학업 성취도, 시간이 지날수록 심화되는 불만의 표출과 소외현상, 그리고 교직원들의 학생들에 대한 높은 수준의 거리두기 및 회피 현상이 심화된 것으로 나타났다.

학교입장에서는 학생들의 문제행동에 대해 정학이나 퇴학과 같은 처분을 내리는 것이 무척 매력적인 대응 방식이다. 왜냐하면 비록 단기적이기는 할지라도 어떤 문제에 대해 즉각적이고 신속한 해결책을 제공해 주기 때문이다. 어떤 학생의 문제행동을 멈추게 할 수 없다면 그 학생을 보내 버리면 된다. 그러나 학교의 이런 대응방식이 초래하는 댓가는 시간이 흐를수록 명백해 진다. 대부분의 학군에서 학생을 퇴출시키기 위한 절차 비용은 시간당 50달러에서 크게는 500달러까지 소요된다.Riestenberg

더욱 심각한 것은 교사들의 감독과 도움guidance이 필요한 "문제아" 학생들이 학교로부터 내쫓긴 후에는 그 학생들이 건강하고 긍정적인 방식으로 자신들이 원하는 것을 얻을 수 있도록 도와줄 가능성이 거의 없는 사람들의 영향력 속으로 들어가게 된다는 것이다. 그들은, 선택의 주체agents of choice로서 여전히 자신들의 욕구 – 특히 소속의 욕구, 힘의 욕구, 그리고 존중의 욕구 –들을 해결하려고 애쓸 것이기 때문이다.

많은 학교들이 등교정지와 같은 처분을 내리는 것은 일종의 경고성 처분으로서 가정에서 더욱 아이에 대한 돌봄과 코칭을 강화해 줄 것을 기대하기 때문이기도 하다. 물론 종종 그런 기대가 실현되기도 한다. 그러나 학생들을 배제하는 훈육 방식은 대개는 이미 학교문화의 주변부에서 겨우 매달려 살아가는 학생들로 하여금 스스로 자신들의 필요를 해결하라며 학교 대신 사회 구조 속으로 떠미는 것이다. 그 결과 이들은 역기능적인 하위문화 속으로 더 밀착돼서 들어가고 학교나 부모에 대한 결속력으로부터는 더욱 멀어져 간다.

이런 방식의 훈육은 문제행동으로 인해 영향을 받은 주변학생들의 필요에 대해 학교가 어떠한 공식적인 조치도 취하지 않고 방치하게 된다. 다시 말해 피해를 받은 학생들은 그들의 정서적, 신체적 안전 및 사회적 지원을 충족시켜 줄 어떠한 과정에도 참여할 기회를 갖지 못하는 것이다. 뿐만 아니라 학교 전체 공동체를 활용하려는 노력도 전혀 찾아볼 수 없다. 어떤 사안이 하나 발생하면, 거기에 대한 소문들만 무성할 뿐 전체 학교 공동체가 긍정적 교훈을 배우게 될 기회란 전혀 없는 것이다. 그리고 종종 학생들은 실제로 어떤 일이 발생했는지 누가 피해를 입었는지 전혀 알지도 못하면서 학교가 내린 처벌에 대해서 분개해 하기도 한다.

앞에서 언급한 텍사스 주의 연구 결과 중에서 가장 중요하게 발견된 사실 중 하나는 이 무관용 정책을 적용한 비율이 학교마다 큰 차이를 보였다는 점이다. 일부 학교들은 인구 구성 비율을 감안 했을 때 예상한 것보다 훨씬 높은 비율의 무관용 처분을 내린 반면 다른 학교들은 무관용 처분 비율이 낮았다. 27% 가량의 학교들은 그 학교의 환경이나 특성에 따라 예측한 것보다 훨씬 낮은 무관용 처분 비율을 보였다. 이것이 제시하는 바는 비슷한 학교 환경 및 주state의 교육 정책 하에서도 어떤 학교들은 자신들의 학교 공동체 내에서 어떻게 훈육의 과정을 시행할 것인가에 대해 매우 의미심장한 분별력을 갖고 있었다는 것이다. 이 무관용 처분의 훈육이 특히 유색인 학생들에게 매우 부당한 파급효과를 가져온다는 사실과 학업중단 비율을 가속화 하는 것에 대한 우려의 목소리가 커짐에 따라 학교들은 학생들의 문제행동에 대해 징벌적인 퇴학 처분에 과도하게 의존하는 방식이 아닌 다른 방식으로 대응하고자 여러 대안적 방법들을 탐색해 왔다.

존중으로 훈육하기 : 학교에서의 회복적 생활교육의 실천

상당수의 학교들은 무관용주의 훈육방식을 적용하지 않았고 학생들의 문제행동을 다루기 위해 정학, 퇴학 처분과 같은 방식에 의존하지도 않았다. 그러나 이러한 학교들이 처벌을 중심으로 하는 다른 비슷한 여건의 학교들에 비해 훨씬 더 바람직한 학생들의 행동결과가 나타난다는 연구결과가 있다.

학생들을 훈육한다는 것은 본디 교사와 학생 사이의 관계가 핵심이지만 교사들은 훈육의 방법에 대해 어떠한 교육도 체계적으로 훈련받지 못했다. 전통적으로 보면 관리자들이 학교의 교칙을 정하고 교사들은 교실 내에서 학생들의 행동을 관리하기 위한 자신들만의 개별적인 방법을 고안해 낸다. 그런데 학생들의 행동을 관리하는데 성공하는 교사들마다 다양한 학급운영 스타일들이 있다. 그 스타일들은 매우 권위적으로 보이는 방식에서부터 민주적이고 협력적인 방식에 이르기까지 무척 다양하다. 그러나 한 가지 공통점이 있는데 그것은 그 교사들이 학생들의 복종을 얻어 내기 위해 처벌과 보상이라는 강압적인 방식에 의존하기 보다는 그들 자신과 학생들 사이의 좋은 관계성에 의존한다는 것이다. 겉으로 보여지는 모습들이 어떠하든간에 효과적인 훈육을 하는 교사들은 모두 신뢰와 돌봄의 가치에 기반을 둔 좋은 관계들을 형성시켰다.

여기서 우리는 전혀 돌봄적 요소가 없는 강압과 겉으로는 강압적으로 보이지만 그 밑바닥에 매우 돌봄적인 요소를 가진 강압적 스타일 사이에는 미세하지만 분명한 차이가 존재한다는 것을 알아야 한다. 학생이 교사가 가진 돌봄의 마음을 보게 되면 비록 표면적으로는 강압적으로 보인다 해도 학생들은 그 교사가 무엇을 하든 수용한다. Glasser

학생들을 훈육할 수 있는 능력 – 즉 왜 특정한 행동이 잘못된 것인지 이해하고 미래에 더 나은 선택을 할 수 있도록 돕는 능력 –은 학생과 교사가 맺는 관계성의 질적 수준에 달려 있다. 교사들이 자신들에게 관심을 갖고 돌봐 준다고 믿을 때 배움의 조건이 가능해진다. 긍정적인 훈육이란 옳은 일을 분별하고 실천하는 것을 배우는 것이다. Nelson

회복적인 방식의 훈육은 잘못된 행동에 의해 야기된 피해를 복구하는데 초점을 두고 문제행동에 반응하는 것이다. Morrison 이는 해를 끼친 학생으로 하여금 그 일을 통해 배울 수 있도록 하는데 초점을 두기도 하지만 피해를 입은 학생들의 요구를 해결하는데 일차적인 관심을 가지는 피해자 중심의 접근 방법이다. 응보적 방식의 훈육이 주로 규정을 위반한 학생을 어떻게 처리할 것인가에 관심을 두고 있다면 회복적 훈육은 문제행동에 의해 피해를 받은 학생뿐만 아니라 잘못을 저지른 학생까지 포함하여 그들에게 필요한 것을 해결하는데 초점을 둔다.

회복적인 학교 환경에서는 누군가에게 해를 끼친 사람은 피해자뿐만 아니라 더 큰 학교공동체에 대해서도 책임이 있는 것으로 여겨진다. 회복적 훈육에서는 긍정적 관계성을 우선적으로 회복하는 것이 가장 중요한 목표다. 회복적 접근 방식은 규정을 어긴 것에 초점을 두기보다는 그 행위가 타인들에게 미친 영향과 그 행위가 초래한 피해에 대해 서로가 직접 만나서 구조화된 대화를 진행하는 것에 집중한다. 이 대화는 주로 한 사람씩 돌아가면서 말하는 서클 구조, 혹은 기타의 방식으로 진행되며 사람들로 하여금 어떤 행위의 총제적인 맥락을 탐색할 수 있게 해 준다. 이 대화를 통해 사람들은 왜 그 행위가 발생했는지 그리고 그 일을 바로잡기 위해 어떤 조치가 이루어질 수 있는지와 관련한 깊은 통찰을 얻을 수 있다.

어떤 사안에 의해 부정적인 영향을 받은 당사자들은 자신들의 감정을 표현하고 그들이 입은 피해가 회복되기 위해 필요한 것이 무엇인지 명료하게 말할 수 있도록 학교공동체의 지원과 격려를 받게 된다. 피해를 끼친 이들에게는 그들의 행위가 타인들에게 어떤 영향을 끼쳤는지 그리고 향후 어떻게 그것을 바로잡을 것인지 알 수 있는 기회가 주어지는 것이다. 이를 통해 최종적으로는 잘못된 행동으로 손상 되었던 관계들이 회복되고 더 단단해지는 결과를 얻게 된다. 무슨 일이 일어났는지, 누가 영향을 받았는지, 그리고 피해를 회복하고 더 이상 그런 일이 일어나지 않기 위해서 어떤 조치들이 취해져야 하는지 이해할 수 있도록 공동체 구성원 모두가 기여할 수 있다. 대화모임의 결정사항은 일을 바로잡기 위한 과정에 반드시 참여해야 할 의무사항으로 간주된다. 이러한 의무사항들은 각각의 상황들이 가진 필요와 요구에 의해서 결정되고, 직접적인 영향을 받은 사람이 납득하는 선에서 조정된다.

회복적 방식의 훈육은 모든 사람들은 타인들과 그리고 그들 자신과 좋은 관계를 맺고 싶어한다는 핵심적인 신념에 그 뿌리를 두고 있다. 사람들은 누구나 존중받고, 자존감을 누리고, 타인들에게 소중한 존재로 느껴지며, 가치를 인정받고 싶어한다. 배움을 위해서 그리고 교사나 학생이 실수를 했을 때 회복적 방식의 훈육으로 해결하기 위해서는 튼튼하고 긍정적인 관계성을 쌓는 것이 가장 중요하다. 학교공동체 구성원 모두가 존중과 돌봄을 받을 수 있는 학교문화를 만들어 가는 것이 회복적 생활교육의 기반을 다지는 것이다. 회복적 생활교육은 전 학교적 차원에서 적용될 때 그리고 돌봄의 학교공동체를 위한 기초가 마련되었을 때 그 실효성이 나타난다. 낸시 리스텐베르그Nancy Riestenberg는 "관계를 맺지 않으면 제대로 가르칠 수 없다. 관계를 맺는 것 자체가 교육이다"고 표현하였다. 긍정 훈육법, 존엄의 훈육, 발달단계에 따른 훈육, 그리고 성찰 교실이 모두 비슷한 훈육의 방법들이다. 이러한 접근들은 모두 그 학교공동체가 중요하게 여기는 가치와 그러한 가치들을 담고 있는 구체적 행동을 매우 체계적으로 제시한다. 그리고 부정적인 행동을 금지시키기보다는 긍정적인 행위를 독려하고 보상하는 것을 훨씬 중요하게 여긴다. 그 결과 학교공동체의 모든 구성원들은 자신들에게서 어떤 행동이 기대되고 요청되는지 알고 있다.

전 학교적 차원의 생활교육 전략도 학교 구성원들에게서 기대되는 행동을 명료하게 제시한다. 그리고 존중과 돌봄의 관계성에 뿌리를 두고 회복적 생활교육을 실천하는 학교들은 한걸음 더 나가서 학교공동체가 공유해야할 가치들과 그 가치들에 부합하는 행동 양식들을 개발하는 과정에 학생들이 직접 참여하는 것을 무척 강조한다.

학교폭력의 문제

학교폭력이란 우월한 힘을 가진 가해자가 자신보다 약한 학생을 대상으로 반복적이고도 이유 없이 폭행을 가하는 특정한 형태의 공격성이다Olweus; Rigby 괴롭힘을 통해 누군가가 만성적인 피해자로 전락하는 문제를 해결하는데 있어서 특히 전 학교적 차원의 생활교육이 매우 중요한 역할을 하고 있다는 평가를 받아 왔다. 거의 대부분의 학교폭력은 교사들의 개입이 거의 미치지 못하는 또래 집단 사이에서 발생한다. 폭력적인 행동이 또래들 사이에서 자신의 지위를 확고히 하는데 효과가 있다는 것을 알게 되면 그 행동이 지속된다는 연구결과가 있다Bazelon 학생들은 방관자로서 비웃음, 조롱, 무개입 등으로 그 괴롭힘 행위에 힘을 실어주거나, 혹은 그와는 달리 반대하는 목소리를 내고 교사의 도움을 요청함으로써 그 괴롭힘 행위를 거부하거나 하는 두 가지 유형으로 반응한다. 연구 결과에 의하면 전 학교적 차원의 노력이 학교폭력을 예방하는데 가장 효과적이다. 관리자, 교사, 학생 모두가 괴롭힘 행위에 반대하는 학교 분위기를 만들 때 피해사례가 줄어든다.Vreeman and Carroll 학교폭력에 대한 회복적 생활교육의 대응은 건강한 학교 풍토를 확고히 하는데서 출발한다. 건강한 학교 풍토에서는 긍정적인 관계성을 촉진하는 반면 대인관계에서 남을 무시하는 행동에 대해서는 문제를 제기한다. 이와는 달리 학교 내에서 괴롭힘 행위를 용인하는 학교 풍토는 낮은 자존감, 인정받고 싶은 욕구, 그리고 타인들에게 힘을 행사하려는 욕망과 같은 학생 개인의 심리적 요인에서 기인하는 심각한 학교폭력 행위를 조장하게 된다. 회복적 생활교육의 실천, 특히 서클을 실천하면 이런 괴롭힘과 비슷한 행위들을 용인하지 않는 학교풍토를 조성하는데 도움이 되며, 예방적 효과를 갖는다. 학생들과 교사들 사이에 응집력과 신뢰가 강할수록 공동체 구성원들은 공동의 선을 위해 행동하려는 의지가 커지게 되고 이러한 사회적 맥락 속에서는 괴롭힘의 행위가 좀처럼 발생하기 어렵다. Williams and Guerra

괴롭힘 행위에 대해 회복적인 방식의 개입이 효과적인 또 하나의 이유는 학교공동체가 피해자들에게 우선적인 관심을 기울인다는 것이다. 대부분의 전통적인 훈육방식은 응보인 대응 또는 상담, 교사의 개입 등의 방법으로 문제를 일으킨 학생에게 초점을 둔다. 그 와중에 피해자의 불안이나 피해자가 필요로 하는 것 등은 관심조차 받지 못한 채 방치된다. 반면에 회복적 차원의 접근방식에서는 피해자의 필요와 요구를 이해하고 보살피는 것이 가장 중요한 관심사가 된다. 학교의 역량을 투입하여 안심, 지지, 안전, 존엄과 같은 피해자들의 필요를 해결하기 위해 많은 노력을 기울인다. 동시에 지원과 존중, 이해와 관심 등과 같은 가해자들의 필요도 회복적 개입의 매우 중요한 요소다. 회복적 생활교육의 과정에서는 사람이 아닌 잘못된 행위를 문제 삼는다. 그리고 당사자들이 정신적, 정서적, 그리고 행동적인 면에서 더욱 건강하게 성장하도록 돕기 위해 모든 노력을 다한다.

학교 내에서 트라우마 다루기

우리는 학교에 오는 모든 아이들이 안전하고 건강한 가정환경이 주는 정서적, 인지적 혜택을 누리지는 못한다는 것을 알고 있다. 역기능적인 어린 시절의 경험이 미치는 영향력에 대해 이해하게 되면 산만하고 격앙된, 무례하고 공격적인 아이들의 행동이 마음의 깊은 상처를 남기는 관계성인 돌봄과 신뢰와 안정감이라는 아동의 원초적인 욕구를 충족하지 못한 결과라는 것을 아는데 도움이 된다. 그런 아동의 행동은 무의식적이거나 혹은 건강하지 못한 관계성 속에서 습관적으로 터득한 대응방식이다 보니 교실 안에서 다루기가 매우 어렵다.

유아기나 아동기 초반에 부모-자녀 사이의 유착관계에서 생기는 문제는 평생에 걸쳐 지속되는 심리적인 결과를 가져올 수 있음을 많은 연구결과들이 확증하고 있다. "역기능적인 어린 시절의 경험들"ACE, adverse childhood experiences에는 부모-자녀의 관계에 부정적 영향을 미치는 다양한 사례들인 이혼, 학대, 감금, 중독, 정신 질환 등이 있다. 여러 연구 결과들은 역기능적인 어린시절의 경험과 부정적인 성인기의 문제들, 예를 들면 암, 심장병, 신장 질환, 그리고 비만과 같은 다양한 육체적 질병뿐만 아니라 자살, 흡연, 약물 복용, 알콜 중독, 감금 등등의 사이에는 충격적일만큼 높은 상관관계가 있음을

보여준다.Edward et al

　이 상관관계의 원인은 스트레스다. 엄밀히 말해서 스트레스를 받는 것은 생리학적인 반응이다. 우리의 몸은 위험에 대비한 일종의 경고체계로서 스트레스를 받게 되면 "맞서 싸우거나 도피하거나"하는 일련의 생리학적인 반응을 낳게된다. 위험에 직면했을 때 우리의 몸은 달아날 준비를 하거나 혹은 적과 맞서게 된다. 그러나 현대인들이 생활 속에서 받는 스트레스는 그리 심각한 위험은 아니다. 그보다는 오히려 많은 아동들이 불안과 불안정이라는 만성적 스트레스 요인과 직면해 있다. 저녁식사가 준비될 것인지도 알 수 없고, 부모들이 소리지르며 싸우는 것을 들어야 하고, 이집 저집으로 옮겨 다녀야 하거나 집 근처에서 나는 총소리를 듣는 것 등등 이 모든 것들이 부모의 방치와 역기능 가정에서 기인하는 만성적인 스트레스들이다.

　연구자들에 따르면 우리의 뇌중에서 전두엽이 자기 통제, 기억 조절, 그리고 정서 조절과 같은 기능들을 실행하고 있다. 계획하기, 성찰하기, 그리고 반응을 선택하기 등도 모두 전두엽이 실행하는데 이는 학업적인 성취를 위해 필요한 행동들을 할 수 있게 하는 매우 중요한 기능들이다. 이것은 일종의 메타적 사고 능력으로서 성질을 다스리고, 만족 지연 능력을 가지며, 시련을 극복하고, 계획을 세우고 따를 수 있도록 하는데 결정적 역할을 한다. 뇌의 이 전두엽 부분은 사춘기를 지나 성인기 초반까지 계속 성장하는데 이러한 사실은 사춘기 시절에 나타나는 악명 높은 그 충동성들을 설명하는데 도움을 준다.

　많은 아동들이 따뜻하고, 지지해주는 가정환경에서 형성되는 안전하고 긍정적인 자질들을 갖지 못한 채 학교에 온다. 이 사실은 유아원이나 유치원에서 명백하게 드러나는데 스트레스를 유발하는 환경에서 자란 아이들은 조용히 앉아 있기, 집중하기, 실망이나 좌절감 처리하기, 안내에 경청하고 따르기 등에 있어서 훨씬 힘들어 한다. 이 아이들은 어휘력이나 독서의 기술도 부족하지만 학교생활의 성공을 위협하는 가장 큰 요인은 행동적인 측면에 있다. 입학 첫 날부터 이들은 "문제 아동"으로 전락하게 되고 이런 행동은 학창시절 내내 지속되기도 한다.

　일부 지역에서는 너무나 많은 아동들이 건강한 관계성 안에서 돌봄을 받지 못하다보니 일정 정도의 트라우마현상은 일상적인 것이 되어 버렸다. 산드라 블룸1995은 "일상적인" 것과 "건강한" 것은 분명 다르다고 지적한다. 갈수록 지역사회와 가정 전체가 윗세대로부터 전해 내려오는 부정적인 유형의 관계성 속으로 내던져지고 있다. 경제 상황이 나빠지면서 특히 가난한 가정이나 지역사회에서 전형적으로 나타나는 궁핍, 범죄, 폭력, 약물 중독, 그리고 차별 등이 아이들에게 초래하는 스트레스가 심화되었다.

　그러나 좋은 소식도 있다. 그것은 교육적 의도를 가지고 학교 안에서 건강한 관계성을 빚어냄으로써 학생들에게 건강한 관계성들을 공급해 줄 수 있는 공간의 역할을 할 수 있도록 학교들이 지역 곳곳에 자리 잡고 있다는 것이다.Macy et al 문제행동에 대한 교사의 반응에 따라 그 트라우마를 증폭시켜 문제를 더욱 심화시킬 수도, 혹은 그 트라우마를 극복할 수 있는 기회를 제공할 수도 있다. 학교 안에서 개발되는 관계성의 유형에 따라 부모들로부터 받은 상처가 더 심화될 수도 있다. 사실 그 부모들조차도 알고 보면 상처받은 사람들이다. 혹은 그들의 부모들과는 전혀 다른 방식으로 관계성을 맺는 기회를 제공함으로써 이 세상을 살아가는 새로운 모델을 보여줄 수도 있다.

학교는 아이들이 부모들로부터 입은 피해를 심화시키거나 이와는 달리 학생들이 그들 자신과 타인들을 바라보는 새로운 방법 및 기존과는 다른 선택, 그리고 새로운 가능성을 제공할 수가 있다. 우리가 회복탄력성이 있다고 부르는 아이들, 즉 트라우마를 유발하는 가정환경을 잘 견뎌내고 이를 극복하는 학생들은 바로 자신들이 유익하게 사용할 수 있는 기회를 제공받아 본 적이 있는 아이들이다.

일부 아이들은 전문가 또는 특별치료가 필요하다. 그러나 트라우마를 치유할 수 있는 진정한 잠재적 힘은 매일 발생하는 일상적 교제와 학교 안에서 맺어지는 타인들과의 관계성에 들어 있다. 특히 교사와 또래 집단과의 일상적인 관계성이 매우 중요하다. 트라우마는 완전히 부서져 버린 경험이다. 어느 학교 공동체가 안정감있게 학생들을 지지해주며 긍정적 관계성 위에 세워져 있으면 그 학교 공동체는 아이의 삶을 지속가능하게 하는 고요한 돌봄의 오아시스가 될 수 있다.

상처받은 아이들과 교류하는 어른이나 교사들은 매우 중요한 변화를 가능케 하는 엄청난 기회들을 갖고 있다. 트라우마를 겪은 아이들이 반드시 정신과 의사를 필요로 하는 것은 아니다. 그들에게는 좋은 부모라면 당연히 제시해 주었을 중요한 관계적 기술과 그러한 관계들이 지속될 수 있는 안전한 시스템을 마련해 줄 수 있는 어른들이 필요하다. 의지와 열정이 있다면 어떤 학교라도 그 만의 교향곡을 작곡하고 치유라는 음악을 연주할 수 있다.

안전하면서 격려해주는 학교 풍토가 모든 아이들에게 유익하지만, 특히 자신들의 삶 속에서 정서적으로 물리적으로 안전한 경험을 거의 가져보지 못한 학생들에게 더욱 도움이 된다. 가정과 지역사회가 혼란스럽고 안전하지 않은 아동들을 위해 학교가 일종의 피난처와도 같은 역할을 할 수 있다. 한 아동에 대한 통합적 생활교육은 정서적으로 고통스러운 경험을 가진 한 아이에게 자신의 감정을 이해하고 통제할 수 있는 몇 가지 도구를 얻게 될 기회와 더불어 감정 인식emotional awareness과 감정 읽기emotional literacy 능력을 실천을 통해 배울 수 있는 안전한 공간을 제공한다. 학교 공동체 내의 교직원들이 아이들의 이야기를 경청하고 사랑, 지지, 유능, 소속과 같은 그들의 욕구를 충족시켜 주기 위해 의도적인 노력을 기울이면, 믿을 만한 부모님과의 관계를 갖지 못한 아이들조차도 자신들이 성장하고 성숙할 수 있도록 도와주는 새로운 신뢰의 네트워크를 찾게 될 것이다.

미국의 문화는 어떤 문제 행동에 대해 '악마화하기문제아동은 나쁘다' 또는 '처방하기' 문제아동은 병에 걸린 것이다와 같은 방법으로 대응하려는 경향이 있다. 이 두 가지 사고방식 모두 문제의 원인을 아동에게서만 찾으려하기 때문에 문제행동이 갖는 관계적 본질을 이해하지 못한다. 하버드 대학의 마틴 Teicher 박사와 다른 연구자들의 연구결과에 의하면 트라우마 혹은 악성 스트레스는 우리 몸의 생물학적 회로 내에 영구적으로 저장된다. 모든 아이들은 환경이나 특히 최초의 양육자와의 관계에 따라서 신경회로를 생성한다. 그런데 환경이 매우 스트레스를 주거나 가정에서의 경험이 트라우마를 유발할 때, 그리고 어떤 이유건 스트레스가 장기화되면서 돌봄을 받지 못할 때, 즉 악성 스트레스일 때는 그러한 상황들이 뇌가 발달하는 과정에 영향을 끼치게 된다.

그러나 결코 과거의 트라우마 경험이 손상된 인간이나 악한 인간을 창조했다고 보아서는 안 된다. 그보다는 그 사람의 뇌가 고도의 스트레스 환경에 대처하는데 있어서 도움이 되는 행동양식을 만들어 낸 것으로 이해해야 한다. 다만 그러한 행동양식이 학교와 같이 통제된 환경에서는 도움이 안 될 뿐이다. 과도한 경계심, 충동, 다툼, 급하게 화를 내거나 혹은 우울해 하는 것, 회피, 그리고 무감각과 같은 것들이 폭력적인 가정이나 지역사회에서 또는 자연재해 및 전쟁지역에서의 난민 보호소 같은 곳에서는 아동이 생존할 수 있도록 도움을 준다. 그러나 그러한 동일한 행동들이 학교에서는 규정의 위반 혹은 공동체의 붕괴를 야기할 수 있다. Mead, Beauchine & Shannon

이러한 상황에서 교사들이 풀어야 할 과제는 돌봄과 관심 그리고 공감을 공급해줌으로써 아이들을 지지하고, 그들의 회복탄력성을 높여 주는 것이다. 고든 호다스Gordon Hodas 박사는 트라우마를 경험한 아이를 돕기 위한 프로그램이나 학교 안에서 필요한 것을 다음과 같이 표현하고 있다.

> 아동 혹은 청소년들을 가르치는 모든 교사들은 그 아이가 트라우마에 노출되었다는 전제 하에서 그 아이를 조건없는 존중으로 대하고 특히 수치심이나 모욕감을 유발하는 방식으로 아이를 자극하지 않도록 유의해야 한다. 이렇게 하면 생활교육의 큰 위험요인은 사라진다. 왜냐하면 트라우마에 노출된 아이들일수록 교사의 그런 생활교육을 요구하기 때문이다. 또한 좀 더 형편이 나은 아이들 역시 그런 존중을 받을 자격이 있으며 이런 지극히 인본주의적인 실천에 의해 큰 혜택을 누릴 수 있기 때문이다. Hoda

정기적인 서클의 실천은 회복탄력성을 높여주고 학생들이 돌봄의 관계를 맺거나 학교생활을 잘 유지하기 위해서 요구되는 행동들을 가능케 하는 새로운 신경회로들을 만들어 내도록 돕는다. 회복적 생활교육을 실천하는 학교에서는 교사인 당신이 한 아이를 돕는데 성공하든, 실수를 하든 상관없이 여전히 지지와 격려를 받으며 홀로 방치되지 않는다. 회복탄력성이란 역경에 맞서 다시 일어설 수 있는 능력으로 정의된다. 불리한 환경에도 불구하고 회복탄력성을 가진 아이들은 가족 혹은 다른 유능한 양육자나 유능한 교사를 통해서, 그리고 친사회적 또래그룹이나 공동체를 통해서 긍정적인 관계성이 주는 유익을 경험해 본 적이 있었다. Masten & Obradovic 그들 인생의 어느 시점에선가 보살펴 주는 유능한 어른 혹은 친구들이 그들로 하여금 다른 반응, 기술, 실천을 개발할 수 있도록 돕는 시간과 관심을 함께 했던 것이다. 돌봄, 공감, 그리고 관계에 의해 반복되는 "섬김과 보답"의 상호작용을 통해 관계중심적인 행동이 가능한 새로운 신경의 회로가 열릴 수 있다.

이런 방식의 생활교육에 담긴 핵심적인 신념은 모든 사람들마다 타인들과 좋은 관계성을 맺기로 선택할 수 있는 건강한 참자아를 갖고 있다는 것이다. 특히 아이들은 그들을 둘러싼 관계성들이 긍정적이고 건강하기만 하면 어른들보다 훨씬 쉽게 새로운 사회적 기술을 배우고 타인을 신뢰하게 된다. 우리는 남들과의 관계성을 통해 빚어진다는 것이 우리의 확고한 신념이다. 트라우마를 경험한 아이들이 그 경험에 의해 깊은 타격을 받았음에도 불구하고 그들에게는 여전히 또 다른 관계성에 의해 긍정적인 영향을 받을 가능성이 열려 있는 것이다. 전 학교적 차원의 생활교육 시스템 속에서 좋은 관계성이 주는 치유의 효과는 단지 교사들 뿐만 아니라 다른 학생들을 비롯한 학교 공동체 구성원 모두가 누릴 수 있다.

우리는 안전하고, 지지해주며, 신뢰하는 관계성을 개발함으로써 트라우마에 대해 전 학교적 차원에서 포괄적으로 대응할 것을 제안한다. 물론 일부 아동들은 전문적인 의료진들로부터 특수 치료를 받을 필요가 있다는 사실에 대해 이의를 제기하는 것은 아니지만, 그럼에도 우리는 돌봄의 환경을 마련하기 위한 전 학교적 차원의 생활교육을 통해 가장 깊은 치유의 힘이 발휘된다는 것을 믿는다.

"알아차리기" 실천의 유익

"알아차리기mindfulness" – 현재의 순간에 집중하려는 의도적 노력으로서 흔히 호흡에 집중하거나 거기에 수반되는 침묵 행위 –라는 실천 방법이 서구에서도 널리 소개되고 실천되고 있다. 그러나 서양의 과학은 근래에 이르러서야 비로소 이러한 실천들이 어떻게 육체적 건강, 인지, 행동, 정신 건강 및 행복에 영향을 미치는지 연구하기 시작했다 Kabat-Zinn, 1996. 이러한 실천방법들을 학교, 소년원, 또는 다른 기관들에서 어떻게 아이들에게 적용할 수 있을까 하는 문제는 그 연구나 실행에서 아직은 걸음마 단계에 있다.

그렇지만 지금까지 밝혀진 초기의 연구들은 긍정적인 결과를 보여 준다. 비교적 짧은 기간에도 불구하고 "알아차림"에 대한 연구 결과 이것의 실천을 통해 집중력이 커지는 반면 문제 행동은 줄어들고 정신적 건강이 증진 된다는 연구 결론들이 제시되고 있다 Black et al 특별히 이러한 연구결과들은 높은 강도의 스트레스 혹은 트라우마에 노출된 학생 집단과도 관련되어 있다. 아동들 혹은 청소년들이 호흡에 집중할 수 있는 능력이 커질수록 정서적 반발 및 트라우마적인 환경을 통해 유발되는 자극의 촉발은 줄어든다. 이와 동시에 집중력과 자기통제력이 커진다. 학교의 일과 중에 간단한 "알아차림"의 시간을 실천하게 되면 교사와 학생들이 스트레스를 관리할 수 있는 능력을 강화시켜 준다.

이 책의 첫 장에서부터 언급 했듯 서클은 일종의 알아차림의 실천이라는 성격을 지니고 있다. 서클의 모든 참여자들이 서클 그 자체에 집중함으로써 서클은 자연스럽게 바로 지금 이 순간이라는 현존에 온전히 집중하게 된다. 한 걸음 더 나가서 이 책에서는 서클을 기획할 때 "침묵의 순간mindful moment"을 서클의 한 과정으로 통합하여 구조화 시켰다. 우리는 교사들이 서클을 일상적으로 활용할 수 있기를, 또한 어떻게 침묵을 학교 일상의 리듬 속으로 적용할 것인가를 고안해 낼 수 있기를 강력 추천한다.

참고문헌

Advancement Project. (2005). *Education on lockdown: The schoolhouse to jailhouse track.* Washington D.C.: Advancement Project.

Aronson, J., Fried, C. B., & Good, C. (2002). Reducing the effects of stereotype threat on African American college students by shaping theories of intelligence. *Journal of Experimental Social Psychology,* 38(2), 113–25.

Basch, C. E. (2010). Healthier students are better learners: A missing link in school reforms to close the achievement gap. *Equity Matters Research Review,* No. 6. New York: Teachers College, Columbia University. Retrieved from http://www .equitycampaign.org/i/a/document/12557_EquityMattersVol6_Web03082010 .pdf.

Bazelon, E. (2013). *Sticks and stones: Defeating the culture of bullying and rediscovering the power of character and empathy.* New York: Random House Publishing Group.

Black, D. S., & Fernando, R. (2013). Mindfulness training and classroom behavior among lower-income and ethnic minority elementary school children. *Journal of Child and Family Studies,* June 2013.

Bloom, S. L. (1995). Creating sanctuary in the school. *Journal for a Just and Caring Education,* October, 1995, I(4), 403–433.

Bond, L., Butler, H., Thomas, L., Carlin, J., Glover, S., Bowes, G., & Patton, G. (2007). Social and school connectedness in early secondary school as predictors of late teenage substance use, mental health, and academic outcomes. *Journal of Adolescent Health,* April 2007, 40(4), 357.e9–18. Epub February 5, 2007.

Bowlby, J. (1983). *Attachment and loss, Vol. I: Attachment.* New York: Basic Books.
———. (1986). *Attachment and loss, Vol. II/III: Separation.* New York: Basic Books.

Brown, L., Beardslee, W. H., & Prothrow-Stith, D. (2011). *Impact of school breakfast on children's health and learning: An analysis of the scientific research.* Commissioned by the Sodexo Foundation. Available online: http://www.sodexofoundation.org/hunger_us/Images/Impact%20of%20School%20Breakfast%20Study_tcm150-212606.PDF.

Brown, T. (2007). Lost and turned out: Academic, social, and emotional experiences of students excluded from school. *Urban Education,* (42)5, 432–55.

Carlson, S. A., Fulton, J. E., Lee, S. M., Maynard, L. M., Brown, D. R., Kohl, H. W., III, & Dietz, W. H. (2008). Physical education and academic achievement in elementary school: Data from the early childhood longitudinal study. *American Journal of Public Health,* April 2008, 98(4), 721–27.

Casarjian, B., & Leonard, N. (2013). Mindfulness training improves attentional task performance in incarcerated youth: A group randomized controlled intervention trial. *Frontiers in Psychology,* November 8, 2013, 4:792.

CASEL: Collaborative for Academic, Social and Emotional Learning. (2008). Social and emotional learning (SEL) and student benefits: Implications for the safe schools/healthy students core elements. Chicago. Retrieved from http://www
.casel.org/downloads/EDC_CASELSEL ResearchBrief.pdf.

Coe, D. P., Pivarnik, J. M., Womack, C. J., Reeves, M. J., & Malina, R. M. (2006). Effect of physical education and activity levels on academic achievement in children. *Medicine & Science in Sports & Exercise,* August 2006, 38(8), 1515–19.

Cole, S., O'Brien, J., Gadd, M., Ristuccia, J., Wallace, D., & Gregory, M. (2005). *Helping traumatized children learn: Supportive school environments for children traumatized by family violence: A report and policy agenda.* Boston, MA: Massachusetts Advocates for Children.

Coleman, J. S. (1966). *Equality of educational opportunity study (EEOS).* Washington, DC: U.S. Department of Health, Education, and Welfare.

Curwin, R., Mendler, A., & Mendler, B. (2008). *Discipline with dignity: New challenge and new solutions,* 3rd Edition. Alexandria VA: ASCD.

Deary, I. J., Whalley, L. J., Batty, G. D., & Starr, J. M. (2006). Physical fitness and lifetime cognitive change. *Neurology,* October 10, 2006, 67(7), 1195–1200.

Dewey, J. (1956b [1899]). *The school and society.* Chicago: The University of Chicago Press.

———. (1966 [1916]). *Democracy and education: An introduction to the philosophy of education.* New York: The Free Press.

Duckworth, A. L., & Seligman, M. E. P. (2005). Self-discipline outdoes IQ in predicting academic performance of adolescents. *Psychological Science,* 16(12). Available online at: http://www.sas.upenn.edu/~duckwort/images/PsychologicalScienceDec2005
.pdf.

Durlak, J. A., Weissberg, R. P., Dymnicki, A. B., Taylor, R. D., & Schellinger, K. B. (2011). The impact of enhancing students' social and emotional learning: A meta-analysis of school-based universal interventions. *Child Development,* 82, 405–432.

Dweck, C. (2008). *Mindset: The new psychology of success.* New York: Ballantine Books.

Eccles, J. S., Early, D., Fraser, K., Belansky, E., & McCarthy, K. (1997). The relation of connection, regulation, and support for autonomy to adolescents' functioning. *Journal of Adolescent Research,* 12(2), 263–86.

Edwards, V. J., Anda, R. F., Dube, S. R., Dong, M., Chapman, D. F., Felitti, V. J. (2005). The wide-ranging health consequences of adverse childhood experiences. In K. Kendall-Tackett & S. Giacomoni, (Eds.), *Victimization of children and youth: Patterns of abuse, response strategies.* Kingston, NJ: Civic Research Institute, 21–1 to 21–6.

Fabelo, T., Thompson, M. D., Plotkin, M., Carmichael, D., Marchbanks, M. P., & Booth, E. A. (2011). *Breaking schools' rules: A statewide study on how school discipline relates to students' success and juvenile justice involvement.* New York: Council of State Governments Justice Center and The Public Policy Research Institute, Texas A&M University.

Felitti, V., Anda, F., Nordenberg, D., Williamson, D., Spitz, A., Edwards, V., Koss, M., & Marks, J. (1998). Relationship of childhood abuse and household dysfunction to many of the leading causes of death in adults: The adverse childhood experiences (ACE) study. *American Journal of Preventative Medicine,* May 1998, 14(4), 245–58.

Fenning, P., & Rose, J. (2007). Overrepresentation of African American students in exclusionary discipline: The role of school policy. *Urban Education,* 42, 536–59.

Gardner, H. (1983). *Frames of mind: The theory of multiple intelligences.* New York: Basic Books.

———. (2000). *Intelligence reframed: Multiple intelligences for the 21st century.* New York: Basic Books.

———. (2006). *Five minds for the future.* Boston MA: Harvard Business School Press.

Glasser, W. (1992). *The quality school.* New York: Harper Collins.

Goleman, D. (1995). *Emotional intelligence: What it is and why it matters more than IQ.* New York: Bantam Books.

Gottfredson, D. C. (2001). *Schools and delinquency.* New York: Cambridge University Press.

Gottfredson, M. R., & Hirschi, T. (1990). *A general theory of crime.* Stanford, CA: Stanford University Press.

Hirschi, T. (1969). *Causes of delinquency.* Berkeley: University of California Press.

Hodas, G. R. (2006). Responding to childhood trauma: The promise and practice of trauma informed care. Harrisburg, PA: Pennsylvania Office of Mental Health and Substance Abuse Services.

Jensen, E., & Snider, C. (2013). *Turnaround tools for the teenage brain: Helping underperforming students become lifelong learners.* San Francisco, CA: Jossey-Bass.

Kabat-Zinn, J. (1996). Mindfulness meditation: What it is, what it isn't, and its role in health care and medicine. In Haruki, Y., Ishii, Y., & Suzuki, M. (Eds.) *Comparative and psychological study on meditation.* Delft, Netherlands: Eburon, 161–70.

Karen, R. (1998). *Becoming attached: First relationships and how they shape our capacity to love.* New York: Oxford University Press.

Klatt, M., Harpster, K., Browne, E., White, S., & Case-Smith, J. (2013). Feasibility and preliminary outcomes for Move-into-Learning: An arts-based mindfulness classroom intervention. *Journal of Positive Psychology,* 8(3), 233–41.

Klem, A. M., & Connell, J. P. (2004). Relationships matter: Linking teacher support to student engagement and achievement. *Journal of School Health,* 74, 262–73.

Luster T., Small, S., & Lower, R. (2002). The correlates of abuse and witnessing abuse among adolescents. *Journal of Interpersonal Violence,* 17(12), 1323–40.

Macy, R. D., Johnson, D. J., Gross, S. I., & Brighton, P. (2003). Healing in familiar settings: Support for children and youth in the classroom and community. *New Directions for Youth Development,* Summer, 2003(98), 51–79.

Masten, A. S., & Obradović, J. (2006). Competence and resilience in development. *Annals of the New York Academy of Sciences,* 1094: 13–27. doi: 10.1196/annals.1376.003

Mead, H. K., Beauchine, T. P., & Shannon, K. E. (2010). Neurobiological adaptations to violence across development. *Development and Psychopathology*, February 2010, 22(1), 1–22.

Morrison, B. (2002). Bullying and victimization in schools: A restorative justice approach. *Trends and Issues in Crime and Criminal Justice*, (219), 1–6. Canberra, AU: Australian Institute of Criminology. Retrieved from http://www.aic.gov.au/publications/current%20series/tandi.aspx.

———. (2007). *Restoring safe school communities: A whole school response to bullying, violence and alienation.* Annandale, NSW, AU: Federation Press.

Murphy, J. M. (2007). Breakfast and learning: An updated review. *Current Nutrition and Food Science*, 3(1), 3–36.

Murphy, J. M., Pagano, M. E., Nachmani, J., Sperling, P., Kane, S., & Kleinman, R. E. (1998). The relationship of school breakfast to psychosocial and academic functioning: Cross-sectional and longitudinal observations in an inner-city school sample. *Archives of Pediatrics & Adolescent Medicine*, 152(9), 899–907.

Noddings, N. (2005). *The challenge to care in schools: An alternative approach to education.* New York: Teachers College Press.

Ogden, C. L., Carroll, M. D., Curtin, L. R., McDowell, M. A., Tabak, C. J., & Flegal, K. M. (2006). Prevalence of overweight and obesity in the United States, 1999–2004. *Journal of the American Medical Association*, 295(13), 1549–55.

Olweus, D. (1993). *Bullying at school: What we know and what we can do.* Oxford, UK: Blackwell.

Osterman, K. F. (2000). Students' need for belonging in the school community. *Review of Educational Research*, 70(3), 323–67.

Parker, P. J. (1998). *The courage to teach: Exploring the inner landscape of a teacher's life.* San Francisco, CA: Jossey-Bass. 『가르칠 수 있는 용기』 (한문화 역간, 2013)

Payton, J. W., Weissberg, R. P., Durlak, J. A., Dymnicki, A. B., Taylor, R. D., Schellinger, K. B., & Pachan, M. (2008). *Positive impact of social and emotional learning for kindergarten to eighth-grade students: Findings from three scientific reviews (Executive Summary).* Chicago, IL: Collaborative for Academic, Social, and Emotional Learning (CASEL). Available online: http://www.casel.org/library/2013/11/1/the-positive-impact-of-social-and-emotional-learning-for-kindergarten-to-eighth-grade-students.

Peterson, C., & Seligman, M. (2004). *Character strengths and virtues: A handbook and classification.* Oxford: Oxford University Press.

Riestenberg, N. (2003). *Zero and no: Some definitions.* Roseville, MN: Minnesota Department of Education, 2003.

———. (2012). *Circle in the square: Building community and repairing harm in school.* St. Paul, MN: Living Justice Press.

Rigby, K. (2002). *New perspectives on bullying.* London, UK: Jessica Kingsley.

Rozental, S. (1967). *Niels Bohr: His life and work as seen by his friends and colleagues.* New York: Wiley.

Seligman, M. (1991). *Learned optimism: How to change your mind and your life.* New York: A. A. Knopf.

Skiba, R. J. (2000). *Zero tolerance, zero evidence: An analysis of school disciplinary practice.* Indiana Education Policy Center, *Policy Research Report #SRS2.* August, 2000. Online: http://www.indiana.edu/~safeschl/ztze.pdf.

Skiba, R., Reynolds, C., Graham, S., Sheras, P., Conoley, J., & Garcia-Vazquez, E. (2006). *Are zero tolerance policies effective in the schools? An evidentiary review and recommendations: A report by the American Psychological Association Zero Tolerance Task Force.* Washington D.C.: American Psychological Association.

Stearns, E., & Glennie, E. (2006). When and why dropouts leave high school. *Youth Society,* (38), 29.

Stewart, E. (2003). School social bonds, school climate and school misbehavior: A multi-level analysis. *Justice Quarterly,* 20(3).

Stinchcomb, J. B., Bazemore G., & Riestenberg, N. (2006). Beyond zero tolerance: Restoring justice in secondary schools. *Youth Violence and Juvenile Justice,* April 2006, 4(2), 123–47. Available online at: https://www.ncjrs.gov/App/Publications/abstract.aspx?ID=234985.

Stutzman Amstutz, L., and Mullet, J. H. (2005). *The little book of restorative discipline for schools: Teaching responsibility; creating caring climates.* Intercourse, PA: Good Books. 『학교현장을 위한 회복적 학생생활교육』(대장간 역간, 2017)

Sumner, M. D., Silverman, C., & Frampton, M. L. (2010). *School-based restorative justice as an alternative to zero-tolerance policies: Lessons from West Oakland.* Berkeley, CA: Thelton E. Henderson Center for Social Justice.

Teicher, M.H. (2002). Scars that won't heal: The neurobiology of child abuse. *Scientific American,* V2009, 286(3): 54–61.

Tough, P. (2012). *How children succeed: Grit, curiosity and the hidden power of character.* Boston: Houghton, Mifflin, Harcourt.

U.S. Department of Education, National Center for Education Statistics (NCES). (2013). *Indicators of school crime and safety: 2012.* NCES, 2013–036.

Vreeman, R. C., and Carroll, A. E. (2007). A systematic review of school-based interventions to prevent bullying. *Archives of Pediatric and Adolescent Medicine* 2007, 161(1), 78–88.

Welsh, W. N., Greene, J. R., & Jenkins, P. H. (1999). School disorder: The influence of individual, institutional, and community factors. *Criminology,* 37, 601–643.

Williams, K., & Guerra, N. (2011). Perceptions of collective efficacy and bullying perpetration in schools. *Social Problems,* 58(1), 126–43.

Wisner, B. L. (2013). An exploratory study of mindfulness meditation for alternative school students: Perceived benefits for improving school climate and student functioning. *Mindfulness,* (2013), 1–13.

Yazzie-Mintz, E. (2010). *Charting the path from engagement to achievement: A report on the 2009 high school survey of student engagement.* Bloomington, IN: Center for Evaluation & Education Policy.

Youth Transition Network. (2006). *Too big to be seen: The invisible dropout crisis in Boston and America.* Boston: Youth Transition Partners.

Zins, J. E., Weissberg, R. P., Wang, M. C., & Walberg. H. J. (Eds.). (2004). *Building academic success on social and emotional learning: What does the research say?* New York: Teachers College Press.

부록4. 자료

I. 회복적 정의, 서클 프로세스, 학교, 청소년 관련 자료

책(문헌과 전자책)

Armstrong, Margaret, and David Vinegrad. *Working in Circles in Primary and Secondary Classrooms*. Victoria, AU: Inyahead Press, 2013. This book is an excellent resource for elementary-age use of Circles.

Boyes-Watson, Carolyn. *Peacemaking Circles and Urban Youth: Bringing Justice Home*. Saint Paul, MN: Living Justice Press, 2008.

Boyes-Watson, Carolyn, and Kay Pranis. *Heart of Hope: A Guide for Using Peacemaking Circles to Develop Emotional Literacy, Promote Healing, and Build Healthy Relationships*. Boston, MA: Center for Restorative Justice at Suffolk University and Saint Paul, MN: Living Justice Press, 2010.

Casarjian, Bethany. *The Power Source Facilitator's Manual*. Boston, MA: Lionheart Foundation, 2003.

Claassen, Ron, & Roxanne Claassen. *Discipline That Restores: Strategies to Create Respect, Cooperation, and Responsibility in the Classroom*. South Carolina: Booksurge Publishing, 2008.

Coloroso, Barbara. *The Bully, the Bullied, and the Bystander: From Preschool to High School—How Parents and Teachers Can Help Break the Cycle of Violence*. New York: Quill, HarperCollins, 2003.

Holtham, Jeannette. *Taking Restorative Justice to Schools: A Doorway to Discipline*. Colorado Springs, CO: Homestead Press, 2009.

Hopkins, Belinda. *Just Schools: A Whole-School Approach to Restorative Justice*. London: Jessica Kingsley Publishers, 2004.

Kaba, Mariame, J. Cyriac Mathew, and Nathan Haines. *Something Is Wrong Curriculum: Exploring the Roots of Youth Violence*. Chicago, IL: Project NIA, n.d.. Online: http://www.project-nia.org/docs/Something_Is_Wrong-Curriculum.pdf.

Katz, Judith H. *White Awareness: Handbook for Anti-Racism Training*. Norman, OK: University of Oklahoma Press, 1978, Second Edition, 2003.

Minnesota Department of Children, Families and Learning. *Respecting Everyone's Ability to Resolve Problems: Restorative Measures*. Roseville, MN: Minnesota Department of Children, Families and Learning, 1996.

Nelson, Jane. *Positive Discipline*. New York: Ballantine Books, 2006.

Pittsburgh Action Against Rape: Jayne Anderson, Gail Brown, Julie Evans, Larry Miller, & Jamie Posey Woodson. *Teens and Primary Prevention of Sexual Violence: Where to Start!* n.d. Online at: http://www.pcar.org/sites/default/files/file/TA/teen_primary_prevention_sexual_assault.pdf.

Pranis, Kay. *The Little Book of Circle Processes: A New/Old Approach to Peacemaking*. Intercourse, PA: Good Books, 2005. 『서클프로세스』 (대장간 역간, 2017)

Pranis, Kay, Barry Stuart, and Mark Wedge. *Peacemaking Circles: From Crime to Community.* Saint Paul, MN: Living Justice Press, 2003. 『평화형성서클』(대장간 역간)

Riestenberg, Nancy. *Circle in the Square: Building Community and Repairing Harm in School.* Saint Paul, MN: Living Justice Press, 2012.

Roffey, Sue. *Circle Time for Emotional Literacy.* Thousand Oaks, CA: Sage Publications, 2006. This book is an excellent resource for elementary-age use of Circles.

Stutzman Amstutz, Lorraine, and Judy H. Mullet. *The Little Book of Restorative Discipline for Schools: Teaching Responsibility; Creating Communities.* Intercourse, PA: Good Books, 2005. 『학교현장을 위한 회복적 학생생활교육』(대장간 역간, 2017)

Thalhuber, Patricia, and Susan Thompson. *Building a Home for the Heart: Using Metaphors in Value-Centered Circles.* Saint Paul, MN: Living Justice Press, 2007.

Thorsborne, Margaret, and Peta Blood. *Implementing Restorative Practices in Schools: A Practical Guide to Transforming School Communities.* London, UK: Jessica Kingsley Publishers, 2013.

Thorsborne, Margaret, and David Vinegrad. *Restorative Practice in Classrooms: Rethinking Behaviour Management.* Buderim, Queensland: Margaret Thorsborne and Associates, 2002; London: Speechmark Publishing LTD, New Edition 2008.

———. *Restorative Practice in Schools: Rethinking Behaviour Management.* London: Speechmark Publishing Ltd, New Edition 2008.

Wachtel, T., B. Costello, and J. Wachtel. *The Restorative Practices Handbook for Teachers, Disciplinarians and Administrators.* Bethelhem, PA: International Institute of Restorative Practices, 2009.

Watchel, T. and L. Mirsky. *Safe Saner Schools: Restorative Practices in Education.* Bethlehem, Pa.: International Institute for Restorative Practices, 2008.

Wise, Tim. *White Like Me: Reflections on Race from a Privileged Son.* Brooklyn, NY: Soft Skull Press, 2005.

Zehr, Howard. *Changing Lenses: A New Focus for Crime and Justice.* Scottdale, PA and Waterloo, ON: Herald Press, 1990, 3rd edition, 2005. 『우리 시대의 회복적 정의』(대장간 역간, 2019)———. *The Little Book of Restorative Justice.* In the series *The Little Books of Justice & Peacebuilding.* Intercourse, PA: Good Books, 2002. 『회복적 정의 실현을 위한 사법의 이념과 실천』(대장간 역간, 2017)

논문 및 발표자료

Ashley, Jessica, and Kimberly Burke. *Implementing Restorative Justice: A Guide For Schools.* Illinois Criminal Justice Information Authority, 2009. Retrieved from: http://www.healthiersf.org/RestorativePractices/Resources/documents/RP%20Community%20Resources%20and%20Articles/Implementation%20Community%20Resources/SCHOOL%20BARJ%20GUIDEBOOOK.pdf.

Bane, Rosanne. "Seven Levels of Writing Feedback." *The Bane of Your Resistance.* Online at: http://baneofyourresistance.com/2013/04/16/seven-levels-of-writing-feedback/.

Blomberg, Neil. "Effective School Discipline for Misbehavior: In School vs. Out of School Suspension." *Department of Education and Human Services, Villanova University*, (n.d.). Retrieved from: http://www.healthiersf.org/ RestorativePractices/Resources/documents/suspension%20ineffective.pdf.

Blood, Peta, and Margaret Thorsborne. "The Challenge of Culture Change: Embedding Restorative Practice in Schools." Paper presented at the Sixth International Conference on Conferencing, Circles and other Restorative Practices: "Building a Global Alliance for Restorative Practices and Family Empowerment." Sydney, Australia, March 2005. Retrieved from: http://www.thorsborne.com.au/conference_papers/Challenge_of_Culture_ Change.pdf.

Boyes-Watson, Carolyn, and Kay Pranis. "Science Cannot Fix This: The Limitations of Evidence-Based Practice." *Contemporary Justice Review: Issues in Criminal, Social, and Restorative Justice*, DOI:10.1080/10282580.2012.7074 21, 2012: 1–11. To link to this article: http://dx.doi.org/10.1080/10282580.2012.707421

Hamre, Bridget K., and Robert C. Pianta. "Early Teacher-Child Relationships and the Trajectory of Children's School Outcomes Through Eighth Grade." *Child Development*, Vol. 72, No. 2 (Mar. – Apr., 2001): 625–38. Retrieved from: http://www.healthiersf.org/RestorativePractices/Resources/documents/RP%20 Community%20Resources%20and%20Articles/Power%20of%20Relationships/Early%20Teacher-Child%20Relationships%20and%20the%20Hamre%202001.pdf.

Henke, Joan. *Individualized Education Plans Using the Circle Process*. Available online at http://restorative.tripod.com/ page0026.html.

IIRP Graduate School. "Improving School Climate: Findings from Schools Implementing Restorative Practices." Bethlehem, PA: International Institute for Restorative Practices, 2009. Retrieved from: http://www.iirp.edu/ pdf/IIRP-Improving-School-Climate.pdf

Las Caras Lindas (LCL) Youth LEAD Institute (YLI), *LEAD Core Program Curriculum*, 2006, revised 2013. http:// www.tandemspring.com/wp-content/uploads/LCL-Core-Program-Curriculum_Full-2013.pdf.

Losen, Daniel J., and Russell J. Skiba. "Suspended Education: Urban Middle Schools in Crisis." (n.d.). Retrieved from: http://www.healthiersf.org/RestorativePractices/Resources/documents/RP%20Community%20 Resources%20and%20Articles/Out%20of%20School%20Suspensions%20and%20Disproportionality/ Suspended-Education_FINAL-2.pdf.

Minnesota Department of Education: "Stages of Implementation." (n.d.) Retrieved from:http://www.healthiersf. org/RestorativePractices/Resources/documents/RP%20Community%20Resources%20and%20Articles/ Implementation%20Community%20Resources/016267%20Brief.%20Stages%20of%20Implementation-%20 Minnesota.pdf.

Morrison, Brenda, Margaret Thorsborne, and Peta Blood. "Practicing Restorative Justice in School Communities: The Challenge of Culture Change." *Public Organization Review: A Global Journal*, 5(4) (2005): 335–57.

Oakland Unified School District: Family, School, and Community Partnerships Department. "Whole School Restorative Justice." (n.d.) Retrieved from: http://www.ousd.k12.ca.us/cms/lib07/CA01001176/Centricity/ Domain/134/Whole%20School%20Restorative%20Justice%20info%20sheet%20FINAL.pdf

Pranis, Kay. "The Practice and Efficacy of Restorative Justice." *Journal of Religion and Spirituality in Social Work*, 23 (1/2), 2004: 133–57.

——— . "Restorative Values." In D. Van Ness & G. Johnstone (eds.), *Handbook of Restorative Justice*. Portland, OR: Willan, 2007, 59–75.

Riestenberg, Nancy. "Applying the Framework: Positive Youth Development and Restorative Practices." (n.d.) Retrieved from IIRP.edu website: http://www.iirp .edu/pdf/beth06_riestenberg.pdf

Pennsylvania Action Against Rape. *Teens and Primary Prevention of Sexual Violence: Where to Start!* Retrieved from: http://www.pcar.org/sites/default/files/file/TA/teen_primary_prevention_sexual_assault.pdf

Vaandering, Dorothy, and Mark VanderVennen. "Putting Restorative Justice into Practice." *Restorative Justice in Education Monthly Dialog*, September 2013, Volume 5:1. Retrieved from: http://www.ocsta.org/wp-content/uploads/2013/09/ Sept-2013-r.pdf.

Warren, Cathy. "Evaluative Review: Lewisham Restorative Approaches Partnership." *CW Associates*, 2005. Retrieved from http://www.healthiersf.org/RestorativePractices/Resources/documents/RP%20 Community%20Resources%20and%20Articles/Implementation%20Community%20Resources/RP%20 school%20comparisons.pdf.

웹사이트

Barron County Restorative Justice Programs: Truancy Prevention Programs: http://www.bcrjp.org/students-and-schools/truancy-prevention

Center for Justice and Peacebuilding, Eastern Mennonite University, Harrisonburg, Virginia: http://www.emu.edu/cjp/.

Center for Restorative Justice at Suffolk University: http://www.suffolk.edu/college/centers/14521.php

IIRP: School Based Restorative Zones: http://zones.iirp.edu/

Living Justice Press: www.livingjusticepress.org

Mikva Challenge: http://www.mikvachallenge.org/

Minnesota Department of Education: Restorative Measures: http://education.state.mn.us/MDE/StuSuc/SafeSch/RestorMeas/index.html

Morningside Center for Teaching Social Responsibility: http://www .morningsidecenter.org/, see especially their web pages on Restorative Circles: http://www.morningsidecenter.org/node/760/

Oakland Men's Project: http://paulkivel.com/

Oakland Unified School District: http://www.ousd.k12.ca.us/restorativejustice http://www.ousd.k12.ca.us/cms/lib07/CA01001176/Centricity/Domain/134/Whole%20School%20 Restorative%20Justice%20info%20sheet%20FINAL.pdf

Positive Discipline: http://www.positivediscipline.com/

Power Source: The Lionheart Foundation: Emotional Literacy Programs for Prisoners, At Risk Youth, and Teen Parents: http://lionheart.org/

Project NIA: Building Peaceful Communities: http://www.project-nia.org/

Restorative Justice for Oakland Youth: http://rjoyoakland.org/

Restorative Measures in Schools—Jack Mangan: http://restorative.tripod.com/

Safer Saner Schools: http://www.safersanerschools.org/

San Francisco United School District (SFUSD): http://www.sfusd.edu/en/programs/restorative-practices.html http://www.healthiersf.org/RestorativePractices/

Sensibilities Prevention Services, Cordelia Anderson: http://www.cordeliaanderson .com/

STAR (Strategies for Trauma Awareness and Resilience) at Center for Justice and Peacebuilding Program, Eastern Mennonite University, Harrisonburg, Virginia: http://www.emu.edu/cjp/star/.

Teens and Primary Prevention of Sexual Violence: Where to Start! http://www.pcar .org/sites/default/files/file/TA/teen_primary_prevention_sexual_assault.pdf

Transforming Conflict: National Centre for Restorative Approaches in Youth Settings. www.transformingconflict. org

II. 서클의 시작과 끝을 위한 자료

책과 인쇄물

Baldwin, James. *James Baldwin: Collected Essays: Notes of a Native Son / Nobody Knows My Name / The Fire Next Time / No Name in the Street / The Devil Finds Work / Other Essays.* Toni Morrison, editor. Library of America, 1998.

Barks, Coleman, with John Moyne, translators. *The Essential Rumi.* San Francisco, CA: HarperSanFrancisco, 1995.

Baylor, Byrd, and Peter Parnall. *The Other Way to Listen.* New York: Aladdin, 1997 Reprint edition.

Bopp, Judie, Michael Bopp, Lee Brown, and Phil Lane, Jr. *The Sacred Tree: Reflections on Native American Spirituality.* Lethbridge, AB, Canada: Four Worlds International Institute, 1984.

Brown, Brené. *Daring Greatly: How the Courage to Be Vulnerable Transforms the Way We Live, Love, Parent, and Lead.* New York: Gotham Books, Penguin, 2012.

———. *The Gifts of Imperfection: Let Go of Who You Think You're Supposed to Be and Embrace Who You Are.* Center City, MN: Hazelden, 2010.

Casarjian, Robin. *Forgiveness: A Bold Choice for a Peaceful Heart.* New York: Bantam, 1992.

Clark, Dan. *Puppies For Sale.* Available online at: http://danclarkspeak.com/story-of-the-day/.

Coudert, Jo. *Advice from a Failure.* Bloomington, IN: iUniverse, 2003.

Edelman, Marian Wright. *Guide My Feet: Prayers and Meditations for Our Children.* New York: Harper Paperbacks, 2000.

Fernandez, Avaro, Dr. Elkhonon Goldberg, Dr. Misha Pavel, Gloria Cavanaugh, Dr. Sandra Bond Chapman, and Dr. Pascale Michelon. *The SharpBrains Guide to Brain Fitness: How to Optimize Brain Health and Performance at Any Age.* San Francisco, CA: SharpBrains Incorporated, 2nd Edition, 2013.

Frankl, Viktor E. *Man's Search for Meaning.* Boston, MA: Beacon Press, 2006 edition, originally published in 1946.

Gabriel, Peter. "Peter Gabriel: Fight Injustice with Raw Video." *TED Talk*, February 2006. Transcript at: http://www.ted.com/talks/peter_gabriel_fights_injustice_with_video/transcript

Gibran, Kahlil. *The Prophet.* Ware, Hertfordshire, England: Wordsworth Editions Limited, 1996.

Hillesum, Etty. *Etty Hillesum: An Interrupted Life: The Diaries, 1941–1943; and Letters from Westerbork.* New York: Picador/Macmillan, 1996.

hooks, bell. *Teaching Community: A Pedagogy of Hope.* New York: Routledge, 2003.

———. *All about Love: New Visions.* New York: William Morrow, 2001.

Hughes, Langston, *The Collected Poems of Langston Hughes,* Arnold Rampersad, editor. New York: Alfred A. Knopf, 1994.

Johnson, Sonia. *Going Out of Our Minds: The Metaphysics of Liberation.* Berkeley, CA: Crossing Press, 1987.

Kalwar, Santosh. *Adventus: Collected Poems.* lulu.com, 2011.

Kivel, Paul. *Uprooting Racism: How White People Can Work for Social Justice.* Gabriola Island, BC: New Society Publishers, 2002.

LaDuke, Winona. "LaDuke: His Giggles Illuminated His Wisdom." *Inforum,* 7 June 2014. Online at: http://www.inforum.com/content/laduke-his-giggles-illuminated-his-wisdom.

Littlebird, Larry. *Hunting Sacred, Everything Listens: A Pueblo Indian Man's Oral Tradition Legacy.* Santa Fe, NM: Western Edge Press, 2001.

López, Ian F. Haney. "The Social Construction of Race," in *Critical Race Theory: The Cutting Edge, Second Edition,* Richard Delgado & Jean Stefancic, editors. Philadelphia, PA: Temple University Press, 2000.

Miller, James E. *The Art of Listening in a Healing Way.* Fort Wayne, IN: Willowgreen Publishing, 2003.

Neihardt, John G. *Black Elk Speaks: Being the Life Story of a Holy Man of the Oglala Sioux.* Lincoln, NE: University of Nebraska Press, 1979.

Oliver, Mary. *Dream Work.* New York: The Atlantic Monthly Press, 1986.

Olsen, W., and W. A. Sommers. *A Trainer's Companion: Stories to Stimulate Reflection, Conversation and Action.* Baytown, TX: AhaProcess, 2004.

Oriah. *The Invitation.* San Francisco: HarperOne, 2006, originally published 1999.

Palmer, Parker. *A Hidden Wholeness: The Journey Toward an Undivided Life.* San Francisco, CA: Jossey-Bass, 2009.

Pranis, Kay, Barry Stuart, and Mark Wedge. *Peacemaking Circles: From Crime to Community.* Saint Paul, MN: Living Justice Press, 2003. 『평화형성서클』(대장간 역간)

Ross, Rupert. *Returning to the Teachings: Exploring Aboriginal Justice.* Toronto, ON: Penguin Canada, 1996, 2006.

Shannon, Maggie Oman, ed. *Prayers for Healing: 365 Blessings, Poems, & Meditations from Around the World.* Newburyport, MA: Conari Press, 2000.

Shiva, Shahram. *Hush, Don't Say Anything to God: Passionate Poems of Rumi.* Fremont, CA: Jain Publishing Company, 1999.

Stewart, Iris J. *Sacred Women, Sacred Dance: Awakening Spirituality Through Movement and Ritual.* Rochester, VT: Inner Traditions, 2000.

Thich Nhat Hanh. *Teachings on Love.* Berkeley, CA: Parallax Press, 2013.

———. *Making Space: Creating a Home Meditation Practice.* Berkeley, CA: Parallax Press, 2011.

——— . *Peace Is Every Step: The Path of Mindfulness in Everyday Life*. New York: Bantam, 1992.

Walker, Alice. *Revolutionary Petunias*. Fort Washington, PA: Harvest Book, an imprint of Harcourt, Brace, 1973.

——— . *Sent by Earth: A Message from the Grandmother Spirit after the Attacks on the World Trade Center and Pentagon*. New York: Seven Stories Press, 2001.

Weil, Andrew. *Spontaneous Healing: How to Discover and Embrace Your Body's Natural Ability to Maintain and Heal Itself*. New York: Ballantine Books, 2000.

Westerhoff, Caroline A. "Conflict: The Birthing of the New." In *Conflict Management in Congregations,* ed. David B. Lott. Bethesda, MD: The Alban Institute, 2001, 54–61. The article was originally published in *Action Information* 12, no. 3 (May/June 1986): 1–5.

Wheatley, Margaret J. *Turning to One Another: Simple Conversations to Restore Hope to the Future*. San Francisco, CA: Berrett-Koehler Publishers, 2002, Second Edition 2009.

Williamson, Marianne. *A Return to Love: Reflections on the Principles of "A Course in Miracles."* San Francisco: HarperOne, 1996.

Wold, Margaret. *The Critical Moment: How Personal Crisis Can Enrich a Woman's Life*. Minneapolis, MN: Augsburg, 1978.

Yazzie, Hon. Robert. "Whose Criminal Justice System? New Conceptions of Indigenous Justice." In *Justice as Healing: A Newsletter on Aboriginal Concepts of Justice,* 2014, Vol. 19, No. 2. Saskatoon, SK: Native Law Centre, 2014.

Zinn, Howard. *A Power Governments Cannot Suppress*. San Francisco, CA: City Lights Publishers, 2006.

웹사이트

Albert Einstein Site Online—Albert Einstein Quotes: http://www.alberteinsteinsite .com/quotes/einsteinquotes.html

California Indian Education website: http://www.californiaindianeducation.org/famous_indian_chiefs/chief_ seattle/

Dalai Lama: http://www.dalailama.com/messages/environment/global-environment

Gratitude HD—Moving Art: http://www.youtube.com/watch?v=nj2ofrX7jAk&feature=youtu.be

Inclusion Press, "What Is Inclusion?": http://www.inclusion.com/inclusion.html

Kabat-Zinn, Jon. Palouse Mindfulness: Stress Reduction and Wellness. http://palousemindfulness.com/index.html.

Littlebird, Larry. HAMAATSA. http://www.hamaatsa.org/index.html. This site has a wealth of resources, including short video clips that offer Indigenous wisdom and perspectives.

More than that ... : http://www.youtube.com/watch?v=FhribaNXr7A

Rosanne Bane. *The Bane of Your Resistance*: http://baneofyourresistance.com/2013/04/16/seven-levels-of-writing- feedback/

Williamson, Marianne. http://www.marianne.com

부록5. 서클의 단계별 가이드

이 책의 서클 대부분은 어투를 바꿔 참여자 연령에 맞출 수 있지만, 모듈 6의 일부는 고학년 학생에게 적합합니다. 즉, 서클의 연령별 수준에 대해 이 가이드를 '있는 그대로' 제공합니다. 여기서는 서면으로 작성되었으므로 약간의 조정만으로도 가능합니다. 괄호 안에 있는 x는 관련성이 있지만 연령대에 맞게 조정해야하는 서클을 나타냅니다.

초등 교사는 다음 웹 사이트에서 더 많은 자료를 참고할 수 있습니다.

Just Practices : http://www.justpractices.com.au, Restorative Measures : http://restorative.tripod.com

서클 주제	초등학교	중학교	고등학교	쪽수
1.2 학교에 서클 소개하기	x	x	x	81
1.3 토킹스틱 소개하기	x	x	x	82
1.4 토킹스틱 만들기	x	x	x	83
1.5 토킹스틱을 경험하는 서클	x	x	x	84
1.6 서클의 기술을 익히는 서클	x	x	x	85
2.1 안전하고 즐거운 교실 만들기 서클	x			89
2.2 모두의 욕구가 충족하는 교실 공동체 만들기 서클	x	x	x	90
2.3 가치를 행동으로 표현하기 서클	x	x	x	91
2.4 모두가 동의하는 학급 약속 만들기 서클	x	x	x	92
2.5 공유된 약속 확인하기 서클 _ 우리의 목적 세우기	x	x	x	93
2.6 공유된 약속 확인하기 서클 _ 교실 분위기 점검하기	x	x	x	94
2.7 학교 규칙을 이해하고 지키기 위한 서클	x	x	x	96
3.1 이미 알고 있는 것을 확인하는 서클	x	x	x	99
3.2 이해 확인 서클	x	x	x	100
3.3 단어 배우기 서클	x	x	x	101
3.4 작문 피드백 서클		x	x	102
3.5 외국어 연습 서클		x	x	106
3.6 성찰 나누기 서클		x	x	107
3.7 이야기책을 활용해 가치를 가르치는 서클	x	(x)	(x)	108
3.8 숙제와 공부에 관해 이야기하는 서클	x	x	x	109
3.9 3분 집중 서클	x	x	x	111
4.1 공간 열기 서클: 관계를 만드는 활동	x	x	x	115
4.2 축하 서클	x	x	x	116
4.3 감사와 인정을 표현하는 서클	x	x	x	117